自治体職員
ハンドブック

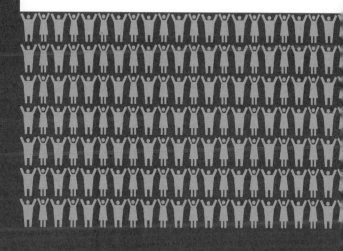

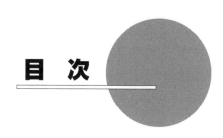

目 次

第1編　地方行政の動向と課題

第10章　人　権――――――――――――――――――156

第2編　地方自治の諸制度

第2章　地方財政制度────────────296

凡　例

1　用字は原則として、常用漢字と現代かなづかいによった。
2　本文中の法令は、原則として次により略称を用いた（五十音順）。

育児・介護休業法……………………育児休業、介護休業等育児又は家族介護を行う労
　　　　　　　　　　　　　　　　　働者の福祉に関する法律
外国派遣職員処遇法…………………外国の地方公共団体の機関等に派遣される一般職
　　　　　　　　　　　　　　　　　の地方公務員の処遇等に関する法律
過疎法…………………………………過疎地域自立促進特別措置法
合併特例法……………………………市町村の合併の特例に関する法律
行審法…………………………………行政不服審査法
行政個人情報法………………………行政機関の保有する個人情報の保護に関する法律
教特法…………………………………教育公務員特例法
刑訴法…………………………………刑事訴訟法
憲法……………………………………日本国憲法
公益法人等派遣法……………………公益的法人等への一般職の地方公務員の派遣等に
　　　　　　　　　　　　　　　　　関する法律
公選法…………………………………公職選挙法
交付税法………………………………地方交付税法
高年齢者雇用安定法…………………高年齢者等の雇用の安定等に関する法律
高齢者虐待の防止に関する法律…高齢者虐待の防止、高齢者の養護者に対する支援
　　　　　　　　　　　　　　　　　等に関する法律
個人情報保護法………………………個人情報の保護に関する法律
国公法…………………………………国家公務員法
再建法…………………………………地方財政再建促進特別措置法
財政健全化法…………………………地方公共団体の財政の健全化に関する法律
自治法…………………………………地方自治法
自治令…………………………………地方自治法施行令
児童虐待防止法………………………児童虐待の防止等に関する法律
児童の権利条約………………………児童の権利に関する条約
児童買春、児童ポルノ禁止法………児童買春、児童ポルノに係る行為等の規制及び処
　　　　　　　　　　　　　　　　　罰並びに児童の保護等に関する法律
住基法…………………………………住民基本台帳法
障害者虐待防止法……………………障害者虐待の防止、障害者の養護者に対する支援
　　　　　　　　　　　　　　　　　等に関する法律
障害者雇用促進法……………………障害者の雇用の促進等に関する法律
障害者差別解消法……………………障害を理由とする差別の解消の推進に関する法律
情報公開法……………………………行政機関の保有する情報の公開に関する法律
女子差別撤廃条約……………………女子に対するあらゆる形態の差別の撤廃に関する
　　　　　　　　　　　　　　　　　条約
女性活躍推進法………………………女性の職業生活における活躍の推進に関する法律

3　条文引用は、次の記号によった。

第1条……………………………………1
第1条第2項第3号……………………1②Ⅲ
第1条の2第3項………………………1の2③
第1条、第2条、第3条…………………1・2・3
第1条第2項および第3項…1②③

第1編

地方行政の動向と課題

第1章 地方分権

第1節 地方分権

　人口減少・少子化社会・超高齢社会の到来やグローバル化の進展など時代の潮流に適切な対応と、将来へ向けた持続的発展を図るために改革が進められている。この改革を推進する上で、国と地方が適切に役割を分担し、地域における行政は自治体が自主的かつ総合的に担うとの視点、すなわち地方分権の視点が不可欠である。

　そもそも地方分権改革の歴史は昭和56年（1981）の臨時行政調査会（第2次臨調）あるいは平成2年（1990）の臨時行政改革推進審議会（行革審）までさかのぼることができるが、直接的には平成5年（1993）の衆・参議院での「地方分権推進に関する決議」が大きな契機であったといえる。その後、わが国の地方分権改革は精力的に展開され、世間の関心も高まることとなった。

　ところで、地方分権改革は、一般的には第1次分権改革と第2次分権改革とに分けることができる。

　第1次分権改革では、平成7年（1995）7月に成立した地方分権推進法に基づく地方分権推進委員会の勧告事項を中心に、平成11年（1999）7月に地方分権一括法が成立し、改革が具現化された。第2次地方分権改革では、平成18年（2006）12月に成立した地方分権改革推進法に基づく地方分権改革推進委員会の勧告に基づき、第1次から第12次までの「地域の自主性及び自立性を高めるための改革の推進を図るための関係法律の整備に関する法律」(第1次〜第12次一括法）が成立した。

1　第1次分権改革

　近代国家における地方自治制度として、市制町村制、府県制が制定されてから130年以上が経ち、日本国憲法とともに自治法が制定されてからすでに70年以上が経過した。その間、わが国の地方自治制度は時代とともに変遷し発展を遂げてきた。戦後の大きな転換期が平成12年（2000）4月に施行された地方分権

一括法である。この法律の施行による地方分権改革は、明治維新、戦後改革に次ぐ「第3の改革」と位置づけられる。すなわち、国と自治体との関係を従来の「上下・主従」関係から「対等・協力」関係へ転換した。この結果、自治体の自己決定権が拡充する一方で、自己責任が強く求められることとなった。ここに分権型社会の到来の基礎が築かれたのである。

自治法において、国と地方との役割分担の明確化、機関委任事務制度の廃止、事務区分の再構成、国の関与のあり方の見直し、国地方係争処理委員会の設置など大きな改正が行われた。

また、厳しい財政状況の一方、多様化、質量ともに向上する住民ニーズに応じるために、その担い手である市町村の合併が推進され、いわゆる「平成の大合併」が行われた。その結果、平成7年（1995）に3,234あった市町村の数は、平成18年（2006）3月（合併特例法経過措置終了時）には1,821と激減した。そして、市町村合併と同時に、市町村の権限の拡大、市町村の広域化にともなう中間団体である都道府県の役割が問われるようになっている。

このように、地方分権一括法を頂点とする1990年代後半からの変革の流れを第1次分権改革と呼んでいる（**図表1-1-1**）。第1次分権改革では、自治体の決定権が拡充されたが、地方税財源の充実確保方策とこれを実現するために必要な関連諸方策が不十分とされた。その意味で、平成13年（2001）6月の地方分権推進委員会最終報告では、第1次分権改革を「未完の分権改革」と位置づけている。

図表1-1-1　第1次分権改革：地方分権一括法の内容
　（平成11年（1999）7月成立、平成12年（2000）4月施行され、475本の法律を一括して改正）

---

①機関委任事務制度の廃止と事務の再構成
　・知事や市町村長を国の下部機関と構成して国の事務を執行させる仕組みである機関委任事務制度を廃止（351法律改正）
　・主務大臣の包括的な指揮監督権等を廃止（通達行政の廃止）
②国の関与の抜本的見直し、新しいルールの創設
　・機関委任事務に伴う包括的指揮監督権を廃止
　・国の関与の新しいルールを創設（自治法）
　　　関与は個別の法令の根拠を要すること
　　　関与は必要最小限のものとすること
　　　関与の基本類型を定め、原則としてこれによること等

---

③権限移譲
  ・個別法の改正により、国の権限を都道府県に、都道府県の権限を市町村に移譲（35法律）
  ・特例市制度を創設し、人口20万以上の市に権限をまとめて移譲
④条例による事務処理特例制度の創設
  ・それぞれの地域の実情に応じ、都道府県の条例により、都道府県から市町村に権限を移譲することを可能とする制度
⑤その他
  ・必置規制の見直し（38法律）
  ・市町村合併特例法の改正

　これまでの流れを受けて、平成16年（2004）から平成18年（2006）の経済財政諮問会議を中心として議論されたのが「三位一体の改革」であった。すなわち、国の関与を縮小し、地方の権限・責任を拡大して、地方分権を一層推進することを目指し、国庫補助負担金改革、税源移譲、地方交付税の見直しを一体として行う改革である。

2　第2次分権改革

　平成18年（2006）12月、「骨太の方針2006」に基づく「関係法令の一括した見直し」に向けた推進体制等を定める地方分権改革推進法が制定された。政府において、関係法令の一括した見直し等により、国と地方の役割分担の見直しを進めるとともに、国の関与・国庫補助負担金の廃止・縮小等を図るとしている。以下の地方分権改革を「第2次分権改革」と呼んでいる（**図表1-1-2**）。

　平成19年（2007）4月に地方分権改革推進法（同法は平成22年（2010）3月31日に失効）に基づき、内閣府に地方分権改革推進委員会が設置された。同委員会の委員は衆参両議院の同意を得て内閣総理大臣が任命する7名で組織された。委員会は、内閣総理大臣に対し、地方分権改革推進計画の作成のための具体的な指針を勧告することと、必要に応じて地方分権改革の推進に関する重要事項について意見を述べるという役割を担った。

　地方分権改革推進委員会は、平成19年（2007）4月に発足して以降、3年間に計99回の委員会の会議を開催し、4つの勧告と2つの意見をそれぞれ時の内閣総理大臣あてに提出した。

　委員会は、同年5月30日に「基本的な考え方」をまとめ、第1次分権改革以来の課題について検証し、改革課題を明確化するとともに調査審議を進め、11月16日に「中間的な取りまとめ」を公表した。「中間的な取りまとめ」は、勧告に向けた「羅針盤」として、委員会としての改革の理念と課題を整理したもの

図表 1-1-2 地方分権改革のこれまでの経緯

第一次分権改革	平成5.6	地方分権の推進に関する決議（衆参両院）
	平成5.10	臨時行政改革推進審議会（第3次行革審）最終答申
	平成6.2	今後における行政改革の推進方策について（閣議決定）
	平成6.5	行政改革推進本部地方分権部会発足
	平成6.9	地方分権の推進に関する意見書（地方六団体）
	平成6.12	地方分権の推進に関する大綱方針（閣議決定）
	平成7.5	地方分権推進法成立
	平成7.7～13.7	地方分権推進委員会
	平成8.3～13.6	中間報告、第5次にわたる勧告、最終報告
	平成10.5	地方分権推進計画（閣議決定）
	平成11.7	地方分権一括法成立（機関委任事務制度の廃止、国の関与の新しいルールの確立等）
	平成13.7	地方分権改革推進会議発足
	平成15.6	三位一体の改革についての意見
	平成14～17.6	骨太の方針（閣議決定）（毎年）
	平成17.11	政府・与党合意　三位一体の改革
第二次分権改革	平成18.6	地方分権の推進に関する意見書（地方六団体）
	平成18.7	骨太の方針（閣議決定）
	平成18.12	地方分権改革推進法成立
	平成19.4	地方分権改革推進委員会発足
	平成21.12	地方分権改革推進計画（閣議決定）
	平成23.4	第1次一括法、「国と地方の協議の場」の法律等成立
	平成23.8	第2次一括法成立
	平成25.3	地方分権改革推進本部発足
	平成25.4	地方分権改革有識者会議発足
	平成25.6	第3次一括法成立
	平成25.12	事務・権限の移譲等に関する見直し方針について（閣議決定）
	平成26.5	第4次一括法成立
	平成26.6	地方分権改革有識者会議「個性を活かし自立した地方をつくる～地方分権改革の総括と展望～」
	平成27.6	第5次一括法成立
	平成28.3	第31次地方制度調査会「人口減少社会に的確に対応する地方行政体制及びガバナンスのあり方に関する答申」
	平成28.5	第6次一括法成立
	平成29.4	第7次一括法成立
	平成30.4	第8次一括法成立
	令和元.5	第9次一括法成立
	令和2.6	第10次一括法成立
	令和2.6	第32次地方制度調査会「2040年頃から逆算し顕在化する諸課題に対応するために必要な地方行政体制のあり方等に関する答申」
	令和3.5	第11次一括法成立
	令和4.5	第12次一括法成立

である。政府は、全閣僚で構成する地方分権改革推進本部で、この「中間的な取りまとめ」を最大限に尊重することとし、各府省における本格的な検討結果を踏まえ、第1次勧告を取りまとめた。委員会の審議はすべて公開の場（報道関係者等の傍聴、インターネットで動画配信）で行い、透明性を確保した。

地方分権改革推進のための基本原則として「（1）補完性・近接性の原理にしたがい、基礎自治体を優先する。（2）明快な国と地方の役割分担を確立するとともに、『官から民へ』の考え方にもとづき、国・地方を通じ、無駄と重複を排除した、簡素で効率的な行政を実現する。（3）地方の行政及び税財政の基盤を確立し、自由度を拡大して、自治体が責任をもって行政を実施するとともに、自立した自治体が国に依存せず、相互の連携・連帯によって支え合う仕組みを実現する。（4）受益と負担の明確化により、住民が主体的に政策の選択と決定を行うようにする。（5）情報公開を徹底して、行政の透明性を向上させるとともに、首長と議会がそれぞれの機能を十分に発揮することでガバナンスを強化し、また住民参加の促進やNPOなどとのパートナーシップを確立して、真に住民のための地方分権改革を実現する」をあげた。

また、地方分権のより一層の推進を図るために、市町村合併を含めた基礎自治体のあり方、監査機能の充実・強化などの最近の社会経済情勢の変化に対応した地方行財政制度のあり方について、第29次地方制度調査会において検討された。

ところで、政府は、地方分権改革の総合的な推進を図るため、平成19年（2007）5月29日の閣議決定により、内閣総理大臣を本部長とし、全閣僚を本部員とする地方分権改革推進本部を設置した。地方分権改革推進本部は、地方分権改革推進委員会の、第1次勧告に対応する「地方分権改革推進要綱（第1次）」を平成20年（2008）6月20日に、第2次勧告に対応する「出先機関改革に係る工程表」を平成21年（2009）3月24日に、それぞれ本部決定した。

その後、平成21年（2009）9月の政権交代を経て、同年11月17日の閣議決定で、内閣総理大臣を議長に、関係閣僚及び有識者で構成する「地域主権戦略会議」が設置され、地方分権改革推進本部は廃止された。そして、地方分権改革推進法に基づく「地方分権改革推進計画」は、12月14日の地域主権戦略会議の初会合の議を経て、翌12月15日に閣議決定された。

平成23年（2011）4月28日に、地域主権関連3法案、すなわち、「地方自治法の一部を改正する法律」、「地域の自主性及び自立性を高めるための改革の推進を図るための関係法律の整備に関する法律」（第1次一括法）、「国と地方の協議の場に関する法律」が国会で成立した。

第2次一括法の正式名称は、第1次一括法と同じ法律名である。平成22年（2010）6月に閣議決定された「地域主権戦略大綱」を踏まえ、基礎自治体への権限移譲（47法律）と、義務付け・枠付けの見直し（160法律）を実施するため

に、188法律（重複19法律）を一括して改正する法律である。

第3次一括法は、平成25年（2013）6月に成立、公布され、正式名称は、第1次及び第2次一括法と同じ法律名である。平成23年（2011）11月に閣議決定された「義務付け・枠付けの更なる見直し」、平成25年（2013）3月に閣議決定された「義務付け・枠付けの第4次見直し」を踏まえ、義務付け・枠付けの見直しと都道府県から基礎自治体への権限移譲を実施するため、74法律を一括して改正する法律である。

第4次一括法は、地方分権改革推進委員会の勧告のうち、残された課題である国から自治体への事務・権限の移譲等を推進するとともに、第30次地方制度調査会答申（平成25年（2013）6月25日）で示された都道府県から指定都市への事務・権限の移譲等を推進するため、「事務・権限の移譲等に関する見直し方針について」（平成25年（2013）12月20日閣議決定）を踏まえ、関係法律の整備を行うもので、平成26年（2014）5月28日に、63法律を一括改正した。

第5次地方分権一括法は、平成27年（2015）6月に成立、公布され、平成26年（2014）から新たに導入した「提案募集方式」における自治体等からの提案等を踏まえた「平成26年（2014）の地方からの提案等に関する対応方針」（平成27年（2015）1月30日閣議決定）に基づき、国から自治体又は都道府県から指定都市への事務・権限の移譲等について、関係法律の整備を行うため19法律（重複1法律）を一括改正した。

第6次地方分権一括法は、平成28年（2016）5月に成立、公布され、「提案募集方式」による提案等を踏まえた「平成27年の地方からの提案等に関する対応方針」（平成27年（2015）12月22日閣議決定）に沿って、自治体への事務・権限の移譲等について、関係法律の整備のため15法律を一括改正した。

第7次地方分権一括法は、平成29年（2017）4月に成立、交付され、「平成28年の地方からの提案等に関する対応方針」（平成28年（2016）12月20日閣議決定）を踏まえ、都道府県から指定都市等への事務・権限の移譲や自治体に対する義務付け・枠付けの見直し等の関係法律の整備のため10法律を一部改正した。

第8次地方分権一括法は、平成30年（2018）6月に成立、交付され、「平成29年の地方からの提案等に関する対応方針」（平成29年（2017）12月26日閣議決定）を踏まえ、国から自治体又は都道府県から中核市への事務・権限の移譲や自治体に対する義務付け・枠付けの見直し等の関係法律の整備を行うため15法律を一部改正した。

第9次地方分権一括法は、「提案募集方式」における自治体等からの提案等を踏まえた「平成30年の地方からの提案等に関する対応方針」（平成30年（2018）12月25日閣議決定）に基づき、都道府県から中核市への事務・権限の移譲、義務付け・枠付けの見直し等を推進するため、法令整備が行われたものである。

第10次地方分権一括法は、「令和元年の地方からの提案等に関する対応方針」（令和元年（2019）12月23日閣議決定）を踏まえ、都道府県から指定都市への事務・権限の移譲や自治体に対する義務付け・枠付けの見直し等の関係法律の整備を行った。都道府県から指定都市への事務・権限の移譲、自治体に対する義務付け・枠付けの見直し等（12改正事項（9法律））が行われた。

第11次地方分権一括法は、「令和2年の地方からの提案等に関する対応方針」（令和2年（2020）12月18日閣議決定）を踏まえ、地方公共団体に対する義務付け・枠付けの見直し等の9法律を一括改正した。地縁による団体について、不動産等を保有する予定の有無に拘わらず認可、転出届及び印鑑登録の廃止申請の受付等の事務について、郵便局において取り扱わせることを可能にするなどの改正が行われた。

第12次地方分権一括法は、「令和3年の地方からの提案等に関する対応方針」（令和3年（2021）12月21日閣議決定）を踏まえ（12法律の整備を行うもので、認可地縁団体について、合併及び書面等による決議を可能とする見直し、水道法、国土調査法及び空家等対策の推進に関する特別措置法に基づく事務について、住民基本台帳ネットワークシステムの利用を可能とする見直しなどが行われた。

第2節　第2次分権改革の成果

第2次分権改革は、成果として以下のもの（内閣府資料参照）がある。第2次分権改革は、第1次分権改革で十分に行われてこなかった権限移譲や規制緩和に関する個別法令レベルに踏み込んだ制度改正を数多く実現した（図表1-1-3）。

1　義務付け・枠付けの見直し

義務付け・枠付けの見直しについては、地方分権改革推進委員会の勧告等を踏まえ、自治事務のうち、法令により義務付け・枠付けをし、条例で自主的に定める余地を認めていない10,057条項のうち、見直し対象の4,076条項について見直しを行った。

4,076条項の見直しにあたっては、義務付け・枠付けの存置を許容する場合等のメルクマールを設ける方法により網羅的に検討を行い、地方からの提案も踏まえつつ、「施設・公物設置管理の基準」、「協議、同意、許可・認可・承認」、「計画等の策定及びその手続」など重点見直し項目を定めながら、4次にわたり見直しを実施し、見直すべきとされた1,316条項に対し975条項の見直しを行っ

図表1-1-3　第2次分権改革の主な内容

---

①地方に対する規制緩和（義務付け・枠付けの見直し）（第1次・第2次・第3次一括法等）
　・見直すべきとされた1,316条項に対し、975条項の見直しを実施（74％）
②事務・権限の移譲等
　・国から地方
　　　検討対象（地方が取り下げた事項を除く）とされた96事項に対し、66事項を見直し方針で措置（69％）：移譲する事務・権限【48事項】、移譲以外の見直しを行う事務・権限【18事項】
　・都道府県から市町村（第2次・第3次一括法等）
　　　勧告事項である82項目に地方からの提案等を含めた105項目に対し、72項目の移譲を実施（69％）
　・都道府県から指定都市（第4次一括法等）
　　　検討対象とされた64事項に対し、41事項（現行法で処理できるもの（8事項）を含む）を見直し方針で措置（64％）：移譲する事務・権限【29事項】、移譲以外の見直しを行う事務・権限【4事項】
③国と地方の協議の場
　・国と地方の協議の場に関する法律が成立（平成23.4.28）
　　　地方に関わる重要政策課題について、地方と連携して対処していくため、同法に基づき引き続き運営

た。
　この結果、自治体が自主的に条例を制定できる範囲が拡大し、地方に自ら考える機会を提供するとともに、これまでの全国画一的で細部まで規制していた国の法体系の中にあって、自治体が地域課題を踏まえた多様な法的対応をとることを可能とし、地方の自主性・自立性が向上した。ただし、福祉施設の人員・設備・運営基準に関しては、「従うべき基準」が残るなど、十分に地方の自由度が確保されていない点は依然として残った。

2　国から地方への事務・権限の移譲等

　国から地方への事務・権限の移譲等については、平成25年（2013）9月に地方分権改革推進本部において「国から地方公共団体への事務・権限の移譲等に関する当面の方針について」を決定した。当面の方針に沿って、各府省や地方側との調整が行われ、同年12月には、検討対象（地方が取り下げた事項を除く）

とされた96事項に対し66事項の見直しを盛り込んだ「事務・権限の移譲等に関する見直し方針について」を閣議決定し、これを踏まえた第4次一括法が平成26年（2014）5月に成立した。

かくして、国から地方への事務・権限の移譲等は、窓口一本化等により、住民に身近な自治体が、地域の実情を反映した総合行政を進めることで効果的かつ効率的な事務執行が進んでいる。

3　都道府県から市町村への事務・権限の移譲等

都道府県から市町村への事務・権限の移譲等については、義務付け・枠付けの見直しと併せて第2次から第4次にわたる見直しにより、地方分権改革推進委員会の勧告事項である82項目に地方からの提案等を含めた105項目に対し、72項目について移譲を行った。

また、第30次地方制度調査会答申で示された都道府県から指定都市への事務・権限の移譲等について、国から地方への事務・権限の移譲等と併せて、平成25年（2013）12月に、検討対象とされた64事項に対し41事項（現行法で可能なものを含む）の見直しを盛り込んだ「見直し方針」を閣議決定し、これを踏まえた第4次一括法が平成26年（2014）5月に成立した。

かくして、都道府県から市町村への事務・権限の移譲等は、土地利用、社会保障等の分野で着実に推進されており、市町村において総合行政が行いやすくなっている。しかし、行政資源が少ない小規模な市町村では、十分な事務処理体制をとることができず、都道府県の支援を必要とするなど問題が残っている。

4　国と地方の協議の場の法制化

国と地方の協議の場については、「国と地方の協議の場に関する法律」の制定により、法制化された。現在同法に基づき、①国と自治体との役割分担に関する事項、②地方自治に関する事項、③地方自治に影響を及ぼすと考えられる国の政策のうち、重要なものについて協議が行われている。

国と地方の協議の場の法制化以前から、個別の課題解決のため必要に応じて国と地方との間の協議は行われていたが、法制化により恒常的に政府の代表と地方の代表とが協議する仕組みが設けられ、国と地方が連携をとって円滑に諸課題に対処しやすくなった。

5　補助対象財産の財産処分の弾力化

「補助金等適正化法第22条の規定に基づく各省各庁の長の承認について」（平成20年（2008）4月10日補助金等適正化中央連絡会議決定事項）により、①概ね10年を経過した補助対象財産については、補助目的を達成したものとみなし、

報告等により国の承認とみなすとともに、その際、用途・譲渡先を問わず、また、国庫納付を求めないこと、②各府省は財産処分の承認基準を分かりやすく定め、自治体及び地方支分部局に対し確実に周知すべきことが定められた。

6 地方議会制度の見直し

自治体の自由度の拡大を図るための措置として、議員定数の法定上限の撤廃、議決事件の範囲の拡大等について、平成23年（2011）の自治法の改正により措置された。

自治体の議会及び長による適切な権限の行使を確保するとともに、住民自治の更なる充実を図るため、議会の招集及び会期、議会運営、議会の調査権、政務活動費、議会と長の関係、直接請求制度等について、平成24年（2012）の自治法の改正により措置された。

第3節 地域主権戦略改革から地方分権改革の推進

1 地域主権戦略会議

民主党政権時、内閣は、平成21年（2009）11月17日の閣議決定で、「地域主権戦略会議」を設置したが、これは、地域のことは地域に住む住民が決める「地域主権」を早期に確立する観点から、「地域主権」に資する改革に関する施策を検討し、実施するとともに、地方分権推進委員会の勧告を踏まえた施策を実施することを目的とした。地域主権戦略会議は、同年12月14日、地方分権改革推進計画を決定し、翌15日にはこれが閣議決定された。この計画に基づき、「地域主権改革の推進を図るための関係法律の整備に関する法律案（第1次一括法案）」「国と地方の協議の場に関する法律案」及び「地方自治法の一部を改正する法律案」の地域主権改革関連3法案が平成22年（2010）3月29日に第174回国会に提出された。しかし、この3法案は、先議の参議院では可決されたものの、送付を受けた衆議院では継続審査になり、ようやく第177回国会で修正可決され、平成23年（2011）4月28日に成立した。修正は「地域主権改革」の用語や地域主権戦略会議に係る規定の削除等を行うものであり、一括法案は「地域の自主性及び自立性を高めるための改革の推進を図るための関係法律の整備に関する法律」となった。

2 地域主権戦略大綱

民主党内閣による地方分権改革は、地域主権戦略会議を中心に進められるこ

とになったが、この議を経て、平成22年（2010）6月22日、地域主権戦略大綱が閣議決定された。

　地域主権戦略大綱は、地域主権改革の意義や理念等を踏まえ、憲法や国際条約との整合性にも配意しつつ、地域主権改革の推進に関する施策の総合的かつ計画的な推進を図るため、当面講ずべき必要な法制上の措置その他の措置を定めるほか、その後のおおむね2～3年を見据えた改革の諸課題に関する取組方針を明らかにするものであった。

　概要（内閣府資料による）としては、以下のとおりである。

①　「地域主権改革」とは、「日本国憲法の理念の下に、住民に身近な行政」は、自治体が「自主的かつ総合的に広く担うようにするとともに、地域住民が自らの判断と責任において地域の諸課題に取り組むことができるようにするための改革」である。

②　国と地方が対等なパートナーシップの関係にあることを踏まえ、地域の自主的判断を尊重しながら、国と地方が協働して「国のかたち」をつくる。「補完性の原則」に基づき、住民に身近な行政はできる限り自治体にゆだねることを基本とする。とくに、住民に身近な基礎自治体を重視する。

③　戦略大綱は、地域主権改革を総合的かつ計画的に推進するため、当面講ずべき必要な法制上の措置その他の措置を定めるほか、今後おおむね2～3年を見据えた改革の取組方針を明らかにするとした。結果として、戦略大綱に基づく改革の取組の成果等を踏まえて、平成24年（2012）11月30日に「地域主権推進大綱」を閣議決定した。

④　内閣総理大臣を議長とする地域主権戦略会議を中心に、より一層の政治主導で集中的かつ迅速に改革を推進する。適時に国と地方の協議の場を開催し、国と地方の実効ある協議を行い、改革の推進及び国と地方の政策の効果的・効率的な推進を図る。

　一方、地域主権確立のために自治法の抜本改正を検討する場として、平成22年（2010）1月に総務大臣の下に地方行財政検討会議が設けられ、長と議会の関係（議員による執行機関の構成員の兼職、議会の招集権、専決処分、再議制度、条例の公布等）を中心に、広域連携のあり方、基礎自治体の区分の見直し・大都市制度のあり方、解職請求制度の見直し、国・地方間の係争処理のあり方などが議論された。6月22日には中間報告「地方自治法抜本改正に向けての基本的な考え方」がとりまとめられた。これに基づいて平成23年（2011）1月26日に改正の総務省案がまとめられたが、提案には至らず、これは結局第30次地方制度調査会で議論することとなった。

3 アクション・プラン

地域主権戦略大綱に基づき、「アクション・プラン～出先機関の原則廃止に向けて～」が閣議決定された（平成22年（2010）12月28日）。アクション・プランは、「住民に身近な行政はできる限り自治体に委ね、地域における行政を自治体が自主的かつより総合的に実施できるようにする」ことを基本理念に、「出先機関の事務・権限をブロック単位で移譲する取組」、自治体が「特に移譲を要望している事務・権限」である「直轄道路、直轄河川、公共職業安定所（ハローワーク）」についての取組と、「これら以外の事務・権限に係る取組」について、具体的な工程を明らかにした。これらの取組を円滑かつ速やかに実施するための仕組みとして、地域主権戦略会議に、内閣府特命担当大臣（地域主権推進）を委員長とする「アクション・プラン」推進委員会が設置され（平成23年（2011）1月）、検討及び法案化が進められた。

4 第30次地方制度調査会

第30次地方制度調査会は、平成23年（2011）8月24日に設置され、議会のあり方をはじめとする住民自治のあり方及び社会経済、地域社会などの変容に対応した大都市制度のあり方、加えて、東日本大震災を踏まえた基礎自治体の担うべき役割や行政体制のあり方について諮問された。しかし、実際には、それまで検討が進んでいた自治法の抜本改正を検討して法案をまとめることが課題とされ、平成23年（2011）12月15日、「地方自治法改正案に関する意見」を内閣総理大臣に提出した。改正事項の内容は、①地方議会の会期や臨時会の招集権などの地方議会制度、②再議制度の拡大、専決処分、条例公布などの議会と長との関係、③署名人数要件の緩和などの直接請求制度、④国等による違法確認訴訟制度の創設、⑤一部事務組合等からの脱退の手続の簡素化など一部事務組合・広域連合等、についてであった。これに基づく改正法案は、平成24年（2012）3月9日に閣議決定されて国会に提出され、成立して9月5日に公布された。

なお、大都市制度のあり方については、専門小委員会で検討され、平成24年（2012）12月20日に中間報告が出された。この間、8月に議員立法によって「大都市地域における特別区の設置に関する法律」が制定され、東京都以外の人口200万以上の区域に特別区を設置する場合の手続が定められた。中間報告は、この手続に際しての事務分担、税源配分及び財政調整を中心に留意点を指摘している。大都市地域特別区設置法に基づき法定協議会が設置され、平成26年（2014）7月23日に、大阪都構想案（協定書）が作成され、一旦は否決されたものの、その後、府市議会で可決された。平成27年（2015）5月17日に、住民投票が実施され、反対多数で廃案となった。

5　地域主権推進大綱

　平成24年（2012）11月30日、内閣は、「地域主権推進大綱」を閣議決定した。これは、先の「地域主権戦略大綱」に基づくこれまでの取組成果を踏まえ、地域主権改革の一層の推進を図るために策定されたものである。
　　1．義務付け・枠付けの見直しと条例制定権の拡大
　　2．基礎自治体への権限移譲
　　3．国の出先機関の原則廃止（抜本的な改革）
　　4．ひも付き補助金の一括交付金化
　　5．地方税財源の充実確保
　　6．直轄事業負担金の廃止
　　7．地方自治制度の見直し
　　8．自治体間連携等（道州制を含む）
　　9．緑の分権改革の推進（地域主権型社会を支える地域活性化の取組の推進）
　大綱では、項目ごとに、これまでの取組と成果あるいは基本的考え方、今後の課題と進め方をまとめている。

6　地方分権改革推進本部の設置

　平成25年（2013）3月8日の閣議決定により、地域主権戦略会議（平成21年（2009）11月17日閣議決定）は廃止され、地方分権改革の推進に関する施策の総合的な策定及び実施を進めるため、内閣に地方分権改革推進本部が設置された。本部の構成員は、本部長に内閣総理大臣、副本部長に内閣官房長官および内閣府特命担当大臣（地方分権改革）、本部員に他の全ての国務大臣である（**図表1-1-4**）。

7　今後の改革の方向性「個性と自立、新たなステージへ」

　地方分権改革の更なる展開として報告書「個性を活かし自立した地方をつくる」では以下の点を強調しあげている。

　①**改革の理念を継承し発展へ**：個性を活かし自立した地方をつくる
　②**地方の発意に根ざした息の長い取組へ**：地方からの「提案募集方式」の導入、政府としての恒常的な推進体制の整備
　③**地方の多様性を重んじた取組へ**：連携と補完によるネットワークの活用、「手挙げ方式」の導入
　④**真の住民自治の拡充・財政的な自主自立性の確立**：自治の担い手の強化
　⑤**改革の成果を継続的・効果的に情報発信**：住民の理解と参加の促進

図表1-1-4　地方分権改革の推進体制

```
┌─────────────────────────────────┐
│［内閣としての政策検討］            │
│地方分権改革推進本部               │
│※閣議決定で内閣に設置              │
│本部長　：内閣総理大臣             │
│副本部長：内閣官房長官             │
│　　┌──────────────────────┐        │         ┌──────────────────────────┐
│　　│内閣特命担当大臣（地方分権改革）│      │         │［有識者による調査審議］      │
│本部員：他の全ての国務大臣 │──────│────────│地方分権改革有識者会議        │
└─────────────────────────────────┘        │（地方分権改革担当大臣の下で開催）│
                                            └──────────────────────────┘
```

```
┌──────────────────────────────────────┐
│専門部会                                │
│（地方分権有識者会議の下で開催）         │
│具体的かつ重要なテーマごとに、有識者会議議員及び各│
│分野の専門家による部会を開催し、国・地方その他関係│
│者からのヒアリングを通じ、客観的な評価・検討に資す│
│る議論を行う                            │
└──────────────────────────────────────┘
```

　そこで、今後の改革においては、従来からつづく課題への取組はもちろんのこと、「地方の発意に根ざした息の長い取組、地方の多様性を重んじた取組に軸足を置いて取り組む」ために、重要な手法として「提案募集方式」と「手挙げ方式」が示された。

ア　提案募集方式

　1次、2次、3次分権一括法により地方分権改革推進委員会勧告に基づき、事務・権限の移譲、義務付け・枠付けの見直しなど関して着実に地方分権が進んでいるものの4次分権一括法により委員会の勧告事項については一通り検討したことになる。

　そこで、この成果を基盤として個性を活かした自立した地方をつくるためには、地方の声を踏まえつつ、社会経済情勢の変化に対応して、引き続き改革を着実に推進していくことが必要と考えられた。そのため、「従来からの課題への取組に加え、委員会勧告方式に変えて、地方の発意に根差した新たな取組を推進する」こととし、多くの、個々の自治体などから広く改革に関する提案を募集することとした（図表1-1-5）。

　これにより、「地方公共団体への事務・権限の移譲、義務付け・枠付けの見直し等（地方に対する規制緩和）を推進」し、「地方分権改革の推進は、地域が自らの発想と創意工夫により課題解決を図るための基盤となるものであり、地方創生における極めて重要なテーマ」とした。

　提案主体は、①都道府県、市区町村、②一部事務組合、広域連合、③地方六団体、ブロック単位の全国知事会など自治体を構成員とする任意組織である。

図表1-1-5　平成30年（2018）主な見直し事項（提案募集方式の成果）

①地方創生・まちづくり—機動的かつ柔軟な地域づくり—
・公立博物館等について自治体の選択により、教育委員会から首長部局への移管を可能とする見直し（地教行法、社会教育法、図書館法、博物館法）
・町村の都市計画に係る都道府県同意の廃止（都市計画法）
・電子マネーを利用した公金収納の取扱いの明確化（自治法）

②子育て・医療・福祉—地域の実情に合わせたサービス提供—
・放課後児童クラブに係る「従うべき基準」等の見直し（児童福祉法）
・お盆・年末年始等における共同保育の実施（児童福祉法、就学前の子どもに関する教育、保育等の総合的な提供の推進に関する法律）
・児童養護施設等の児童指導員の資格要件に幼稚園教諭を追加（児童福祉法）

③地方分権改革の取組強化等—国・地方の役割分担—
・療育手帳の交付決定権限の都道府県から児童相談所を設置している中核市への移譲（療育手帳制度要綱）
・経済産業大臣の登録を受けた登録電気工事業者等に対する危険等防止命令の都道府県への権限付与（電気工事業の業務の適正化に関する法律）
・建設業の許可申請等に係る都道府県経由事務の廃止（建設業法）

イ　手挙げ方式

　個々の自治体の発意に応じ選択的に権限移譲を行う「手挙げ方式」を導入すべきとされた。特に国から地方への権限移譲において、新たな突破口となり、「手挙げ方式」による実績が積み上がっていくことで、他の地域へも波及し、全体として行政サービスの向上につながることが期待されている。
　なお、「手挙げ方式」を活用した結果、ある程度の広がりをもって移譲が進んだ場合には、事務・権限の性格等に応じ、国と地方の役割分担の明確化や住民の利便性の向上を図る観点から、全国一律の移譲に移行することを検討すべきであるとされている。

第4節　広域行政

　高度経済成長期以後、交通網の整備や情報通信手段の急速な発達・普及によって、住民の活動範囲は行政区域を越えて飛躍的に広域化している。広域的な交通体系の整備、公共施設の一体的な整備や相互利用、行政区域を越えた土地の利用など広域的なまちづくりや施策に対するニーズが高まっている。さらに、市町村は、少子高齢化や環境問題、情報化の進展といった、多様化・高度化するとともに広域化する行政課題への的確な対応に迫られている。

　また、市町村合併の進展等によって基礎自治体の行政体制整備が大幅に進んでいるが、個々の基礎自治体は規模、地理的条件等の事情が異なるため、事務事業によっては、広域的な連携の仕組みを積極的に活用し、複数の自治体が協力して実施することで、より効率的で、かつ質的にも向上した事務処理が可能となる。

　広域的な取組を進める方法としては、複数の市町村が合体して一つの市町村として取り組む市町村合併と、個々の市町村はそのままで連携調整して取り組む広域行政がある。

　平成26年（2014）の自治法改正により連携協約制度と事務の代替執行制度が設けられた（**図表1-1-6**）。連携協約の制度化は、地方中枢拠点都市圏に制度的な裏づけを与え、後述する全国展開されている定住自立圏構想と合わせ、都市機能の「集約とネットワーク化」を通じて市町村間の連携が期待されている。

　後述する連携中枢都市圏や定住自立圏以外の地域においても広域連携を進めやすくするため、広域連携を目指す複数の市町村が「地域の未来予測」を共同で作成するための経費や、それに基づく施設の共同利用等に向けた取組に要する経費について、特別交付税措置を講じられている。

① 「地域の未来予測」の共同作成及び「目指す未来像」の議論に要する経費への特別交付税措置　措置率0.5／対象経費の上限額（1市町村あたり）500万円

② 「地域の未来予測」に基づく広域連携の取組のうちソフト事業に要する経費への特別交付税措置　措置率0.5／対象経費の上限額（1市町村あたり）1000万円

「連携中枢都市圏構想」とは、第30次地方制度調査会「大都市制度の改革及び基礎自治体の行政サービス提供体制に関する答申」を踏まえて制度化したものである。地域において、相当の規模と中核性を備える圏域の中心都市が近隣の市町村と連携し、コンパクト化とネットワーク化により「経済成長のけん引」、「高次都市機能の集積・強化」及び「生活関連機能サービスの向上」を行い、一

図表1-1-6 広域行政のための共同処理制度

	共同処理制度	制度の概要
法人の設立を要しない簡便な仕組み	連携協約	自治体が、連携して事務を処理するに当たっての基本的な方針及び役割分担を定めるための制度
	協議会	自治体が、共同して管理執行、連絡調整、計画作成を行うための制度
	機関等の共同設置	自治体の委員会又は委員、行政機関、長の内部組織等を複数の自治体が共同で設置する制度
	事務の委託	自治体の事務の一部の管理・執行を他の自治体に委ねる制度
	事務の代替執行	自治体の事務の一部の管理・執行を当該自治体の名において他の自治体に行わせる制度
別法人の設立を要する仕組み	一部事務組合	自治体が、その事務の一部を共同して処理するために設ける特別地方公共団体
	広域連合	自治体が、広域にわたり処理することが適当であると認められる事務を処理するために設ける特別地方公共団体。国又は都道府県から直接に権限や事務の移譲を受けることができる。

注：法人の設立については、特別地方公共団体の新設に係るものであり、総務大臣又は都道府県知事の許可を要する。地方開発事業団、役場事務組合及び全部事務組合については制度が廃止された。

第31次地方制度調査会抜粋

「……平成26年の改正地方自治法により新たに設けられた連携協約をはじめ、事務の共同処理の仕組みを活用して地方公共団体間の広域連携を推進していくべきである。

広域連携は、地方圏や三大都市圏それぞれの特性に応じた方法により推進すべきであり、その推進に当たっては、市町村間の連携を基本としつつ、中山間地や離島等の条件不利地域のように、市町村間の連携による課題解決が困難な地域においては、広域自治体としての都道府県が補完を行うことが考えられる。」

定の圏域人口を有し活力ある社会経済を維持するための拠点を形成する政策をいう。平成26年度（2014）から全国展開を行っている。連携中枢都市圏の取組状況（令和2年（2020）4月現在）は宣言連携中枢都市36市、連携中枢都市圏34圏域、圏域を構成する市町村数325市町村である。

第5節　市町村合併：合併推進から合併円滑化へ

1　市町村の合併の特例に関する法律

　平成11年（1999）以来、全国的に市町村合併が積極的に推進されてきた結果、市町村数は3,232（平成11年（1999）3月31日現在）から1,718（令和3年（2021）1月29日現在）まで減少した。平成11年（1999）以来の全国的な合併推進については10年が経過し、合併特例法期限（平成22年（2010）3月31日まで）を迎えた。そこで、平成11年（1999）以来の全国的な合併推進運動については一区切りとすることが適当であるとし、平成22年（2010）4月以降は、引き続き行財政基盤強化のため自主的に合併を選択する市町村については支援を行うこととなった。同法は令和12年（2030）までの有効期限が10年間再延長された。

　改正合併特例法のポイントは以下の2点である。

①　国、都道府県による積極的な関与等の合併推進のための措置を廃止した。

②　自主的な市町村合併を円滑にする措置を中心とした内容に改正の上、10年間再延長した。

2　円滑化のための措置

（1）議会の議員の定数又は在任に関する特例（8条・9条）

（ア）定数特例

　合併市町村の議員定数を増員することができる（新設合併の場合、最初の任期のみ）。

（イ）在任特例

　合併後の一定期間に限り、旧市町村の議員が新市町村の議員にとどまることができる（新設合併の場合、最長2年のみ）。

（2）地方税・普通交付税に関する特例（16条・17条）

（ア）合併に伴う住民の税負担の急激な増加を緩和するため、合併後5年間に限り、以下のことができる。

①　不均一課税・課税免除ができることとする。

②　合併により人口30万以上となった場合であっても、引き続き事業所税を非課税とする。

③　合併により三大都市圏の市となった場合、農地を宅地並課税の対象としない。

19

（イ）合併算定替

　合併したことにより普通交付税が直ちに減少することは合併の阻害要因となることから、合併後一定期間は、旧市町村が存続したものとみなして普通交付税を算定する（合算額を措置）。

(3) 住民発議・住民投票（4条・5条）

① 　有権者の50分の1以上が市町村長に対して、合併協議会の設置の請求を行うことができる。

② 　当該請求が議会において否決され、かつ、市町村長が住民投票の請求をしなかった場合には、有権者の6分の1以上の連署をもって合併協議会の設置について住民投票の請求をすることができ、有効投票総数の過半数の賛成があった場合には合併協議会を設置する。

(4) 合併特例区（26条〜57条）

　地域住民の声を行政運営に反映するために、合併前の旧団体の区域に合併特例区を設置することができる。

合併特例区：設置期間は5年以内。法人格を有し旧市町村区域の事務を処理する。区長は必置。公の施設を設置管理できる。予算編成権がある。

参考：このほかの地域自治組織

地域自治区…法人格を有しないが、市町村の判断で旧市町村単位で設けられる。特別職の区長を置くことができ、住所の表示にはその名称を冠する。

地域審議会…合併関係市町村の協議により期間を定めて合併関係市町村の区域であった区域ごとに設置することができる。

第6節　定住自立圏構想

1　定住自立圏構想とは

　地方圏から三大都市圏への人口流出は、市町村が自律拡大を進めていく上で大きな課題である。この課題に対応するため、総務省は平成20年（2008）1月「定住自立圏構想研究会」を設置し、新たな広域行政の枠組みとして「定住自立圏構想」の策定に向けた検討を進め、5月15日には、「定住自立圏構想研究会報告書〜住みたいまちで暮らせる日本を〜」を公表した。その要旨は以下のとおりである。

　わが国の総人口は、今後、急速に減少することが見込まれている。三大都市

圏においても、団塊の世代の高齢化などに伴い、今後、急速に高齢者数が増加し、生産年齢人口が減少する。このような状況を踏まえ、地方圏において、安心して暮らせる地域を各地に形成し、地方圏から三大都市圏への人口流出を食い止めるとともに、三大都市圏の住民にもそれぞれのライフステージやライフスタイルに応じた居住の選択肢を提供し、地方圏への人の流れを創出することが求められている。

定住自立圏は、中心市と周辺市町村が、自らの意思で1対1の協定を締結することを積み重ねる結果として、形成される圏域である。圏域ごとに「集約とネットワーク」の考え方に基づき、中心市において圏域全体の暮らしに必要な都市機能を集約的に整備するとともに、周辺市町村において必要な生活機能を確保し、農林水産業の振興や豊かな自然環境の保全等を図るなど、互いに連携・協力することにより、圏域全体の活性化を図ることを目的とする。

この構想は、「定住自立圏構想推進要綱」（平成20年12月26日総務事務次官通知）として制度化され、平成21年（2009）4月1日から施行された。これに伴って、これまでの「広域行政圏計画策定要綱」（平成12年3月31日自治振第53号）及び「ふるさと市町村圏推進要綱」（平成11年4月21日自治振第51号）は、平成21年（2009）3月31日をもって廃止された。KPI：令和6年（2024）140圏域とし、令和4年（2022）11月現在、中心宣言を行った市は140市、130圏域、ビジョンを策定した圏域は130圏域となっている。

2 定住自立圏の中心市と周辺市町村との役割分担

(1) 中心市

定住自立圏の中心市は、①大規模商業・娯楽機能、中核的な医療機能、生活関連サービス機能など、行政機能・民間機能を問わず、生活に必要な都市機能についてすでに一定の集積があること、②自らの住民と、周辺市町村の住民がその機能を活用しているような、都市機能がスピルオーバーしている都市であることが必要とされる。このような都市の機能を充実させ、圏域全体の暮らしを支え、魅力を向上させ、中心市が、圏域全体のマネジメントを担うことが求められている。

中心市は、次に掲げる要件のすべてを満たす市をいう。
① 人口が5万人程度以上であること（少なくとも4万人を超えていること）
② 昼間人口及び夜間人口について、次に掲げる要件のいずれかを満たすこと
　ア 昼間人口を夜間人口で除して得た数値が1以上であること
　イ 平成11年（1999）4月1日以降に行われた市町村の合併を経た合併市

にあっては、合併関係市のうち人口（合併期日以前の直近の日に国勢調査令によって調査した数値を用いる）が最大のものにおいて、昼間人口を夜間人口で除して得た数値が1以上であること

（2）周辺市町村

　周辺市町村は、環境、地域コミュニティ、食料生産、歴史・文化などの観点からの重要な役割が期待される。周辺地域の農山漁村はこれからの長寿社会において、高齢者の新しい生き方を提示する役割も期待されている。

　定住自立圏構想は、このような中心市の機能と周辺市町村の機能が、協定によって有機的に連携し、「定住」のための暮らしに必要な諸機能を総体として確保するものである。また、経済基盤や地域の誇りを培い、全体として魅力あふれる地域を形成していくことを目指すものである。

3　高次の都市機能を有する都市等を中心市とする定住自立圏との連携

　複数の定住自立圏が、より広域的に連携していくことが期待されている。特に、高次の都市機能を有する都市（人口20万ないし30万程度以上の都市など）を中心市とする定住自立圏と、基本的な生活機能を有する都市を中心市とする定住自立圏とが、情報・交通ネットワーク等により結びつき、より高次の都市機能の確保や地域の経済基盤の強化へ向けて連携していくことが期待されている。

　一方、同程度の規模の都市を中心市とする定住自立圏同士が、それぞれの異なる特色を活かしながら、相互に連携していくことなども期待される。

4　中心市および周辺市町村の取組に対する包括的財政措置

（1）中心市の取組に対する包括的財政措置（特別交付税）

　周辺市町村の住民等のニーズにも対応しながら、生活機能等の集約・ネットワーク化を進め、各種行政サービス等を提供していく取組に対する包括的な財政措置がある。1市当たり年間8500万円程度を基本として、圏域の人口、面積、周辺市町村数、昼夜間人口比率等を勘案して算定する。

（2）周辺市町村の取組に対する包括的財政措置（特別交付税）

　協定またはビジョンに基づき、中心市や他の周辺市町村と連携しながら進める取組や、地域のニーズを踏まえて行うコミュニティ振興等の取組などに対する包括的な財政措置がある。1市町村当たり年間1800万円程度を基本として、当該市町村の人口、面積等を勘案して算定する。

（3）外部人材の活用に対する財政措置（特別交付税）

このほかに、圏域外における専門性を有する人材を活用するための措置がある。上限700万円、最大3年間の措置である。

（4）地方債

医療・福祉、産業振興、公共分野の3分野に限定して地域活性化事業債を充当する。充当率は90％、交付税算入率30％である。

第7節　地方創生

人口減少・高齢化という課題に政府が一体となって取り組み、各地域がそれぞれの特徴を活かした自律的で持続的な社会を創生できるよう、本部長を内閣総理大臣とする「まち・ひと・しごと創生本部」が設置された（平成26年（2014）9月3日閣議決定）。現在、地方創生の推進は、内閣官房「まち・ひと・しごと創生本部事務局」と内閣府「地方創生推進事務局」により行われている。

内閣官房「まち・ひと・しごと創生本部事務局」は、地方創生に関する政府の司令塔として、「まち・ひと・しごと創生総合戦略」のフォローアップ・深化等を担当している。

従来の施策（縦割り、全国一律、バラマキ、表面的、短期的）の検証を踏まえ、地方創生に関する政策を検討するにあたって政策5原則（自立性、将来性、地域性、直接性、結果重視）に基づき施策展開を目指している。

また、国と自治体ともに、5か年の戦略を策定・実行する体制を整え、アウトカム指標を原則とした重要業績評価（以下、KPI）で検証・改善する仕組みを確立するとした。

（1）第1期「まち・ひと・しごと創生総合戦略」の成果と課題

地方の若者の就業率、訪日外国人旅行者数、農林水産物・食品の輸出額は一貫して増加傾向にあるなど、しごとの創生に関しては、一定の成果が見られる。一方で、東京圏への転入超過は、令和2年（2020）の均衡目標に対し、平成30年（2018）は13.6万人となっている。景気回復が続く中、バブル崩壊後のピークより下回っているが、地方創生がスタートした平成26年（2014）からは一貫して増加している。

（2）第2期「まち・ひと・しごと創生総合戦略」の閣議決定

　令和元年（2019）12月20日に、第2期「まち・ひと・しごと創生総合戦略」が閣議決定された（**図表1-1-7**）。第1期の取組の検証を行い、地方創生の目指すべき将来や、令和2年度（2020）を初年度する今後5か年の目標や施策の方向性等を取りまとめた。

　令和2年（2020）7月に「まち・ひと・しごと創生基本方針2020」を策定し、新型コロナウイルス感染症の影響を踏まえ、新しい地方創生の実現に向けた今後の政策の方向性を打ち出す。「感染症が拡大しない地域づくり」に取り組むことが重要とし、新たな地方創生の取組を、全省庁と連携を取りながら総合的に推進する、としている。

（3）第2期「まち・ひと・しごと創生総合戦略」基本目標等の各分野の政策の推進

　令和元年（2019）12月20日、第1期総合戦略（平成27（2015）～平成31／令和元（2019）年度）期間中の施策の検証を踏まえ、令和2（2020）～令和6（2024）年度までの中長期の地方創生施策の方向性等を決定した（**図表1-1-8**）。

　人口減少を克服し、将来にわたって成長力を確保し、「活力ある日本社会」を維持するため、4つの基本目標と2つの横断的な目標に向けた政策がある。

　　○基本目標

　　　「稼ぐ地域をつくるとともに、安心して働けるようにする」

　　　「地方とのつながりを築き、地方への新しいひとの流れをつくる」

　　　「結婚・出産・子育ての希望をかなえる」

　　　「ひとが集う、安心して暮らすことができる魅力的な地域をつくる」

　　○横断的な目標

　　　「多様な人材の活躍を推進する」

　　　「新しい時代の流れを力にする」

（4）第2期総合戦略改訂

　新型コロナウイルス感染症を踏まえた今後の地方創生の取組の方向性として、以下の2点を示している。国は各地域の自主的・主体的な取組を基本としつつ、地域のみでは対応しきれない面を様々な観点から支援する、としている。以下の2点を重要事項として言及している。

　①　感染症を契機とした、地方移住への関心の高まりを地方への大きなひと・しごとの流れにつなげていくため、恵まれた自然環境や人々の絆の

図表1-1-7　まち・ひと・しごと創生総合戦略（平成30年（2018）改訂版）全体像

地方創生をめぐる現状認識
- ◎ 人口減少の現状　⇒ 2017年の総人口は、前年に比べ、22万7千人減少し7年連続の減少。合計特殊出生率は前年を下回る1.43となり、年間出生数は94.6万人となった。
- ◎ 東京一極集中の傾向　⇒ 東京圏へ約12万人の転入超過、東京一極集中の傾向が継続。
- ◎ 地域経済の現状　⇒ 雇用・所得環境の改善が続く一方、東京圏とその他の地域との間には一人当たり県民所得等に差が生じている。また、地方において大多数を占める中小企業は、大企業と比べて人手不足感が高まっている。

人口減少と地域経済縮小の克服 ／ まち・ひと・しごとの創生と好循環の確立

第1期「総合戦略」の総仕上げに向けて

基本的認識
- ◎ 中間年におけるKPIの総点検を踏まえ、「ひと」と「しごと」に焦点を当てた、「わくわく地方生活実現政策パッケージ」を策定。
- ◎「まち」に焦点を当てた、地方の魅力を高めるまちづくりの推進に向けて検討。

「わくわく地方生活実現政策パッケージ」の着実な実行	地方の魅力を高めるまちづくりの推進
◎ UIJターンによる起業・就業者創出 ◎ 女性・高齢者等の活躍による新規就業者の掘り起こし ◎ 地方における外国人材の受入れ　　　　　　　等	◎ 中枢中核都市の機能強化 ◎ 人口減少に対応した「まち」への再生

次のステージに向けて
- ◎ 国は第1期の総仕上げに取り組むとともに、Society5.0の実現やSDGs達成に向けた取組をはじめとする現在と将来の社会的変化を見据え、地方創生の新たな展開としての飛躍に向けた次期の総合戦略策定の準備を開始する。
- ◎ 地方公共団体においても、現行の「地方版総合戦略」の進捗状況を検証するとともに、各地域の実情を踏まえ、現行の「地方版総合戦略」の総仕上げと次期「地方版総合戦略」における政策課題の洗い出し等を進めることが必要である。

政策の企画・実行に当たっての基本方針

1. 従来の政策の検証
2. 創生に向けた政策5原則
自立性、将来性、地域性、直接性、
結果重視の政策原則に基づく
3. 国と地方の取組体制とPDCA整備
確かな根拠に基づく政策立案（EBPM※）の考え方の下、データに基づく総合戦略、多様な関係者等や専門家の知見の取り入れ、政策間、地域間連携の推進
※Evidence-Based Policy Makingの略

今後の政策の方向

政策の基本目標
成果（アウトカム）を重視した目標設定
【基本目標①】
地方にしごとをつくり、安心して働けるようにする
【基本目標②】
地方への新しいひとの流れをつくる
【基本目標③】
若い世代の結婚・出産・子育ての希望をかなえる
【基本目標④】
時代に合った地域をつくり、安心なくらしを守るとともに、地域と地域を連携する

地方創生の深化に向けた施策の推進（政策パッケージ）

1. 地方にしごとをつくり、安心して働けるようにする
- （ア）生産性の高い、活力に溢れた地域経済実現に向けた総合的取組
- （イ）観光業を強化する地域における連携体制の構築
- （ウ）農林水産業の成長産業化
- （エ）地方への人材還流、地方での人材育成、地方の雇用対策

> 「女性・高齢者等の活躍による新規就業者の掘り起こし」「地方における外国人材の受入れ」の記載追加

2. 地方への新しいひとの流れをつくる
- （ア）政府関係機関の地方移転
- （イ）企業の地方拠点強化等
- （ウ）地方における若者の修学・就業の促進
- （エ）子供の農山漁村体験の充実　　〔「子供の農山漁村体験の充実」の記載拡充〕
- （オ）地方移住の推進

> 「地域おこし協力隊」の拡大の記載拡充
> 「UIJターンによる起業・就業者創出」の記載追加

3. 若い世代の結婚・出産・子育ての希望をかなえる
- （ア）少子化対策における「地域アプローチ」の推進
- （イ）若い世代の経済的安定
- （ウ）出産・子育て支援
- （エ）地域の実情に即した「働き方改革」の推進（ワーク・ライフ・バランスの実現等）

4. 時代に合った地域をつくり、安心なくらしを守るとともに、地域と地域を連携する
- （ア）まちづくり・地域連携　　〔「中枢中核都市の機能強化」の記載追加〕
- （イ）「小さな拠点」の形成（集落生活圏の維持）
- （ウ）東京圏をはじめとする大都市圏の医療・介護問題・少子化問題への対応
- （エ）住民が地域防災の担い手となる環境の確保
- （オ）ふるさとづくりの推進
- （カ）健康寿命をのばし生涯現役で過ごせるまちづくりの推進
- （キ）温室効果ガスの排出削減と気候変動への適応を進める地域づくり
- （ク）地方公共団体における持続可能な開発目標（SDGs）の達成に向けた取組の推進

地方創生版・三本の矢
地方が「自助の精神」を持って取り組むことが重要であり、国としては、引き続き、意欲と熱意のある地域の取組を、情報、人材、財政の三つの側面から支援

情報支援	人材支援	財政支援
◎ 地域経済分析システム（RESAS※）の普及促進 ※Regional Economy (and) Society Analyzing Systemの略	◎ 地方創生カレッジ ◎ 地方創生コンシェルジュ ◎ 地方創生人材支援制度	◎ 地方創生推進交付金・拠点整備交付金 ◎ 地方財政措置（まち・ひと・しごと創生事業費） ◎ 税制（企業版ふるさと納税等）

国家戦略特区制度、規制改革、社会保障制度改革、地方分権改革との連携

出典：首相官邸ホームページ

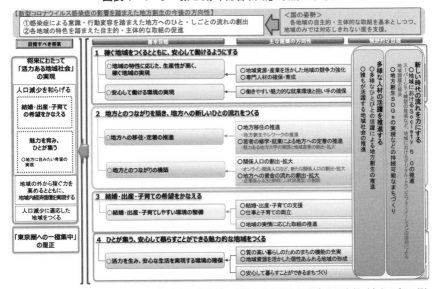

図表 1-1-8 第2期「総合戦略」改訂の概要

出典：内閣官房まち・ひと・しごと創生本部事務局・内閣府地方創生推進事務局資料（令和2年12月）

　強さなどの地域の魅力を高め、人を惹きつける地域づくりや魅力を発信していくことが重要

② 感染症の影響を踏まえ、各地域に適した地方創生の取組を進めるため、より一層、各地域が地域の将来を「我が事」としてとらえ、特色や状況を十分に把握し、隣接する地域との連携を図りつつ、最適な方向性を模索し、各地域が自主的・主体的に取り組むことが重要

（5）まち・ひと・しごと創生基本方針2020

　新型コロナウイルス感染症の拡大は、地域経済や住民生活に他大な影響を与え、デジタル化の遅れなどの問題が顕在化している。雇用の維持と事業の継続、経済活動の回復を図るとともに、感染症克服と経済活性化の両立の視点を取り入れ、デジタル・トランスフォーメーション（DX）を推進し、東京圏への一極集中、人口減少・少子高齢化などの課題に取組を強化する必要がある。

　基本方針の主なポイントは、①地域経済・生活の再興（雇用の維持と事業の継続、交流、賑わいの再活性化）、②新たな日常に対応した地域経済の構築と東京圏への一極集中の是正、③結婚・出産・子育てしやすい環境の整備、④総合性のある具体事例の創出、⑤地域の実情に応じた取組に対する国の支援（財政支援、政策間連携の推進等）である。

（6）地方創生推進交付金

　地域再生法に基づく法定交付金である。自治体が従来の「縦割り」事業だけでは対応しきれない課題を克服することを目的に実施する複数年度にわたる取組、先駆的な取組を安定的かつ継続的に支援する。自治体による自主的・主体的な事業設計にあわせ、具体的な成果目標と PDCA サイクルの確立のもと、官民協働、地域間連携、政策間連携等の促進、先駆的・優良事例の横展開を積極的に推進するものである。

（7）地方創生推進費

　自治体が、地域の実情に応じ、自主的・主体的に地方創生に取り組むことができるよう、平成27年度（2015）以降、地方財政計画の歳出に、「まち・ひと・しごと創生事業費」（１兆円）が計上されていたが、令和５年度（2023）は「地方創生推進費」と名称変更された。地方創生推進費と地域デジタル社会推進費を内訳として、デジタル田園都市国家構想事業費１兆2500億円を創設した。

第8節　連携中枢都市圏

1　連携中枢都市圏とは

　連携中枢都市圏とは、地方圏において、昼夜間人口比率が概ね１以上の指定都市・中核市と、社会的、経済的に一体性を有する近隣市町村とで形成する都市圏である。ただし、隣接する２つの市（各市が昼夜間人口比率概ね１以上かつ人口10万程度以上の市）の人口の合計が20万を超え、かつ、双方が概ね１時間以内の交通圏にある場合において、これらの市と社会的、経済的に一体性を有する近隣市町村とで形成する都市圏についても、連携中枢都市圏と同等の取組が見込まれる場合は該当する。

　同都市圏は、相当の規模と中核性を備える圏域において市町村が連携し、コンパクト化とネットワーク化によって、人口減少・少子高齢社会においても一定の圏域人口を持ち、活力ある社会経済を維持するための拠点を形成する政策である。

　令和４年（2022）４月１日現在、39市（37圏域）が連携中枢都市圏を形成（近隣市町村を含めた延べ市町村数：362）されている。

2 果たすべき役割

　圏域全体の経済をけん引し圏域の住民全体の暮らしを支えるという観点から、3つの役割を担うものとされる。「経済成長のけん引」、「高次都市機能の集積・強化」及び「生活関連機能サービスの向上」を行う。

3 経緯

　第30次地方制度調査会「大都市制度の改革及び基礎自治体の行政サービス提供体制に関する答申」を踏まえて制度化したものである。平成26年（2014）より「連携協約」制度が導入され、連携中枢都市圏の形成等を推進するために国費により支援し、翌年度から地方交付税措置を講じて全国展開された。

　連携協約に基づけば、それぞれの地方公共団体が義務を負うことと、第三者による迅速・公平な解決方策が提示されることが制度的に担保される。また、連携協約を締結した地方公共団体は継続的・安定的に安心して政策に取り組むことが可能となる。

　この取組は、都道府県境を越えて相互に連携することも可能である。連携事業の一環として民間事業者を巻き込むことで、より広域的・複層的な連携、いわゆる「シティリージョン」の形成にも資する。

4 連携中枢都市圏形成に係る連携協約の期間

　連携中枢都市圏形成に係る連携協約の期間は、宣言連携中枢都市とその連携市町村の連携を安定的に維持・拡大していく観点から、原則として、定めないものとする。

5 連携中枢都市圏ビジョン

　連携中枢都市圏ビジョン懇談会における検討を経て、各連携市町村と当該市町村に関連する部分について協議したものをいう。

　ビジョンには以下のものを記載するのとされている。

　ア　連携中枢都市圏及び市町村の名称

　イ　連携中枢都市圏の中長期的な将来像

　ウ　連携中枢都市圏形成に係る連携協約等に基づき推進する具体的取組

　エ　具体的取組の期間（当該期間は、概ね5年間とし、毎年度所要の変更を行う）

　オ　成果指標

第9節 デジタル田園都市国家構想

　デジタル田園都市国家構想実現会議の開催によって、地方からデジタルの実装を進め、新たな変革の波を起こし、地方と都市の差を縮め、世界とつながる「デジタル田園都市国家構想」の実現に向け、構想の具体化を図り、地方活性化を推進するものである。

　同会議の構成は、議長に内閣総理大臣、副議長にデジタル田園都市国家構想担当大臣、デジタル大臣、内閣官房長官とし、構成員に内閣府特命担当大臣（地方創生）、総務大臣、文部科学大臣、厚生労働大臣、農林水産大臣、経済産業大臣、国土交通大臣その他内閣総理大臣が指名する国務大臣などである。

　デジタル田園都市国家構想総合戦略は、第2期「まち・ひと・しごと創生総合戦略」を抜本的に改訂し、2023年度を初年度とする5か年戦略として策定された（**図表1-1-9**）。

　同総合戦略は、「デジタル田園都市国家構想基本方針」（令和4年6月7日閣議決定）で定めた取組の方向性に沿って、デジタル田園都市国家構想が目指すべき中長期的な方向について、達成すべき重要業績評価指標（KPI）と併せて

図表1-1-9　デジタル田園都市国家構想総合戦略の全体像

内閣府資料（https://www.cas.go.jp/jp/seisaku/digital_denen/pdf/20221223_gaiyou.pdf）より

示すとともに、構想の実現に必要な施策の内容やロードマップ等を示している。総合戦略に基づき、地方の社会課題を積極的にオープンにし、国・自治体・企業・大学・スタートアップ企業・金融機関など多様な主体や、地域外の主体も巻き込みながら、連携して取組を推進するものとしている。

　各地域における地域ビジョンの実現を強力に後押しするため、総合戦略に位置付けた施策間連携や地域間連携に係る取組について、その進捗状況や効果等を関係府省庁で定期的にフォローアップし、継続的に連携を強化する。また、EBPM（証拠に基づく政策立案）を推進する観点から、全国におけるデジタル実装の取組状況も含め、ロードマップに係る取組状況については、Well-being（幸福感）指標を用いた評価手法や地域経済に関するデータ等も活用しながら、定期的にフォローアップを行い、施策の改善につなげ、取組の着実な進捗を目指している。地域における Well-Being を計測する指標として、Liveable Well-Being City 指標（LWC 指標）がある。LWC 指標は、（1）主観的幸福指標（心の因子）、（2）活動実績指標（行動の因子）、（3）生活環境指標（環境の因子）の 3 つの領域に分類され、全体として 5 つの指標で構成される。

　さらに、KPI の達成状況等については、令和 7 年度（2025）中に中間検証を行い、人口の現状や将来の見通しを示す「まち・ひと・しごと創生長期ビジョン」（令和 6 年（2024）に改訂予定）や社会経済情勢の変化も踏まえつつ、必要に応じて総合戦略を見直すとしている。

　この全体像においては、①デジタル基盤の整備、②デジタル人材の育成・確保、③デジタル実装による地方の課題解決及び④誰一人取り残されないための取組として 4 つの柱を重点に据えて、同構想の実現に向けた取組を進めることとされている。

第2章 地方行財政の最新動向

第1節　SDGs

1　SDGsとは

　SDGs（エス・ディー・ジーズ）とは、平成13年（2001）に策定されたミレニアム開発目標（MDGs）の後継であり、Sustainable Development Goals の略語で、「持続可能な開発目標」と訳される。平成27年（2015）9月25日の国連サミットにおいて国連加盟国193か国が全会一致で採択した「我々の世界を変革する：持続可能な開発のための2030アジェンダ」（人間、地球及び繁栄のための行動計画。以下「2030アジェンダ」という）中に定められた、地球規模の様々な課題を経済・社会・環境の3つを統合させて2030年までに解決し、持続可能な未来を実現するための世界共通の17のゴールで構成される。

　SDGsは、17のゴール、169のターゲット及び232のグローバルインディケーターという3層構造をなす。169のターゲットは、いわば17のゴールを「意欲目標」とした場合の「行動目標」であり、より具体的な達成年限や数値目標を含んだものである。2017年に国連統計委員会で採択された232のグローバルインディケーター（指標）は、169のターゲットのグローバルな進捗を測るためのものである。グローバル指標の日本の状況については外務省のウェブサイトで公開されている（https://www.mofa.go.jp/mofaj/gaiko/oda/sdgs/index.html）。もっとも、これらは必ずしも自治体レベルにおけるSDGsの取組で使いやすいものばかりではないため、後述の「地方創生SDGsローカル指標リスト」が提案されている（**図表1-2-1**）。

ゴール1　あらゆる場所のあらゆる形態の貧困を終わらせる

ゴール2　飢餓を終わらせ、食料安定保障及び栄養改善を実現し、持続可能な農業を促進する

ゴール3　あらゆる年齢のすべての人々の健康的な生活を確保し、福祉を促進する

図表 1 - 2 - 1　　SDGs の17のゴール

ゴール 4　すべての人々への包摂的かつ公正な質の高い教育を提供し、生涯学習の機会を促進する

ゴール 5　ジェンダー平等を達成し、すべての女性及び女児の能力強化を行う

ゴール 6　すべての人々の水と衛生の利用可能性と持続可能な管理を確保する

ゴール 7　すべての人々の、安価かつ信頼できる持続可能な近代的エネルギーへのアクセスを確保する

ゴール 8　包摂的かつ持続可能な経済成長及びすべての人々の完全かつ生産的な雇用と働きがいのある人間らしい雇用を促進する

ゴール 9　強靭なインフラ構築、包摂的かつ持続可能な産業化の促進及びイノベーションの推進を図る

ゴール10　各国内及び各国間の不平等を是正する

ゴール11　包摂的で安全かつ強靭で持続可能な都市及び人間居住を実現する

ゴール12　持続可能な生産消費形態を確保する

ゴール13　気候変動及びその影響を軽減するための緊急対策を講じる

ゴール14　持続可能な開発のために海洋・海洋資源を保全し、持続可能な形で利用する

ゴール15　陸域生態系の保護、回復、持続可能な利用の推進、持続可能な森林の経営、砂漠化への対処、並びに土地の劣化の阻止・回復及び生物多様性の損失を阻止する

ゴール16　持続可能な開発のための平和で包摂的な社会を促進し、すべての人々に司法へのアクセスを提供し、あらゆるレベルにおいて効果的

で説明責任のある包摂的な制度を構築する

ゴール17　持続可能な開発のための実施手段を強化し、グローバル・パートナーシップを活性化する

2　2つの理念と5つの原則

　変革なきところに持続可能な世界はないとの考え方の下、2030アジェンダは「世界の変革」を必要としている。「地球上の誰一人として取り残されない」で持続可能な世界を実現することを基本理念としている。

　この2つの理念と17のゴールを結びつける役割を果たすものとして、5つの原則がある。それは、人間（People）、地球（Planet）、繁栄（Prosperity）、平和（Peace）、パートナーシップ（Partnership）である（5つのP）。「人間」の尊厳は人間が生活する「地球」を破壊から守ることが前提となり、それによって初めて「繁栄」が可能となる。持続可能な繁栄に不可欠なものは「平和」であり、これらを実現するため「パートナーシップ」を組むことが必要であるとされる。

3　自治体の動向～SDGs 未来都市～

　平成30年（2018）から、政府（内閣府）は、地方創生 SDGs の達成に向け、優れた SDGs の取組を提案する自治体を「SDGs 未来都市」として選定し、その中で特に優れた先導的な取組を「自治体 SDGs モデル事業」として選定して支援し、成功事例の普及を促進している。平成30年（2018）には29、令和元年（2019）には31、令和2年（2020）には33、令和3年（2021）には31、令和4年（2022）には30都市が SDGs 未来都市に選定され、現在154都市（155自治体／全国1,788自治体）が地域性を生かした独自性のある取組を展開している。地域別では、北海道・東北地方が20、関東地方が25、北陸・中部地方が45、近畿地方が23、中国・四国地方が19、九州・沖縄地方が22都市となっており、8都市の愛知県、7都市の石川県（ただし県は未選定）、6都市の静岡県（ただし県は未選定）を擁する北陸・中部地方が多い。各都市の取組については、内閣府のウェブサイト（https://www.chisou.go.jp/tiiki/kankyo/index.html）を参照。

4　地方創生 SDGs ローカル指標リスト

　SDGs に取り組む自治体の割合は着実に増加を続けているものの、指標を活用した取組状況の把握や成果の検証に至っている自治体の割合は依然として低い。そこで重要になるのが、日本の自治体が置かれている状況を加味し、自治体レベルで目標達成に向けた進捗状況を計測することができる指標（ローカル指標）である。令和元年（2019）に「地方創生 SDGs ローカル指標リスト」（第

一版）が公開されたが、グローバル指標の改定や国のデータベース整備を受けて、内容を改定し、拡充した第二版が、令和4年（2022）に公開された。

ゴール1（貧困）には13、ゴール2（飢餓・食料）には13、ゴール3（健康福祉・保健医療）には36、ゴール4（教育）には15、ゴール5（ジェンダー）には15、ゴール6（水・衛生）には12、ゴール7（エネルギー）には9、ゴール8（経済・労働）には23、ゴール9（産業・インフラ）には12、ゴール10（格差）には6、ゴール11（都市・居住・交通・防災）には30、ゴール12（生産消費）には9、ゴール13（気候変動）には10、ゴール14（海域・水域生態系）には8、ゴール15（陸域生態系）には8、ゴール16（平和・ガバナンス）には21、そしてゴール17（連携協力）には16のローカル指標案が示されている。自治体レベルの指標であることから、ゴール3（健康福祉・保健医療）、ゴール11（都市・居住・交通・防災）の指標が多くなっている。

データソースも記載されており、自治体でSDGsに関連した計画などを策定する際の参考になると思われる。具体の指標については、内閣府のウェブサイト（https://www.chisou.go.jp/tiiki/kankyo/kaigi/sonota/sdgs_shihyou_risuto_2.pdf）を参照。

5　2023年に開催予定の持続可能な開発に関するハイレベル政治フォーラム（HLPF）

令和5年（2023）、ニューヨークの国連本部では、SDGsに関する2つの重要な国際会議が開催される。7月開催の「持続可能な開発に関するハイレベル政治フォーラム」（HLPF）と、9月開催の国連総会後援による「持続可能な開発に関するハイレベル政治フォーラム（HLPF）-SDGサミット-」(High-level Political Forum (HLPF) on Sustainable Development under the auspices of the General Assembly) である。

「コロナウイルス病（COVID-19）からの回復を加速し、あらゆるレベルで持続可能な開発のための2030アジェンダを完全に実施する」というテーマで開催される7月のHLPFでは、参加者は、2030アジェンダとSDGsをあらゆるレベルで完全に実施するために、持続可能な開発目標（SDGs）に対するCOVID-19パンデミックの影響に対処するための効果的かつ包括的な回復手段についてさらに議論し、実行可能な政策ガイダンスを探る。そして、ゴール6、ゴール7、ゴール9、ゴール11、ゴール17について、詳細に検討される。また、SDGsの実施に関する中間レビューと、2023年9月に国連総会（UNGA）の主催で開催されるHLPFである「2023 SDGサミット」の準備も行われる予定である。

一方、SDGサミットは、平成27年（2015）9月に2030アジェンダが採択されて以来、2回目の開催となる。令和5年（2023）9月の国連総会ハイレベルウ

ィーク中に、国家元首と政府元首がニューヨークの国連本部に集まり、持続可能な開発のための2030アジェンダと17の持続可能な開発目標（SDGs）の実施を検討する。SDGサミットでは、2030アジェンダの実施の中間点（持続可能な開発目標に向けた加速された進歩の新たな段階の始まり）が示される予定であり、政府、国際機関、民間部門、市民社会、女性と若者、その他の利害関係者からの政治的及び思想的指導者が一連のハイレベル会議に集まり、SDGsの現状を包括的に見直し、世界が直面している複合的かつ連動する危機の影響に対応し、令和12年（2030）のSDGs達成期限に向けた変革的で加速された行動に関するハイレベルの政治的ガイダンスを提供する予定である。最新情報等については、国際連合のウェブサイト（https://hlpf.un.org）を参照。

第2節　ファシリティマネジメント

1　ファシリティマネジメントとは

　ファシリティマネジメント（以下「FM」という）は、近年自治体においても急速に普及してきた経営活動の1つであり、自治体では「公共施設マネジメント」とも言われている。

　FMは、公益社団法人日本ファシリティマネジメント協会によって、「企業・団体等が組織活動のために、施設とその環境を総合的に企画、管理、活用する経営活動」と定義されている。本節では、自治体におけるFMの取組を「公共FM」と称する。

　公共FMの目的は、公共施設の管理を縦割りから横断的なマネジメントへと転換し、経営資源の全体最適を図ることである。

2　公共FMの背景と必要性の高まり

（1）公共施設の老朽化

　日本の公共施設は、人口増加、高度経済成長に伴い1960年代から1970年代にかけて学校や公営住宅を中心に急速に整備が進んだ。これらの公共施設は整備から数十年が経過し、老朽化が進み、建て替えの時期が迫っている。

（2）人口減少・少子高齢化

　日本全体の人口は平成20年（2008）をピークに減少局面に入り、総体的な公共施設の利用需要は減少していく。また、少子高齢社会が進み、住民が必要と

する公共施設と現在の公共施設の間にギャップが生じ始めている。

（3）財政構造の変化

　高齢化率の上昇、女性の社会進出に伴う保育環境の整備などにより社会保障費が増加の一途をたどっている。これは、自治体の歳出を圧迫し、それに伴い公共施設の整備や改修に必要な投資的経費が削減される傾向にある。

3　公共施設等総合管理計画

　平成25年（2013）の「経済財政運営と改革の基本方針」では、「新しく造ることから賢く使うことへ」が掲げられ、インフラ老朽化対策の推進に関する関係省庁連絡会議において、「インフラ長寿命化基本計画」がとりまとめられた。

　この国の動きに基づき、自治体に向けては、公共施設、インフラ施設を網羅的に対象とした「公共施設等総合管理計画」の策定が要請された。すでに99.9％の自治体が策定済であり、令和5年度末（2023）までの見直しが求められている。また、個別施設ごとの対応方針を定める個別施設計画の策定も進んでおり、現在は計画の実践段階に入っている。

4　公共 FM の視点と実践

（1）財務・品質・供給

　FM の基本的な視点は、「財務」「品質」「供給」である。

　財務では、公共施設に関する歳出だけではなく、税収などの歳入、社会保障費などの歳出といった財政全体のバランスが重要である。また、それぞれの公共施設における清掃や設備の保守管理、光熱水費、修繕などの費用、改修や建て替えにかかる費用を把握するとともに、施設を住民などに貸し出している場合、その受益者負担も財務の視点の1つである。これらは、1㎡あたりや利用者1人あたりなどの単位費用に換算することで、他の施設や他の自治体との比較検討ができるようになる。その他、公共施設の新設や建て替えに際して起債した公債費や減価償却費も財務として必要な視点である。

　品質とは、主に建築物の老朽化、保全状況に関する視点である。公共施設の保全は、予防保全ではなく事後保全が中心であったが、外壁や給排水設備など、計画的に適切な改修を行うことによって、長寿命化が可能になる。この品質の視点は、建て替えや長寿命化を検討する際の大きな判断基準ともなる。その他、省エネルギー等の環境性能や、耐震性能に関する視点も必要である。

　供給とは、公共施設の数量、各施設内の利用率など、利用する住民や職員の需給に関する視点である。人口減少による施設需要の低下に加え、いわゆる平

成の大合併により、庁舎やホールなどの公共施設が重複する状況が発生している。需給バランスを予測し、適正な施設量・施設規模にしていく必要がある。建築物のみならず、統廃合やその後の跡地利用など、公共資産である土地についても忘れてはならない視点である。

(2) 未来志向の視点

公共 FM では、FM の基本視点に加え、時間軸を意識した未来志向の視点が求められる。公共施設は数十年にわたり存在することとなるため、現在の全体最適だけではなく、将来の住民が「このまちに住んでよかった」と思える、将来のあるべき姿を見据えたバックキャスティングの考え方に基づいた公共 FM の推進が期待される。

(3) 実践してこそ意味がある

公共 FM の実践に際しては、複合的な視点で進める必要がある。例えば、老朽化度や改修履歴などのデータにより保全状況を把握し、その状況に応じた優先順位に沿って効果的な予算付けを行うことは、財務面と品質面の両面からの推進となる。また、利用需要の変化を予測しつつ、長寿命化、建て替え、あるいは公共施設を保有せず賃貸による行政サービスの提供などの判断をすることは、まさに財務、品質、供給のすべての視点からの検討によるものである。

そして、計画した内容は実施してこそ経営活動となり、住民の福祉の増進につながる。実践は行政がすべてを担う時代ではなく、PPP（Public Private Partnership：公民連携）による民間事業者・NPO・地域住民との協働や、近隣自治体や国・都道府県との広域連携なども検討すべきである。

また、小規模のプロジェクトベースから実践している事例もある。公共 FM を見える化することによって現世代の住民サービスの向上につながるとともに、まちの目指すべき将来像の一端を住民と共有することが可能となる。

(4) 合意形成

公共施設は、住民が利用する施設がほとんどであり、ステークホルダーが多く存在する。そのため、統廃合や複合化、受益者負担の議論をする際には、議会、住民との合意形成は非常に重要なポジションを占める。

合意形成の第一歩は、情報共有であり、行政内部、議会、住民と公共施設のデータや分析内容など多くの情報共有を行うことが、合意形成や公共 FM のスムーズな推進につながる。

5 推進体制等

(1) 推進体制

　「経営活動」である公共FMは、「ヒト」「モノ」「カネ」「情報」の4つの経営資源の1つである。「ヒト」＝人事、「カネ」＝財政、「情報」＝ICTに続き、全体最適のためにPDCAを回し、すべての組織を貫くヨコ組織である公共FMの統括組織が重要視されている。

　公共FMを統括する組織に加え、全庁的な推進も重要である。FMには、全体最適を求める経営的なFMから維持管理や運営などを実施する日常業務のFMまでの階層があり、施設を所管する部署も含めたすべての職員が公共FMを推進する当事者である。公共施設にかかわるすべての職員が同じビジョンをもって「自分ゴト」として推進することで、公共FMの推進力は非常に大きなものとなる。

　また、公共FMは、経営や政治にも直結し、高度な判断が必要となる場合も多くある。そのため、首長のリーダーシップのもと、経営層や部局長級の幹部職員によって構成される会議体を設置し、そこで意思決定を行うことも有効である。

(2) 他の施策との関係

　公共FMは、他の施策とも大きく関連する。地方公会計では、固定資産台帳と連動した公共施設に関するデータの一元化は重要である。固定資産台帳をはじめとする財務書類のハード情報や財務情報をもとに、資産価値を把握し、マネジメントに役立てることが求められている。

　また、公共施設はまちの一部として存在し、その存在がまちの拠点やランドマークになっていることも多い。都市計画や景観、防災などのまちづくりを考える観点から公共FMを推進する必要がある。

　さらに、公共施設等総合管理計画にみられるように、公共施設のみならず、道路や下水道といったインフラ施設も老朽化が進んでおり、これらを合わせた全体的な財政計画は必須である。公共施設は整備や改修、ランニングコストを含めたLCC（ライフサイクルコスト）に多額の費用を必要とするため、将来を見据えた長期的な財政計画との連動が重要となり、全体最適のための総合的な推進が必要である。

第3節　ICTとAI

1　日本におけるICT政策

　現在、多くの人がスマートフォンを保有し、通信回線でインターネットに接続することによって様々なデータやサービスを享受する社会（デジタル社会）が実現しているが、ここに至るまでには様々な政策が後押ししてきた背景がある。

　平成13年（2001）のe-japan戦略による超高速通信回線（ブロードバンド）及びクラウドサービスの発展、さらにクラウドがスマートフォンなどのモバイルツールの誕生やそのツールによって生まれる様々なデータ群（オープンデータ／ビッグデータ）の蓄積を促し、そのデータを活用・分析することによる様々な技術革新に繋がった。その後、平成25年（2013）の「世界最先端IT国家創造宣言」によるマイナンバーやデータ活用インフラの整備を皮切りに政府の行政サービスを起点として、これまでの紙中心の行政の在り方等を含めた大改革を断行することで、国民が安全で安心して暮らせ、豊かさを実感できる社会を実現することを目指すことが盛り込まれた。

2　コロナ禍によるデジタル政策の見直し

　令和元年（2019）12月に中国で発生した「新型コロナウイルス（COVID-19）」は、その感染力の高さから瞬く間に世界中に広がり、それが国・自治体のデジタル化の遅れや人材不足、不十分なシステム連携に伴う行政の非効率、煩雑な手続きや給付の遅れなど住民サービスの劣化、民間や社会におけるデジタル化の遅れなど、デジタル化について様々な課題を一気に噴出させる契機にもなった。

　きっかけとなったのは　「新型コロナウイルス感染症緊急経済対策」（令和2年4月20日閣議決定）における全国民に一律10万円を給付する「特別定額給付金」である。当初は、マイナポータルからの申請データを住民情報を保有する各自治体へ送り、迅速な給付を行う計画であったが、実際には自治体に送付された申請データ内容の不備の多さから、自治体による膨大な確認作業と給付作業の遅れを招き、多くの自治体でマイナポータルからのオンライン申請受付を取りやめるという事態となった。こうした状況は「これまでのITインフラやデジタル化への投資、IT政策は、国民の期待にまったく応えることができなかった。」という趣旨で「デジタル敗戦」と呼ばれ、その後の急速なデジタル・ガバメント推進の議論へと繋がった。令和2年（2020）9月の菅政権発足後は「国、

自治体のシステムの統一・標準化」「マイナンバーカードの普及促進と各種給付の迅速化やスマホによる行政手続きのオンライン化」「民間や準公共部門のデジタル化支援」「オンライン診療やデジタル教育などの規制緩和」などを進めるための組織として異例の速さで令和3年（2021）9月1日にデジタル庁が発足した。

3　デジタル田園都市国家構想

　デジタル庁発足間もなくの令和3年（2021）11月には、内閣総理大臣を議長とする「デジタル田園都市国家構想実現会議」が設置された。翌年6月には基本方針、12月には総合戦略が閣議決定され、まち・ひと・しごと創生総合戦略を抜本的に改訂して令和5年度（2023）から令和9年度（2027）までの5か年の新たな総合戦略を策定した（**図表1-2-2**）。

　まち・ひと・しごと創生総合戦略の改訂に位置付けられることからデジタル田園都市国家構想でも「社会課題解決」及び「地方創生」の色合いが強く出ているが、その中心に「デジタルの力の活用」が掲げられていることが大きな特徴である（**図表1-2-3**）。構想の中で挙げられるデジタル活用の分野も、ス

図表1-2-2　デジタル田園都市国家構想の取組イメージ全体像

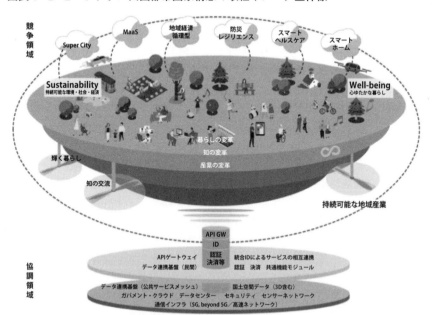

https://www.digital.go.jp/policies/digital_garden_city_nation/

図表1−2−3 デジタル田園都市国家構想・施策の方向

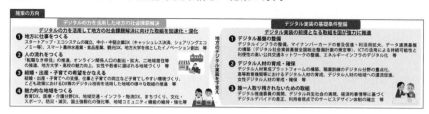

デジタル田園都市国家構想総合戦略（令和5年度（2023）〜令和9年度（2027））より抜粋
https://www.cas.go.jp/jp/seisaku/digital_denen/pdf/20221223_gaiyou.pdf

タートアップ・中小企業支援、農林水産、観光、教育、移住促進、子育て、医療・介護、地域交通インフラ、まちづくり、文化・スポーツ、防災・減災、地域コミュニティなど多岐にわたり、それらを下支えする基盤整備や人材育成などとともに具体的なKPIを掲げながら進めることとされている。

　その基盤のひとつとされているマイナンバーカードについては、令和4年（2022）11月末時点で全人口に対する交付率が約54%、同年12月25日時点の有効申請ベースでは約65%となるなど本格的な普及・活用フェーズに入りつつある。マイナンバーカードの普及によって、オンラインサービスの入口となる公的個人認証（カードのICチップ内に搭載された電子証明書を活用してオンラインで本人確認を行う認証方法）を多くの国民が利用できるようになることから、今後自治体において様々なサービスがオンライン化されることが予想される。また、そうした取組を後押しするためにデジタル田園都市国家構想交付金ではタイプ1〜3に分けて様々な交付メニューを用意するなどの取組がされていることから、自治体としては常に新しい情報のキャッチアップに努めることを心掛けたい。

4 これからのICT活用に向けて取るべきスタンス

　ソーシャルネットワークサービス（SNS）や動画配信を活用した広報、ECサイトによる名産品販売、公共サービス手数料の電子決済利用、図書館における電子書籍の貸出、AIチャットボットを使ったコンシェルジュサービス、仮想空間（メタバース）のイベント利用などはすでによく見る光景となり、今後はまだ見ぬ技術を活用した行政サービスの高度化・利便性向上が想定される。少子高齢化による人口減少とそれに伴う人材不足をはじめとした様々な社会課題を前に、住民本位の自治体経営を成り立たせるためにもICT活用は必須になっている。

　自治体としてデジタル田園都市国家構想が掲げる「心ゆたかな暮らし」（Well-

Being）と「持続可能な環境・社会・経済」（Sustainability）を実現するために
どのような変革を目指すべきなのかを真剣に考える必要があるだろう。

少子高齢時代の福祉政策

第1節　少子高齢化の進展

1　人口減少と高齢化の進展

　日本は戦後一貫として人口が増えてきたが、世界的に例を見ないスピードで高齢化に直面しており、総人口に占める65歳以上の高齢者の比率は平成期に11.6％から27.7％に伸びた。これは平均寿命の延伸に伴う高齢者人口の増加に加えて、少子化が進んだことが影響しており、日本の総人口は平成20年（2008）から減少局面に入った（**図表1-3-1**）。さらに、人口的にボリュームが大きい「団塊の世代」が75歳以上となる令和7年（2025）には医療・介護需要が増加すると見られているほか、今後は人口減少に加速が掛かるため、社会保障制度の持続可能性が問われている。

（1）高齢化と少子化の進展

　まず、高齢化のスピードを見ると、「平成」がスタートした平成元年（1989）時点で高齢化率は11.6％に過ぎなかったが、令和3年（2021）時点で28.9％に伸びた。これは他の先進国には見られない速いスピードであり、その理由としては、①平均寿命の延伸、②少子化の進展──の2つが挙げられる。

　このうち、平均寿命は男性75.91歳、女性81.77歳だったが、これが81.47歳、87.57歳までそれぞれ伸びた。もう1つの理由である少子化の進展については、1人の女性が平均的に出産する合計特殊出生率の低下という形で表れており、同じ期間に1.57から1.30に下がった。これに対し、政府は**第4節**で述べるような子育て支援策を講じてきたほか、平成27年（2015）9月には国民全員が生き甲斐を感じられる「一億総活躍社会」の実現に向けて、「希望を生み出す強い経済」「夢を紡ぐ子育て支援」「安心につながる社会保障」を目指す「新・三本の矢」を公表した際、若い世代における結婚や出産に関する希望がかなう場合に想定される出生率「希望出生率」を1.8に設定。現状とのギャップを解消するた

図表 1 - 3 - 1　日本の総人口推移と予想

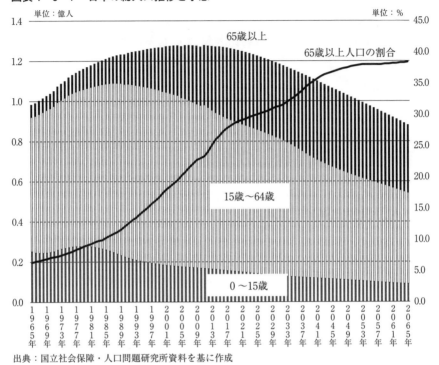

単位：億人

単位：％

65歳以上

65歳以上人口の割合

15歳～64歳

0 ～15歳

出典：国立社会保障・人口問題研究所資料を基に作成

　め、非正規雇用の待遇改善や妊娠・出産後の職場復帰支援、不妊治療の保険適
用、出産育児一時金の引き上げなどに取り組んでいる。
　しかし、少子化には若年世代の将来不安などが絡んでおり、出生率の引き上
げが可能かどうか微妙な情勢だ。

(2) 今後の人口動向

　少子化が進んだ結果、日本は平成20年（2008）を境に人口減少局面に入って
おり、人口的にボリュームが大きい「団塊世代」が75歳以上となる令和7年
（2025）までに年間30～60万人単位で減少する。
　一方、高齢化率は令和7年（2025）までに30.0％まで上昇する。特に、75歳
以上人口の伸びが大きく、令和7年（2025）時点で総人口の17％程度を占める。
第2節で述べる通り、一般的に75歳以上になると、医療・介護サービスに対す
るニーズが増大するため、令和7年（2025）には医療・介護費用が急増すると
見られている。そこで、医療・介護制度に関する持続可能性を確保するための
制度改正が志向されている。

第2節　医療制度改革の動向

　医療保険からの費用支出を示す国民医療費はほぼ一貫して増加しており、令和2年度（2020）時点で43兆円弱となっている。中でも、高齢者が多く加入する国民健康保険（国保）の財政悪化に対応するため、平成20年度（2008）に後期高齢者医療制度が創設されたほか、平成30年度（2018）に国保の財政運営を都道府県化するなど、様々な制度改正が実施されてきた。さらに、都道府県別で見た病床数と医療費の間に相関関係が見られるため、病床数を減らしたり、在宅医療を充実させたりするための「地域医療構想」が各都道府県単位に策定されている。さらに、医師偏在是正などでも施策が講じられており、最近の制度改正では、医療行政における都道府県の役割を大きくする傾向が強まっている。

1　国民医療費の動向

　医療保険の支出を示す国民医療費は**図表1-3-2**の通り、ほぼ一貫して増加しており、令和2年度（2020）時点で43兆円弱となっている。これは高齢者人口の増加に加えて、新薬の開発など医療技術の発展が影響している。一方、国民医療費の負担割合については、令和2年度（2020）現在で**図表1-3-3**の通り、国の財政支出が25.7％、自治体の財政支出が12.7％、従業員を雇う事業主の

図表1-3-2　国民医療費の推移

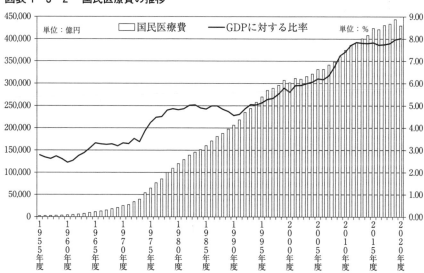

出典：厚生労働省「国民医療費」を基に作成

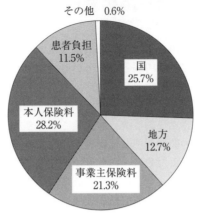

図表1-3-3　国民医療費の財源内訳

その他　0.6%

患者負担 11.5%

国 25.7%

本人保険料 28.2%

地方 12.7%

事業主保険料 21.3%

出典：厚生労働省「国民医療費」を基に作成

保険料負担が21.3%、本人の保険料負担が28.2%、患者が医療機関の窓口で支払う自己負担が11.5%という内訳となっている、

　だが、GDPの伸びを超えて医療費が増えている分、税金や社会保険料で賄いきれない部分が増えており、そのツケは赤字国債（特例公債）という形で将来世代にツケが回っている。このため、様々な制度改正が実施されており、以下は「医療保険制度改革」「医療提供体制改革」の2つを詳述する。

2　医療保険制度改革

（1）現行制度の概要

　日本の医療保険制度は年齢、職業で細分化されており、そのイメージは**図表1-3-4**の通りである。具体的には、勤め人は被用者保険（健康保険組合、協会けんぽなど）に、自営業者や非正規雇用者、退職後の高齢者などは国保に、75歳以上の高齢者は後期高齢者に加入している。さらに、各保険者（保険制度を運営する主体）に対しては国・自治体の税金が投入されており、その割合は制度ごとに異なる。例えば、健康保険組合に対する国の財政支援は800億円程度だが、協会けんぽには約1兆2000億円の国の税金が投入されている。さらに、国保と後期高齢者にも国、都道府県、市町村の税金が投入されており、令和4年度（2022）概数で国保は計4兆7000億円、後期高齢者は計8兆円となっている。

　元々、平成20年度（2008）に後期高齢者医療制度が発足したのは、国保の財政負担を軽減することが目的だった。人口の高齢化に加えて、70歳以上の医療費を昭和48年（1973）に無料化したことで、高齢者が多く加入する国保の財政

図表1-3-4　年齢・職業別に細分化された医療保険制度のイメージ

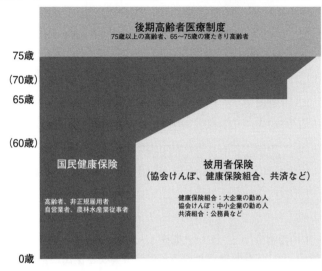

出典：厚生労働省資料を基に作成

が悪化した。このため、昭和58年（1983）に「老人保健制度」が創設された、これは高齢者医療費を賄うため、国・自治体の税金を投入するとともに、現役世代が多く加入する被用者保険の保険料を国保の支援に回す「財政調整」に力点を置いていたが、財政調整を通じて負担が重くなった健康保険組合が反発した。

　そこで、老人保健制度の見直し論議が浮上したものの、財政調整に代わる税財源の確保が難しかったため、平成20年度（2008）にスタートした現行制度では、財政調整の枠組みが維持された。具体的には、75歳以上高齢者が加入する独立した「後期高齢者医療制度」を創設するとともに、国・自治体の税金（計50％）、現役世代の財政調整を通じた保険料（約40％）、高齢者の保険料（約10％）で賄う仕組みとなった。さらに、65〜74歳の医療費については、被用者保険から保険料収入を事実上、国保に移転させる財政調整の枠組みを維持した。

（2）国保の都道府県化

　さらに、平成30年度（2018）から国保の財政運営を都道府県化した。これは運営の単位を市町村から都道府県に大きくすることで、財政の安定化を目指している。しかし、制度改正前の時点で国保は毎年3000〜4000億円前後の赤字を出していたため、全国知事会が難色を示した。このため、社会保障目的で引き上げた消費税収を含めて、国から3400億円の追加支援を講じることで、都道府県化が実現した。

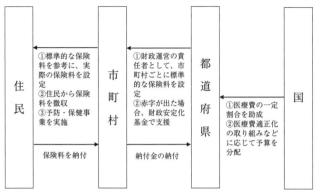

図表1−3−5　都道府県化された後の国民健康保険の役割分担

出典：厚生労働省資料を基に筆者作成

　制度改正後の役割分担としては、**図表1−3−5**の通り、都道府県が財政運営の責任を持つ一方、保険料徴収や予防・保健事業など住民に身近な事務を市町村が担う。これに対し、国は医療費の一定割合を助成するほか、予防・保健事業など自治体の努力を評価する「保険者努力支援制度」を創設することで、財政的なインセンティブも付与している。

　さらに、国保の都道府県化に際しては、「法定外繰入」の解消が意識された。これは住民からの保険料や国の法定補助で賄いきれない赤字について、市町村が後追い的に税金で補てんすることを意味しており、自治体財政の悪化につながるだけでなく、住民から見た負担と給付の関係が不明確になるため、その解消が求められている。

　そこで、平成30年度（2018）の都道府県化に際しては、法定外繰入を必要としないように「財政安定化基金」が都道府県単位に創設された。これを通じて、保険料の収入が事前の予想よりも少なかったり、計画よりも給付費が膨らんだりした場合、財政安定化基金を通じて必要額が交付または貸付される。

3　医療提供体制改革

（1）都道府県主体の提供体制改革の背景

　医療提供体制改革における都道府県の役割も大きくなっている。日本の人口当たり病床数は世界一であり、令和7年（2025）に向けて医療費を抑制する場合、病床数を削減する必要がある。しかし、日本の医療提供体制の大半は民間によって担われており、政府が病床削減を命令するなど、直接的に関与することは難しい。そこで、政府は診療報酬の改定を通じて、長期入院した場合に報

酬単価を減らしたり、看護師などの人員配置基準を厳しくしたりすることで、病床を減らすように誘導してきた。

さらに、政府は後述する「地域医療構想」を含めて、医療提供体制改革に関する都道府県の役割を強化している。こうした施策が実施された背景としては、①都道府県単位で高齢化や人口減少のスピードが違う、②都道府県別病床数の差異が大きい、③都道府県別の病床数と医療費の間に相関関係が見られる——の3点を挙げることができる。

第1の人口動向に関する都道府県別の差異については**図表1-3-6**の通りである。これは平成27年（2015）を「1」とした場合の令和7年（2025）までの変化を見た結果であり、大都市圏の都府県と沖縄県で高齢化が急速に進む一方、一部の県では高齢化の伸びが鈍化する。さらに、ほとんどの地域では人口減少が本格化する。こうした状況下では、高齢化による医療費の増加には都道府県別にバラツキが出る可能性があり、地域ごとの対応が求められる。

第2の病床数については、**図表1-3-7**の通りであり、「西高東低」の傾向が見られる。中でも、これから高齢者が増加する首都圏では病床数が少なく、こうした中で診療報酬による全国一律の政策を実施しても、地域ごとの課題解決に対応できない可能性がある。

第3の点については、医療経済学でいう「医師需要誘発仮説」に関係する。これに従うと、医療サービスにおける患者—医師の情報格差が大きいため、医療の需要は患者の行動だけでなく、医師の判断や行動によって作り出されるという考え方である。分かりやすくいえば、病床の稼働率が高くなるように、医師は患者の

図表1-3-6　2025年時点における都道府県別の高齢化率、人口変化の動向

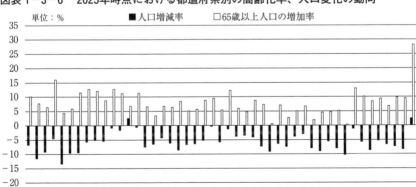

出典：国立社会保障・人口問題研究所資料を基に作成
注：2015年を基準とした増減率。

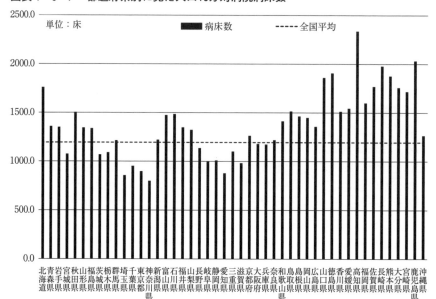

図表1-3-7　都道府県別に見た人口10万対病院病床数

2500.0

単位：床　　　　　　　　　　　■病床数　　　----全国平均

2000.0

1500.0

1000.0

500.0

0.0

北青岩宮秋山福茨栃群埼千東神新富石福山長岐静愛三滋京大兵奈和鳥島岡広山徳香愛高福佐長熊大宮鹿沖
海森手城田形島城木馬玉葉京奈潟山川井梨野阜岡知重賀都阪庫良歌取根山島口島川媛知岡賀崎本分崎児縄
道県県県県県県県県県県都川県県県県県県県県府府県県県県県山県県県県県県県県県県県県県県島県
　　　　　　　　　　　　　　県　　　　　　　　　県　　　　　　　　　　　　　　　　　　県

出典：厚生労働省「令和元年（2019）医療施設調査」を基に作成
注：一般病床、精神病床、結核病床、療養病床、感染症病床を合算した数字。

受療行動を導いているという仮説であり、都道府県別の病床数と医療費の相関関係を説明する時に使われている。実際、政府は都道府県別の1人当たり医療費の差を半減させることを目指しており、「地域医療構想」という政策を進めている。

（2）地域医療構想の概要

　地域医療構想は平成29年（2017）3月までに都道府県が策定した。ここでは、病床を高度急性期、急性期、回復期、慢性期の4つの機能に区分し、それぞれについて令和7年（2025）時点の病床数を予想。さらに各医療機関に対し、どの病床機能を選んでいるか報告させ、病床に関する将来と現状のギャップを可視化した。

　その結果が**図表1-3-8**であり、全国的には高度急性期、急性期、慢性期が余剰、回復期が不足するため、高度急性期と急性期、慢性期の削減、回復期の充実、慢性期病床を削減した際の受け皿としての在宅医療の充実が求められる。

　なお、構想の策定や病床の推計に際して、各都道府県は人口20〜30万人単位の「構想区域」を設定しており、都道府県を中心に医療機関関係者や市町村などと協議しつつ進めることが想定されている。

図表1-3-8 地域医療構想に盛り込まれた病床数の需給ギャップ

	現状（A）	2025年 必要病床（B）	A－B
高度急性期	182,791	130,449	52,342
急性期	592,637	400,626	192,011
回復期	120,050	375,240	▲255,190
慢性期	357,801	284,483	73,318
その他	21,304	――	21,304
合計	1,274,583	1,190,799	83,784

出典：各都道府県の地域医療構想を基に作成

単位：床数

注1：▲は不足を意味する。

注2：「現状」は地域医療構想に盛り込まれた数字をベースとしており、2014年度と2015年度の双方が含まれる。

注3：秋田など13県は未報告などの「その他」を計上しておらず、上記の数字にも含まれていない。

（3）地域医療構想を進めるための制度改正

　地域医療構想を後押しする制度改正としては、国レベルで実施する制度改正と、自治体を支援する制度改正に整理できる。このうち、前者では医療サービスの対価として支払われる診療報酬を見直すことで、医療機関が急性期病床を持ちにくくする制度改正を進めている。例えば、急性期病床を取得する医療機関に対し、「重症な患者数」などを要件として課しており、2年に一度の診療報酬改定を通じて、この要件を厳しくすることで、医療機関が急性期病床を取得・維持しにくい環境をつくっている。

　一方、後者では公的病院に対して急性期病床の削減などを命令できる権限を都道府県知事に付与したほか、病床再編に取り組む医療機関を支援するための財政制度として、国3分の2、都道府県3分の1を負担する「地域医療介護総合確保基金」を都道府県単位に設置している。

　さらに、市町村が在宅医療に関与できる枠組みとして、介護保険財源の一部を活用した「在宅医療介護連携推進事業」を実施しており、医療・介護資源の把握や関係者同士の情報共有支援、医療・介護従事者向け研修、住民への普及啓発などを市町村に促している。

（4）「424リスト」の影響

　ただ、地域医療構想に基づく病床削減が進んでいないとして、一層の対応策を求める経済財政諮問会議のプレッシャーが強まった。このため、厚生労働省

は令和元年（2019）9月、「再編・統合に向けた検討が必要な公立・公的医療機関」として、「診療実績が少ない病院」「類似の診療実績を有する近接した病院」という基準のどちらかに該当した424の病院名を名指しした（いわゆる「424リスト」、その後にリストは修正）。

これに対し、自治体や医療関係者は「強引な手法」などと反発。その後、地方側の意見を受け入れる形で、病床再編を支援する交付金が令和2年度（2020）予算に計上されたことで、自治体側は「正常化宣言」を打ち出したが、後述する新型コロナウイルスの影響を受け、病院再編に関する国・地方の議論は止まっている。

（5）新型コロナウイルスの影響

令和2年（2020）前半から新型コロナウイルス感染症が拡大したのを受け、都道府県は対応に追われた。具体的には、新型インフルエンザ対策等特別措置法は実効権限を都道府県に委ねており、店舗などへの休業要請、病床確保などの事務を担っている。さらに、クラスター（感染者集団）の把握、遺伝子の有無を調べるPCR検査、発熱者の相談対応などについては、感染症対策の最前線を担う保健所が受け持っている。

しかし、新型コロナウイルスへの対応では保健所職員の超過勤務が問題になるなど、保健所の機能低下が問題となった。実際、保健所の数は、過去20年で約2割減少しており、感染症への備えが不十分になっていた面が指摘されている。さらに、短期的には重症者向け病床の確保が求められている結果、地域医療構想をベースにした提供体制改革が進みにくい状況となっている。

新興感染症への脆弱性が浮き彫りになったことで、対策の強化が急がれている。令和3年（2021）には改正医療法が成立し、都道府県が6年周期で策定する「医療計画」で、新興感染症対応を盛り込むことが決まった。

その後、令和4年（2022）には感染症法も改正され、都道府県を中心とする体制整備が盛り込まれた。具体的には、都道府県が感染症発生時の患者受入れなどについて、医療機関と事前に協定を締結。実際に感染症が拡大した際、協定に沿って対応を義務付ける仕組みが創設された。

このほか、新型コロナウイルスの対応では、ベッドや発熱外来の確保が課題になったのを受け、令和4年度（2022）の診療報酬改定では、中核となる医療機関と診療所が感染症対応で連携した場合、加算（ボーナス）を付与する制度改正が実施された。

（6）最近の制度改正

医師確保でも、都道府県の役割が大きくなっている。具体的には、医師偏在を是正するため、奨学金の返済を免除する代わりに、過疎地などでの勤務を義

務付ける「地域枠」の設定などについて、都道府県が地元大学の医学部と連携を強化することが求められている。

　令和6年度（2024）から本格施行される「医師の働き方改革」でも、都道府県の役割が期待されている。この改革では医療機関に対し、医師の超過勤務を抑制することを義務付けており、医師の健康を確保するための勤務環境改善などが都道府県の役割として期待されている。

　以上の流れを踏まえると、医療政策における都道府県の役割は大きくなっており、地元医師会など関係者と協議しつつ、都道府県が多面的で複雑な調整に当たることが期待されていると言える。

4　健康寿命の延伸に向けた健康づくり

　健康寿命の延伸に向けた健康づくりも重視されている。健康寿命とは、一般的に「介護を受けたり寝たきりになったりせず日常生活を送れる期間」を示しており、平成28年（2016）男性72.14歳、女性74.79歳となる。これを令和元年（2019）の平均寿命（男性は81.41歳、女性は87.45歳）と比べると、医療・介護を必要とする期間は男性で約8年、女性で約12年と見られており、これを短くすることが医療・介護費用の縮減に繋がるという期待の下、40歳以上74歳未満の人を対象に腹囲などを測定する特定健康診査（通称メタボ健診）の実施や介護予防の強化、高齢者の社会参加の促進、電子的に保有された健康医療情報を活用する「データヘルス」といった施策が推進されている。

第3節　高齢者介護制度改革の動向

　平成12年度（2000）に創設された介護保険は要介護状態となった高齢者を支援するのが目的であり、その費用を国・自治体の税金と、40歳以上の国民が支払う保険料で賄う仕組みである。このうち、65歳以上の高齢者が支払う保険料は市町村が設定しており、市町村が主体的に負担と給付の関係を決定する点で、地方分権の要素を持っている。しかし、制度創設時から総費用は3倍以上に膨らんでいるため、制度の持続可能性が問われており、自己負担の引き上げなどの制度改正が進められている。

1　介護保険制度改革の動向

（1）介護保険制度の概要

　介護保険制度の財源構成は比較的シンプルである。**図表1-3-9**の通り、税

金と保険料が半々であり、税金部分は国、都道府県、市町村を経由している。一方、保険料の部分については、65歳以上高齢者（第1号被保険者）が23%、40歳以上65歳未満の第2号被保険者が27%となっている。このうち、65歳以上高齢者が支払う保険料については、市町村が3年ごとに改定。40歳以上65歳未満の国民については、加入する医療保険組合を介して支払う構造となっている。

サービス面では、特別養護老人ホームなどの施設系、ヘルパーが訪問する訪問介護などの在宅系、地域生活を支援する地域密着型の3種類に大別され、サービス利用を希望する高齢者は市町村に申請。市町村は状態に応じて、介護保険サービスを必要としないと判定する「自立」、比較的軽度な「要支援」（2段階）、重度な「要介護」（5段階）に区分する。受けられるサービスの量や種類については、要介護・要支援の度合いに応じて異なる。例えば、要支援と要介護1～2の高齢者は施設系サービスを原則として利用できない。

その上で、高齢者はケアマネジャー（介護支援専門員）を選び、生活・居住状態やニーズなどに応じて、ケアプラン（介護サービス計画）を策定してもらい、ケアマネジャーは必要なサービスの調整や給付管理などを担う。

介護保険の大きな課題は費用の増加である。高齢化に伴って介護保険の費用や国民の負担は急増しており、自己負担を含む総費用を見ると、制度創設時の3兆6273億円から令和2年度（2020）に11兆542億円にまで増加した。この結果、65歳以上高齢者が支払う月額保険料（全国平均）についても2,911円から6,014円

図表1-3-9 介護保険の財源構成

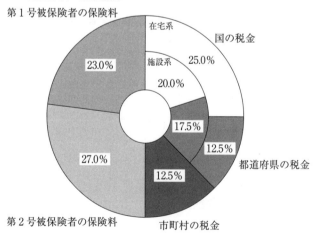

第1号被保険者の保険料

在宅系

国の税金
25.0%

施設系
20.0%

23.0%

17.5%

12.5%

12.5%

27.0%

都道府県の税金

第2号被保険者の保険料

市町村の税金

出典：厚生労働省資料を基に作成
注：これとは別に消費税引き上げ分を充当し、低所得高齢者の保険料を軽減するため、1600億円の国・自治体の税金が投入されている。

まで増えた。この保険料は基礎年金からの天引きであり、基礎年金の月額平均支給額が5万円程度であることを考えると、ここから一層の引き上げは難しくなっており、給付抑制に向けた制度改正が進められている。

(2) 介護保険制度改革の概要

介護保険の給付抑制策として、利用者がサービスを利用する際の自己負担引き上げが実施された。介護保険は制度創設の際、一律1割負担（応益負担）を採用したが、所得能力に応じた応能負担を部分的に導入している。具体的には、現役並み所得を持つ高齢者については、平成27年（2015）8月から2割、平成30年（2018）8月から3割に引き上げられた。

さらに、保険者である市町村を経由した給付抑制の動きも強まっている。平成30年度（2018）改正では、①介護予防の強化、②生活援助の抑制──が実施された。①はリハビリテーションの強化を通じて、高齢者の要介護状態を維持・改善することで、給付抑制を目指している。具体的には、サービスの対価として介護事業者に支払われる介護報酬を平成30年度（2018）に改定した際、高齢者を日中に受け入れる通所介護（デイサービス）事業所の報酬について、要介護度を改善した場合に加算（ボーナス）を付与する制度がスタートした。介護予防に取り組む市町村を支援する仕組みとして交付金（保険者機能強化推進交付金）も創設された。

もう1つの②については、ヘルパーが高齢者の自宅を訪ねる訪問介護サービスのうち、掃除や洗濯、料理など身の回りを支援する「生活援助」を抑制する内容。生活援助の回数について上限の目安を設定し、上限を超える場合はケアマネジャーに説明を求めるなどとしている。

このほか、平成27年度(2015)改定では軽度な人（要支援1～2）の給付を改組し、「介護予防・日常生活支援総合事業」(新しい総合事業)が創設された。これは要介護になる前の高齢者を対象とした介護予防事業と、軽度な要支援1～2向けの訪問介護、通所介護を統合し、市町村主体の事業に切り替えるとともに、報酬や基準を市町村の判断で決められるようにする改革であり、平成29年（2017）4月までに全市町村で移行した。厚生労働省は「地域の支え合い体制づくりを推進し、要支援者等の方に対する効果的かつ効率的な支援等を可能とすることを目指す」としているが、要支援者向け給付を抑制する思惑も込められている。

2 介護職員の人材確保

恒常的な人材不足を解消するため、介護職員の待遇改善が実施されている。介護報酬を改定する際、介護職員の給与引き上げに財源を振り向けており、平成24年度（2012）以降、待遇改善を実施してきた。

ただ、公益財団法人介護労働安定センターの令和3年（2021）調査によると、人材不足と感じている事業者は63.0％に及ぶ（「大いに不足」「不足」「やや不足」の合計、回答数は7,039事業所）ため、処遇改善を含めた人材確保が課題となっている。

第4節　子ども・子育てに関する政策の動向

　子ども・子育て分野は出生率の低下、女性の社会進出などに対応する観点に立ち、制度改正が頻繁に行われている分野である。令和5年（2023）4月には、子育て施策の一元化を図るため、「こども家庭庁」が創設される。さらに、少子化対策として、施設のキャパシティーの問題で保育所に入所できない「待機児童」を解消するための施設整備が図られたほか、児童虐待を防ぐための制度改正も相次いでおり、市町村や児童相談所の体制強化が図られている。

1 「1.57ショック」と少子化対策の経緯

　少子化対策が本格化したのは平成元年（1989）の「1.57ショック」だった。これは「丙午の年に生まれた女の子は気性が荒くなる」という迷信で出生率が下がった昭和41年（1966）の水準（1.58）を平成元年（1989）に下回ったことを指しており、政府は平成6年（1994）に「エンゼルプラン」、平成11年（1999）に「新エンゼルプラン」を相次いで策定、保育の量的拡大などを講じた。さらに、平成15年（2003）に成立した少子化対策基本法を基に、「少子化社会対策大綱」が策定されるなど、様々な制度改正が進められた。

　民主党政権期には「子ども手当」の創設論議も焦点となり、当時の与野党の調整を経て、新しい児童手当に改組したほか、消費税を引き上げる際の使途としても子育て分野が重視され、質量両面で充実を図る「子ども・子育て支援新制度」が平成27年（2015）4月から本格スタートした。近年は幼児教育・保育の無償化に向けた論議が進められ、平成31／令和元年度（2019）から施行した。

　さらに、令和5年（2023）4月には児童手当や保育、虐待防止、子どもの貧困対策、ひとり親家庭支援などを担当する「こども家庭庁」が発足した。子育て施策の一元化を図ることで、関係施策を効果的に展開するのが狙い。医療保険から支出されている出産育児一時金も、令和3年度（2023）から50万円（従来は原則42万円）に引き上げられた。

2 児童手当の現状

　児童手当は図表1-3-10の通りであり、子どもの年齢や親の所得、世帯の構

図表 1 - 3 -10　児童手当の概要

子どもの年齢区分など	手当月額	財源
0～3歳未満	一律1万5000円	事業主：7/15、国：16/45、地方8/45（勤め人） 国2/3、地方1/3（自営業者など）
3歳～小学校修了まで	第1子、第2子：1万円 第3子以降：1万5000円	国：2/3、地方1/3
中学生	一律：1万円	国：2/3、地方1/3
所得制限以上	5,000円	国：2/3、地方：1/3

出典：厚生労働省資料を基に作成

注1：所得制限は扶養家族の人数で異なるが、妻・子ども2人の計3人の場合は年収ベースで960万円未満。令和2年（2020）末の政府・与党合意では、令和4年度（2022）後半以降、夫婦のうちのどちらかが年収1200万円以上になれば対象外とすることを決めた。
注2：公務員の子どもの場合、費用の全額を所轄庁が負担。
注3：所得制限以上の世帯については、一律5,000円を特例的に支給。

成員数で支給額が異なる、例えば、妻1人、子ども2人の世帯の場合、年収ベースで960万円未満の世帯が支給対象であり、0～3歳未満は一律1万5000円、中学生は一律1万円、3歳～小学校修了までは子どもの数で支給額が1万～1万5000円で変動する。所得制限以上の世帯にも特例として5,000円が支給される。

　総予算は令和4年度（2022）で約2兆円。国が約1兆1000億円、地方が約5500億円、事業主が約1600億円となっている。公務員の子ども分に相当する約1900億円については、所轄庁が負担している。

3　子ども・子育て支援新制度と無償化の動向

　平成24年（2012）に消費税の引き上げを決断する際、その使途として少子化対策に充当することが決まり、「子ども・子育て支援新制度」が平成27年（2015）4月から発足した。この制度では「保育を必要とするもの」を市町村が判定し、保育所や幼稚園、幼稚園と保育所を相乗りさせた「認定こども園」、保育所よりも小さい単位で0～2歳児を保育する「地域型保育」を利用できるか判断する。

　このうち、認定こども園は平成18年度（2006）から制度化された仕組みで、幼稚園と保育所を相乗りさせた施設である。子ども・子育て支援新制度では、認可・指導監督を一本化するなどの制度改正が講じられた。

　さらに、地域型保育は子ども・子育て支援新制度で創設された仕組みであり、▽5人以下のきめ細かい保育を実施する「家庭的保育（保育ママ）」、▽6～19人を対象に保育を行う「小規模保育」――などに分かれている。子ども・子育て支援新制度では、企業主導による「仕事・子育て両立支援」もスタートし、事

業所内保育の拡大なども図られている。妊娠期から子育て期までワンストップで支援する「子育て包括支援センター」（母子健康包括支援センター）の法定化と全国拡大も図られている。

ここ数年では幼児教育・保育所の無償化論議が進んだ。これは安倍晋三首相が平成29年（2017）9月、解散総選挙に踏み切る際、高齢者に重きを置き過ぎている社会保障の予算を若年世代などに振り向ける「全世代型社会保障」を打ち出すとともに、令和元年（2019）10月に消費税を8％から10%に引き上げる際の財源を活用することを表明した。結局、すべての3～5歳児と低所得世帯の0～2歳児について、幼稚園、保育所、認定こども園、認可外施設に関する経費を無償化するための予算を平成31／令和元年度（2019）予算に計上した。

4　児童虐待防止、社会的養護の推進

児童虐待防止も近年、取組が強化されている分野である。児童相談所などにおける児童虐待の相談対応件数は令和3年度（2021）時点で20万7659件に上る。これは平成13年（2001）と比べると約9倍の規模であり、右肩上がりで急増している上、その内容も深刻化している。

このため、平成12年（2000）に児童虐待防止法が成立した後、児童福祉法を含む関係法が改正され、①発生を防ぐためのアウトリーチ型支援、②児童相談所や市町村など関係機関の連携強化、③里親委託の拡大など施設退所後の継続的な支援——などを内容とする制度改正が相次いでいる。さらに、平成25年（2013）に対策法が成立するなど近年は「子どもの貧困」問題もクローズアップされている。

ただ、これらの背景には雇用の流動化や所得格差の拡大、地域のつながりの消滅など様々な社会情勢の変化が複雑に絡み合っており、解決は容易ではない。

第5節　障害者福祉政策の動向

障害者福祉分野では平成23年（2011）の障害者基本法改正、平成25年（2013）の障害者総合支援法制定など制度改正が相次いでおり、予算も急ピッチで増えている。障害者の生活を支える自立支援給付など障害者総合支援法に基づく障害者サービス給付の判断、支給額の決定については市町村が担っている。さらに、障害者のニーズに応じて支援の可否や内容、水準などを柔軟に決定する「合理的配慮」を盛り込んだ障害者差別解消法も施行されており、住民にとって身近な市町村の役割が大きい。ここでは障害者総合支援法と障害者差別解消法について触れる。

1　障害者の全体像

　日本の障害者制度は「身体」「知的（療育）」「精神」の3種類の手帳を発行し、福祉や教育などで支援を講じており、『令和4年版障害者白書』によると、その概数は障害児も含めて、身体障害者が約436万人、知的障害者が約109万4000人、精神障害者が約419万3000人となっている。手帳を重複して受け取っている人がいるため、単純に合算できないが、合計すると全人口の7％程度に相当する人が障害者として認定を受けている。

2　障害者福祉の制度改革の動向

　障害者福祉分野では現在、障害者総合支援法という枠組みがある。これは全国一律のサービスを提供する「自立支援給付」と、地域の特性に応じて柔軟に実施する「地域生活支援事業」に大別され、前者は▷自宅での入浴や食事の介助、通院付き添いなどを行う「居宅介護」（ホームヘルプ）、▷重度な人を対象に見守りや外出支援などを長時間支援する「重度訪問介護」、▷視覚障害者の移動などを支援する「同行援護」、▷単独での行動が難しい知的障害者や精神障害者の外出などを支援する「行動援護」、▷身体リハビリテーションなどを実施する「自立訓練」、▷一般企業で働く人を対象に訓練や相談支援を実施する「就労移行支援」、▷一般企業で働くことが困難な人を対象に就労に必要な知識・技術の習得を支援する「就労継続支援」――などの類型に分かれている。

　いずれも障害種別に関係なく、サービスが提供される仕組みであり、給付費は国・自治体の税金で賄われている一方、認定、給付の決定、調整などは市町村が担う。こうした制度になったのは10年ほど前である。障害者総合支援法の旧法に相当する障害者自立支援法が平成17年（2005）11月に制定された際、▷障害種別ごとに異なっていたサービス体系を一元化、▷障害の状態を示す全国共通の尺度として「障害程度区分」（現名称は「障害支援区分」）の導入、▷国が費用の半額を義務的に負担する仕組みの導入、▷サービスの量に応じて負担する応益負担の導入――といった制度改正がなされたが、自己負担の増加などについて批判の声が高まった。さらに、障害者自立支援法の廃止を掲げた民主党への政権交代も重なり、平成24年（2012）4月施行の法改正で応能負担に変更されたほか、障害者自立支援法に代わる障害者総合支援法が平成25年（2013）4月に施行された。

　以上のように制度が少しずつ充実されている結果、国の障害者サービス関係予算は右肩上がりで増加している。具体的には、児童福祉法の枠組みで実施している18歳未満の障害児向けサービスを含めると、**図表1-3-11**の通り、制度改正前の平成17年度（2005）と比べると、約4倍に増えている。

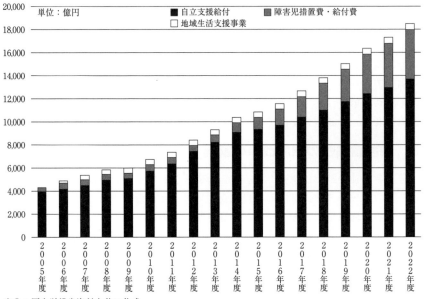

図表 1 - 3 -11　国の障害者福祉サービス関係予算の推移

出典：厚生労働省資料を基に作成

3　障害者差別解消法の内容

　障害者福祉に関する制度では、平成28年（2016）に障害者差別解消法が施行された。これは障害者の社会参加や生活、移動、就労などを支援するため、行政機関などの公的機関に対し、「合理的配慮」の提供を義務付けた法律である。民間事業者も令和6年（2024）年6月までに義務化の対象となる。しかし、支援の対象範囲や内容を示していないなど、従来の制度と全く様相を異にするため、少し説明を要する。

　まず、障害者差別解消法と合理的配慮を理解する上では、「社会的障壁」という概念が重要となる。そして、これを理解する上では「自動改札の読み取り部はなぜ右側にあるか」という疑問から考えると分かりやすい。これは日本人の8〜9割は右利きであり、大多数を構成する右利きに有利な形で自動改札が置かれている結果、左利きの人には不便な構造になっている。

　これと同じことが障害者にも当てはまる。車いすの人が町の中で移動に不便を感じる原因は、駅や公共施設などの段差である。では、なぜ駅や公共施設に段差があるのかと言うと、大多数を構成する二足歩行の人を想定して駅や公共施設が作られているためである。ここでは段差が社会的障壁となり、車いすの

人の社会参加を妨げていることになる。

　さらに、もし聴覚障害者がリアルタイムで登壇者や他の参加者とやり取りしたいと望んだとしても、手話通訳などの情報保障がイベントに準備されていなければ、聴覚障害者は参加に二の足を踏むことになる。ここでは音声情報が社会的障壁となる。

　障害者差別解消法と合理的配慮では、こうした社会的障壁の除去を多数の健常者に義務付けており、同法によると、社会的障壁とは「障害がある者にとって日常生活又は社会生活を営む上で障壁となるような社会における事物、制度、慣行、観念その他一切のもの」を指す。

　ここでのポイントは「障害者差別解消法と合理的配慮には基準がない」という点である。障害者分野に限らず、日本の行政システムでは通常、制度の内容や対象範囲が法令や通知で細かく定められ、これに沿って自治体が判断するが、障害者差別解消法の「基本方針」では、合理的配慮について、「障害の特性や社会的障壁の除去が求められる具体的場面や状況に応じて異なり、多様かつ個別性の高いもの」としており、個別具体的に考える必要性に言及している。具体的には、合理的配慮に関する可否や内容、水準などについては、障害者と行政機関が個別性に配慮しつつ対話し、「対話→調整→合意」のプロセスを通じて、合意点を模索する必要がある。先の聴覚障害者の事例でいうと、「リアルタイム」での参加を担保できないような手法、例えば「終了後に議事録を渡す」という情報保障は差別と見なされる可能性があり、聴覚障害者のニーズに応じて、手話通訳やパソコンノートテイク（入力した発言内容などをパソコンで入力し、スクリーンで映す）といった社会的障壁を除去するための情報保障の方法を模索する必要がある。

　障害者差別解消法では、実施に伴う負担が「過重」でない時、障害者の権利利益を守ることを定めており、言い換えると「過重な負担」を伴う場合、ニーズは拒否される時がある。

　この「過重な負担」についても、障害者差別解消法は明確な基準を定めておらず、法律に基づく基本方針では▷事務・事業への影響の程度、▷実現可能性の程度（物理的・技術的制約、人的・体制上の制約）、▷費用・負担の程度、▷事務・事業規模、▷財政・財務状況──を示しているに過ぎない。

　例えば、先の聴覚障害者のケースでいうと、イベント当日に情報保障を望んでも、人的・体制上の制約による実現可能性が難しいため、そのニーズは自治体にとって「過重な負担」と見なされる可能性がある。一方、仮にイベントの予算が50万円の場合、手話通訳者の確保に必要な予算が5万円前後とすれば、「過重な負担」といえない可能性が高い。

　以上のように合理的配慮では明確な基準が示されていない以上、個別性を配慮する現場の判断が重要であり、住民の生活に接する自治体の役割は大きい。

雇用の流動化や単身高齢者世帯の増加などを受け、生活保護費が急増している。政府は制度の持続可能性を確保するため、生活保護費の適正化などに努めるとともに、生活保護の申請に至る前の段階から支援策を講じる生活困窮者自立支援制度をスタートさせている。

1　生活保護制度の現状と適正化策の実施

憲法25条に基づく「最後のセーフティーネット」に位置付けられる生活保護制度では、▷食費や被服費、光熱費を基準に算定される「生活扶助」、▷アパートなどの家賃を支給する「住宅扶助」、▷義務教育を受けるために必要な学用品などの費用を支給する「教育扶助」、▷医療サービスの支出を支援する「医療扶助」、▷介護サービスの利用に必要な費用を支払う「介護扶助」——などの給付があり、自治体が設置する福祉事務所で申請を受け付ける。その後、資産調査などを経て、厚生労働省が定める基準に基づき、保護費が支給される。

近年、申請者の増加に伴って給付額が増加しており、平成17年度（2005）に２兆5942億円だった総予算は令和３年度（2021）までに約３兆7000億円まで伸びた。その内訳は医療扶助が５割程度、生活扶助が３分の１となっており、医療扶助のウェイトが大きい。この背景には非正規雇用労働者や単身高齢者世帯の増加などがあり、一部で喧伝されがちな不正受給の影響は小さいが、生活扶助の見直しなどの適正化策が実施されている。

2　生活困窮者自立支援制度、重層的支援体制整備事業の概要

生活保護申請に至る前の段階で支援を講じる生活困窮者自立支援制度が平成27年（2015）からスタートした。これは失業者やホームレス、ニート、中退者など「制度の狭間」に陥りがちな人の困りごとを解決することを目指しており、一時的な住居の提供や就労訓練、子どもの学習支援などを実施するのが目的。実際の支援に際しては、福祉事務所を設置する自治体が個人の支援計画を策定し、必要に応じて各種施策を実施する。

このほか、複雑化・複合化した支援ニーズに対応するため、令和３年（2021）施行の改正社会福祉法では、「重層的支援体制整備事業」が創設された。この事業では、市町村を中心に、①属性を問わない相談支援、②つながりや参加の支援、③分野横断的な地域づくりに向けた支援——などを展開する。

コラム●少子高齢時代の福祉政策をさらに理解するキーワード

地域包括ケアと地域共生社会

　国、自治体の職員や現場専門職など医療・介護・福祉の分野で盛んに言われているのが「地域包括ケア」「地域共生社会」というフレーズである。このうち、前者は平成26年（2014）成立の地域医療介護総合確保推進法で、「地域の実情に応じて、高齢者が、可能な限り、住み慣れた地域でその有する能力に応じ自立した日常生活を営むことができるよう、医療、介護、介護予防、住まい及び自立した日常生活の支援が包括的に確保される体制」と定義されている。

　これに対し、地域共生社会は平成28年（2016）6月に閣議決定された「ニッポン一億総活躍プラン」で、「子供・高齢者・障害者など全ての人々が地域、暮らし、生きがいを共に創り、高め合うことができる（注：社会）」とされており、複雑化・複合化した課題を解決するため、市町村に包括的な支援体制の整備を促す改正社会福祉法が令和3年（2021）4月に施行された。

　2つを比較すると分かるとおり、地域包括ケアは高齢者を想定しているのに対し、地域共生社会は障害者や子育てを射程に入れている違いがあるが、いずれも広範な意味で使われている点が共通している。例えば、国は「地方創生と地域包括ケアシステムは同じ」「報酬改定の柱は地域包括ケアから地域共生社会になる」といった説明を試みており、その意味は非常に曖昧だ。

　一方で、公共政策の書籍を紐解くと、施策を階層化する必要性に言及している（『公共政策学の基礎』）。このため、もし法律の文言に沿って、地域包括ケアが「医療」「介護」「介護予防」「住まい」「生活支援」で構成されると考えるのであれば、図表1-3-12のとおり、それぞれの項目ごとに関連施策がツリー構造に体系化される必要があるが、こうした整理はなされていない。

　むしろ、時々の政策形成プロセスで必要とされた制度改正を後追い的に「地域包括ケア」「地域共生社会」という言葉で説明している傾向が見られる。こうした国の曖昧な言葉遣いをダイレクトに地域に持ち込んだ場合、住民や現場の職員にどこまで伝わるのか、住民の生活や現場に身近な自治体職員としては、住民目線で考え直すことが必要かもしれない。

図表1-3-12　公共政策の階層性

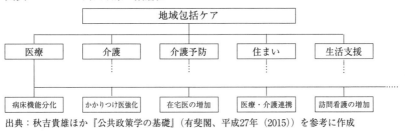

出典：秋吉貴雄ほか『公共政策学の基礎』（有斐閣、平成27年（2015））を参考に作成

第4章 環境行政

第1節　地球環境問題への対応—国内外の対応と現状

　近年、大型台風の上陸や猛暑日の増加など、「気候危機」ともいわれる状況を生み出しており、多くの自治体で「気候非常事態」が宣言され、令和2年（2020）11月には衆議院及び参議院でも可決されている。こうした中、地球上の温室効果ガスの濃度の上昇を抑えることが喫緊の課題となっており、温室効果ガスを排出しない「脱炭素」の取組が注目されており、ここでは、地球環境問題のうち、地球温暖化対策を取り上げる。

1　地球温暖化対策に係る国際動向

（1）地球温暖化対策に係る国際的な潮流　低炭素から脱炭素へ

　地球温暖化対策に係る国際的な枠組みとして、1992年（平成4）に採択された条約に基づく国連気候変動枠組条約締約国会議（COP）があり、新型コロナウイルス感染症で中止となった2020年（令和2）を除き、1995年（平成7）から毎年開催されている。

　また、温暖化に係る包括的な評価機関として、1998年（平成10）に世界気象機関（WMO）と国連環境計画（UNEP）により設立された「気候変動に関する政府間パネル（IPCC：Intergovernmental Panel on Climate Change）」がある。

　IPCCは、総会で2018年（平成30）10月に1.5℃特別報告書を承認し、気候変動を最小限に抑制するには1.5℃の気温上昇を目指すべきことを示した。また、2022年（令和4）12月現在第6次の統合報告書の取りまとめを進めている。

　このように科学的な評価がなされる中で、世界的な潮流は、後述する「パリ協定」の成立もあり、気温上昇の抑制を目指し「低炭素」から「脱炭素」という流れが加速している。特に、ESG（Environment（環境）、Social（社会）、Governance（ガバナンス））投資が注目され、石炭火力発電所のように温室効果ガスを多く排出する事業には投資や融資を行わない方針を示す金融機関も多

い。

さらに、RE100（Renewable Energy100%）といわれる国際的な環境のイニシアチブが注目を集めている。これは、事業運営に係るエネルギーを100%再生可能エネルギーで賄うものであり、国内企業でも賛同する動きがみられる。

アメリカでも、トランプ大統領は「パリ協定」からの離脱を表明したが、バイデン大統領の就任後、復帰しており、ウクライナ情勢の影響は受けつつも、「低炭素」から「脱炭素」という世界的な潮流は大きくなりつつあるといえる。

（2）温室効果ガス削減に係る国際的な取組

1997年（平成9）に京都で開催されたCOP3では「京都議定書」が採択され、発効したものの、二酸化炭素の排出量の多いアメリカが参加しておらず、発展の著しい中国などが排出削減の義務を負っていなかった。また、世界全体では温室効果ガスの排出量は増加傾向にあった。

こうした中で、ポスト京都議定書といわれる2013年（平成25）以降の枠組みの議論が重ねられてきた。2015年（平成27）には、パリで開催されたCOP21で今後の温暖化対策の枠組みである「パリ協定」が採択され、2016年（平成28）11月に発効した。

「パリ協定」では、京都議定書で削減義務を負っていなかった中国などが参加していることなどは評価される。その内容は、①2020年（令和2）以降の地球温暖化対策に、すべての国が参加すること、②世界の平均気温上昇を、産業革命から2℃未満、できれば1.5℃に抑えること、③今世紀後半に温室効果ガスの排出を実質ゼロにすること、④参加国は削減目標（NDC）をたて、5年ごとに見直し、国連に報告すること、⑤温暖化被害への対応、いわゆる適応策にも取り組むこと、⑥途上国への資金支援を先進国に義務づけることなどとなっている。

このように、京都議定書では、参加国の一部ではあるが、総量削減義務を課していたのに対して、パリ協定は、すべての国が参加するものの、合意を優先したため、NDCは参加国によって自主的に設定される。このように、自主的であるがゆえに、各国のNDCの総量は気温上昇2℃以内に抑制するのに十分となっていない。こうしたこともあり、定期的な見直しが行われることになっている。

2021年（令和3）11月には、イギリス・グラスゴーでCOP26が開催され、1.5℃の努力目標の達成に向けた野心的な目標を設定することで合意された。また、市場メカニズムの活用に向けたパリ協定のルールブックが合意された。

現在、5年ごとのNDCの見直しに向け、GST（グローバルストックテイク）といわれる手続きが進められている。この手続きは、パリ協定の目標について、

世界全体の進捗状況を評価する仕組であり、結果として、NDC を上乗せし、その総量と、1.5℃の抑制に必要な削減目標のギャップを埋めることができるかが問われている。

そして、COP27が2022年（令和4）11月にエジプトで開催された。会議では、途上国が温暖化被害への資金支援を要求し、2日間会期を延長したうえで、「損失と被害」への手当てに特化した基金の創設で合意した。ただ、NDC の上乗せなど、削減目標に関する議論は深まらなかった。

2 国内の排出削減の取組

（1）国内の地球温暖化対策とパリ協定への対応

政府は、「京都議定書」を受け、平成10年（1998）に「地球温暖化対策の推進に関する法律（以下「温対法」という。）」を制定し、**図表1-4-1**の通り順次、対策を強化してきた。

特に、令和3年（2021）の改正は、基本理念として、令和32年（2050）までの脱炭素社会の実現を位置づける内容となっている。

また、温対法に基づく地球温暖化対策計画が令和3年（2021）10月に閣議決定された。この計画では、令和2年（2020）10月の首相による「2050年カーボンニュートラル」宣言、令和3年（2021）4月22日の地球温暖化対策推進本部

図表1-4-1　温対法の主な改正内容

公布	主な改正内容
平成10年10月	温対法制定。地球温暖化対策に取り組むための枠組みを規定
平成14年6月	京都議定書の締結を受け、京都議定書目標達成計画等を規定
平成17年6月	京都議定書の発効、温室効果ガス増加を受け、「算定報告公表制度（大規模事業者に温室効果ガスの報告・その公表等を実施）」を導入
平成18年6月	2008年の京都議定書の約束期間の開始を前に、京都メカニズムを活用する際の基盤となる口座簿の整備等を規定
平成20年6月	算定報告公表制度の対象拡大。都道府県等の実行計画策定義務を規定
平成25年5月	京都議定書目標達成計画に代わる地球温暖化対策計画の策定を規定
平成28年5月	国民運動の強化と、国際協力を通じた温暖化対策の推進を規定
令和3年6月	パリ協定・2050年のカーボンニュートラル宣言を踏まえた基本理念の新設。地方の再エネ促進のための市町村による認定制度等を規定
令和4年6月	財投を活用した新たな出資制度、国の地方への財政支援を規定

出典）環境省資料より筆者作成

での議論を踏まえた令和12年度（2030）46％削減目標等の実現を位置づけている。具体的な取組としては、住宅や建築物の省エネ基準への適合義務付け拡大や、令和12年度（2030）までの100以上の「脱炭素先行地域」の創出などが位置づけられている。

（2）わが国の温室効果ガス排出量の推移等

わが国の温室効果ガスの排出量の状況は、**図表1-4-2**のとおりである。令和2年度（2020）の排出量は11億5000万トンで、前年度比では▲5.1％、平成25年度（2013）比では▲18.4％となっており、平成26年度（2014）以降7年連続で減少となっている。また、排出量を算定している平成2年度（1990）以降最少であり、3年連続で最少を更新した。

前年度からの減少要因としては、新型コロナウイルス感染症の感染拡大に起因する製造業の生産量の減少、旅客及び貨物輸送量の減少等に伴うエネルギー消費量の減少等が挙げられる。

今後、新型コロナウイルス感染症の感染抑制等が進む中で、経済復興が進んでいくと思われ、温室効果ガスの増加も懸念される。だが、こうした経済復興については、単に以前の経済活動に戻すのではなく、気候変動対策の野心を高め、持続可能な経済社会の実現に向けた「グリーンリカバリー」につなげていく必要がある。

（3）自治体における地球温暖化対策の現状と課題

自治体では、温対法に基づく実行計画の策定にくわえ、国に先駆けて、また

図表1-4-2　わが国の温室効果ガス排出量

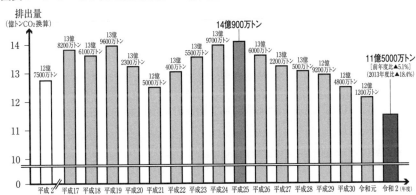

出典）環境省資料

国の表明を受けて、令和32年（2050）の脱炭素を宣言した自治体もあり、令和4年（2022）12月28日現在で45都道府県、476市、20特別区、239町、43村で、その人口は約1億2448万人に及んでいる。RE100やESG投資といった世界的な潮流や、政府の令和12年度（2030）の温室効果ガス削減目標、自治体の産業構造等などを勘案しながら、取組を進めていく必要がある。

　また、京都会議の開催された京都市のように、温暖化対策条例を制定し、総合的な対応を行っている自治体もある。こうした条例の多くで、事業者に対する温室効果ガス削減に向けた計画の策定と、同計画に基づく進捗状況等に関する報告書の自治体への提出、その公表などが位置づけられている。また、東京都、埼玉県は、国に先駆けて、総量排出規制と排出権取引を組み合わせたキャップアンドトレードを導入している。

（4）適応策と緩和策

　温暖化対策では、「緩和策」と「適応策」が車の両輪ともいわれる。「緩和策」は、温室効果ガスの排出量を削減して温暖化の進行を食い止め、大気中の温室効果ガス濃度を安定させる対策である。「緩和策」には、従来から取り組まれてきた省エネルギーの推進や再生可能エネルギーの利用などがある。

　「適応策」は、気候の変動等に対して、社会経済のシステムを調節することで影響を軽減しようという対策である。具体的には、気温上昇に対応した伝染病予防や海面の上昇に対応した堤防の整備などがあげられる。

　こうした中で、「適応策」を法的に位置付け、関係者が一丸となって取組を強力に推進するため、平成30年（2018）に「気候変動適応法」が制定された。

　法律では、地域での適応の強化として、①都道府県及び市町村（東京23区を含む。）に、地域気候変動適応計画策定の努力義務、②地域において、適応の情報収集・提供等を行う拠点（地域気候変動適応センター）機能を担う体制の確保（努力義務）、③広域協議会による国と地方公共団体等が連携した地域における適応策の推進といった事項が規定されている。

　同法に基づく気候変動適応計画は、地球温暖化対策計画と同日の令和3年（2021）10月に改定計画が閣議決定されている。前計画からの変更点としては、「重大性」「緊急性」「確信度」に応じた適応策の特徴を考慮した「適応策の基本的考え方」の追加、及び分野別施策及び基盤的施策に関するKPIの設定などとなっている。

（5）再生可能エネルギー普及の取組

ア　国の動向

　太陽光をはじめとする再エネ（新エネ）の普及を促進するため、様々な取組

が行われてきている（**図表1-4-3**）。平成15年（2003）4月には、RPS法が施行され一定規模以上の電気事業者に新エネルギーの導入が義務付けられた。その後、平成21年（2009）には、「エネルギー供給構造高度化法」が施行され、太陽光による余剰電力の買取制度が開始された。

平成24年（2012）7月からは、発電電力の全量を電気事業者が固定価格で買い取ることを義務付ける制度（固定価格買取制度）が導入されている。買取費用は全国一律で、電気事業者が電力需要家から賦課金を徴収し、その費用が支払われる。買取対象となる再エネは、太陽光、風力、地熱、バイオマスなどとなっている。

こうした固定価格での買取により、再エネの普及が進んできたが、買取費用が多額に及び国民負担抑制のためのコスト効率的な導入を促進する必要があることなどから、再生可能エネルギーの最大限の導入と国民負担抑制の両立をめざした改正法が平成29年（2017）4月から施行された。具体的には、①新認定制度の創設：未稼働案件を排除するための仕組みづくりなど、②コスト効率的な導入：大規模な発電所に係る入札制度の導入などの見直しが行われた。

令和4年（2022）4月には、高い発電コスト、電力系統の制約等への対応のため、FIT法が改正され、再生可能エネルギー電気の利用の促進に関する特別

図表1-4-3　再生可能エネルギーの買取制度等の変遷

法の施行	概要
平成15年4月	電気事業者による新エネルギー等の利用に関する特別措置法（RPS法）施行　→電気事業者に新エネルギーの利用を義務付け
平成21年8月（買取は11月から）	エネルギー供給事業者による非化石エネルギー源の利用及び化石エネルギー原料の有効な利用の促進に関する法律（エネルギー供給構造高度化法）施行　→太陽光発電による余剰電力の固定価格での長期間買い取りを義務付けるFIT制度を導入
平成24年7月	電気事業者による再生可能エネルギー電気の調達に関する特別措置法（FIT法）による固定価格買取制度の導入
平成29年4月	FIT法改正　→①新認定制度の創設：未稼働案件を排除するための仕組みづくりなど、②コスト効率的な導入：大規模な発電所に係る入札制度の導入などの見直し
令和4年4月	FIT法改正により、再生可能エネルギー電気の利用の促進に関する特別措置法に→①FIT制度に加え、市場価格をふまえて一定のプレミアムを交付する制度（FIP制度）を創設、②再エネポテンシャルを活かした系統整備、③再エネ発電設備の適切な廃棄、④認定執行による系統の確保

出典）筆者作成

措置法が施行された。同法では、市場に連動した形で、再生可能エネルギーに対して、一定のプレミアムを交付するFIP制度が導入された。

　また、令和3年（2021）3月に策定された第6次「エネルギー基本計画」では、令和32年（2050）のカーボンニュートラル宣言、2030年度の46%削減目標等を踏まえ、令和12年（2030）のエネルギー全体に占める再生可能エネルギーの導入水準を36〜38%と、これまでの目標に上乗せする一方、原子力は20〜22%とこれまでの割合を維持した。

　このように、カーボンニュートラル宣言以降、脱炭素に向けた取組が大きく進められている。

イ　自治体の動向

　自治体に目を向けると、再生可能エネルギーの導入の促進のために、京都府・京都市は、一定規模以上の建築物に太陽光パネルの設置の義務化等を行っている。東京都や川崎市も、太陽光パネルの設置の義務化を進めており、ハウスメーカー等の事業者に義務を課す方向となっている。

　一方、大規模な太陽光発電設備の設置により、地域によっては、森林伐採等が行われ、土砂流出や景観の影響などの問題が顕在化し、適正な設置と自然環境との調和を図るため、設置等の規制を行う条例を制定する自治体もみられる（参考：地方自治研究機構・太陽光発電設備の規制に関する条例　http://www.rilg.or.jp/htdocs/img/reiki/005_solar.htm）。

　このように太陽光パネル等がもたらす影響も含め、地域の実情を踏まえた取組が求められている。

第2節　公害対策

　公害対策の歴史は、地域で住民の意向を踏まえさまざまな取組を行った自治体が切り開いてきたといっても過言ではない。昭和24年（1949）の東京都の「工場公害防止条例」をはじめとして、国に先駆けて公害防止条例等の制定が行われてきており、こうした状況を踏まえ、昭和45年（1970）に、いわゆる「公害国会」において公害関係法が抜本的に整備されるに至っている。

　「環境基本法」は、環境基本計画の策定や、人の健康を保護し、及び生活環境を保全する上で維持されることが望ましい基準として環境基準を定めることを規定し、これに基づき、別途基準が定められている。こうした基準の達成のために、図表1−4−4の通り、典型七公害を規定しており、それぞれに対応し、法律が制定され、対策が行われてきている。具体的な内容は法律により異なるが、特定の事業所に対して、規制基準等の遵守を求めるものが多い。

図表1-4-4　典型7公害と関連法

出典）筆者作成

　こうした法律には、地域の状況に応じて、自治体が排出基準の上乗せを行うことができる規定が設けられているものもある。あわせて、地方分権の流れの中で、第2次一括法により、騒音規制法、振動規制法などに係る権限が都道府県から市に移譲され、より身近な基礎自治体が公害対策を行うようになるなど、地域の実情に即した対応が行われるようになっている。

第3節　廃棄物処理事業

1　より質の高い資源循環を達成する2Rへ

　近年、地球環境の保全や資源の有効活用という観点から、大量生産、大量消費、大量廃棄のしくみを見直し、環境への負荷の少ない持続的に発展可能な循環型社会を構築する必要性が叫ばれている。そのためには、生産・消費・廃棄に至る各段階において廃棄物の発生抑制やリサイクルを推進していくことが重要な課題となっている。

　こうした中で、リデュース（Reduce：発生・排出抑制）、リユース（Reuse：再使用）、リサイクル（Recycle：再生利用）という3Rを推進していくことが求められてきたが、近年は、より環境負荷の低減を図るため、3Rの中でも、特に、リデュースと、リユースという2Rの重要性が言われるようになってきている。

2　廃棄物の区分

　「廃棄物処理法」は、図表1-4-5の通り、廃棄物を大きく一般廃棄物と産業廃棄物に分類している。一般廃棄物は、産業廃棄物以外の廃棄物を指し、家庭から発生する家庭系ごみとともに、飲食店等から発生する事業系ごみを含み、処理責任は市町村にある。一方、産業廃棄物は同法が定める20種類のものが該当し、事業者責任により処理される。産業廃棄物には、特定の業種から排出されたもののみが該当する場合もあり、例えばペットボトルについては、オフィス

図表 1-4-5　廃棄物の区分

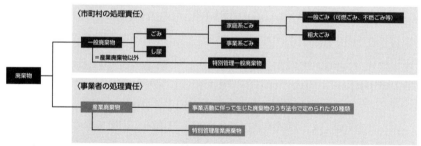

注1：特別管理一般廃棄物とは、一般廃棄物のうち、爆発性、毒性、感染性その他の人の健康又は生活環境に係る被害を生ずるおそれのあるもの。
　　2：事業活動に伴って生じた廃棄物のうち法令で定められた20種類。燃え殻、汚泥、廃油、廃酸、廃アルカリ、廃プラスチック類、紙くず、木くず、繊維くず、動植物性残渣（さ）、動物系固形不要物、ゴムくず、金属くず、ガラスくず、コンクリートくず及び陶磁器くず、鉱さい、がれき類、動物のふん尿、動物の死体、ばいじん、輸入された廃棄物、上記の産業廃棄物を処分するために処理したもの。
　　3：特別管理産業廃棄物とは、産業廃棄物のうち、爆発性、毒性、感染性その他の人の健康又は生活環境に係る被害を生ずるおそれのあるもの。
資料：環境省

から排出されれば産業廃棄物、家庭から排出されれば一般廃棄物となる。

3　循環型社会形成推進基本法と計画

　平成12年（2000）に制定された「循環型社会形成推進基本法」をはじめとして、循環型社会構築に向け、リサイクル・廃棄物対策関連法が制定・改正されている。循環型社会形成推進基本法では、環境への負荷の少ない持続的発展が可能な社会の実現を推進するため、廃棄物処理に係る優先順位として、前述の3Rに加え、熱回収（サーマルリサイクル）、適正な処分を定めており、可能な限り環境への負荷を低減したかたちで、資源を循環させていく必要がある。

　また、同法は、「循環型社会形成推進基本計画」の策定を規定している。この第4次計画（平成30年（2018）6月策定）では、持続可能な社会づくりとの統合的な取組として、環境、経済、社会的側面の統合的向上などを掲げた上で、重要な方向性として、①地域循環共生圏形成による地域活性化、②ライフサイクル全体での徹底的な資源循環、③適正処理の更なる推進と環境再生などを位置づけている。そして、令和7年度（2025）までの数値目標等を掲げ、その実現に向けて概ね令和7年（2025）までに国が講ずべき施策を示している。

4　主なリサイクル関連法等の状況

　リサイクル関連法（**図表1-4-6**）の動向に大きな影響を与えているのがプラスチックごみである。プラスチックは、金属等の他素材と比べて有効利用される割合は、わが国では一定の水準に達しているものの、世界全体では未だ低く、また、不適正な処理のため世界全体で年間数百万トンを超える陸上から海洋へのプラスチックごみの流出があると推計され、このままでは令和32年

図表 1-4-6　リサイクル関連法

循環型社会の形成の推進のための施策体系

環境基本法　H6.8　完全施行

環境基本計画　H30.4　第5次計画策定

H13.1　完全施行

循環型社会形成推進基本法（基本的枠組み法）

・社会の物質循環の確保
・天然資源の消費の抑制
・環境負荷の低減

○基本原則　○国、地方公共団体、事業者、国民の責務　○国の施策

循環型社会形成推進基本計画　H30.6　第4次計画策定
持続可能な社会づくりとの統合的取組など、7つの方向性ごとに将来像、取組、指標を設定

廃棄物処理法

〈廃棄物の適正処理〉

①廃棄物の発生抑制
②廃棄物の適正処理（リサイクルを含む）
③廃棄物処理施設の設置規制
④廃棄物処理業者に対する規制
⑤廃棄物処理基準の設定　等

資源有効利用促進法

〈リサイクルの推進〉　H13.4　全面改正施行

①再生資源のリサイクル
②リサイクル容易な構造・材質等の工夫
③分別回収のための表示
④副産物の有効利用の促進

【1R→3R】

〔素材に着目した包括的な法制度〕　プラスチック資源循環法 R4.4 施行

〔個別物品の特性に応じた規制〕

容器包装リサイクル法	家電リサイクル法	食品リサイクル法	建設リサイクル法	自動車リサイクル法	小型家電リサイクル法
びん、ペットボトル、紙製・プラスチック製容器包装等	エアコン、冷蔵庫・冷凍庫、テレビ、洗濯機、衣類乾燥機	食品残さ	木材、コンクリート、アスファルト	自動車	小型電子機器

グリーン購入法（国が率先して再生品などの調達を推進）H13.4完全施行

出典）環境省資料を一部改変

（2050）までに魚の重量を上回るプラスチックが海洋環境に流出することが予測されるなど、地球規模での環境汚染が懸念されている。

　こうした中で、平成30年（2018）にカナダで開かれたG7で、プラスチックごみによる海洋汚染問題への各国の対策を促す文書「海洋プラスチック憲章」が採択されたが、日本は署名せず、批判が寄せられた。

　その後、関係省庁は、令和元年（2019）5月に「プラスチック資源循環戦略」を策定するに至っている。この中では、基本原則として「3R + Renewable」を掲げ、重点戦略の一つとして、ワンウェイプラスチックの使用削減（レジ袋有料化義務化等の「価値づけ」）を位置付けている。

　この戦略の策定も踏まえ、令和元年（2019）6月に開催されたG20大阪サミ

ットにおいて、日本は令和32年（2050）までに海洋プラスチックごみによる追加的な汚染をゼロにまで削減することを目指す「大阪ブルー・オーシャン・ビジョン」を提案し、首脳間で共有されるに至った。

こうした動きを踏まえ、レジ袋の有料化、プラスチック資源循環法の制定等が進められた。

(1) プラスチック資源循環法

令和2年（2020）11月に環境省の中央環境審議会と経済産業省の産業構造審議のワーキンググループ合同会議は「今後のプラスチック資源循環施策の基本的方向性」を取りまとめた。この方向性を踏まえ、「プラスチックに係る資源循環の促進等に関する法律」が令和3年（2021）6月に公布され、令和4年（2022）4月に施行された。

同法は、プラスチックの資源循環の促進等を総合的かつ計画的に推進するための基本方針の策定を規定するとともに、①製品の設計・製造段階、②販売・提供段階、③排出・回収・リサイクル段階という過程で、あらゆる主体におけるプラスチック資源循環等の取組（3R＋Renewable）を促進するための措置を講じるものとなっている。

①では、プラスチック製品の製造事業者等が取り組むべき事項として、構造や材料を定めた「プラスチック使用製品設計指針」を策定し、これを満たした製品の設計を認定する制度を規定している。

②では、スプーンやフォークなどの無償で提供される12のワンウェイプラスチック（特定プラスチック使用製品）について、その提供事業者（小売・サービス事業者など）が取り組むべき判断基準を策定する。主務大臣は、必要があると認めるときは、全ての特定プラスチック使用製品提供事業者に必要な指導及び助言を行い、一定量以上の特定プラスチック使用製品を使用する特定プラスチック多量提供事業者には、取組が著しく不十分な場合に、勧告・公表・命令等を行うことができる。

③では、市区町村による分別収集などを定め、分別収集の場合には容器包装リサイクル法のルートを活用して再商品化を行う方法、または再商品化実施者と連携して再商品化計画を作成し、国の認定を受けることで、認定再商品化計画に基づいてリサイクルを行う方法を可能としている。特に、分別収集については、特別交付税措置がなされるが、市区町村の財政負担を懸念する声もある。

(2) 容器包装リサイクル法

「容器包装リサイクル法」は家庭系ごみに占める割合が容積比で66.0%、湿重量比で28.5%（令和3年（2021）環境省調査）を占める容器包装廃棄物を対象

に、資源として有効利用を進め廃棄物の減量を図ることを目的としている。同法では、市町村が分別収集、事業者が再商品化という役割分担を規定しており、事業者は、指定法人（容器包装リサイクル協会）へ委託し、委託料を支払うことで義務を果たすことができる。この委託を受け、容器包装リサイクル協会は、再資源化事業者に委託し、実際の再商品化が行われる。

　また、プラスチック資源循環戦略を踏まえ、「小売業に属する事業を行う者の容器包装の使用の合理化による容器包装廃棄物の排出の抑制の促進に関する判断の基準となるべき事項を定める省令」が改正され、令和2年（2020）7月からレジ袋の有料化が開始された。

　環境省調査によれば、1週間レジ袋を使用しなかった人の割合は有料化前の令和2年（2020）3月には30.4％であったが、有料化後の令和2年（2020）11月には71.9％に上昇している。また、コンビニエンスストアでのレジ袋の辞退率も有料化前の約23％から有料化後は約75％と大きく向上し、その削減に寄与している。

(3) 家電リサイクル法

　「家電リサイクル法」は、廃棄物の減量と再生資源の十分な利用等を通じて廃棄物の適正な処理と資源の有効な利用を図り、循環型社会を実現していくため、使用済み廃家電製品の製造業者等及び小売業者に引き取りなどの義務を課す再商品化の仕組みを定めている。当初、テレビ、冷蔵庫、洗濯機、クーラーといういわゆる家電4品目が対象であったが、平成23年（2011）の政令改正により、液晶テレビ・プラズマテレビ及び衣類乾燥機が対象品目に追加されている。

　一方、リサイクル費用を消費者等が後払いする仕組みになっていることから、不法投棄の増加や不法投棄された家電製品を処理する費用を自治体が負担しなければならないなどの問題を含んでいる。

(4) 食品リサイクル等への対応

　令和2年度（2020）の食品ロス量は522万トンで、前年度比48万トンの削減となり、このうち食品関連事業者から発生する事業系食品ロス量は275万トン（前年度比▲34万トン）、家庭から発生する家庭系食品ロス量は247万トン（前年度比▲14万トン）となり、いずれも、推計を開始した平成24年度（2012）以降で最少となった。しかしながら、依然として、本来食べられるにも拘わらず捨てられてしまう食べ物が多くなっている。

　現在、こうした食品ロスに関する法律には「食品リサイクル法」と「食品ロスの削減に関する法律」がある。食品リサイクル法は、食品産業に対して食品循環資源の再生利用等を促進するための法律であり、食品廃棄物等多量発生事

業者に定期報告を求め、不十分な場合には主務大臣による勧告、命令、命令違反の罰金などが規定されている。地方にはその区域の経済的社会的諸条件に応じて食品循環資源の再生利用等を促進するよう努める努力義務が課されている。

　食品ロスの削減の推進に関する法律は令和元年（2019）10月に施行され、都道府県・市町村には、国の基本方針を踏まえ、食品ロス削減推進計画を策定する努力義務が課されている。市町村では、廃棄物処理法に基づく一般廃棄物処理計画において既に食品ロス対策に取り組まれている場合もあり、総合的に対応を進めていく必要がある。なお、同計画については、法令による計画策定の義務付けの見直しが進められる中、消費者庁長官通知で「計画の策定については、新たな計画策定のみならず、廃棄物処理計画等の既存の計画等の中に位置づけることも含め、各地方公共団体に柔軟に御対応いただき、食品ロスの削減に向けた取組を推進して頂きたい」とされ、関連計画との一体的な策定が許容されるに至っている。

（5）小型家電リサイクル法

　使用済小型家電には、金や銅、レアメタルなどの有用金属が含まれているが、その相当部分が廃棄物として排出され、多くが埋立処分されていたことから、平成25年（2013）4月に「小型家電リサイクル法」が施行された。法は、「容リ法」のように拡大生産者責任に基づき、製造者等の費用負担などを定めたものではなく、再資源化事業を行うものを認定することにより、市町村や小売業者によって小型家電の回収が行われ、認定事業者への委託等により再資源化が行われることを目指すものであり、採算性の確保などの観点から一定程度の規模が確保される必要がある。

　また、「容リ法」などと同様に、使用済小型電子機器の回収等を行うかは市町村の裁量であり、実施の際は、携帯電話などの個人情報の漏えい等に配慮しながら、①公共施設等の拠点に回収ボックス等を配置し、回収するボックス方式、②通常の可燃ごみ等と同様にごみ集積場で回収するステーション回収、③従来通り回収したごみの中から選別するピックアップ方式などについて、市町村の状況に即した方式の採用を検討する必要がある。

【参考文献】
・環境白書各年度版
・北村喜宣『自治体環境行政法　第9版』第一法規、令和3年（2021）
・鈴木洋昌『図解　よくわかる自治体環境法のしくみ』学陽書房、平成24年（2012）

第5章 国際化社会

第1節　国際化の進展

1　地域の国際化をめぐる主な動き

　「国際化」という言葉は1960年代頃から使われ始めたといわれる。ただし、この頃はまだ経済的な国際進出についてのみ使われ、一般の国民にとって国際社会は遥か遠い存在であった。その後、通信・放送技術の発達によりリアルタイムで海外の様子を知ることが可能になり、また、交通輸送技術の発達により人の移動が活発になったことで、国際社会は徐々に身近な存在となっていった。

　1980年代に入ると、日本は経済力を背景に国際社会における地位の向上を目指すようになり、国際化の必要性が広く認知されるに至った。この頃から自治体が国際化施策の実施主体のひとつとして期待されるようになり、自治省（現総務省）が「地域の国際化」を推進し始めた。同省は、昭和62年（1987）、「地方公共団体における国際交流の在り方に関する指針」により、自治体の国際交流施策の方向性を示し、昭和63年（1988）には「国際交流のまちづくりのための指針」により、自治体の国際化施策を積極的に支援する姿勢を明らかにした。また、同年には、地域の国際化を一層推進するため、自治体の共同組織として財団法人自治体国際化協会（CLAIR）が設立された。平成元年（1989）には「地域国際交流推進大綱の策定に関する指針」により、各都道府県および政令指定都市に対し、総合的かつ計画的な地域の国際交流施策推進のため同大綱の策定を促した。この指針では、大綱の中に各地域の国際交流の中核となる地域国際化協会を明示することとされていたため、各都道府県および政令指定都市は国際化推進を目的とする公益法人を設立し、地域国際化協会に認定した。

　1990年代に入っても、好景気による税収増に支えられ、国際化推進の流れはより一層加速した。平成5年（1993）、地方財政計画上に国際化推進対策経費が初めて認められ、また、国際化に対応可能な市町村職員の育成を図るため全国市町村国際文化研修所（JIAM）が開設された。平成7年（1995）、自治省は、

「自治体国際協力推進大綱の策定に関する指針」により、「国際交流から国際協力へ」の方向性を示し、国際交流と国際協力の2つが自治体の国際化施策の柱と認識されるようになった。

平成12年（2000）には、自治省国際室長通知により、自治体に民間主導の国際交流を推進するための支援を促した。これは、「真の意味で地域が国際化するためには、国際交流の本来の担い手である民間団体や住民が積極的に関与することが必要である」との考えに基づくものである。

平成18年（2006）、総務省は「多文化共生の推進に関する研究会報告書」をまとめるとともに、「地域における多文化共生推進プラン」を策定した。ここに、外国人住民を地域社会の構成員として認識し、共に生きていくような、「多文化共生」の考え方が自治体の国際化施策の第3の柱として認識されるに至った。また、同年、外務省も地方連携推進室を設置し、輸出や国際会議誘致の支援、訪日する外国要人の地方訪問促進など、自治体の国際化施策の支援を開始した。

令和2年（2020）、同プランは多様性・包摂性のある社会実現の動きをはじめとする社会経済情勢の変化に対応するため改訂された。これを受け、総務省は各自治体にも多文化共生推進に係る指針・計画の見直しを行うよう促している。

2　自治体の国際化施策の展開

現在、自治体が掲げる国際化施策は、海外自治体との友好交流、国際市場参入や外国企業誘致のような経済活動、途上国への支援のような国際貢献、そして行政サービスの多言語化のような在住外国人支援など、実に様々であり、いずれも地域社会の活性化やまちの魅力づくりなどにつながる重要な施策となっている。これら施策は非常に多岐にわたるが、基本スタンスは前述のとおり、①国際交流、②国際協力、③多文化共生、の3つに大別される。さらに近年は諸外国との④経済交流に力を入れる自治体が増えている。

国際交流や国際協力、そして経済交流は主に諸外国を相手とする交流・協力であり、いわば外向きの国際化（「外への国際化」）である。これに対して、多文化共生は地域内の国際化を推進するものであり、内向きの国際化（「内なる国際化」）といえる。前述のとおり、国際化という言葉は経済的な国際進出に関する文脈で用いられたのが始まりといわれている。具体的には、企業が海外に進出する場合の適応・対応策、つまり「外への国際化」であった。これに対し、1980年代になると、外国資本への国内市場開放など、国内に外国の物や人を受け入れる場合についても国際化の語が用いられるようになり、これを「内なる国際化」と呼んだ。近年では、経済的な意味だけではなく、在住外国人施策等を含めた地域内部の国際化全般について「内なる国際化」と称するようになり、一般に「多様な文化や価値観、個性を理解し尊重することにより、地域の外国

人と共生していこうとする考え方」を意味するものとされている。

第2節　外への国際化

1　姉妹都市交流

　姉妹都市とは、交流と親善を目的に提携を結んだ二国間の都市のことであり、友好都市と称することもある。一般に、①両首長による提携書、②議会の承認、③交流が特定分野に限定されないこと、がその要件とされている。

　わが国の姉妹都市提携は、昭和30年（1955）に長崎市が米国セントポール市と提携を締結したことに始まり、令和4年（2022）11月現在で893自治体1,791件にまで拡大した。主な提携先は、アメリカが最も多く、次いで中国、韓国、オーストラリアの順となっているが、近年は欧米諸国からアジア諸国へのシフトが進んでいる。

　かつては歴史・文化や地理・自然環境の類似性をきっかけにした提携が多数であったが、近年は、主要産業の共通性や経済政策の一致など実利面を重視した提携が増加している。また、その延長線上ともいうべき、姉妹提携という形によらない新たな国際交流の形態も出現しており、特定分野に絞って交流を行う形態や、提携文書を交わさずに継続的に交流を行う形態等がそれに当たる。

2　JETプログラム

　「語学指導等を行う外国青年招致事業（JETプログラム）」は、外国語教育の充実と地域の国際化推進を目的に、海外から外国青年を招致して外国語教育および国際交流活動に従事させる事業である。総務省、外務省、文部科学省およびCLAIRの支援の下、地方単独事業として昭和62年度（1987）から実施されており、令和4年度（2022）までに77カ国から75,177人が参加した世界最大規模の人的交流プログラムである。

　同プログラムには、小・中・高校における外国語授業の補助等に従事する外国語指導助手（ALT）、自治体の国際交流担当部局等において国際交流活動に従事する国際交流員（CIR）、スポーツを通じた国際交流活動に従事するスポーツ国際交流員（SEA）の3つの職種があり、令和4年度（2022）には、1,016団体の行政または学校教育の現場において、50カ国5,723名（ALT 5,277名、CIR 437名、SEA 9名）が活躍中である。彼らは、多くの児童・生徒にとって初めて身近に接する外国人であるとともに、地域住民にとっても異文化に接する貴重な機会を与える存在であり、地域社会の国際化に非常に大きな役割を果たし

ている。

　彼らの多くは帰国後も母国において日本理解の促進に大きく貢献しており、平成元年（1989）にはJETプログラム同窓会（JETAA）が組織された。現在、JETAAは18の国と地域に53支部、会員数約22,000名を擁する大規模な親日家・知日家の組織に成長し、わが国と母国との友好関係促進のため、草の根レベルで様々な活動を行っている。

3　国際交流から国際協力へ

　平成7年（1995）の自治省指針は、「交流から協力へ」の方向性を示すとともに、この年を「自治体国際協力元年」と位置づけた。

　自治体の強みは、地域の総合経営主体として蓄積してきた文化、産業、地域振興等に係る多様な技術・ノウハウを活用できる点にある。全国的に広く実施されている主な事業としては、総務省およびCLAIRの支援のもと、海外の自治体職員等を研修員として受け入れて様々なノウハウ・技術を習得させる「自治体職員協力交流事業」、自治体等が行う先駆的意義のある国際協力事業をCLAIRがモデル事業に認定して事業経費の助成を行う「自治体国際協力促進事業」、途上国から技術研修員を受け入れて様々な技術・ノウハウを習得させる「海外技術研修員受入事業」（外務省補助事業としてスタートしたが、三位一体の改革に伴う補助金見直しにより地方単独事業に移行）などがある。また、このほかにも多くの自治体がそれぞれ独自の国際協力事業を展開している。

4　自治体と国際観光戦略

　人口の減少に伴い、消費力もマイナスに転じることが予想される中、外国人観光客を積極的に誘致する必要性が次第に認識されるようになった。平成15年（2003）、国土交通省は「ビジット・ジャパン・キャンペーン」をスタートさせ、また、平成20年（2008）には同省の外局として観光庁を発足させた。このような積極的な観光振興政策の結果、平成15年（2003）に520万人であった訪日外国人旅行者数は、平成30年（2018）には3000万人を超えた。平成28年（2016）3月、政府は「明日の日本を支える観光ビジョン」を策定し、東京オリンピック・パラリンピックが開催される令和2年（2020）の訪日外国人旅行者数4000万人、さらに令和12年（2030）には6000万人を目標に、「世界が訪れたくなる日本」の実現に向けた様々な施策を展開してきた。しかし、令和2年（2020）に世界を襲った新型コロナウイルス感染症の影響で、令和3年（2021）の訪日外国人旅行者数はわずか25万人にまで落ち込んだ。令和4年（2022）からは回復傾向にあるものの、元の勢いを取り戻すにはもうしばらく時間がかかりそうである。

　近年は各自治体レベルでも、「観光インバウンド対策」などと称して外国人観

光客の誘致に関する施策を積極的に進めている。その内容は多岐にわたるが、海外で開催される展示会への出展、動画によるプロモーションの展開、地元資源を活かした体験型ツアーの提供、無料 Wi-Fi 整備などが代表例としてあげられる。インバウンドの成功例として知られる高山市（岐阜県）では、平成23年（2011）に海外戦略室を設置し、複数部署にまたがっていた海外戦略を一元化した。対象国のニーズに合わせた戦略を構築し、市長自らが海外に赴きトップセールスを展開するなどの努力を重ねた結果、平成29年（2017）には人口の5倍を超える50万人もの外国人観光客が訪れるようになったという。

　外国人観光客の誘致には、多くの自治体が冷え込む地方消費へのカンフル剤として期待を寄せているが、成功を収めるには、地域の魅力向上・発信のほか、外国人の受入体制整備のため地域の国際化が必要とされている。特に、多くの外国人観光客が言葉が通じないことに不満・不便を感じており、東京オリンピック・パラリンピックの開催に向けて、表示・標識等の多言語対応が進められた。また、近年、いわゆる民泊が普及し、多くの外国人観光客が民泊を利用し始めた。中には外国人観光客によるゴミの放置など、生活上の慣習に起因するような問題もクローズアップされるようになった。平成30年（2018）には住宅宿泊事業法（民泊新法）が施行され、不適切な民泊施設が減少しつつあるため、このような問題も減少してきている。外国人観光客を誘致するのであれば、日本の事情を知らない外国人観光客と近隣住民との間に摩擦が生じないよう、自治体には十分な対策が求められる。なお、外国人観光客をターゲットとする観光政策は、為替レートの影響を受けやすく、過度の依存にはリスクが伴うので注意が必要である。

第3節　内なる国際化

1　外国人との共生

(1) 増加する外国人住民

　令和3年（2021）末における在留外国人数は約276万人で、日本の総人口の約2％を占める。そのうち、「永住者」「特別永住者」「定住者」「日本人の配偶者等」および「永住者の配偶者等」を合わせた約150万人は、在留活動の制限がなく、実質的な移民ともいえる存在である。

　1970年代までは、日本の外国人住民の大半は在日韓国・朝鮮人であったが、1980年代以降、経済活動のグローバル化によって人の国際移動が活発化し、バ

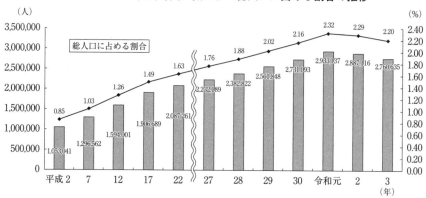

図表 1 − 5 − 1　　在留外国人数および総人口に占める割合の推移

（注 1 ）　本数値は、各年12月現在の統計である。
（注 2 ）　昭和60年末までは、外国人登録者数、平成 2 年末から23年末までは、外国人登録者数のうち中長期在留者に該当し得る在留資格をもって在留する者及び特別永住者の数、平成24年末以降は、中長期在留者に特別永住者を加えた在留外国人の数である。
（注 3 ）　「我が国の総人口に占める割合」は、総務省統計局「国勢調査」及び「人口推計」による各年10月 1 日現在の人口を基に算出した。
出典：出入国在留管理庁『2022年版出入国在留管理』

ブル経済下の平成 2 年（1990）には改正入管法が施行され、南米諸国からの日系人の受入れと、途上国の人材育成を目的とする外国人研修生の受入れが拡大された。平成 5 年（1993）には、雇用関係の下でより実践的な技術、技能等を修得させる技能実習制度が創設され、主にアジア諸国から多くの研修生・技能実習生を受け入れている。これらの結果、増加を続けてきた在留外国人数は、平成20年（2008）をピークに一旦減少に転じたものの、平成25年（2013）から再び増加に転じ、令和元年（2019）には過去最高を記録したが、新型コロナウイルス感染症の影響で令和 2 年（2020）からは減少に転じている（**図表 1 − 5 − 1**）。

（2）自治体の外国人住民施策

　外国人住民が急増した1990年代には、外国人住民を多く抱える一部の自治体が定住化に対応した施策に取り組み始めた。その後、外国人住民施策の体系化が進められ、川崎市や広島市などでは基本指針や推進計画も策定された。また、平成13年（2001）には、日系南米人を中心とする外国人が多数集住する自治体が共同で「外国人集住都市会議」を設立し、外国人住民施策についての情報交換と国への提言活動を行いながら、諸問題の解決に向けて取り組んでいる。

　これらの取組は、従来の外国人労働者政策あるいは在留管理の観点からではなく、外国人住民もまた地域の住民であり、地域社会の構成員として共に生き

ていこうとする観点から行われている。

(3) 多文化共生の推進

外国人の定住化が進む現在、従来の外国人支援の視点を超えて、国籍や民族の違いを超えた「多文化共生の地域づくり」を進める必要性が高まっている。

平成18年（2006）の総務省「多文化共生の推進に関する研究会報告書」によると、地域における多文化共生は「国籍や民族などの異なる人々が、互いの文化的相違を認め合い、対等な関係を築こうとしながら、地域社会の構成員として共に生きていくこと」と定義され、地域における情報の多言語化、生活上の諸問題に関する支援、防災に関する体制整備などの取組が求められるという。

外国人住民の多い地域ではすでに多くの取組が行われているが、今後はそれ以外の地域においても、多文化共生担当セクションの設置や推進計画の策定等の体制整備を進めるとともに、国、地域国際化協会、NPOなどと連携して多文化共生の推進に積極的に取り組むことが必要である。特に、東日本大震災を契機に外国人住民への災害時の情報提供等に関する課題が顕在化しており、関係機関の協力による効果的な対応方策の構築が望まれる。なお、多文化共生は単なる在住外国人支援ではなく、日本人住民への啓発などを含めた地域社会の意識改革まで求められていることに留意する必要がある。

2　外国人住民をめぐる諸問題

(1) 外国人台帳制度の創設

日本に入国・在留する外国人が年々増加してきたことなどから、在留情報の一元的把握等を図るための新たな在留管理制度の検討とともに、外国人登録制度に代わる在留外国人の台帳制度についての検討が行われた結果、平成21年（2009）に関係法が改正され、平成24年（2012）7月から施行された。

市区町村にとって、外国人住民に関する正確な記録をつねに整備しておくことは、行政サービスの提供を通じて外国人住民の利便の増進を図る上で欠かせない。ところが、従来の外国人登録制度は行政サービス対象の把握ではなく在留外国人の管理が本来の目的であるため、国民健康保険や児童手当、就学の手続きなどでたびたび不都合が生じていた。今回の改正により、日本国籍を有しない者についても、日本人と同様に住民票・住民基本台帳が作成されることになり、外国人住民に対する各種行政サービスの向上が図られることになった。

なお、平成28年（2016）に導入されたマイナンバー（個人番号）は、住民票のある外国人にも付番されることとされている。

（2）参政権と住民投票権

　日本には、約110万人もの外国人が永住している（「永住者」及び「特別永住者」）。彼らのほとんどは納税義務を果たしており、日本に暮らす住民として、日本国民と同様に参政権を付与すべきであるとの意見がある。

　国政参政権については最高裁により否定されているが、地方参政権については、平成7年（1995）に最高裁で「憲法上保障されていない」との判断が出されると同時に、「法律によって地方参政権を付与することは憲法上禁止されているものではない」との憲法解釈も出された。これを根拠に、立法による地方参政権の付与は可能であるとして、法案の成立に積極的な政党もある。実際に法案が国会に提出されたこともあるが、これまでのところ成立には至っていない。

　また、自治体の中には、外国人といえども地域住民であり、住民としての義務を果たしている以上は平等に意思表示の機会を付与すべきとの考えから、公職選挙法の適用を受けない住民投票について、永住外国人に投票権を与えた例もある。全国初の事例は、平成14年（2002）、米原町（現・米原市（滋賀県））における周辺自治体との合併に関する住民投票であり、その後いくつかの自治体が追随している。

（3）低賃金労働と不法滞在の増加

　わが国では、途上国の人材育成のため、令和4年（2022）6月末時点で、外国人技能実習制度により約33万人の外国人を受け入れている。日本の先進的な技術・ノウハウを習得させるための研修・実習制度であるにもかかわらず、安価な労働力として扱われ、長時間労働や最低賃金違反が発覚するケースが後を絶たない。厳しい労働条件から逃れて失踪した結果、不法滞在者となる者も多く、治安悪化の一因になっているともいわれている。このため、平成21年（2009）に関係法の改正が行われ、研修生・技能実習生の法的保護及びその法的地位の安定化を図るための措置が講じられた。

　さらに、平成28年（2016）には「外国人の技能実習の適正な実施及び技能実習生の保護に関する法律」（技能実習法）が成立し、翌年に施行された。同法は、技能実習の適正な実施及び技能実習生の保護を図るためのもので、これにより技能実習計画の認定及び監理団体の許可の制度が設けられた。また、優良な管理団体等については、通常3年が上限の実習期間を5年まで延長することと、通常は常勤従業員数の最大5％である受入れ人数枠を最大10％まで拡大することが可能になった。これにより、経済界が要望していた技能実習生の受入れ拡大が、技能実習の適切な実施と技能実習生の保護を図りつつ実現されるものと期待されている。

　令和4年（2022）現在、技能実習生を国籍別にみると、ベトナムが最多でインドネシア、中国、フィリピンが続いている。また、職種別にみると、建設関係、食品製造関係、機械・金属関係、農業関係などが多い。

(4) 外国人労働者の受入れ拡大

　平成30年（2018）12月、改正入管法が成立し、翌31年（2019）4月から施行された。これは、深刻な人手不足に対応するため、単純労働分野での受入れを解禁するなど、外国人労働者の受入れを拡大しようとするものであり、外国人労働者政策における従来の方針を大きく見直すものである。

　これにより、新たな在留資格として「特定技能1号」と「同2号」が設けられた。1号は、不足する人材の確保を図るべき産業上の分野に属する相当程度の知識又は経験を要する技能が必要となる業務に従事する外国人が対象であり、在留期間は最長5年で、家族は帯同できない。2号は、同分野に属する熟練した技能を要する業務に従事する外国人が対象であり、在留期間の更新が可能で、家族の帯同も認められる。

　具体的にどの分野でどの程度の外国人を受け入れるかについては、政府が決定した基本方針と運用方針において規定された。対象分野は介護、外食、建設、ビルクリーニング、農業、飲食料品製造など14分野、受入れ人数は平成31年（2019）4月からの5年間で最大34.5万人程度とされている。

　なお、外国人労働者の受入れ拡大等に対応するため、平成31年（2019）4月に法務省の外局として出入国在留管理庁が新設された。

【主な参考文献】
・名古屋国際センター編『国際交流・国際協力・多文化共生活動の現状と課題』名古屋国際センター、平成17年（2005）
・松下圭一編著『自治体の国際政策』学陽書房、昭和63年（1988）
・山脇啓造「地方自治体の外国人施策に関する批判的考察」明治大学社会科学研究所ディスカッション・ペーパー、平成15年（2003）
・関係各省庁及び（一財）自治体国際化協会ウェブサイト

第6章 地域づくりと地域活性化・地域振興

第1節 コミュニティ

1 町内会

　町内会は、日本の代表的地縁型コミュニティである。名称は、自治会、部落会、町会などと多様である。

　町内会の特徴として、①地域区画性、②世帯加入性、③（原則としての）全世帯加入性、④機能の包括性、⑤地域代表性、といった性格が挙げられている（中田・後掲16〜17頁）。また、総務省の『地域コミュニティに関する研究会報告書』（2022年4月）によれば、調査に回答があった600市区町村における町内会（自治会）加入率は、2020年では71.7％であり、10年前の2010年の78.0％から低下している。おおむね人口規模が大きいほど平均加入率は低い傾向にある。

　ところで、町内会の特徴である上記①、③、④は、地域区画の大小を除けば、自治体と同様である。また、⑤に関しては、町内会では役員の選出について民主的な基盤がないなどの弱点があるものの、自治体にとっては有用な性格である。そこで、自治体は、広報誌の配付、不用品のリサイクル、清掃活動など多くの分野で、町内会を行政組織の下請け機関のように活用してきた。

　もっとも、このような関係は、一方的なものではなかった。町内会としても、街灯の設置、地域の祭りや運動会に対する支援などを行政機関に依頼するなど、「持ちつ持たれつ」の関係（相互依存関係）が形成されてきたのである。

　一方、第2次世界大戦後、日本の社会には、徐々に欧米風の個人主義が根づいていった。町内会は、あいかわらず世帯加入性を維持しているが、個人主義との関係では矛盾を抱えている。同様に、全世帯加入性も、原則だけは維持しつつも、前述のとおり、必ずしもそうはなっていない。現実には、全世帯加入ではないのである。

　昨今、市区町村では、自治会等の加入促進のため、未加入者を含めた交流イベントの実施、加入促進チラシの配布、相談カフェや受付センターの設置等を

支援し、また、市区町村・自治会等・不動産業界間の加入促進協定や、加入促進条例に基づく措置なども行っている。

2　その他のコミュニティ

　町内会のような地縁型コミュニティの機能低下に対し、相対的に力をつけてきたのがテーマ型コミュニティである。テーマ型コミュニティの「テーマ」は、福祉、環境、まちづくりなどと多彩である。多くは、ボランティア団体として活動している。ボランティア団体のメンバーは、各自の興味・関心に基づいて結びついているため、テーマに関する専門性は高い。公益的な活動をする団体では、NPO法人の認証を受けるものも多くなってきた。

　ボランティア団体の特徴を町内会と比較すれば、①テーマ性、②個人加入性、③機能の個別性、④自律性、といった性格を挙げることができる。

　最近では、消防庁や厚生労働省などの関係省庁においては、防災、地域福祉等の個別分野での連携を進める施策を展開している。そこで、防災分野では、多くの自治会等が自主防災組織を組織し、消防署、学校、福祉施設等と連携し、防災訓練や安否確認など、被害を軽減する役割を担っている。また、地域福祉分野では、相談支援機関から自治会等へのアウトリーチ型連携のほか、こども食堂やコミュニティカフェ等の地域の居場所の取組において、よりボトムアップ型で様々な団体や企業等との連携が進んでいる。

　なお、コミュニティには、LINEやツイッターなどのSNSを中心に活動する電子型コミュニティといったものもある。本来、このタイプのコミュニティは、メディアの特性から地域性を持たないが、昨今、テーマ型コミュニティのみならず、地域型コミュニティにおいても、これらの活用が進みつつある。

3　コミュニティ行政

　自治体のコミュニティ行政の契機は、国民生活審議会調査部会コミュニティ問題小委員会報告『コミュニティ―生活の場における人間性の回復』（昭和44年(1969)）であった。町内会の弱体化を受け、これに替わるものとしてコミュニティの必要性が説かれたのである。

　もっとも、自治体にとって、ここで念頭に置いたのは、相変わらずの地縁型コミュニティであった。したがって、小・中学校区単位のコミュニティの形成を目指したとしても、コミュニティの主要なメンバーは、町内会の役員と重なり、またはかかわりを持った人物であった。

　また、コミュニティ行政の担当は、「地域振興課」というような単一の事業組織であった。つまり、他の部課にとって、コミュニティなどあずかり知らぬものであって、事業遂行上、相手にするのは従来どおりの町内会であった。この

ような構造は、総合的な地域課題に対して、分断した行政組織（縦割り組織）がそれぞれの事務分掌に応じて対応することを意味した。

　もちろん、このような状況は、自治体によって差があった。先進的な自治体は、コミュニティの統合化を図っていった。そして、平成7年（1995）の阪神・淡路大震災時におけるボランティアの活躍を契機に、多くの自治体では、徐々にボランティアやNPOの支援に本腰を入れていった。さらに、NPOとの関係は、「支援から協働へ」と変化し、現在では、「市民協働推進課」という名称の組織とする自治体が多い。そして、地域との関係では、「地域づくり推進課」という名称の組織もでき、テーマ型コミュニティと地縁型コミュニティを同等に扱おうとするようになってきている。これらの組織の機能は、事業組織というよりも、コミュニティ行政の総合窓口、他の部課との調整組織へと変化していった。

第2節　ローカル・マニフェスト

1　政治としての地方自治

　地方分権改革の推進により、自治体の自己決定権が拡充してきた。

　自治体では、中央政府の決めた政策を実行する（地方行政）だけでなく、むしろ、どのような政策を実行すべきかを決定する（地方政治）ことが重要である。

2　公約からローカル・マニフェストへ

　自治体の政治機能が高まることは、意思決定権者としての首長および議会の役割を重くした。そして、独任制の機関であり、自治体を代表する首長の政治的役割は、格段に重要になった。

　首長を選出する選挙に際しても、政治理念と政策の大まかな方向性を打ち出すだけでは足りず、具体的な数値目標を掲げることが求められる。この要請に応えたものが、「マニフェスト」である。

　マニフェストは、イギリスで発生した概念であり、選挙の際に示される政党の体系的な政策を意味する。議院内閣制の政治制度が採られているならば、選挙で勝った政党は、内閣の首班を指名し政権与党となりうる。国会与党に支えられた内閣は、選挙の際に示した具体的な政策を強力に実行することが可能である。このような考え方に立つとき、日本においても国政選挙（特に衆議院議員総選挙）に際してマニフェストを導入することは、最も適合的である。ただ

し、マニフェストの実行可能性という観点から、昨今では一時の盛り上がりを欠いている。

　これに対し、自治体の統治機構は、二元代表制を採用している。したがって、議会に対し相対的に強い首長といえども、議会との関係から、ローカル・マニフェストを完全に履行することはむずかしい。政策達成に向けた具体的な工程表は、首長自身の達成目標にとどまり、議会との調整を経て妥協を余儀なくされるのは、当然に予想されるところである。

　ローカル・マニフェストには、このような限界もあるが、それでも具体的な政策を数値目標とスケジュールで示し、住民が達成状況を検証できるようにした意義は大きい。

3　ローカル・マニフェストの課題

　さて、ローカル・マニフェストには、議会との調整というこれが抱える制度的課題のほかに、2点ほど運用上の課題がある。そのひとつは、自治体総合計画との調整の問題であり、もうひとつは、住民参加との関係である。

　第1の自治体総合計画との調整の問題とは、ローカル・マニフェストは、行政領域全般を網羅していないことに由来する。このため、財源の制約や政策の優先順位の問題に直面し、既存の総合計画とのすりあわせの場面では、ローカル・マニフェスト自体の修正を余儀なくされることは当然である。

　第2の住民参加との関係とは、自治体政策の多くはローカル・マニフェストによって確定しているものではなく、住民との対話の中で確定させていくという性質に由来する。ローカル・マニフェストを実施計画のように取り扱い、この着実な実行を推進することは、住民の参加の余地がないことを意味する。たとえ、ローカル・マニフェストの作成に広範な住民がかかわっていたとしても、この「住民」は、特定の候補者の支援者の集団にすぎず、住民全体ではない。候補者が当選した暁には、住民全体の意見をふまえ、ローカル・マニフェストに掲げた政策の調整（見直し）が求められる。

第3節　自治基本条例

1　自治基本条例の意義

　国家に憲法があるように、自治体にも憲法に類する規範があってもよいのではないか。このような発想から生まれたのが自治基本条例である。

　地方分権が推進されるに伴って、国との関係で相対的に自治体の自立性が高

まる。自治体の政策主体化である。このように政策主体化した自治体は、もはや各府省の手足ではない。各府省の考えた政策を地域で統合し、最適に実施するために頭を使うことが求められる。

　しかしながら、自治体もまた多数の職員を要する組織であり、一定の考え方が示されない限り、組織の成員は、縦割りの各府省の意向どおりに動いてしまう可能性が高い。そして、この「一定の考え方」にしても、首長が指し示すだけでは一過性であって安定感に欠ける。したがって、時の政策的争点ではなく、自治体として普遍的に確保すべき事項については、条例に規定し、永続性を持たせるべきものと考えられる。さらに、このような考え方に立って制定される自治基本条例の下で、自治体運営の基本的事項は、体系的に整序されることが求められる。

2　自治基本条例の内容

　自治体には、国家におけると同様の意味での主権は認めにくいであろうが、それでも自治体の主権者が誰であるのかを宣言することが望ましい。いうまでもなく、この主権者は、自治体の住民である。

　そこで、第1に、自治基本条例には、住民の信託によって、自治体政府が設立されることが規定される。そして、自治体政府には、首長と議会、さらに各種執行機関が設けられる。本来、首長制をとるか議院内閣制をとるか、また、どのような執行機関を設けるかなどについて自治基本条例が定めるべきものと考えられるが、日本の自治体政府の組織・機構は、自治法によって画一化されている。この点で、自治基本条例では選択の余地がない。いずれにしても、首長、議会、執行機関のあり方が規定される。

　第2に、自治基本条例には、住民の権利や義務・責務が規定される。自治体政策の重要事項に関して直接住民の意思を問うための住民投票も、制度的に必要である。

　なお、自治体行政へのかかわりは、主権者である自然人住民のほかに、法人住民や在学・在勤者、事業者などにも認められる場合が多い（以下、「住民」を、これらを含む広義の意味で使用する）。これらについての規定もまた必要であろう。さらに、地域住民団体やNPOなどの非営利公益活動を行う団体について、特に規定することも考えられる。

　第3に、自治基本条例には、自治体運営の基本原則が規定される。自治体情報が広く住民に共有されるべきことと、このための制度としての情報公開・公表や、これらを生かした住民による行政への参加・参画、住民と自治体行政との協働の仕組みなどが規定される。

　第4に、自治基本条例には、自治体運営の基幹的仕組みが規定される。個人

情報の保護、行政手続、説明責任、総合計画、行政組織のあり方、法務、財政・財務、行政評価、監査等、指定管理者や出資団体のあり方・関係、国や他の自治体との関係のあり方などが主な事項である。

　第5に、自治基本条例の性格が規定される。国家の憲法にならって、自治体における最高規範だと規定されることが多いが、自治法における位置づけでは、自治基本条例もまた他の条例と同様の効力しか持ち得ない。このような法的な限界の中で、いかに実質的に最高規範とするのかが、自治体法政策の腕の見せ所である。

3　自治基本条例に対する期待と課題

　自治基本条例の課題として、次の2つが指摘できる。ひとつは、国法との関連であり（団体自治）、もうひとつは、自治体自身の課題（住民自治）である。

　第1の課題とは、自治法等の国法が自治体の組織や財務などについて詳細な定めを置きすぎて、自治体の裁量の余地がきわめて少ないことである。昨今の改正では、副市町村長によるシティ・マネージャー制への移行など、自治体の裁量を高める措置が実施されつつあるが、いまだ不十分である。

　第2の課題とは、住民の意思を自治体政治・行政に的確に反映させるような基幹的な制度を構築することである。自治基本条例は、これらについての方向性を指し示すものであるが、ここまでにとどまり抽象的である。自治基本条例を受けて、制度を具体化することが求められる。

　そして、これらの具体的な制度は、原則として条例によって構築されるべきである。自治基本条例によっては「別に条例で定める」などと明示的に規定しているものもあるが、そうでないものが多い。自治基本条例といえども国法上他の条例との間で効力に優劣の関係がなく、そのため条例への委任をためらったものと思われる。しかしながら、国法による法体系上はともかく、自治体内部では最高規範であるから、自治基本条例は、その詳細を他の条例に委任できると解すべきである。したがって、たとえ自治基本条例で他の条例へ委任すると明定されていないものでも、自治基本条例による事項は、条例で規定すべきものだといえる。

　住民自治にかかる自治基本条例附属条例の整備と既存条例の体系化が、自治基本条例運用上の最大の課題となろう。

第4節　都市計画

1　都市計画と都市計画法

　都市計画とは、「都市の健全な発展と秩序ある整備を図るための土地利用、都市施設の整備及び市街地開発事業に関する計画」（都市計画法4①）であり、「農林漁業との健全な調和を図りつつ、健康で文化的な都市生活及び機能的な都市活動を確保すべきこと並びにこのためには適正な制限のもとに土地の合理的な利用が図られるべきことを基本理念として定めるもの」（都市計画法2）とされている。そして、土地の利用に関しては、「土地」という限られた公共空間に対して、所有者等の私権との調整を図りつつも公共の福祉を優先させることが、土地利用に関する基本方針として示されてもいる（土地基本法2）。

　土地は、国土計画、地方計画、地区計画等の空間の大きさや、市街地、農地、森林、緑地等といった用途によっても管理される。これらのうち、国土の都市化の進展に伴って重要度が増してきたのが都市計画であり、この中心に都市計画法が位置する。

　都市計画法は、都市計画区域や準都市計画区域を定める。そして、都市計画区域では、市街化を促進すべき市街化区域と、これを抑制すべき市街化調整区域を定めることができる。さらに、住居地域、商業地域、工業地域等の各種の用途地域を定め、土地の利用をこれらに即したものに規制・誘導する。

　このような機能を有する都市計画法であるが、誰がどのような基準で規制・誘導するのかについては、様々な議論がある。

2　自治事務としての都市計画

　第1次地方分権改革が進行する前は、都市計画法に基づく事務の多くが都道府県知事への機関委任事務であった。しかしながら、都市計画に関する事務の多くは即地的なものであり、市町村のまちづくりに重要な影響を及ぼす。このようなことから、市町村からの事務権限の移譲要望がきわめて高かったため、平成12年（2000）に施行された地方分権一括法と、これに前後して改正された都市計画法によって、機関委任事務のほとんどが自治事務に、同時に、その多くが市町村に事務移譲され、市町村の団体自治が強化された。このような方向性は、平成23～令和4年（2011～22）に制定された第1～12次一括法でも維持・発展している。

　また、住民自治の面からも、市町村の都市計画マスタープラン（都市計画法18の2）の策定や法定化された市町村都市計画審議会（都市計画法77の2）を

活用することによって、住民の意見を都市計画に反映させることが期待されている。

さらに、都市計画制限を解除する手段としての開発許可に関しても、市町村が条例によって、その許可基準を付加するなどできるようになった（都市計画法33・34）。

このように、自治体、特に市町村の都市計画に関する権限は、以前に比べ大幅に拡大し、自治事務として自主的な運用が可能になった。

3 最近の都市計画法改正

かつて都市計画は、東京市区改正条例（明治21年勅令第62号）に見るように、軍事・警察、都市の美観と街路整備に重点を置いた時代もあったが、今日では、循環型都市構造の構築、中心市街地の活性化、良好な景観の形成の促進など多様な政策手段として使用されている。これらについて、最近の動向を一覧すれば、**図表1-6-1**のとおりである。

図表1-6-1　最近の都市計画法の主な改正

年	主な内容	施行日
平成4	市町村による都市計画マスタープランの創設	平成4.6.25
平成10	都市計画決定権限の市町村への移譲、特別用途地区の種類の自由化	平成10.11.20
平成12	条例による開発許可基準の強化・緩和や特定用途制限地域制度の導入、準都市計画区域の創設	平成13.5.18
平成14	都市計画提案制度の導入	平成14.6.1
平成16	景観地区の創設に伴う規定の整備	平成17.7.1
平成18	大規模集客施設の郊外部への立地に関するゾーニング規制の強化、広域調整の仕組みの整備、都市計画提案制度の拡充	平成19.11.30 全面施行
平成26	地域地区への居住調整地域、特定用途誘導地区の追加	平成26.8.1
令和2	災害ハザードエリアにおける開発抑制など	令和4.4.1

直近の大きな改正としては、令和2年（2020）に、頻発・激甚化する自然災害に対応するため、開発許可基準が強化され、災害危険区域等災害レッドゾーンにおける開発の原則禁止措置などが追加されている（令和4年（2022）4月1日施行）。

第5節　中心市街地活性化

1　まちづくり三法の制定

　1990年代に入ると、大型店の出店が郊外に激しくシフトし、この結果、地方都市の中心市街地が衰退した。このような状態に歯止めをかけるべく、都市計画法が改正され（平成10年法律第79号）、大規模小売店舗立地法（平成10年法律第91号、大店立地法）および「中心市街地における市街地の整備改善及び商業等の活性化の一体的推進に関する法律」（平成10年法律第92号、平成18年（2006）に「中心市街地の活性化に関する法律」（中心市街地活性化法）に題名改正）が制定された。いわゆる「まちづくり三法」である。

　まちづくり三法は、大型店の郊外部への立地を抑制し、一方、中心市街地では、その整備改善と商業等の活性化を軸に支援を行うことを意図していた。ところが、郊外部に対する立地規制はきわめて緩やかなものであったため、大型店の郊外部への立地は加速し、これらの結果、地方都市中心市街地の衰退に歯止めがかからず、むしろ多くの地方都市では、状況は悪化してしまった。

2　条例による商業まちづくりの推進

　このような状況に対処するには、現行の土地利用関連法令では不十分であると考え、郊外部への大型店の立地規制を条例によって実施しようとする自治体が現れた。この結果、制定されたのが「福島県商業まちづくりの推進に関する条例」（平成17年条例第120号、福島県商業まちづくり推進条例。平成18年（2006）10月1日施行）である。

　福島県商業まちづくり推進条例は、「商業まちづくりの推進に関し、県、小売事業者等及び県民の責務を明らかにし、基本的な方針及び特に規模の大きな小売商業施設の立地について広域の見地から調整するために必要な事項等を定める」ものである（同条例1）。そして、「商業まちづくり」とは、「持続可能な歩いて暮らせるまちづくりの推進と調和した小売商業施設の立地その他の商業に係る活動」と定義している（同条例2⑤）。また、「持続可能な歩いて暮らせるまちづくり」にも定義規定を置いており、「環境への負荷並びに新たな社会資本の整備及び管理の負担をできる限り増大させないことに配慮しながら、自動車に過度に依存しない生活の実現を目指したまちづくり」としている（同条例2④）。

　このような「まちづくり」を実現するには、大型店（「特定小売商業施設」。施行規則4条により、現在は、店舗面積の合計が8,000㎡以上のもの）の立地は、

原則として、歩いて行ける中心市街地に限り、自動車に依存する郊外部とはならない。もっとも、このような目的を郊外部への立地規制で実現しようとすれば、憲法が保障する営業の自由や、商業施設の需給調整を禁ずる大店立地法に違反するとの疑いもある。このため、条例では、新設届出者が知事の意見を受け入れない場合について勧告することができるにとどめ、勧告に従わなかったときなども、その旨を公表することができるにとどめている（同条例15）。

3 まちづくり三法などの改正

　国でも、まちづくり三法の政策評価を行い、その不備が明らかになった。そこで、見直しの結果、平成18年（2006）に、まちづくり三法が大幅に改正されることになった（なお、大店立地法は、改正されなかった）。

　第1に、都市計画法は、大規模集客施設（床面積1万㎡超）の郊外部への立地についてゾーニング規制を強化した。すなわち、従来の都市計画体系を180度転換し、大規模集客施設の立地について、「原則自由・例外抑制」を「原則抑制・例外自由」にした。

　第2に、中心市街地活性化法は、意欲的な市町村を国が「選択と集中」によって重点的に支援することにした。内閣総理大臣に選択された市町村の基本計画（認定基本計画）に定められた中心市街地（「認定中心市街地」）に対しては、まちづくり交付金の拡充、課税上の優遇措置、大店立地法等各種法律による規制の緩和などが実施されることになった。

　大くくりすれば、都市計画法による郊外部の立地規制の強化、中心市街地活性化法による中心市街地規制の緩和とまとめられる。

　さらに、平成26年（2014）には、「日本再興戦略」（平成25年（2013）6月14日閣議決定）において定められた「コンパクトシティの実現」に向け、①中心市街地への来訪者、就業者の増加や小売業の売上高を相当程度増加させることを目指して行う事業を認定し、重点支援することで民間投資を喚起する制度を新たに創設、②中心市街地の活性化を進めるため、小売業の顧客の増加や小売事業者の経営の効率化を支援するソフト事業を認定する制度や、オープンカフェ等の設置に際しての道路占用の許可の特例、それぞれの中心市街地において活動が認められる特例通訳案内士制度等を創設、といった改正がなされた。

　また、令和2年（2020）の改正では、頻発・激甚化する自然災害に対応するため、開発許可基準が強化された。

第6節　景観法

1　従前の自治体景観政策

　昭和43年（1968）に金沢市および倉敷市（岡山県）で伝統環境保存に関する
条例が制定されて以降、京都市、高山市（岐阜県）、萩市（山口県）など、国土
交通省の調査によれば平成16年（2004）3月までに470余りの自治体で景観条例
が制定されてきた。

　こういった景観条例は、自治体の自主条例だったので、自治体の置かれた地
域特性を反映し、その内容は様々である。しかしながら、ある条例をモデルに
他の条例がつくられるなど共通点も多く、国土交通省調査（『景観に関する規制
誘導のあり方に関する調査報告書』平成13年（2001））によれば、条例の内容は、
多い順に、①景観審議会、②（大規模）建築物の届出、指導、勧告制度、③景
観形成地区または重点地区、④建築物、植栽などのハードへの補助・助成、⑤
景観形成基準、修景ガイドライン等、⑥景観に関する表彰制度、⑦景観形成基
本計画、⑧（⑦と同順位）協議会、市民活動などソフトへの助成、⑨景観上重
要な建築物の指定、⑩景観形成方針、⑪（⑩と同順位）景観協議会、市民組織
の認定、⑫景観アドバイザー制度、専門家制度、となっていた。

　たとえ条例化がなされていても、強制力を伴った条例ならではの手法は、こ
れまでの自治体景観政策では採用されていない。この点で、条例で採用してい
る行政手法は、要綱と同様のものだったといってよい。

　建築物の形態・色彩・意匠など景観の良し悪しには、個々人の主観的な要素
が絡みやすく、関係者の合意形成とこれらを基にした客観的な基準づくりが難
しい。このため、たとえ客観的な基準ができたとしても、これを罰則をもって
守らせるのはためらわれたのではないか、と思われる。

2　景観法の成立

　このような条例の下では、景観をめぐる紛争が治まることがなかった。そこ
で、景観に関し、罰則つきのより強い規制手段を法的に整備することが国の政
策課題に浮上した。このようにして制定されたのが景観法（平成16年法律第110
号）である。これに伴い、都市計画法、建築基準法、屋外広告物法、都市緑地
保全法などが併せて改正され、平成18年（2006）6月1日に全面施行されてい
る。

　景観法の主な内容は、次のとおりである。

　第1に、景観法は、「景観行政団体」という新たな概念を創出している。景観

行政団体は、都道府県、指定都市、中核市であるが、その他の市町村であって
も、都道府県知事と協議し、その同意を得れば、景観行政団体となることがで
きる（景観法7①）。

　第2に、景観行政団体は、景観計画を定めることができる。景観計画区域内
では事業者等の行為を制限することが可能であり、景観計画は、①屋外広告物
の表示等の制限に関する事項、②景観重要公共施設の整備に関する事項、③道
路法、河川法、都市公園法等の許可の基準などを定めるものとされている（景
観法8）。これらの規制は、最終的に罰則によって担保される（景観法101以下）。
これまでに景観条例を制定した自治体が望んできた、「実効性ある規制」が可能
になった。

　第3に、景観行政団体の長は、景観計画区域内の良好な景観の形成に重要な
建造物や樹木を、景観重要建造物や景観重要樹木として指定することができる
（景観法19・28）。

　第4に、市町村は、都市計画に、景観地区を定めることができる（景観法61
①）。この内容は、建築物の形態意匠等の制限に及ぶ（同②）。そして、市町村
は、景観地区内の工作物について、政令で定める基準に従い、条例で、その形
態意匠等の制限を定めることができる（景観法72①）。この条例では、市町村長
による認定、違反工作物に対する違反是正のための措置等に関する規定を定め
ることができる（同②④）。

　第5に、市町村は、準景観地区を指定することができる（景観法74①）。準景
観地区内では、景観地区内における規制に準じて、条例で、良好な景観を保全
するため必要な規制をすることができる（景観法75①）。

　第6に、土地所有者等は、建築物の形態意匠に関する基準等を定める景観協
定を締結することができる（景観法81①）。

　第7に、景観行政団体の長は、一般社団法人、一般財団法人または特定非営
利活動法人を、景観整備機構として指定することができる（景観法92）。

3　これからの自治体景観政策

　景観法は、各地の景観条例を参照し、自治体の先導的な取組を支援するため
につくられた。特に、これまで自治体ではどうすることもできなかった税制（国
税）上の支援措置が盛り込まれたことは、力強い。また、罰則を含む規定によ
って、実効性の確保が図られたことも、重要である。したがって、自治体とし
ては、第一義的には、景観法に盛られているメニューを活用すべきである。

　しかしながら、個別自治体のまちづくりという観点からは、これらのメニュー
が完全であるという保障はない。これまでの景観条例で、建築物の形態意匠に
加え、高さや用途規制などを行ってきた自治体では、景観法の枠組みによって

すべてが解決されるものではない。場合によっては、上乗せや横出しといった措置も求められる。自治体では、今後もこれらを含めた住民合意を図っていく必要がある。

第7節　構造改革特区

1　構造改革特区の目的

　構造改革特区は、平成13〜15年度（2001〜03）、内閣府に設置され、宮内義彦氏（オリックス㈱会長・当時）を議長とし、経済人が中心となった総合規制改革会議の議論の中で生まれた制度である。総合規制改革会議は、民間企業の活力を生かし、規制によって守られた既得権の厚い壁に穴を開けることが目的であった。

　しかしながら、規制の撤廃・緩和は、弊害を伴う懸念も否定できない。そこで、地域限定で規制を撤廃・緩和し、マイナスの影響の及ぶ範囲を限定した社会実験を行うことにした。つまり、構造改革特区とは、都道府県や市町村など地域を限定して、国の法規制を撤廃・緩和する制度である。各省庁の反対を抑えるために、平成14年（2002）、内閣官房に構造改革特区推進室が、翌15年（2003）には特命担当大臣が設置された。この間、構造改革特別区域法（平成14年法律第189号）が成立し、同年12月18日に公布・施行されている。

2　構造改革特区法の内容

　第1に、内閣総理大臣は、構造改革の推進等に関する基本的な方針（特区基本方針）の案を作成し、閣議決定を求める（特区法3）。

　第2に、自治体は、単独でまたは共同して、特区基本方針に即して、当該地方公共団体の区域について、特区として、教育、物流、研究開発、農業、社会福祉その他の分野における特区計画を作成し、内閣総理大臣の認定を申請することができる（特区法4）。

　第3に、内閣総理大臣により認定を受けた特区計画（認定特区計画）に基づき実施する特定事業には、法律または政省令で規制の特例措置を適用する。このうち、法律による特例措置は、特区法第4章で規定される（同⑩）。また、内閣総理大臣の認定にあたっては、申請を受理した日から3月以内に処分を行わなければならないと、短期の処理が義務付けられている（特区法5）。

　第4に、構造改革の推進等に必要な施策を集中的かつ一体的に実施するため、内閣に特区推進本部を置く（特区法37）。そして、平成15年（2003）7月には、

本部に評価委員会を設置し、特区において講じられた措置が全国展開できないか検討している。

3 構造改革特区の現状

構造改革特区制度の特徴は、自治体による特区申請に基づき、内閣府に設置された特区推進組織が自治体等の意見を代弁し各省庁と交渉することにある。この交渉は、公式に3回まで行われ、この経過は特区推進本部のサイトで公表されている。

すでに多数の特区認定が行われ、その初期には、NPOによる福祉移送サービス、幼保一元化、学校カリキュラムの弾力化、株式会社による学校設置、農家民宿による濁酒製造などマスコミ等で大きく取り上げられた成果があった。しかし、これらのうちには、特区の全国展開等により特区でなくなったものが多い。

特区は、前述したように社会実験の試みであり、この枠組を定める特区法もまた、実験的な意味合いを持つ。そこで、特区法は、政府に対し、法律施行後5年以内の見直しを義務付けていた（附則2、平成24年法律第73号附則3でも同様）。このようなことから、特区法の最初の期限（平成19年（2007）12月）をにらみ、問題点が洗い出された。特区推進会議では、次の8点を指摘した。

① 実現率の低下と提案の小粒化
② 提案の短冊化とその部分的実現
③ 都道府県の権限については無力
④ 急速な全国展開と意欲の喪失
⑤ フリーライダーの続出による開発意欲の喪失
⑥ 地域再生法、規制改革など類似の制度との重複
⑦ 自治体側の対応の悪さによる民間の計画実施の阻害
⑧ 計画実施には金銭的手当てが不可欠。特区ではそれが欠落しているので、魅力がない。

多少、解説すれば、②の「短冊」とは、ひとつの提案に含まれる複合的な要素を細分化したものである。細分化することで特区として認められるものもあるが、認められないものもあり、この結果、提案の一体性が損なわれ、思ったような効果が現れにくいことになる。

これらの検討の結果を受けた改正法が成立し、特区法は、平成24年（2012）3月末日まで5年間延長された（平成19年法律第14号）。また、その後の累次の改正によって、現在でも存続している。

なお、特区制度としては、全国展開を見据えるこの構造改革特区のほかに、選択と集中の観点から一定の地域に限定し、国と地域が一体となって推進方策を

協議する「総合特区」制度が新設されている（総合特別区域法（平成23年法律第81号）、平成23年（2011）8月1日施行）。

　また、平成23年（2011）の東日本大震災の特定被災区域に限るものだが、上の総合特区と次節の地域再生法の仕組みを併せ持った、東日本大震災復興特別区域法（平成23年法律第122号、平成23年（2011）12月26日施行）や、「岩盤規制」改革の突破口とするため、国家戦略特別区域法（平成25年法律第107号、平成25年（2013）12月13日施行）が制定されている。

第8節　まち・ひと・しごと創生交付金

1　地域再生法

　構造改革特区は、規制の撤廃・緩和を目的としており、国庫補助の仕組みはない。しかし、地域がプロジェクトを実施しようとすれば、規制の撤廃・緩和だけでは不十分で、資金面での手当てが求められる場合がある。このような地域の要望に応えるべく制定されたのが、地域再生法（平成17年法律第24号）である。この法律は、公布日と同一の平成17年（2005）4月1日から施行している。また、平成20年（2008）や同26年（2014）、同28年（2016）の改正によって、申請手続・認定手続のワンストップ化や複数年度にわたる計画も対象になることになった。さらに、平成30年（2018）の改正では、特定業務施設の地方移転支援措置などが盛り込まれ、令和元年（2019）の改正では、住宅団地の再生、空き家を活用した移住促進、公的不動産の利活用など、人口減少社会に対応した既存ストックの活用事業が創設された。

　法律の構造は、特区法に倣っている。違いは、認定地域再生計画に基づき実施する特定事業に対する特別の措置にある。

　この第1は、まち・ひと・しごと創生交付金（地方創生推進交付金）の交付等である。国は、認定地方公共団体に対し、予算の範囲内で、まち・ひと・しごと創生交付金を交付することができる。これは、地方創生の深化に向けた先導的な事業に充てられる（地域再生法13）。

　第2は、地域再生支援利子補給金の支給である。国は、内閣総理大臣が指定する金融機関が地域再生支援貸付事業を行うのに必要な資金を貸し付けるときは、地域再生支援利子補給金を支給する（同14）。

　第3は、平成30年（2018）改正で、エリアマネジメント活動に要する費用を受益者から徴収し、エリアマネジメント団体に交付する「地域再生エリアマネジメント負担金」制度と（同17の7〜17の9）、商店街の活性化の取組を重点的

に支援する「商店街活性化促進事業」制度が創設された（同17の13〜17の16）。

第4は、「生涯活躍のまち形成事業」制度である。平成28年（2016）改正で、中高年齢者が希望に応じて地方や「まちなか」に移り住み、地域の住民（多世代）と交流しながら、健康でアクティブな生活を送り、必要に応じて医療・介護を受けることができる地域づくりを進めるため、「生涯活躍のまち」の制度化が図られた（同17の24〜17の35）。

第5は、令和元年（2019）改正で、次の3つの事業が創設された。①「地域住宅団地再生事業」とは、居住者の高齢化等により多様な世代の暮らしの場として課題が生じている住宅団地について、生活利便施設や就業の場等の多様な機能を導入することで、老若男女が安心して住み、働き、交流できる場として再生するものである（同17の37〜17の52）。②「既存住宅活用農村地域等移住促進事業」とは、「農地付き空き家」等の円滑な取得を支援することで、農村地域等への移住を促進するものである（同17の54〜17の56）。③「民間資金等活用公共施設等整備事業」とは、廃校跡地等、低未利用の公的不動産の有効活用等について、民間の資金・ノウハウを活用するPPPやPFIの導入を促進するものである（同17の60）。

第6は、財産の処分の制限にかかる承認手続の特例である。認定地方公共団体が認定地域再生計画に基づき事業を行う場合、補助金適正化法による各省各庁の長の承認を受けたものとみなされる（同18）。

2　まち・ひと・しごと創生交付金

すでに多数の地域再生計画の認定が行われている。しかし、これらのうちの一部は、計画期間が終了した。

まち・ひと・しごと創生交付金は、従前複数の省で扱っていた補助金等を内閣府に一括して計上するものであり、内閣府は、自治体の地域再生計画を5年分まとめて認定する。したがって、自治体では、自らの判断で年度間の流用や他の類似事業への充当が可能となる。

このようなことから、従前の補助金に比べれば、格段に使い勝手がよいものといえる。もっとも、交付金を得るには国の認定を受ける必要があり、また、国の定める地域再生基本方針に沿うことが求められており、完全に自治体が自由に実施できる事業ではない。補助金の一般財源化が最も望ましいが、現実的には、財政危機にある自治体としては、知恵をしぼり、ひと・まち・しごと創生交付金を活用することが求められよう。

第9節　過疎対策

1　過疎地域の持続的発展の支援に関する特別措置法

　構造改革特区法や総合特区法、地域再生法などが自治体全般を対象にしているのに対し、「過疎地域の持続的発展の支援に関する特別措置法」（令和3年法律第39号。以下「過疎法」という）は、過疎にある市町村だけを対象にしている。

　そもそも過疎問題は、日本の高度経済成長とともに深刻化し、最初の過疎法である「過疎地域対策緊急措置法」が制定されたのが、昭和45年（1970）である。10年間の時限立法であったが、その後も過疎問題は解決せず、昭和55年（1980）、平成2年（1990）、平成12年（2000）と新法（過疎地域自立促進特別措置法）が制定され、令和3年（2021）の現行法に引き継がれている（有効期限は令和13年（2031）3月31日まで）。

　ここで、過疎地域とは、一定の要件に該当する市町村の区域であり、自動的に定まる（過疎法2）。他の法律のように、対象となる地域を国が指定するといった構造をとっていないことが、過疎法の特徴である。過疎地域は、令和4年（2022）4月1日現在、人口では全国の9.2%であるが、国土の63.2%の面積を占めており、広範な地域であるといえる。

　過疎法は、過疎地域について、「総合的かつ計画的な対策を実施するために必要な特別措置を講ずることにより、これらの地域の持続的発展を支援し、もって人材の確保及び育成、雇用機会の拡充、住民福祉の向上、地域格差の是正並びに美しく風格ある国土の形成に寄与することを目的とする」（過疎法1）ものである。

2　過疎法による支援措置

　過疎法による特別措置の内容は、財政措置のほか、行政・税制・金融等にわたる各種の特別措置である。

　第1に、財政上の特別措置は、国の負担・補助のかさ上げ、過疎債が主なものである。

　第2に、行政上の特別措置は、市町村の基幹道路や公共下水道等本来市町村が実施すべき事業について、都道府県が代行することなどである。

　第3に、税制上の特別措置は、事業用資産の買換えの場合の課税の特例、減価償却の特例、地方税の課税免除などである。

　これらの特別措置を受けるにあたっては、都道府県が定める過疎地域持続的

発展方針（国との同意つき協議が必要）に沿って、市町村および都道府県が定める過疎地域持続的発展市町村計画または過疎地域持続的発展都道府県計画に基づいていることが必要とされる。

　過疎地域に一度該当すると、過疎法の有効期間中その地域の人口や財政力に変動があっても、過疎法が適用される。たとえ市町村合併があった場合でも、合併前の過疎地域（旧市町村）については過疎地域とみなして過疎法が適用される。当該地域の過疎対策を安定して実施するための措置である。

3　地域おこし協力隊

　「地域おこし協力隊」とは、都市地域から過疎地域等の条件不利地域に住民票を移動し、生活の拠点を移した者を、自治体が「地域おこし協力隊員」として委嘱するものである。隊員は、一定期間、地域に居住して、地域ブランドや地場産品の開発・販売・PR等の地域おこしの支援や、農林水産業への従事、住民の生活支援などの「地域協力活動」を行いながら、その地域への定住・定着を図る。地域おこし協力隊員の活動に要する経費は、令和3年（2021）現在、隊員1人当たり480万円を上限に特別交付税で措置される。

　「集落支援員」（「過疎地域等における集落対策の推進要綱」（平成25年3月29日総行応第57号、総行人第8号、総行過第11号））と重なる部分があり、双方を兼ねることができる。ただし、この場合の支援措置は、いずれかが選択的に適用される。

　平成21年度（2009）にこの制度が発足してから、隊員数および取組団体数の双方とも順調に拡大し、令和3年度（2021）には、6,015人、1,085団体となっている。令和3年（2021）3月末時点における総務省の調査によれば、これら隊員の約4割が女性、約7割が20〜30歳代、しかも、任期終了後およそ65％が同じ地域に定住しているとのことである。

【参考文献】
・伊藤修一郎『自治体発の政策革新—景観条例から景観法へ』木鐸社、平成18年（2006）
・中田実『新版　地域分権時代の町内会・自治会』自治体研究社、平成29年（2017）
・並河信乃『市民・自治体の政策実験—特区制度は活用できるか（市民立法6）』生活社、平成18年（2006）
・西尾勝編著『自治体デモクラシー改革（自治体改革5）』ぎょうせい、平成17年（2005）
・日本政策投資銀行地域企画チーム編著『実践！　地域再生の経営戦略』(社)金融財政事情研究会、平成16年（2004）
・日高昭夫『基礎的自治体と町内会自治会—「行政協力制度」の歴史・現状・行方』春風社、平成30年（2018）
・矢作弘＝瀬田史彦編著『中心市街地活性化三法改正とまちづくり』学芸出版社、平成18年（2006）

第7章 防災

第1節 防災と危機管理

1 災害、防災

　災害は、自然災害と人為的災害とに分けられる。

　自然災害は、暴風、豪雨、豪雪、洪水、高潮、地震、津波、噴火その他の異常な自然現象による被害である。

　人為的災害は、さらに事故と事件とに分けることができる。東日本大震災の福島原発事故をはじめ、大規模な火事、爆発、列車の転覆、航空機の墜落、大型客船の転覆、タンカーなどからの大量の油流出、地下鉄の火災などがある。故意性の強い事件として、NBC テロや暴動があげられる。

　防災とは、一般には災害予防および災害応急対策をいうが、災害対策基本法ではこれに災害復旧も含めてより広く捉えている。

2 防災の基本理念

　わが国の防災の基本理念は、災害対策基本法（以下、災対法という）に制定されている。

（基本理念）

第二条の二　災害対策は、次に掲げる事項を基本理念として行われるものとする。

　一　我が国の自然的特性に鑑み、人口、産業その他の社会経済情勢の変化を踏まえ、災害の発生を常に想定するとともに、災害が発生した場合における被害の最小化及びその迅速な回復を図ること。

⇒総論としての減災の考え方

　二　国、地方公共団体及びその他の公共機関の適切な役割分担及び相互

の連携協力を確保するとともに、これと併せて、住民一人一人が自ら行う防災活動及び自主防災組織（住民の隣保協同の精神に基づく自発的な防災組織をいう。以下同じ。）その他の地域における多様な主体が自発的に行う防災活動を促進すること。

⇒自助、共助、公助の考え方

　三　災害に備えるための措置を適切に組み合わせて一体的に講ずること並びに科学的知見及び過去の災害から得られた教訓を踏まえて絶えず改善を図ること。

⇒ソフト、ハードの組み合わせと不断の見直し

　四　災害の発生直後その他必要な情報を収集することが困難なときであっても、できる限り的確に災害の状況を把握し、これに基づき人材、物資その他の必要な資源を適切に配分することにより、人の生命及び身体を最も優先して保護すること。

⇒資源の最適配分による人命の保護

　五　被災者による主体的な取組を阻害することのないよう配慮しつつ、被災者の年齢、性別、障害の有無その他の被災者の事情を踏まえ、その時期に応じて適切に被災者を援護すること。

⇒被災者の援護

　六　災害が発生したときは、速やかに、施設の復旧及び被災者の援護を図り、災害からの復興を図ること。

⇒速やかな復旧と復興

3　防災マネジメント

　防災マネジメントを実施するにあたり、理解しておくべき要素は、防災に関する「地域の災害リスク」、「法制度・計画」、「災害対策」、「組織運営」である。

　これらの要素をいかに管理するかが防災マネジメントの中核となる。「地域の災害リスク」を管理するのが「リスク管理」であり、過去の災害履歴、ハザードマップなどでハザード（危険の原因、危険な場所・もの）を把握し、高齢化率や自主防災組織、消防団などの組織体制、防災訓練、備えの大小で地域社会の脆弱性を理解した上で、リスクを評価し、事前・事後の災害対策を計画し、継続的に改善を図るプロセスである。

　「法制度・計画」を管理する「計画管理」は、リスク管理を通じて得られるリスク評価の結果や、災害経験を通じて得られる教訓等をもとに、災害に関する法規や計画等を策定・修正するなど、継続的に改善を図るプロセスである。

　「災害対策」、「組織運営」を管理する「実行管理・組織管理」は、平常時およ

び災害時において、組織が決定した災害対策（被害抑止対策、災害対応準備対策、災害対応業務）を、平常時の業務や訓練、災害時での対応を通じて実行し、その進捗状況を評価し、継続的に改善を図るプロセスである。

4 危機管理

　防災を含む危機管理には３つのステージがある。時系列で「準備」「緊急対応」「収束」である。この３ステージごとに計画やマニュアルを整備し、訓練を重ねることが自治体の危機管理になる。

（1）準　備

　危機管理の要諦は準備にある。ボーイスカウトのモットー「そなえよつねに」は、大人にこそ重要である。準備はさらに３つに分かれる。「危機の予測」、「ヒト、モノ、カネ、情報、仕組みなどの備え」、「点検・訓練」である。

　自然災害については、近年、急速に科学的評価手法が開発され、ハザードマップなどが整備されてきた。これを活用して、災害被害を予測することは自治体にとって必要不可欠である。もちろん、東日本大震災のように予測を超えた災害もありうるし、水災害後の地震災害など複合災害もありうる。その場合でも、予測をきちんとすることで、それを超えていると判断してより大規模な災害対応を行うことが可能になる。

　危機の予測をした後、これに対する「備え」が必要になる。備えの大小が自分や、被災者、行政職員を支援できるか、二次被害に追い込むかの分かれ道である。職員の例でいえば、重い病気になって働けなくなったとき、保険がなければ悲しみに加え、家族に生活の苦しみも与えてしまう。保険をかけていれば、働けない悲しみは逃れられないが、家族の生活を維持することはできる。

　備えに実効性があるかどうかを点検するのが「点検・訓練」である。危機意識は風化しやすいとよくいわれる。定期的にしかもマンネリにならないように訓練を工夫することが大切である。

（2）緊急対応

　いくら万全の準備をしていても、危機の発生を完全に防ぐことはできない。危機が起きてしまったときは、頭を切り替え「いかに被害を少なくするか」を考え最優先で対応する。

　まずスピードが大切である。日常では十分な情報を集めるまで判断を保留してもよいが、いかに「被害を少なくするか」を考えれば、情報不足であっても実施したほうがよい場合が多い。巧遅よりも拙速を尊ぶのが原則である。

　職員の不祥事などは、特にメディア対応を上手にやらなくてはならない。メ

ディアは、住民の疑問、不安を取り上げて、住民に代わって質問する。ここで、納得できる説明ができれば、住民の信頼を得やすい。反対に、感情的に対応したり、十分な説明ができなかったりすれば、メディアだけでなく報道の先にいるたくさんの住民の信頼を失ってしまう。危機時のメディア対応は注目を集めるので、首長や幹部職員への事前訓練、資料準備、誠意ある対応など細心の注意が必要だ。

(3) 収 束

危機の原因を究明する。危機を拡大したとしたら、それはシステムの不備に基づくのか、明らかな判断の間違いがあったのか、これまでの緊急対応に不備がないかを点検する。

次に、原因に応じて対策を検討する。情報収集がうまくいかなかったのであれば、誰からどういう手順で収集するのかを見直したり、複数の収集手段を考えたり、職員の参集途上での情報収集を義務付けたり、などの対策を検討しマニュアル化する。これを従来の「備え」に加えてレベルを上げる。収束をきちんと実施することで、さらに危機に強い組織、職員を作ることができる。

5 自治体を襲う主要な災害

(1) 地震災害

日本は世界の大地震の2割が発生する地震大国だ。平成23年（2011）3月11日、マグニチュード9.0、わが国の観測史上最大の地震となった東北地方太平洋沖地震が発生した。その後の大津波と併せ東北を中心とする沿岸地域は壊滅的な被害を受け、東日本大震災と命名された。

震度7の地震は、その後平成28年（2016）4月14日、16日の熊本地震、平成30年（2018）9月に北海道胆振東部地震と発生している。平成30年（2018）6月の大阪府北部地震は震度6弱であったが、一部損壊が約6万棟と大都市を襲う地震は被害が大きくなることが改めて注目されている。

現在、予測されている大地震は他にも多数ある。首都直下地震（都心南部直下型）の被害は建物全壊約62万棟、死者数2万3000人、南海トラフ巨大地震での最大被害は、建物全壊約240万棟、死者数32万3000人、大阪の上町断層帯地震は建物全壊約97万棟、死者数4万2000人などの予測が公表されている。

あらためて歴史に学び、今度こそ、次の大地震で被害を最小化するように備えなければならない。

（2）水災害

　日本は、台風、梅雨前線豪雨などの大雨で洪水が発生しやすいアジアモンスーン地帯にある。河川の氾濫の可能性がある区域は国土の10％にすぎないが、そこに総人口の約50％、資産の約75％が集中している。大洪水により堤防が壊れると、多くの人命、財産が失われるだけでなく、社会的、経済的に大きな混乱が発生する。また、最近は、狭い地域に短時間で多量の雨（時間雨量50ミリ以上）が降る集中豪雨、別名ゲリラ豪雨の発生回数が多くなっている。一般的に市街地における排水能力は時間雨量50ミリ前後であり、これを超える場合には内水氾濫（大きな河川の堤防の内側にある排水路などが溢れること）になりやすい。さらには、線状降水帯により同じ地域に時間100ミリを超える雨が降り続け、大きな被害をもたらす例も増えている。

　ハード対策としてのダムや堤防は、完成させるまでに多大な費用と時間を必要とすることから、住民の防災意識を高めることで被害を少なくする対策が重視されている。多くの市町村で「洪水ハザードマップ」を作成し、どの程度の浸水深が予測されるのか、避難場所、避難方法、連絡先、持ち物など各種情報を分かりやすく図面などに表示し、公表している。何度も洪水に見舞われた地域では、より丁寧に避難のタイミングや逃げ場所を考慮した「逃げ時マップ」などを作成し、実際の被害軽減につなげている。

（3）火山災害

　わが国は世界有数の火山国であり、111の活火山が分布する。災害の要因となる主な火山現象には、大きな噴石、火砕流、融雪型火山泥流、溶岩流、小さな噴石・火山灰、火山ガス等がある。さらに火山噴火により噴出された岩石や火山灰が堆積しているところに大雨が降ると土石流や泥流が発生しやすくなる。

　平成27年（2015）に改正された「活動火山対策特別措置法」では、火山災害警戒地域として指定された自治体（23都道府県、140市町村）に対して地域防災計画に位置づけることなどを義務付けている。平成28年（2016）12月に作成された「噴火時等の具体的で実践的な避難計画策定の手引き」では、御嶽山噴火災害の教訓等を踏まえた改定を行い、迅速な情報提供や避難誘導など登山者、観光客対策を充実させるとともに、噴火警戒レベルが予め引き上げられる場合だけでなく、突発的に噴火する場合等も想定し、市町村、都道府県等、火山防災協議会の構成機関が取り組むべき対応事項について、活動主体を明確にして記載した。

(4) 新型コロナウイルス感染症

　令和元年（2019）12月に中国武漢市で発生したとされる新型コロナウイルス感染症は、わが国において令和4年（2022）12月31日現在、累計約2921万人が感染し、5万7226人が亡くなった。しかも、第8波と言われる状況で感染者、死者は増え続け、医療機関のひっ迫による医療崩壊が危惧されている。

　新型コロナウイルス対策の特別措置法は令和2年（2020）3月13日に成立した。感染拡大に備え、総理大臣が「緊急事態宣言」を行い、都道府県知事が外出の自粛や学校の休校などの要請や指示を行うことが可能になった。平成24年（2012）5月に成立した新型インフルエンザ対策の特別措置法の対象に、「新型コロナウイルス感染症」が追加されるものだ。総理大臣が緊急的な措置を取る期間や区域を指定し「緊急事態宣言」宣言を出すと、対象地域の都道府県知事は住民に対し、生活の維持に必要な場合を除いて、外出の自粛をはじめ、感染の防止に必要な協力を要請できる。

　一方で、令和2年（2020）4月16日に有志弁護士らが「災害対策基本法等で国民の生命と生活を守る緊急提言」を発表した。新型コロナウイルス感染症の拡大を「災害」と捉え、法的根拠に基づいた、有効な感染症まん延防止政策がとれると指摘する。具体的には、次のような項目を例としてあげる。

① 自宅待機の義務付けが可能になる
② 警戒区域の設定で特定の者以外の立ち入りを制限できる
③ 解雇しなくても失業給付を受けられる

　ほかにも、新型コロナウイルス感染症を災害ととらえることで、災害支援の経験を積み上げてきた国、自治体、NPO ボランティア等などの被災者支援ノウハウや、被災者の生活を支えてきた法律、制度運用を生かせる。例えば、アルバイト店員が勤めている飲食店の営業不振で解雇され、家賃が払えなくなった時、災害であれば借上げ仮設住宅を給付できる。住宅があることでその後の就業など自立につながりやすくなる。国難となる感染症は、災害と位置づけることが適切である。それが国民の生命、尊厳を守る道となる。

第2節　地域防災計画

　地域防災計画は、災対法に基づき、自治体および自治体の住民、防災関係機関の予防、応急、復旧対策を定めている。災害別に地震編、風水害編、火山編、原子力災害編などに分かれるが、近年は、地震編が中心になっている。地域防災計画は、一般に「総則」「予防計画」「応急対策計画」「復旧（復興）計画」の

4つに分かれる。

1 総 則

　地域には特有の自然条件、社会条件がある。地域にどんな災害がどのように発生するかを検討し（被害想定）、これに対処するための基本方針を定めるのが総則部分である。被害想定では、過去の地域の災害に学ぶとともに、現代社会特有の災害をイメージしたり最新の研究成果を取り入れることも重要だ。また、東日本大震災の教訓から、被害想定はあくまで一定の目安であり、想定を超えた場合の対応方針を検討することも必要である。

2 予防計画

（1）被害抑止

　被害抑止は、地震などの外力に対抗できるように、建築物や防潮堤などのハードの性能を高めて、被害をもたらさないようにすることである。

　これまでの大震災を振り返ると、関東大震災で最も多くの人命を奪ったものは火災であった。阪神・淡路大震災では建物倒壊、東日本大震災では津波である。したがって、防災対策の中核となるのは、火災、建物倒壊、津波から人命を守る「戦略」である。燃えにくい街区を整備したり、揺れに強い建物を作ったり、防潮堤・防波堤を整備するなど、被害抑止対策は必須である。

　東日本大震災では、特に三陸地方沿岸で防潮堤や防波堤を越える大津波が発生し、ハード整備の限界がいわれた。しかし、これらのハード設備により津波の威力が弱められたり到達時間を遅らせたりする効果があったのも事実である。

　住宅の耐震化は、個人や家族の身を守るために最も重要である。阪神・淡路大震災では地震直後に建物等の直接被害によって命を落とした5,500人のうち83％以上は建物や家具による圧死・窒息死だ。これに建物等の下敷きになって動けずに焼死した人を加えると96％に上る。しかも、死者の90％以上は地震発生から15分以内に亡くなっており、ほとんどが即死状態だ。

　マンション耐震強度偽装問題が起きたことで、建築行政の問題点や建築関係者のモラル低下が注目を集め、皮肉なことに耐震への関心が高まった。この事件は違法ゆえに関心を集めたが、大地震が起きれば、違法だろうが合法だろうが耐震性の低い建物は壊れる。建築当時は合法であっても、現在の基準で耐震性を満たさない建物は既存不適格建物と呼ばれるが、その数は、マンションだけで150万棟、マンションより耐震性の低い木造住宅で1000万棟にものぼる。地震対策では、耐震偽装よりも既存不適格がはるかに大きな問題である。

（2）応急対応準備

応急対応準備は、大地震などの被害があったときに、これを最小限にとどめる活動をするための準備である。

個人のレベルでは水や食糧を備蓄し、避難セットを準備し、消火器を用意する。また、大地震における死者の1割、負傷者の5割程度は家具転倒が原因であることから、家具の転倒防止対策をしっかりと行う。備蓄品は、家族全員で防災会議を開いて決定するのがよい。ポイントはトイレ、水、火、灯り、情報などであるが、インターネットや防災対策書などを活用し、家族防災会議などで家族が話し合って自らの状況に合わせて取り組むことが重要である。

自治体が、災害直後の応急対応に備えて、防災体制を整備することは最も基本的な役割である。自らの活動計画を定め、必要な資機材を整備し、職員に教育・訓練することで普段から災害対応力を高めることが重要だ。

また、市民、企業・団体及びボランティア等の自主的な防災活動について、助言や会場確保、必要に応じた資機材の助成などの支援を行い、その活性化を促すことが大切である。

広域連携による他自治体からの支援、自治体外の企業、団体、ボランティアなど、外部からの支援調達を行う受援力の必要性は、東日本大震災、熊本地震などの重要な教訓である。

3 応急対策計画

（1）市民の応急対策

市民は、現地情報の収集と提供、救出・救護活動、初期消火、避難、要援護者のケアなど近隣の助け合い活動を主に行う。東日本大震災では、近隣に声をかけながら避難したことによって、多くの人が助かった。一方で、消防団員や民生委員として、最後まで避難の呼びかけをしたために逃げ遅れた方も多い。自らの安全確保が最優先であることを改めて徹底しなければならない。また、幸い被災しなかった人々には、地域でボランティアをしたり復旧復興の担い手となったりすることが期待される。

（2）自治体の応急対策

自治体、特に市区町村は、災害時には第1次防災機関として市民の生命を守り、自由と財産を保護する責務を持ち、そのために消防、警察などの防災機関と連携しながら最大限の努力をしなければならない。

このために、災害対策本部の設営、情報の収集と提供、広報、避難所の運営、

食料・飲料水・生活必需品などの提供、遺体の取り扱い、ごみ・し尿・がれき処理、応急住宅対策、衛生確保、人員・物資の輸送、国や他の自治体との連絡調整、市民との広聴・相談業務など、応急対策は多岐にわたる。

なお、**図表1-7-1**のように大規模な災害になると災害救助法が適用され、国、都道府県による財政支援が行われる。

図表1-7-1　災害救助法が適用される災害の規模（市区町村）

市町村の区域内の人口	住家が減失した世帯の数
30,000人以上50,000人未満	60
50,000人以上100,000人未満	80
100,000人以上300,000人未満	100
300,000人以上	150

また、上記の他にも、「発生した災害の程度が、多数の者が生命又は身体に危害を受け又は受けるおそれが生じた場合であって、内閣府令で定める基準に該当する災害」（4号基準）に適用される。

（3）警察、消防、自衛隊の応急対策

(a) 警　察
大災害時の警察の任務は、被害の実態把握及び情報収集、被災者の救出及び避難誘導、行方不明者の調査、遺体の検視、交通規制、公共の安全と秩序の維持などがある。

初動段階では、人命の保護を第一に、避難誘導、負傷者等の救出・救護及び適正な交通規制を行う。

(b) 消　防
消防署は消火活動と救助・救急活動を行う。火災や負傷者の発生状況、規模等により事前の計画に基づいて部隊運用や現場活動を実施する。

消防団は、地域に密着した防災機関として、出火防止、初期消火、応急救護等を市民とともに行う。

(c) 自衛隊
自衛隊は、自治体の対応能力を超えるような大規模な災害に対して、原則として知事の派遣要請を受けて出動する。阪神・淡路大震災以後、市区町村長が直接自衛隊に災害状況を通知したり、自衛隊が自らの判断で災害救援活動を展

開したりできるようになった。

　自衛隊の災害派遣部隊の活動内容は、ヘリコプターなどによる情報収集、行方不明者・負傷者の捜索救助、避難の援助、道路や水路の啓開、応急医療・救護・防疫、人員・救援物資の輸送、炊飯・入浴などの生活支援、危険物の保安及び除去、その他対処可能なものについて臨機の措置をとることができる。

4　復旧（復興）計画

(1) 生活の復旧・復興

　震災で都市基盤が崩壊し、住み慣れた地域が被災した被災者にとって、生活の安定が何よりも重要である。そのためには、家族がともに生活し、安らぎの場となる住宅が確保されなければならない。このため、仮設住宅への入居や住宅取得の支援が必要になる。

　東日本大震災では、寒冷地における仮設住宅が大きな課題になった。これまでのプレハブ仮設だけでなく、木造、2階建て、民間住宅を借り上げるなど、現地のニーズを踏まえた仮設住宅がいわば自然発生的に生まれ、後に制度化されていく。仮設住宅では、コミュニティ形成、専門家やボランティア等による支援を組み合わせて生活の維持安定を図っている。

　災害救助法では、自力復興が原則となっている。しかし、高齢社会になって、自力復興の原則を唱えるだけでは解決できない課題が増えている。例えば自宅が一部損壊で屋根の修理が必要な場合や自宅に流入した土砂を排出する場合には一般に支援制度がない。しかし、高齢者世帯、低所得者などは自力で対応することが著しく困難である。だとすれば、自治体は制度がないことを言い訳にするのではなく、ニーズに合わせた被災者支援制度を開発、充実することが求められる。

(2) 地域の復旧・復興

　地域の復興を考えるとき、十分な合意形成の時間が必要だが、一方で迅速に行わなければ若い世代を中心に人口流出するというジレンマを抱える。大きな被害を受けたところほど、復旧・復興に時間、経費がかかるため困難さも大きくなりやすい。

　震災後に復興を円滑に推進するためには、まちづくりに関する復興計画の策定手順、及び計画すべき項目等だけでも災害発生前に整理しておく必要がある。

　東京都は平成15年（2003）3月の震災復興マニュアルで、地域協働復興という考え方を打ち出し、地域復興協議会を主体として都市復興を考える仕組みを目ざしている。地域復興協議会は、行政計画への提案、監視、評価の権限を持

ち、被災地域の範囲内で自主的にまちづくりのルールを定めることができるものと想定されている。一種の地域政府となって、市民主体の地域復興を進めようというものだ。

近年は、南海トラフ地震が想定される自治体や地域住民が平時に災害後の復興を検討し、計画化する動きも出てきている。

5　地域防災計画の課題

公益社団法人土木学会は東日本大震災等の教訓を踏まえ、平成24年（2012）12月に地域防災計画の問題点や課題の整理・分析を行い、地域防災計画のあるべき姿について提案を行っている。その内容を概括的に紹介する。

（1）地域防災計画の有効性

・地域防災計画は、以前から地域の自然環境や社会状況などが十分に反映されず、どの市町村の計画も画一的かつ抽象的な内容である場合が多く、防災担当者は具体的に何をしたらよいかわからないという批判があった。
・東日本大震災で被災した市町村の防災担当の幹部は「地域防災計画はほとんど役に立たず、発災後の職員の参集などの対応組織の立ち上げに少し参考になった程度」とインタビューで答えている。

（2）地域防災計画の問題点

・広域災害への対応では、被災市町村からの支援要請が基本となっており、国を含む広域地域連携の対処方策が不十分である。
・社会インフラの予防計画に関しては、事業主体が作成した事業計画の転記にとどまっている。
・対応計画は職場や組織が被災しない前提であり、業務継続計画の概念が欠けている。
・減災や「公助」・「共助」・「自助」による地域連帯、関係者や地域住民との協働の内容が希薄である。
・減災目標の設定と達成に向けたマネジメント・サイクルが導入されていない。
・復旧・復興に対する実質的な内容が乏しい。
・全国的には人口10万人以下の市町村が全体の85％、3万人以下が53％であり、この規模の市町村は防災関連部局に十分な職員を配置することは難しい。

（3）地域防災計画のあるべき姿

・都市計画等、まちづくりに関わるすべての計画に影響を与える、「減災」に資する総合的な計画として位置づけられるべきである。

・関係機関や住民との合意に基づき、達成目標とマネジメント計画を明示した
　災害予防計画と、低頻度超巨大災害に対しても最低限の機能は維持可能な災
　害対応計画であるべきである。

（4）実効性ある地域防災計画の実現方策

①総合的な減災マネジメント・システムの構築と実行
　総合的な災害対策は、事前対策としての「被害抑止」、「被害軽減」、そして
「災害予知と早期警報」の3つと、事後対策としての「被害評価」、「（緊急）災
害対応」、「復旧」、そして「復興」の4つとの、7つの対策を効果的に組み合わ
せて実行すべきである。

②減災対策マトリクスの構築
　減災対策の具体的内容については、7つの項目に対して「公助」・「共助」・
「自助」の3つの実行主体の役割分担ごとに考える。

③減災マネジメントの推進方策
　減災目標を定め、現状とのギャップを明らかにして、ギャップを埋める効果
的な対策を実施する。

④地域を統合する作成プロセスやシステムの構築
・庁内連携
・被害連鎖の防御
・住民参加
・第三者評価

⑤災害対応の共通ルールと広域連携体制の構築

○全国共通の災害対応ルールの構築
　巨大災害では他自治体からの支援が不可欠であり、より効果的に機能するよ
うに、全国で共通の災害対応ルールを作るべきである。

○複数自治体の協働による地域防災計画策定
　地域防災計画の策定と修正において、広域的に複数の自治体が協働する。

○要請主義からの脱却
　都道府県や周辺市町村が被災市町村の要請を待たずに速やかな支援を行うた
め、協定を事前に結ぶとともに、法的整備を行う。

○被害想定の新たな実施体制の構築
　社会インフラ施設や産業施設などに対して、地震、津波や液状化などの安全
性調査を行い、施設単体ばかりでなく地域の社会システム全般の機能評価や復
旧期間の推定に反映させた「被害想定」を取りまとめる。

6 地域防災計画の実効性確保の方策

（1）対策、戦術、戦略レベルの見直し

　地域防災計画の見直しには、3つの観点が必要と考えられる。

　ひとつは、国や都道府県の被害想定の見直しに伴う量的な変更である。被害想定が大きくなれば、死傷者、物的被害の拡大、避難者の増加とニーズの増大が見込まれる。それに対応して医療・福祉ニーズ、がれき処理、備蓄量、避難所数、仮設住宅見込数などの「対策」が変わっていく。

　次に、緊急事態に対応する制度、組織、マニュアル、訓練等の点検と見直しである。従来の地域防災計画が過去の大災害時に十分に機能しなかったのは、この部分の実効性が乏しかったためである。個別の自治体で可能なもの（組織体制、マニュアル、訓練など）さえ不十分であり、まして自治体の広域連携や企業、ボランティアなど外部支援の受け入れはほとんど検討されていなかった。すなわち「戦術」の強化が必要である。

　最後に、中長期的な減災目標の設定と実現策の検討、実施である。地域防災計画の最大の目的は、いうまでもなく、人命を守ることである。人命を守ったのちに、生活や地域の再生、都市・経済の復興がある。命なくして地域なし、地域なくして経済なしである。過去の震災教訓からは、火災、建物倒壊、津波が人命を奪う脅威である。

　これが地域防災計画の総則に掲げるべき目標、すなわち減災「戦略」の柱になる。地域によって火災、建物倒壊、津波の脅威のレベルが変わるので、最優先の対策も変わってくる。

　なお、地域防災計画の中で、自治体だけでは取り組めないものがある。ひとつは国レベルの法制度や広域連携、もうひとつは自衛隊やライフライン機関など防災関係機関の計画である。紙面の関係で取り上げないが、国、自治体、関係団体が一体となって目標の共有化を図り、法制度の見直し、行動計画の策定に結びつけることが重要である。

（2）選択と集中による防災・減災マネジメント

　地域防災計画の実務では、年度単位、数年単位での限られた時間、人員、予算の中で最大限の効果が求められる。そのために、自治体は自らの防災上の弱点を把握し、対策の優先順位を明確にしなければならない。しかし、地域防災計画そのものが総花的な計画であり、優先順位を定めないがゆえに効果を上げることが難しいという課題があった。優先順位を判断するのは意外に難しい。備蓄と訓練のどちらが大切か、あるいは耐震化と火災予防とどちらを先にするか

はにわかには判断しがたい。

　そこで、すべての防災対策を「目的（人命を守る）×実現性」の観点から総点検し、これが最大になる対策を選択し、集中的に投資する防災・減災マネジメントを提案したい。これを繰り返すことで、その時点で最大の効果をあげながら、最速で目標に近づいていく。この防災・減災マネジメントは、行政だけでなく住民や企業・団体、防災関係機関も巻き込み、自助や共助を含めて地域全体が協働して進めることが望ましい。

（3）人材育成〜防災スペシャリスト職員の育成〜

　仮にいくらよい法制度があり、潤沢な予算があったとしても、それを使いこなす人材がいなければ効果的な防災対策はできない。災害対応は日常の業務ではない。ローテーションで配属され数年単位で異動する職員に、十分なマニュアルもなしに、完璧な対応を期待するのはそもそも無理がある。

　そこで、自治体は専門性の高い「防災スペシャリスト職員」を計画的に育成することが重要である。自治体の人事はゼネラリスト指向で数年で異動するのが一般的だが、防災のような低頻度かつ高度な専門分野では専門職が必要である。

　防災スペシャリスト職員に期待される役割は、自らの自治体において地域防災計画をはじめマニュアルなどの点検・見直し、防災対策・防災訓練の企画立案、地域の住民防災組織や関係組織での防災訓練支援などがあげられる。また、防災スペシャリスト職員は平常時から研修などを通じて他自治体や国の職員とも相互に顔の見える関係をつくり、災害時には支援・受援のキーパーソンとして活動する。

　このような職員を育てるには、自治体が優れた人材を選抜するだけでなく、よい講師、カリキュラム、教材、訓練施設などが必要である。そこで、内閣府は、平成25年度（2013）から国、自治体、指定公共機関の職員を対象とした、受講者の経験や能力に応じた災害対応業務を遂行する上で必要な知識やスキルを習得する「防災スペシャリスト養成研修」を実施している。また、「防災スペシャリスト養成」企画検討会を設置して、標準テキストの整備や、eラーニングの整備、人的ネットワークの形成の仕組みなど、危機事態の対応に従事する人材の育成全般に関する検討を進めている。

（4）生きた戦略のために

　一般にどの組織においても、時間が経つにつれて、当初の熱意が冷め、明示的に体系化された対策は進めるが、それ以外の事項が疎かになりがちである。減災戦略を真に戦略的なものにするには、「マネジメントサイクル」、すなわち、現

行の目標・施策体系を、評価・見直しして、生きた戦略とする作業が必要である。

　カナダ人経営学者のH・ミンツバーグは、真の戦略は、戦略に書かれたことしか実施しないということではなく、関係者が、戦略で示された目標に沿って、自らの創意工夫により、次々と新しい取組を企画していく（創発）ことを促すことが必要、と指摘している。

　地域防災計画を見直し、生きた戦略にするためには、「○○します」という宿題リストを並べるだけではなく、住民や企業・団体とともに、新しい情報やモノ、仕組みを活用しながら、目標達成のためにいかに創発的な取組を促すかが重要になっていく。自治体職員には、自ら創発したり、またあるときは関係者間のパイプ役や触媒となって防災・減災戦略を推し進めることが期待される。

第3節　最近の自治体防災の論点

　防災においては自助、共助、公助それぞれの強化と連携が重要である。しかし、75歳以上の後期高齢者が昭和50年（1975）224万⇒平成7年（1995）717万⇒平成29年（2017）1748万⇒令和12年（2030）2288万（出典：『令和4年版高齢社会白書』）と急激に増加し、自助力は相対的に弱まっていく。コミュニティのつながりも希薄化し、消防団員が20年間で1割減少するなど共助力も不安である。自治体職員も20年間で2割近く減少し、公助力も数的には弱まっていく。このような環境の中で、自治体がいかに課題を克服するかが求められている。

1　避難行動要支援者と要配慮者

　高齢者、障がい者、難病患者、妊産婦、乳幼児、外国人など、災害時に特に支援を必要とする人々を災害時要配慮者（以下、要配慮者という）という。

　東日本大震災では、身元が判明している死者のうち、60歳以上の方は全体の60％以上である。また、宮城県の調査では沿岸部の大震災による死亡率は総人口比で0.8％であるのに対し、障害者手帳保持者比では3.5％に上っている。一方で、消防団員、行政職員、民生委員など要配慮者を支援する人々も多く亡くなった。このため、要配慮者支援の前提として、支援者の安全確保を重要視することが必要になっている。

　令和2年（2020）12月、内閣府の「令和元年台風第19号等を踏まえた高齢者等の避難に関するサブワーキンググループ」が最終報告書をまとめた。近年の災害において、高齢者や障がい者などの避難行動要支援者（以下、「要支援者」という）が逃げ遅れたり、その後の避難生活で非常に厳しい状況に陥っている

ことから、その対策を検討したものである。

　政府はこの提言を踏まえ、災対法を令和3年（2021）に改正（5月20日施行）し、市町村が事務を行う際の参考となるように、これまでの「避難行動要支援者の避難行動支援に関する取組指針」「福祉避難所の確保・運営ガイドライン」を改定・公表した。

　高齢者、障がい者等が個別に災害時の避難計画を作成する「個別計画」の制度が始まったのは平成17年（2005）。避難行動要支援者名簿に掲載されている者全員について個別計画の策定を完了している市区町村は12.1％に過ぎない。

　そこで、個別計画を災対法で制度的位置づけを明確にし、市区町村にはその策定を努力義務とする。また、介護支援専門員や相談支援専門員は、日頃からケアプラン等の作成を通じて、避難行動要支援者本人の状況等を把握しており、信頼関係も期待できるため、個別計画の策定業務においてもその参画を得る。個別計画策定に必要な個人情報を得るための要支援者の本人同意を得られない場合でも「誰一人取り残さない」ことを目指すために、名簿情報を活用したり避難先と避難支援者をあらかじめ調整して決めておく。

　避難だけでなく、その後の避難生活を支えるために、高齢者や障がい者の状況に配慮した機能をもつ福祉避難所を整備する。福祉避難所は、要支援者との事前マッチング等により災害前からの直接避難を受け入れるようにする。また、水害時の避難支援だけでなく、地震に備えた家具固定や備蓄などの防災対策をあわせて進める。

　災害時には被災者の不安を取り除き、地域住民がお互いに励まし合う「心の支援」が重要になる。心の支援ならば、高齢者も障がい者も、子どもでも相手を気遣い、声をかけることができる。誰もが役割を担うことができ、支援される側であり支援する側でもある。要配慮者対策の最終目標は、要配慮者を災害時に要配慮者にしない、逆に支援者に変えるように日常から手を尽くすことである。

2　タイムライン

　タイムラインとは、災害の発生を前提に、防災関係機関が連携して災害時に発生する状況をあらかじめ想定し共有した上で、「いつ」、「誰が」、「何をするか」に着目して、防災行動とその実施主体を時系列で整理した計画である。

　2012年（平成24）10月、米国ニュージャージー州・ニューヨーク州に上陸したハリケーン・サンディは、大都市を直撃、地下鉄や地下空間への浸水をはじめ、交通機関の麻痺、ビジネス活動の停止など甚大な被害をもたらした。ニューヨーク州知事らは「被害の発生を前提とした防災」として事前にタイムラインを策定しており、タイムラインをもとに住民避難に対する対策を行ったことで、

ハリケーンによる被害を最小限に抑えたといわれている。

　この事例をもとにわが国でも、国、自治体、企業、住民等が連携してタイムラインを策定することにより、災害時に連携した対応を行うようになってきた。

　国土交通省は、国管理河川を対象に、避難勧告等の発令に着目したタイムラインを令和2年度（2020）までに河川の氾濫により浸水するおそれのある730市区町村で策定し、さらに本格的なタイムラインを全国展開していく予定である。

　平成27年（2015）関東・東北豪雨災害では、タイムライン策定市町村の避難勧告等発令割合は72％、タイムライン未策定市町村は同33％となっており、タイムライン策定済みの方が、発令率が高い傾向となった。

3　帰宅困難者

　東日本大震災では、首都圏において地震発生時の全外出者の28％程度が当日中の帰宅困難となったことから、515万人の帰宅困難者が発生したと推計される。停電がほとんどなく、翌日に交通機関が再開されたために大きな混乱はなかったが、仮に道路上に多数の人があふれ前にも進めず後ろにも戻れない状態で火災など危険状態が発生すれば、大惨事になる可能性も出てくる。

　帰宅困難者対策の方向性は、第1に翌日帰宅（あるいは時差帰宅）である。そのためには企業が社員3日分の生活必需品、食糧や水の備蓄を行う。また、社員のためだけでなく一時滞在施設として、帰宅困難者の受入れにも協力することが求められる。このとき、家族の安否確認情報が重要になる。NTTの171や通信事業者各社の災害伝言板は毎月1日に利用できるので、住民に対して家族全員が使えるように促すことが大切である。

　第2は帰宅情報である。最初にむやみに移動を開始しないように促す情報提供が大切である。次に、帰宅困難者等の安全確保・危険回避のための情報として特に地域や道路の被災情報などを提供する。そして、安全な帰宅のための情報として混雑度、交通機関の復旧状況などをマスコミ、駅や公共施設で提供していく。

　第3に徒歩帰宅者への休息支援である。道路沿いのコンビニ、商店、ガソリンスタンド、企業などでトイレや水、食料を提供したり、夜間に宿泊できる災害時帰宅支援ステーションの確保が重要である。「地震だ！　帰るな」は、企業や会社員にとって当然のマナーとなる。

　なお、帰宅困難者は一方で貴重な支援者になりうる。被害にあわなかった場合は、地域の被災者支援を行うなど、社会貢献活動の推奨もぜひ検討しておきたい。

4 防災ボランティア

　近年の災害では、多数のボランティアが、被災地の災害ボランティアセンターを拠点に、行政や社会福祉協議会等と協働して、避難所の物資配布や家屋の泥かき等の活動に参加し、被災地の大きな助けとなっている。しかし、大量に、あるいは無秩序にボランティアが入ることで、被災地の受入れ負担が増大する例も出てきた。そこで、ボランティア自身がニーズを的確に把握しボランティア希望者とのマッチングをしたり、「ボラバスツアー」を実施したりすることによって、被災地の受入れ負担を減らす活動も増えてきた。

　また、被災者の精神面のケアを重視する活動も注目される。大学生など若いボランティアが避難所や仮設住宅の集会所を訪問し、お茶やお菓子をとりながら気軽に話せる茶話会を開いたり、足湯を提供しつつ手足のマッサージを行うことで、ゆっくりと被災者の話に耳を傾ける活動も行われている。

　東日本大震災では、企業・団体などが社会貢献事業の一環として自らボランティアを派遣したり、物資・義援金を供出したりするほか、ボランティア団体を支援するなど「新しい共助」ともいえる広がりが出てきている。

　平成25年（2013）の災対法改正により、「国及び地方公共団体は（中略）ボランティアとの連携に努めなければならない」旨が記載された。災害時のボランティアによる現地情報の提供や、ボランティア支援のマッチングなどを行う連携組織の役割について期待が高まり、全国規模の災害対応に関わるボランティアネットワークや中間支援組織が協力して、平成28年（2016）6月には「特定非営利活動法人全国災害ボランティア支援団体ネットワーク」（略称 JVOAD）が設立された。JVOAD は災害が発生すると、被災地で自治体、社会福祉協議会、支援 NPO・ボランティアと情報共有会議を開催して効果的な被災者支援に努めている。

5 防災教育

　学校における防災教育といえば、避難訓練が中心である。この訓練にはリアリティがなく、むしろ子どもたちが災害を真剣に受け止められず逆効果だという評価さえある。地域の災害史、災害発生の原因、被害を防ぐための知恵や工夫、地域住民の絆、被災後の生活をいかに守るか、を総合的、体系的に学ぶ防災教育が必要である。

　東日本大震災の津波襲来時に釜石市（岩手県）の小中学生が見事な避難行動を行い、ほとんどが助かった「釜石の奇跡」は、それまでに脈々と実践されてきた防災教育の成果と考えられている。釜石の小中学校では群馬大学（当時）の片田敏孝教授らが中心になって「想定にとらわれるな」「最善を尽くせ」「率

先避難者たれ」という避難の三原則をかかげ、子どもたちが津波避難を主体的に理解し行動できるように様々な教育が行われてきたからである。

このような問題意識のもとで地域によっては担当教員、NPO・ボランティアなどの創意工夫により独自に防災教育を行う事例が増えている。全国的な取組には、防災教育に先進的に取り組んでいる学校、団体等に対して総合的支援を行い、優秀団体を表彰する「防災教育チャレンジプラン」、子どもたちが楽しみながらまちを歩き、まちなかの防災や防犯に関する施設や場所を発見してマップにまとめる実践的な防災教育プログラムの「小学生のぼうさい探検隊マップコンクール」、防災活動に取り組む子どもや学生を顕彰する「ぼうさい甲子園」がある。

災害の多発するわが国では、小学校、中学校、高校で身につけるべき知識、行動力を標準化し、カリキュラムや教育方法を確立し、その上で地域の災害特性に応じた防災教育を進めることが重要である。中長期的に、防災教育を受けた子どもたちが大人になって社会の中心を担い、地域の防災力を高めることで「防災文化」を形成することにつながる。

6 企業、自治体、福祉の BCP

地震や洪水などの自然災害、テロや大規模な事故などの人為災害を問わず、危機が発生したとき、企業の重要業務が中断せず、また中断した事業活動も目標復旧時間内に再開することを目的とした計画が BCP（事業継続計画）である。日本では、近年、策定する企業が大幅に増え内閣府の令和3年（2021）1月〜2月調査では、大企業の策定率が70.8％、中堅企業の策定率が40.2％となった。

BCP を策定することにより、企業はサプライチェーンでの責任を果たし、他社への顧客の流出、マーケットシェアの低下を防止し、企業の被害を最小限にとどめる。また、事業の早期回復を通じて、雇用の確保、地域や国全体の経済、社会の安定に貢献する。

BCP の重要な要素は、災害による事業への影響測定、重要業務の選択、目標復旧時間の設定、バックアップシステムやバックアップオフィスの確保、社員の安否確認、要員の確保、生産設備の代替などである。また、BCP は一度限りの計画ではなく PDCA サイクルを通じて継続的な向上をめざす経営戦略である。

自治体の BCP は自治体業務継続計画と呼ばれ、東日本大震災前に BCP を作成していた都道府県は28％、市町村は6％程度であった。これが令和3年（2021）には都道府県が100％、市町村97.2％と大幅に進んだ。大災害時には自治体は災害対応業務が新たに増えるが、同時に重要な通常業務についても可能な限り継続しなければならない。地域防災計画や災害時初動マニュアルでは、災害対応

業務について決められているが、通常業務の優先順位や目標復旧時間などはほとんど定められていない。

　内閣府は、平成27年（2015）5月に「市町村のための業務継続計画作成ガイド～業務継続に必須な6要素を核とした計画～」を作成した。重要6要素は、下記のとおりである。

① 首長不在時の明確な代行順位及び職員の参集体制
② 本庁舎が使用できなくなった場合の代替庁舎の特定
③ 電気、水、食料等の確保
④ 災害時にもつながりやすい多様な通信手段の確保
⑤ 重要な行政データのバックアップ
⑥ 非常時優先業務の整理

　厚生労働省は、令和3年度（2021）から全ての介護福祉事業所、障害福祉サービス等事業所を対象に、3年の経過措置期間を設けた上で、BCPの策定、研修の実施、訓練（シミュレーション）の実施等を義務付けた。そこでは利用者の避難確認、避難支援が必要になる。これは、居宅福祉支援を行っている事業者のBCPの一部であるが、同時に市区町村が作成する「個別避難計画」と重なる。

　役所の業務継続だけでなく、地域全体の継続計画を検討するべきである。総合計画の作成と同様に、大規模災害における住民ニーズに対応する計画を策定し、その実現を担保する制度設計や予算の確保、継続的な人材育成を図る。成熟した社会では、総合計画で夢を考えるとともに、リスク管理が重要になる。すなわちリスクの把握とその低減に取り組み、リスクが顕在化した時点での最善策を検討する計画が必要だ。

7　地区防災計画

　平成25年（2013）6月の災対法改正により、市町村の一定の地区居住者等による自発的な防災活動に関する計画「地区防災計画制度」が創設された。この計画は、地域コミュニティにおける「共助」による防災活動の推進を目的にしている。

　この制度は、市町村の地域防災計画の中に規定されることによって、地域防災計画と地区防災計画とが連携することで地区の防災力を向上させられることを狙っている。したがって、地区居住者等が市町村防災会議に対して計画に関する提案（計画提案）を行うことができ、市町村防災会議には応諾義務が課せられている。

　地区防災計画制度の主な特徴は次のとおりである。
①地域コミュニティ主体のボトムアップ型の計画
　地区防災計画は、地区居住者等により自発的に行われる防災計画であり、地

区居住者等の意向が強く反映されるボトムアップ型の計画である。計画提案制度が採用されていることもボトムアップ型のひとつの要素である。

②地区の特性に応じた計画

地区防災計画は、国内のあらゆる地区を対象にしており、各地区の特性（自然特性・社会特性）や想定される災害等に応じて、多様な形態をとることができる。計画の作成主体、防災活動の主体、防災活動の対象である地域コミュニティ（地区）の範囲、計画の内容等は地区の特性に応じて、自由に決めることができる。

③状況別の防災活動

平常時、発災直前、災害時、復旧・復興期の各段階で想定される防災活動を整理するとともに、行政関係者、学識経験者等の専門家のほか、消防団、各種地域団体、ボランティア等との連携が重要になる。

④継続的に地域防災力を向上させる計画

地区防災計画は、計画作成だけでなく、計画に基づく防災活動を実践し、その活動が形骸化しないように評価や見直しを行い、継続する、すなわち地区防災マネジメントとすることが重要である。

8　議会・議員の災害対応

災害時の自治体議会、議員のあり方については、災対法に議会、議員に触れる条文が全くないなど法制度上も実態的にも明確ではない。

唯一、自治法において「非常の災害による応急若しくは復旧の施設のために必要な経費又は感染症予防のために必要な経費」を、長が再議に付しても「議会の議決がなお同号に掲げる経費を削除し又は減額したとき」は、長はその議決を不信任の議決とみなすことができる旨の規定がある。これは、災害対策における長の優越を認めた規定とみなせる。

災害時には議員は「行政の邪魔をしない」ことが重要だといわれるが、二元代表制のひとつの機関としてより大きな役割を発揮するべきである。先進的に取り組んできた事例を見ると次の特徴がある。

（1）議会活動方針

○情報の一元化

災害時に議員が個別に長はじめ幹部職員に情報提供や要望をすると、行政の負担が増えるだけでなく、不公平感が生じる。そこで、情報や要望を個別に行うことを禁止し、議長等に一元化してまとめ、文書にして届ける。なお、二次災害の危険性があったり、被災者の生死にかかわる緊急事態が生じたりした場合は、この限りではない。

○行政に負担をかけない議会運営

災害時には、行政が多忙を極める。どうしても緊急に議会を開会する必要があるならば、平時のルールではなく、「短時間」「出席者絞り込み」「最小限の資料請求」などを例示した災害仕様のルールとするべきである。

○平時に防災特別委員会

自治体の防災対策の質を上げるために、平時に特別委員会を設置して議論することが有効である。例えば大規模災害時に、学校の校庭に仮設住宅を設置するかどうかは、必ず大きな課題になる。このような問題について議会審議を通じて平時にルール化することで、災害時の混乱を最小限に抑え、迅速な復興につなげる。

近年は議会BCPを作成する自治体議会が増えてきた。災害時にも議会機能を維持するために事前に議会組織、議長等の役割、目標復旧時間などを定めるものである。被災状況に応じて柔軟にスケジュールを調整をすることが肝要である。

(2) 議員活動方針

○情報収集・提供

地域では、行政職員よりも議員の方が日常活動を通じて住民との情報収集・提供ルートを持っていることが多い。そこで、市区町村が機能縮小・停止しているときに、議員が情報面から積極的に支援する。

○地域支援活動

災害直後には、その立場を活かして避難所や在宅家庭への支援活動を行う。

○批判や利益誘導の禁止

議員は住民代表であることから、影響力が大きい。その地位を利用して、行政職員を威嚇して支援者への利益誘導をしたり、行政や他議員の活動批判を行ったりすることは差し控えなければならない。災害時の批判活動は、行政と住民を分断し、行政への不信感を高める。それは、住民の心と生活の復興の遅れに直結する。

【参考文献】
・内閣府「令和元年台風第19号等を踏まえた高齢者等の避難のあり方について（最終とりまとめ）」
・内閣府『令和元年防災白書』
・「防災スペシャリスト養成研修」（内閣府（防災担当））標準テキスト
・鍵屋一『図解　よくわかる自治体の地域防災・危機管理』学陽書房、令和元年（2019）
・鍵屋一『地域防災力強化宣言【増補】』ぎょうせい、平成17年（2005）

第8章 情報公開制度と個人情報の保護

第1節 情報公開制度の意義

　情報公開制度とは、通常「住民からの請求に応じ、行政機関等にその保有する情報の開示を義務付けると同時に、住民に情報公開を請求する権利を付与する制度」であるといわれている。また、この制度は、憲法が保障する表現の自由と関連して、「知る権利」を具体化するという意義を持つ。

　「情報なくして参加なし」といわれるように、住民が行政情報について知りうる手段を持たなければ、行政への実効ある住民参加を期待することはできない。したがって、情報公開制度は、行政への住民参加を促進するための必要不可欠な条件であるといってもよい。

　わが国においては、自治体が国に先駆けて情報公開制度を条例で定め、運用実績を重ねてきた。それらの多くの事例は、行政機関の保有する情報の公開に関する法律（以下、「情報公開法」という。）の制定過程において大いに参考にされ、情報公開法は平成13年（2001）4月1日に施行された。

　情報公開法により、だれでも（国の内外や個人・法人を問わず）国の行政機関の長に対して、行政文書の開示を請求することができるようになった。そして、開示請求された行政文書は、原則として開示され、また、政府は情報の提供施策の充実に努めることとされている。すなわち、この法律により、公正で民主的な行政の推進のため、政府の諸活動を国民に説明する責務（アカウンタビリティ）を全うすることが求められているのである。

　したがって自治体職員は、「説明責任」を適切に果たすために、住民とのパートナーシップを意識し、適正な職務遂行に努めるとともに、担当する職務について十分理解し、常日ごろから執務能力を高める努力をしなければならない。

　なお、情報公開制度が有効的かつ実効的に機能するためには、その前提として適切な文書管理が不可欠である。このような観点から平成21年（2009）に公文書等の管理に関する法律が制定されている。

第2節　情報公開制度をめぐる動き

1　情報公開制度をめぐる諸外国の動き

情報公開制度をめぐる諸外国の動きは、**図表1-8-1**のとおりである。

図表1-8-1　情報公開制度をめぐる諸外国の動き

1766年	スウェーデン	出版の自由に関する法律
1951年	フィンランド	政府活動の公開性に関する法律
1966年	アメリカ	情報自由法
1970年	デンマーク	行政文書へのアクセスに関する法律
	ノルウェー	行政文書に対する一般的アクセスに関する法律
1978年	フランス	行政文書へのアクセスに関する法律
	オランダ	行政の公開に関する規則を定める法律
1982年	オーストラリア	情報自由法
	カナダ	情報へのアクセス法
	ニュージーランド	行政情報に関する法律
1992年	ハンガリー	個人データの保護と公共についてのデータの開示に関する法律
1994年	ベルギー	行政の公開に関する法律
1996年	韓国	公共機関の情報公開に関する法律
2000年	イギリス	2000年情報自由法
2007年	中国	中華人民共和国政府情報公開条例

2　情報公開制度をめぐる国内の動き

情報公開制度をめぐる国内の動きは、**図表1-8-2**のとおりである。

昭和57年（1982）、金山町（山形県）において最初の情報公開条例が制定された。同年神奈川県においても都道府県としてはじめてとなる情報公開条例が制定され、平成22年（2010）4月1日には、すべての都道府県とほぼすべての市町村で情報公開条例が制定されるに至った。

図表1−8−2　情報公開制度等をめぐる国内の動き

昭和40年代	顕在化した公害問題や環境問題、消費者問題を背景として、情報公開を求める運動が起きる
昭和51年	ロッキード事件を契機として政界汚職事件が相次ぎ、情報公開の制度化に向けた動きが加速
昭和55年	「情報提供の改善措置等について」の閣議了解、各省庁において文書閲覧窓口を設置
昭和57年	金山町（山形県）が全国で初めて「公文書公開条例」を制定 神奈川県が都道府県で初めて条例を制定
平成7年	行政改革委員会に行政情報公開部会が発足
平成8年	「情報公開法要綱案」を公表 情報公開法案を閣議決定
平成10年	与野党が共同修正、成立
平成11年	公布
平成21年	公文書等の管理に関する法律の制定

(注) 情報公開条例を制定している自治体は、総務省の調査（令和2年（2020）4月1日現在）によると乙部町（北海道）を除くすべての都道府県及び市町村である。また、一部事務組合・広域連合（1,542団体）のうち1,080団体が情報公開制度を導入している。

3　情報公開条例の見直し

　昭和57年（1982）、神奈川県が条例を制定して以降、各都道府県等は相次いで情報公開条例を制定してきた。それから20年以上経た現在、行政改革委員会・行政情報公開部会による「情報公開法要綱案」（平成8年（1996）11月）等の公表に代表される情報公開法の制定に向けた取組および同法の公布（平成11年（1999）5月14日）を主たる契機として、国に先駆けて情報公開制度を導入していた自治体においても、そのさらなる拡充を目指して情報公開に係る条例の見直しが行われるようになった。

　見直しは、目的規定をどのような内容にするか、請求権者の範囲をどうするか、実施機関に議会や公安委員会を含めるか否か、対象文書をどこまで広げるか、不開示情報をいかに規定するか、出資法人の取扱いをどうするかなど、条例全般にわたって行われているものが少なくない。

　今後とも、情報公開制度をよりよいものとするために、各団体における実情や情報公開法の趣旨などを踏まえながら、見直しの検討を積極的に行うことが望まれる。

4　情報公開請求の流れ

　情報公開請求の流れは、**図表1−8−3**のとおりである。

図表1-8-3 情報公開請求の流れ

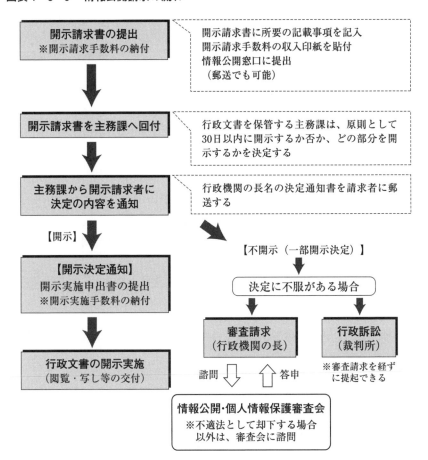

第3節 情報公開法の概要

1 制度の目的

　行政機関の保有する情報を広く公開することにより、政府の諸活動を国民に説明する義務を全うしようとするものである（情報公開法1）。

2　開示請求者「何人も」

「何人も、この法律の定めるところにより、行政機関の長…に対し、当該行政機関の保有する行政文書の開示を請求することができる」（情報公開法3）。

国内、国外を問わず、国民以外の者も含む。

個人のほか企業などの法人や、法人格のない社団・財団などの団体も含む。

海外に住む外国人でも可能（ただし、請求は日本語で）。

請求の理由、目的も問われないから、営利目的でも趣味でもよい。

3　開示請求の対象

文書・図画・電磁的記録などの行政文書。

＊電磁的記録：フロッピーディスク、録音テープ、磁気ディスク等に記録された電子情報。

◎個人メモを除き、決裁・供覧済みを問わずすべての文書が対象となる（組織共用文書：行政機関が組織として保有するもの）。

◎情報公開法施行前の文書（平成13年（2001）4月1日時点で保有するすべての文書）にも適用される。

＊ただし、以下の文書は除かれる（情報公開法2②）。

・官報、白書、新聞、雑誌、書籍その他不特定多数の者に販売することを目的として発行されるもの。

・政令で定める公文書館その他の機関において、政令で定めるところにより歴史的もしくは文化的な資料または学術研究用の資料として特別の管理がされているもの。

4　開示請求の窓口

各行政機関の本省庁の情報公開窓口。

地方支分部局等（その長が権限等の委任を受けているところ）の情報公開窓口。

＊行政文書ファイル、行政文書の名称、所在等に関する情報の提供も受けられる（インターネットからのアクセスも可能）。

5　行政文書（図画や電磁的記録も含む）の開示義務について

情報公開法は、「行政機関の長は、開示請求があったときは、開示請求に係る行政文書に次の各号に掲げる情報…のいずれかが記録されている場合を除き、開示請求者に対し、当該行政文書を開示しなければならない」と規定して、6種類の不開示情報を除いて開示を義務付けている（情報公開法5）。

　開示請求に対して不開示の決定をする場合には、その理由を書面で開示請求者に対して通知する必要がある。

6　不開示情報

　公文書に記録されている情報の中で、個人のプライバシーに関する情報など公開になじまないものがあるため、開示請求をする者の権利とそれ以外の者の権利および公益との調和を図ることを基本的な考え方として、不開示とする情報の範囲を定めている（情報公開法5 I～VI）。

（1）個人に関する情報

　個人の内心、身体、身分、地位その他個人に関する一切の事項についての事実、判断、評価等のすべての情報が含まれるものであり、個人に関連する情報全般を意味する。

① 　個人情報…個人の思想、信条、身体、病歴、住所、地位、家族、職歴、学歴、学業成績、取得資格、出入国歴、犯罪歴、財産等。

② 　特定の個人を識別する情報…氏名、生年月日、個人別に付された記号、振込口座番号、試験の受験番号等。

③ 　識別はできないが公にすることにより個人の権利利益を害するおそれがある情報…匿名の作文、無記名の個人の著作物等。

＊ただし、公益上必要な一定のものや公務員の職務遂行情報は除かれる。

（2）法人などに関する情報

　法人には、株式会社等の商法上の会社、財団法人、社団法人、学校法人、認可法人、政治団体、外国法人や法人ではないが権利能力なき社団等も含まれる。

① 　法人その他の団体（国と自治体を除く）に関する情報

② 　事業を営む個人の事業に関する情報

＊権利、競争上の地位その他正当な利益を害するおそれがある情報および非公開条件つき任意提供情報。ただし、公益上必要な一定のものは除かれる。

ア 　契約締結過程または契約の結果に関する文書のうち、設計・施工上の創意工夫・ノウハウ等であって、公にすることにより設計・施工者に不利益を与えるおそれがあるもの。

イ 　指導監督権限に基づいて行った調査または報告の聴取により明らかになった法人等の経営状況や秘密に関する情報であって、公にすることにより法人等の正当な利益を害するおそれがあるもの。

（3）国の安全などに関する情報

　公にすることにより、国の安全が害されるおそれ等があると行政機関の長が認めることにつき相当の理由がある情報。
　　①　国の安全が害される（防衛関係、国家の治安維持）おそれがある情報
　　②　他国・国際機関との信頼関係が損なわれるおそれ、もしくは交渉上不利益を被る（外交関係）おそれがある情報
　＊行政機関の長による第1次的判断を尊重する。
　　　ア　核物質の運送等についての情報であって、核物質の安全性および防護上、公になるとわが国の安全が担保できなくなるおそれがあるもの。
　　　イ　航空交渉、建設交渉等の対処方針等であって、事前に公になることにより、わが国の交渉上の地位が不利になるおそれがあるもの。

（4）公共の安全などに関する情報

　刑事法の執行を中心とした公共の安全と秩序の維持に支障を及ぼすおそれがあると行政機関の長が認めることにつき相当の理由がある情報。
　　①　犯罪の予防・鎮圧・捜査、公訴の維持、刑の執行に支障を及ぼすおそれがある情報
　　②　公共の安全と秩序の維持に支障を及ぼすおそれがある情報
　＊行政機関の長による第1次的判断を尊重する。
　　　ア　ハイジャック・テロ防止のための対応方針等であって、公になることにより犯罪の実行を容易にするおそれがあるもの。
　　　イ　電子情報システムへの侵入を阻止するためのセキュリティの機器および運用に関する情報であって、公にすることによりシステムへの侵入を容易にするおそれがあるもの。

（5）審議・検討などに関する情報

　国の機関または自治体の事務および事業について意思決定が行われる場合に、その決定に至るまでの過程においては様々な審議・検討および協議が行われており、これら各段階において行われる審議・検討または協議に関連して作成され、または取得された情報。
　　◎率直な意見の交換または意思決定の中立性が不当に損なわれるおそれがある情報
　　　ア　予算成立前の予算に関する情報であって、公開することにより予算作成事務の適正な遂行に支障を及ぼすおそれがあるもの、または予算の適正な執行に支障を及ぼすおそれがあるもの。

イ　構想段階の道路網や個々の道路ルートに関する情報であって、公にすることにより土地の買い占めを招くなど、不当に国民の間に混乱を生じさせるおそれがあるもの。

(6) 事務・事業に関する情報

国の機関または自治体が行う事務または事業は公共の利益のために行われるものであり、公にすることによりその適正な遂行に支障を及ぼすおそれがある情報。

◎監査・検査・取締り・試験などの事務の適正な執行に支障を及ぼすおそれがある情報

ア　工事発注案件の詳細情報であって、入札前に公にすることによって特定の者に利益を与えるなど、談合を誘発する等入札の適正な遂行に支障を及ぼすもの（入札執行後は公開）。

イ　監査、立入検査等の範囲、手法、時期、場所等が記載されているものであって、公にすることにより当該監査、立入検査等の目的および実行を損なうおそれがあるもの。

＊情報公開法5条各号に該当する可能性があるものとして例示した情報は、当該例示をした号のみならず複数の号に該当する可能性もあるので慎重に判断しなければならない。

7　開示請求の方法

開示請求書に必要な事項を記載して、各行政機関の情報公開窓口に提出するかまたは郵送する。

＊開示請求手数料として1件300円（書面による場合）の収入印紙を貼付する。

8　開示請求に対する応答

開示請求に対する行政機関の応答には、①全部開示、②一部開示（一部不開示）、③全部不開示、④存否応答拒否、⑤行政文書不存在の各決定がある。④は行政文書の存否自体の応答を拒否する場合であり、開示請求に対し、当該請求に係る行政文書が存在しているか否かを答えるだけで、不開示情報を開示することになる場合である（情報公開法8）。例えば、ある人を名指しして特定の国立病院に入院していた時のカルテの請求があった場合、当該行政文書はあるが不開示条項に該当すると回答したのでは、そのことのみで名指しされた者が当該病院に入院していた事実が明らかになり、プライバシー侵害となる。

開示または不開示の決定は、原則として30日以内に行われ、書面で通知される（情報公開法9）。行政機関の長は、不開示情報が記録されている場合を除い

て行政文書を開示しなくてはならない（情報公開法5）。また、不開示決定（②③④⑤の場合）をした場合には、開示請求者に対してその理由も併せて通知しなければならない（行政手続法8①）。

9　不服申立て、行政訴訟の提起

(1) 審査請求

　不開示決定、一部開示決定などについて不服がある場合には、当該処分を行った行政庁に対して、行政不服審査法に基づいて、処分があったことを知った日から起算して3月以内に審査請求をすることができる（行審法18①）。

　行政機関の長は、審査請求があった場合、情報公開・個人情報保護審査会に諮問しなければならない（情報公開法19①）。情報公開・個人情報保護審査会は、争点になっている開示請求に係る行政文書を非公開で見て審理すること（インカメラ審理）、および記録されている情報の内容を分類・整理して提出させること（ボーン・インデックスの提出）ができる。また、不服申立人や諮問庁に意見書・理由説明書の提出を要求できる。答申の内容については公表する。不服申立てが不適法な場合（期間徒過など）および対象文書を全部開示する場合は諮問されない。

　なお、行政不服審査法に定める審理員およびその審査に関する手続は、同審査会において実質的な審理が行われることから、適用除外とされている（情報公開法18）。

(2) 行政訴訟

　不開示決定などの処分および審査請求に対する裁決に不服があるときは、当該不開示決定などの処分の取消しを求める訴えを提起することができる。また、審査請求前置主義ではないため、審査請求を行わず、直接訴えを提起することも可能である。

　取消訴訟は、原則として被告又は処分庁の所在地を管轄する裁判所に提起しなければならない（行政事件訴訟法12①）。ただし、国や独立法人を被告とする場合には、原告の普通裁判籍の所在地を管轄する高等裁判所の所在地を管轄する地方裁判所（特定管轄裁判所）にも提起できる（行政事件訴訟法12④）。

　したがって、不開示決定がなされた山口県に住所を有する者は、被告の所在地を管轄する地方裁判所だけではなく、広島高等裁判所の所在地を管轄する広島地方裁判所（特定管轄裁判所）に提起することも可能である。

第4節　自治体における情報公開制度の運用状況等

1　自治体の情報公開制度

　各自治体の情報公開制度は、住民から行政機関に対して情報の開示を請求するという共通の目的を有しているため、その内容は共通している部分が多い。

　条例や要綱等に定める主な項目としては、①制度の目的、②対象となる機関（以下「実施機関」という）の範囲、③開示対象文書の範囲、④開示請求権者の範囲、⑤開示請求の方法、⑥開示手続、⑦不開示事項の基準、⑧費用負担（開示に係る手数料等）、⑨不服申立ておよび救済機関、⑩公文書検索資料の作成、⑪実施状況の公表、等があげられる。以下、主なものについて説明する。

（1）制度の目的

　都道府県等の情報公開制度では、各自治体ともその目的として住民の公文書開示を請求する権利、公正で透明な行政の推進、住民の行政参画、住民と行政との信頼関係の増進などについて規定している。

　「知る権利」については憲法に明文の根拠を持つものではないが、国民主権の理念を背景として、表現の自由を定めた憲法21条を根拠として主張されることが多い。すなわち「表現の自由」は、国民が広く思想や情報を伝達し、また、それを受け取る自由のみならず、政府が保有する情報の開示を求める権利をも含む、と解するのである。このうち後者を「知る権利」と呼んでいる。

　また、「知る権利」の憲法上の根拠を憲法15条の「参政権」や25条の「生存権」に求める説もあるが、最高裁判所の判例では請求権的な権利としての「知る権利」は認知されるに至っていない。

　このような中で、国の情報公開法では目的規定（情報公開法1）に「知る権利」という表現を明記せず、「開示を請求する権利」という表現に止めている。しかし「国民主権の理念にのっとり」という表現により、憲法の理念を踏まえて充実した情報公開制度の確立を目指していることを明確にしている。

　なお、情報公開制度が有効に機能するために行政機関が公文書を作成し、その保管を適正に行わなければならない。こうした観点から東京都、熊本県、札幌市、名古屋市、大阪市など公文書管理条例を定める自治体も登場している。

（2）開示対象文書の範囲

　情報公開法制定の趣旨を踏まえた条例改正が行われるまでは、開示対象文書の範囲は「実施機関の職員が職務上作成し、又は収受した文書、図画及び写真

等であって、決裁、供覧等の手続が終了し、実施機関が管理しているもの」と規定されることが多かった。すなわち、実施機関の意思決定がされていない文書や条例の施行前文書については開示対象文書とはされていなかったのである。

しかし、情報公開法における開示対象文書が「行政機関の職員が職務上作成し、又は取得した文書、図画及び電磁的記録…であって、当該行政機関の職員が組織的に用いるものとして、当該行政機関が保有しているもの」（情報公開法2②）と定義されたことにより、この趣旨を踏まえて開示対象文書の範囲を拡充する団体が増えてきた。つまり、実施機関の意思決定の有無にかかわらず「開示請求があった時点で実施機関が保有している文書」については開示対象文書として取り扱うこととしたのである（ただし、不特定多数の者に販売する目的の書籍や歴史的・文化的資料等は除く）。

また、フロッピーディスク等の電磁的記録（電子的方式、磁気的方式その他人の知覚によって認識することができない方式でつくられた記録のこと）についても、開示対象とする団体が増えてきているところである。

実施機関が組織的に利用している文書を対象とすることにより、実施機関の意思形成過程文書も開示対象となるが、このことは「行政の意思形成過程への住民参加」という点で大きな意味を持つ。また、電磁的情報を開示対象文書とすることは、今後行政情報の電子化が進むことを勘案すると極めて意義深いものと思われる。

（3）開示請求者の範囲と開示義務

開示請求者の範囲をどのように定めるかは地域の実情等に応じた各自治体の判断によるものであるが、情報公開法の規定に合わせ、開示請求者の範囲を「制限なし」、すなわち「何人に対しても開示請求を認める」自治体が増加していることは特筆に値する。そして、行政機関の長は不開示情報（個人を識別できる情報や法人に関する情報など）を除き、開示しなければならない。

開示請求できる者であるかどうかは、実施機関の不開示決定に対して、行政不服審査法に定める不服申立てができるかどうかの点で差異が生ずることになる。

（4）費用負担

開示請求に係る費用の負担については、①条例等により請求に係る実費の徴収を規定している団体、②実費の徴収を自治法上の手数料として条例で規定している団体、③実費に加え、例えば「１件につき○○円」といった手数料も徴収するよう条例を定めている団体の３つに分類することができる。

開示請求に係る費用負担に関しては、制度を利用する者と利用しない者との

負担の公平性の確保や請求乱用の防止などの観点から各自治体の責任において定めているところであるが、最近では費用負担について前記①および②のように規定し、いわゆる実費のみを徴収する自治体が大部分を占めている。

また、③のように規定している自治体であっても、手数料の減免規定を設けて経済的困難などの理由による減免を認めている。

なお、情報公開法において、手数料の額を定めるに当たっては、できる限り利用しやすい額とするよう配慮しなければならないとしている（情報公開法16②）。

（5）行政不服審査法の改正と情報公開条例

新行政不服審査法が平成27年（2015）4月1日から施行されている。同法では、審理の公正性の向上を図る観点から、審理員制度（行審法9）および行政不服審査会（行審法81）への諮問制度が定められている。こうした公正性の向上のための制度は、原則として、情報公開条例に基づく不開示決定等の処分についても適用される。ただし、条例に基づく処分については、条例に特別の定めを置くことにより、審理員制度を適用除外とすることが可能である（行審法9①ただし書）。

情報公開条例に基づく処分については、情報公開条例により設置された情報公開審査会での実質的審理を通じて判断されることから、前述の適用除外規定に基づき、審理員制度を適用除外としている自治体が大多数であると考えられる。

情報公開審査会に対し諮問がなされる情報公開条例にあっては、審理員制度を適用除外とするかどうかに関係なく、行政不服審査会への諮問は不要である（行審法43①Ⅱ）。

2　情報公開から情報提供へ

公文書開示制度は、先に述べたように、行政機関等が保有する情報を住民等からの請求に応じて開示することを行政機関等に義務付ける制度で、情報公開を推進する上で重要な位置を占めるものである。しかし一方では、①請求がない限り開示されないこと、②開示対象は公文書であって、分かりやすく加工されたものではないため、必ずしも住民等にとって理解しやすいものではないこと、③請求者のみに開示されるため、その広報的効果は期待されないこと、など制度的な限界がある。

そこで、開かれた行政を一層推進して住民に対し説明する責任を果たすために、条例に基づく開示請求を待つことなく各種の情報を積極的に公表・提供し、情報公開を総合的に推進するため、条例にその旨規定する自治体が増えている。

真に住民参加を促進するためにも、住民にとって必要な情報がタイムリーに提供されなければならない。公文書開示制度を超えたより積極的な行政情報の提供が一層望まれているところである。

第5節　個人情報の保護制度

　プライバシー権とは、日本では三十数年前から議論されるようになった比較的新しい権利であり、伝統的には「一人にしておいてもらう権利」として捉えられていたが、現在では「自己に関する情報をコントロールする権利」という積極的な意味を含むものに発展するようになった。

　高度情報化社会を迎え、コンピュータ処理によって個人情報を大量かつ迅速に、また遠隔地からも検索・収集することが可能になり、しかも記録内容・処理過程が不透明であることから、自分の個人情報が予期しない形で収集・利用されているのではないか等の国民の不安感を増大させている。

　このような情報化社会は、私たちに多くの利便をもたらし社会福祉の増進に役立っている反面、その取扱いに適正を欠いた場合には個人の権利利益を侵害する。そこで、個人情報保護の法制を整備することが緊急の要請となった。

1　プライバシー保護の国際的な動き

　1973年（昭和48）にスウェーデンで「データ法（Datalage）」が制定されたのをはじめ、アメリカ、フランス、イギリスなどの国々で相次いでプライバシー保護のための立法化がなされた。

　そして、1980年（昭和55）にはOECDによって、個人情報の取扱いについての国際的な水準を示し、加盟国に勧告することで、情報の国際的な流通を確保することを目的とする「プライバシー保護と個人データの国際流通についてのガイドラインに関する理事会勧告」が採択された。勧告では、加盟国に対し個人情報保護法の制定を求めるとともに、個人情報の取扱いに関して、①収集制限の原則、②データ内容の原則、③目的明確化の原則、④利用制限の原則、⑤安全保護の原則、⑥公開の原則、⑦個人参加の原則、⑧責任の原則、の8原則が示された。

2　旧個人情報保護法制度（令和3年（2021）改正前）

　平成15年（2003）、個人情報の有用性に配慮しつつ、個人の権利利益を保護することを目的に、「個人情報の保護に関する法律」、「行政機関の保有する個人情報の保護に関する法律」および「独立行政法人等の保有する個人情報の保護に

関する法律」が制定された。「個人情報の保護に関する法律」は、官民を通じた個人情報保護の基本法に当たる部分（1～3章）と民間部門の個人情報保護の一般法に当たる部分（4～6章）で構成されていた。一方、「行政機関の保有する個人情報の保護に関する法律」は、公的部門のうち、国等における個人情報保護について、また「独立行政法人等の保有する個人情報の保護に関する法律」は、独立行政法人等の保有する個人情報保護について、それぞれ定められた。

(1) 旧個人情報保護法

同法では、第1に個人情報の取扱いについての基本理念が定められるとともに、国および自治体の責務等を明らかにし、関係施策の総合的かつ一体的な推進を図るため政府が基本方針を作成することとするほか、国および自治体の施策等について規定された。

第2に、いわゆる民間部門の保有する個人情報の保護のための具体的措置として、個人情報データベース等を事業の用に供している一定の事業者が個人情報を取り扱う際に順守すべき義務として、個人データの第三者提供の制限（旧個人情報保護法23）や、本人の求めに応じた開示、訂正及び利用停止の義務を定め（旧個人情報保護法28・29・30）、これらの義務に違反した場合の個人情報保護委員会による勧告および命令（旧個人情報保護法42）、さらには命令に従わない場合の罰則等も規定された。

第3に、民間団体による個人情報の保護の推進のため、個人情報取扱事業者の個人情報の適正な取扱いの確保を目的として苦情処理等の業務を行う民間団体に対する個人情報保護委員会の認定制度が創設された（旧個人情報保護法47）。

なお、報道、著述、学術研究、宗教、政治の5分野については、事業者の義務等に関する規定の適用を除外する一方、個人情報の適正な取扱いのため必要な措置を自ら講じ、かつ、その内容を公表するよう努めなければならないこととされた（旧個人情報保護法76）。

(2) 旧行政機関個人情報保護法

同法では、行政機関における個人情報の取扱いに関する基本的事項を定めることにより、行政の適正かつ円滑な運営を図りつつ、個人の権利利益を保護することを目的として、次のような規定が設けられていた。

第1に、行政機関における個人情報の適切な取扱いのため、個人情報を保有するに当たっての利用目的の特定、利用目的の達成に必要な範囲を超える個人情報の保有の禁止、個人情報の取得の際の本人に対する利用目的の明示、保有個人情報の漏えい・毀損の防止その他の安全確保措置など、各般の義務が行政機関側に課されていた。

第2に、電子計算機処理に係る個人情報ファイルの保有に関する総務大臣に対する事前通知、個人情報ファイルについて所定の事項を記載した帳簿（個人情報ファイル簿）の作成・公表について規定されていた。

第3に、行政機関の長に対する個人情報の開示・訂正・利用停止の各請求権（旧行政個人情報法12・27・36など）、これらの請求に対する決定に係る審査請求について情報公開・個人情報保護審査会に諮問すること等（旧行政個人情報法43）が規定されていた。

第4に、行政機関の職員等が正当な理由なく個人情報ファイルを提供した場合の罰則も規定されていた（旧行政個人情報法53）。

(3) 平成27年（2015）の旧個人情報保護法改正

平成27年（2015）に旧個人情報保護法の一部が改正された。主な改正点は、次のとおりである。

第1に、「要配慮個人情報」および「匿名加工情報」が新たに定められるなどして個人情報の定義が明確化されたことである。このうち「要配慮個人情報」とは、病歴、犯罪歴、犯罪被害にあった事実といったセンシティブ情報であり（旧個人情報保護法2③）、原則、本人の同意を得てこれを取得することが義務化されるとともに（旧個人情報保護法17②）、本人の同意を得ない第三者提供の特例（オプトアウト方式）が禁止された（旧個人情報保護法23①）。

第2に、企業などによるパーソナルデータの利活用推進のため、特定の個人を識別できないように加工し、かつ、復元することができない個人情報を「匿名加工情報」と定義し（旧個人情報保護法2⑨）、その利活用のための法環境整備が行われた。

第3に、既存の特定個人情報保護委員会を改組して、個人情報の保護に関する独立した監督機関として個人情報保護委員会が設置された（旧個人情報保護法59①）。同委員会は、高い独立性を持つ委員会として内閣府に置かれ、基本方針の策定及び推進に関する事務（旧個人情報保護法61）をはじめ、個人情報取扱事業者などに対する報告および立入検査権（旧個人情報保護法40）、勧告、命令の権限（旧個人情報保護法42）が与えられるなど広範な事務を所管する。

なお、こうした改正を踏まえ、行政機関個人情報保護法においても、平成28年（2016）の改正でパーソナルデータ利活用のための環境整備を目的として「行政機関非識別加工情報」（旧行政個人情報法2⑨）の仕組みが設けられた。

(4) 令和2年（2020）の旧個人情報保護法改正

令和2年（2020）に旧個人情報保護法の一部が改正された。主な改正点は、次の通りである。

第1に、本人による開示請求対象の拡大である。まず、6ヶ月以内に消去する短期保存データについても、本人からの開示請求、利用停止等の対象となった（旧個人情報保護法2⑦）、また、保有個人情報の開示方法について、電磁的記録の提供を含め本人が指示できるようになった（旧個人情報保護法28①②）。さらに、個人データ授受に関する第三者提供記録について本人が開示請求できることになった（旧個人情報保護法28⑤）。加えて、要配慮個人情報だけではなく、不正取得された個人データおよびオプトアウト規定により提供された個人データについても第三者提供が禁止された（旧個人情報保護法23②）。

第2に、個人情報取扱事業者における責務の拡張である。個人情報取扱事業者は、違法又は不当な行為を助長する等の不適正な方法により個人情報を利用してはならない旨が明確化された（旧個人情報保護法16の2）。また、個人情報取扱事業者には、その取り扱う個人データの漏洩等が生じた場合に個人情報保護委員会及び本人に対する報告等の義務が定められた（旧個人情報保護法22の2）。

第3にデータ活用の促進である。イノベーション促進の観点から、氏名等を削除した「仮名加工情報」の概念が創設され、こうした情報についての利用規制が緩和された（旧個人情報保護法2⑨、35の2⑨）。

(5) 自治体の個人情報保護制度

各都道府県および市区町村においては、平成15年（2003）の旧個人情報保護法の制定に伴い、当該自治体が保有する個人情報の保護に関する条例の制定または見直しがなされ、また、平成21年（2009）4月1日には、すべての都道府県および市区町村において個人情報保護条例が制定されるに至った。

(6) マイナンバー法と個人情報保護

平成25年（2013）、行政手続における特定の個人を識別するための番号の利用等に関する法律が制定され、平成27年（2015）に、国民1人ひとりに固有の個人番号（マイナンバー）が付与された。同法は、国民個人の情報を1つの番号に統合することにより、税、社会保障といった個別の行政機関が保有している各行政分野における個人の情報を統合し、行政運営の効率化及び行政分野におけるより公正な給付と負担の確保を図り、手続の簡素化による国民負担の軽減等国民の利便性の向上を目的として制定されたものである（マイナンバー法1）。

個人番号は、住民票コードに基づいて付される固有の番号だが、その指定の通知は、市町村長（特別区の区長も含む）によって行われる（マイナンバー法7①）。

マイナンバー法は個人情報保護の観点から、原則、社会保障、税、災害対策

に関する3つの分野での利用となっている（マイナンバー法9①・別表第1）。ただし、1項に定めるもの以外の事務に関すものであっても、地方公共団体の長その他の執行機関は、福祉、保健若しくは医療その他の社会保障、地方税又は防災に関する事務その他これらに類する事務であって条例で定めるものの処理に関して保有する特定個人情報ファイルにおいて個人情報を効率的に検索し、及び管理するために必要な限度で個人番号を利用することができるとしている（マイナンバー法9②）。例えば乳幼児医療費補助など自治体固有の事業の執行に必要な事務に関し、条例で定めるところにより使用することが考えられる。

なお、特定個人情報（マイナンバーをその内容に含む個人情報のこと。マイナンバー法2⑧）については、行政機関の保有する個人情報の保護に関する法律に定めるよりも、外部提供、収集・保管及び目的外利用の許容範囲がより厳しく限定されている（マイナンバー法19・20）。

3　新個人情報保護制度（令和3年（2021）改正後）

従前、わが国における個人情報保護の扱いについては、旧個人情報保護法、旧行政機関個人情報保護法および旧独立行政法人等個人情報保護法により、また、自治体にあっては、各団体が制定する個人情報保護条例により規律されてきた。こうした異なる法律や条例による規律は、国家レベルでのデータの利活用にとって大きな障害となっていた。さらに、公的部門における個人情報の管理については、個人情報保護委員会という第三者機関による監督権限が及ばないという点も問題視されていた。

これらの点を解消するため、デジタル社会の形成を図るための関係法律の整備に関する法律（令和3年法律第37号）により、旧個人情報保護法の大改正が行われ、旧個人情報保護法、旧行政機関個人情報保護法および旧独立行政法人等個人情報保護法の3法が改正後の新個人情報保護法に統合されるとともに、令和5年（2023）4月1日をもって、自治体の機関（議会は除く）についても、「行政機関等」として、今回の改正により誕生した新個人情報保護法が適用されることになったのである（新個人情報保護法2⑪Ⅱ）。

こうした個人情報保護制度の一元化に伴い、自治体の個人情報保護条例は廃止され、改正後の個人情報保護法の施行に必要な事項や同法により条例に委任された事項について定める個人情報保護法施行条例（自治体議会にあっては独自の個人情報保護条例）が新たに制定されるに至った。

第6節 自治体情報公開制度の今後

　自治体が行う行政サービスは、住民の価値観の多様化、少子・高齢化、国際化、情報化などを背景として複雑かつ多様化してきている。このような状況の中、自治体は住民に対して、様々な広報誌（紙）の発行、窓口での情報提供、法令等に基づく行政情報の公表、インターネットによる情報提供など、多くの広報媒体を用いて情報を提供している。

　しかし、このような行政の広報活動は、住民が求める情報を住民に対して提供する手段としては十分ではない面もある。

　そこで、この問題点を解消するために設けられたのが情報公開制度である。情報公開制度は、住民からの請求に応じて行政がその保有する情報を開示する制度であり、「行政情報の公開に係る請求権」を住民の具体的権利として認めている点にその意義がある。

　行政への住民の積極的な参加が求められている今日、住民が自らの意思を行政に反映させたり、行政運営等を監視するためには、様々な行政情報が開示されることが必要であるといえる。また行政にとっても、情報公開制度の適切な運用を通じて住民に開かれた行政を推進することが可能となり、結果として行政に対する住民の信頼と理解・協力を得られるようになるというメリットもある。

　自治体の情報公開制度は、その制定初期段階から現在に至るまで、様々な課題を乗り越えて住民が利用しやすい住民に身近な制度へと発展してきた。

　しかし、情報公開に関する訴訟が絶えないことが示すとおり、各自治体における情報公開条例の運用に不満を抱く住民が多数存在することは否定できない。

　地方分権の進展に伴い自治体の自己決定権・自己責任が拡大する中で、行政の公正の確保と透明性の向上がこれまで以上に求められるようになる。今後、ますます複雑・多様化する住民ニーズに的確に対応していくためには、行政が情報公開制度の抱える諸課題を解決し、今後とも引き続き情報公開制度の一層の整備・充実に努めていくことが肝要である。

【参考文献】
・宇賀克也『新・情報公開法の逐条解説〔第8版〕』有斐閣、平成30年（2018）
・宇賀克也『新・個人情報保護法の逐条解説』有斐閣、令和3年（2021）
・宇賀克也『番号法の逐条解説〔第2版〕』有斐閣、平成28年（2016）

第9章 行政手続

第1節 行政手続法

1 目 的

　行政手続法は、処分、行政指導および届出ならびに命令等（以下、本節において「処分・命令等」という）に関し、共通する事項を定めることによって、行政運営における公正の確保と透明性の向上を図り、もって国民の権利利益の保護に資することを目的としている（手続法1）。

　事前手続の一般法である手続法を制定することにより、手続規定のない個別法による処分等にも適用除外事項に該当しない限り手続法が適用されることとなった。その結果、最低限の手続が保障されることとなっただけでなく、用語の統一等の規定整備も併せて行われ、より明確な制度となった。行政側としても相手側の主張を聞く機会を設けるなどにより、処分をより慎重・妥当になしうることが期待される。

　なお、手続法制定当初は、その対象が、①申請に対する処分、②不利益処分、③行政指導、④届出に限られていたが、平成17年（2005）改正により、新たに意見公募手続等が、さらに平成26年（2014）改正により行政指導の中止等の求め、処分等の求めの制度がそれぞれ法制化されている。

2 手続法全体の構成

　手続法では、2章から6章までが手続法の適用の対象となる手続を示している。すなわち、①申請に対する処分手続（2章）、②不利益処分手続（3章）、③行政指導（4章）、④処分等の求め（4章の2）、⑤届出（5章）、⑥意見公募手続等（6章）の5種類の手続である。

　行政計画の策定、行政契約の締結などは対象ではないが、これは将来検討されるべき課題である。

3 適用範囲（適用除外）

　行政手続は極めて多岐にわたるので、この法律に規定する手続を画一的・一律に適用することは適当でない。そこで、処分と行政指導については、①立法権・司法権等が関与するもの、②処分の特殊性に応じて独自の手続体系を持つもの、③行政庁との間で特別な関係に立つもの、④その他性質上一般的手続によらせることが適当でないもの等について、一括除外規定が設けられている。また、個別法で独自の手続体系が形成されているものについては、個別法における手続規定の、手続法の適用を除外している場合があるので注意が必要である。

　適用除外は以下のとおりである。

（1）特殊な分野における処分等

　行政手続法の適用になじまない特殊な分野における処分・命令等については、2章から4章までの規定を適用しない（手続法3①）。

　これは、当該分野の処分の特殊性に応じた独自の手続によることとされているもの（下記①②）や、当該分野の処分の特質上、一般的な手続をとることになじまないもの（下記③④）などである。

　①　国会の議決によってされる処分

　②　裁判により、または裁判の執行としてされる処分等

　③　学校において教育の目的を達成するため学生に対して行われる処分および行政指導

　④　刑務所において収容の目的を達成するため行われる処分および行政指導

（2）自治体における処分等

　自治体がする処分・命令等については、2章から6章までの規定は適用しない（手続法3③）。

　ただし、処分、処分の求め、および届出については、自治体の機関が行うものであっても、法律に基づくものであれば、手続法が適用される。一方、行政指導および意見公募手続等については、自治体の機関が行うものについて、そのすべてが手続法の適用除外とされている。

　手続法の適用除外となった処分・命令等については、自治体の行政手続条例の対象となる（図表1-9-1）。

図表 1 - 9 - 1　適用区分

	国	自治体	
		法律に基づくもの	条例・規則に基づくもの
処分・処分の求め・届出	手続法	手続法	手続条例
行政指導・行政指導の求め・意見公募手続等	手続法	手続条例	

(3) 国の機関・自治体の機関に対する処分等

　国の機関または都道府県・区市町村等の自治体もしくはその機関に対する処分、行政指導およびこれらの機関等がする届出については、手続法の規定は適用しない（手続法4）。

　手続法が、主として国民・住民と行政機関との関係におけるルールを定めたものであることから、そのような関係とは異なる行政機関相互間の関係については、手続法を適用しないことを定めた。

第2節　行政手続制度の内容

1　申請に対する処分

　申請とは、個人または法人が法令または条例等に基づいて、行政庁に対して許可、認可、免許等の何らかの利益を自己に付与する処分（以下「許認可等」という）を求める行為をいい、当該行為に対して行政庁が許諾の応答をすべきこととされているものをいう（手続法2Ⅲ）。

　行政庁の応答義務のある認定、決定、検査、登録等は含まれるが、行政庁にその義務がない届出や請願は含まれない。

　申請については、以下のとおり規定している。

(1) 審査基準の制定・公表

　行政庁は、申請により求められた許認可等をするか否かを判断するために必

要とされる基準をできるだけ具体的に定め、その基準を当該申請の届出先とされている事務所に備え付けるなどの方法により、公にしておかなければならない（手続法5）。

(2) 標準処理期間の設定・公表

　行政庁は、申請者から申請を受けたときは、当該申請に対してどれくらいの期間で処分を与えるか、その標準処理期間を定めるように努めるとともに、これを定めたときは、当該申請の届出先とされている事務所に備え付けるなどの方法により、公にしておかなければならない（手続法6）。

　標準処理期間に関する規定は、いわゆる訓示規定であって申請処理に要する期間の目安となるものにすぎない（申請者に対し、この標準処理期間内に申請に対する処分を受ける権利を与えたものと解するべきではない）。

(3) 審査の処理

　行政庁は、申請がその事務所に到達したときは、遅滞なく当該申請の審査を開始しなければならない。

　また、法令の形式に適合しない申請については、行政庁は速やかに申請者に対し相当期間を定めて申請の補正を求めるか、または当該申請により求められた許認可等を拒否しなければならない（手続法7）。

(4) 理由の提示

　行政庁は、申請により求められた許認可等を拒否する処分を行う場合、申請者に対し拒否理由を示さなければならず、処分を書面でするときは拒否理由も書面により示さなければならない（手続法8）。

　行政庁側の判断の慎重・合理性を担保し、恣意を抑制するとともに申請者の不服申立てや訴訟の提起に当たっての便宜を図ったものである。理由の提示は根拠条項を示すだけでは不十分であり、少なくとも拒否処分の原因となる事実と許認可等の要件または審査基準との関係を明らかにし、申請者において拒否の理由を明確に認識しうる程度に示す必要がある。

(5) 情報の提供

　行政庁は、申請者からの求めに応じ、書面により審査の進行状況、処分時期の見通しを示すとともに、申請に必要な情報の提供に努めなければならない（手続法9）。

（6）公聴会等の開催

行政庁は、申請に対する処分であって申請者以外の者の利害を考慮すべきことが法令等において許認可等の要件として規定されている処分を行う場合は、必要に応じて公聴会の開催その他の適当な方法により、当該申請者以外の者の意見を聴く機会を設けるよう努めなければならない（手続法10）。

（7）複数の行政庁が関与する処分

行政庁は、申請の処理に当たって、他の行政庁において同一の申請者からされた関連する申請が審査中であることを理由に、自らすべき許認可等をするかどうかについての審査や判断をことさらに遅延させるようなことをしてはならない（手続法11①）。

このような関連する申請については、行政庁は必要に応じて相互に連絡を取りあい、当該申請者から説明を共同して聴取するなどして審査の促進に努める（手続法11②）。

2　不利益処分

不利益処分とは、行政庁が国民にすでに与えた許認可等を取消しまたは停止処分をしたり役員を解任したりする等、行政庁が法令または条例に基づき特定の者を名あて人として直接これに義務を課し、またはその権利を制限する処分をいう。ただし、以下の処分は除かれる（手続法2Ⅳ）。

①　事実上の行為…行政上の強制執行や即時強制行為
②　許認可等の申請を却下する処分
③　同意の下で行われる処分
④　事業の廃止の届出に基づく許認可等の撤回

不利益処分については、以下のとおり規定している。

（1）処分基準の制定・公表

行政庁は、不利益処分をするかどうか、またはどのような不利益処分をするかについてその法令等の定めに従って判断するために必要な具体的な基準を定め、かつその基準を公表するように努めなければならない（手続法12）。

申請に対する処分における審査基準と同様、判断過程を公正・透明なものとし、不利益処分の相手方（またはその可能性のある者）に対し、処分の結果につき、ある程度の予見可能性を与えようとするものである。

(2) 不利益処分の事前手続

　行政庁は、不利益処分をする場合、その名あて人となるべき者に対し、原則として聴聞の手続または弁明の機会を与える手続を執らなければならない（手続法13）。

ア　聴聞手続が必要な場合

① 　許認可等の取消し
② 　資格・地位の剥奪
③ 　役員解任等
④ 　行政庁が相当と認めるとき

　上記①〜④のような処分は、処分の名あて人にもたらす不利益が大きいことから、聴聞手続を執るべきこととした。①〜④以外の場合は、弁明の手続による。

イ　弁明手続が必要な場合

　各種の業務等の停止命令、禁止命令、中止命令、廃止命令、閉鎖命令等の処分など。

(3) 不利益処分の理由の提示

　行政庁は、不利益処分をする場合、名あて人に対してその理由を示さなければならない（手続法14）。

　申請に対する処分における拒否処分の理由の提示と同様、行政庁の判断の慎重・合理性を担保し、不服申立て等の事後救済における当該申請者の便宜を考慮したものである。

　書面による処分の場合は、拒否理由も書面で示さなければならない（緊急の場合には処分後、相当の期間内に理由を示せば足りる）。

(4) 聴聞手続

　聴聞を行うに当たっては、行政庁は不利益処分の名あて人に対して、以下の4つの事項を書面により通知しなければならない（手続法15）。

① 　予定する不利益処分の内容および根拠となる法令の条項
② 　不利益処分の原因となる事実
③ 　聴聞の期日および場所
④ 　聴聞に関する事務を所掌する組織の名称および所在地

　そして、上記書面においては、以下の事項を教示しなければならない。

① 　聴聞に出頭して意見を述べ、および証拠書類等を提出し、または聴聞の期日への出頭に代えて陳述書および証拠書類等の提出が可能であること

② 聴聞が終結する時までの間、当該不利益処分の原因となる事実を証する資料の閲覧を求めることができること

（5）聴聞の主宰

聴聞は、審理の公正性を担保するために行政庁が指名する職員（例：文書課長など）その他政令で定める者が主宰する（手続法19）。

主宰者の公正・中立性を担保するため、当該聴聞の当事者または参加人は主宰者になれない。

（6）審査請求の制限

手続法3章2節の聴聞に関する規定に基づいて行政庁または主宰者がした処分については、事前手続に付随して行われる派生的な処分であるので、行政不服審査法による審査請求をすることはできない（手続法27①）。

また、行政不服審査法上の審査請求は、法が国民に認めたものであるから、法の下位にある行政手続条例によりこれを制限することはできない。

（7）弁　明

ア　弁明の機会の付与

行政庁は、不利益処分をするときは、原則として不利益処分の名あて人となるべき相手方に対し弁明の機会を与えなければならない。

この場合、行政庁は、あらかじめ相当の期間をおいて、予定される不利益処分の内容およびその理由、弁明書の提出先および提出期限等を不利益処分の名あて人となるべき相手方に対して書面で通知しなければならない（手続法29・30）。

弁明の当事者は、原則として書面（弁明書）を提出しなければならない。

イ　弁明の機会の付与の通知の方式

行政庁は、不利益処分の名あて人となるべき者に対し、以下の事項を書面で通知しなければならない（手続法30）。

① 予定される不利益処分の内容および根拠となる法令の条項
② 不利益処分の原因となる事実
③ 弁明書の提出先および提出期限

3　行政指導

行政指導とは、法律上の強制力を持たず、行政機関がその任務またはその所掌事務の範囲内において、一定の行政目的を実現するため特定の者に作為、不作為を求める指導、勧告、助言その他の行為をするものであって、行政処分に

当たらないものをいう（手続法2Ⅵ）。

　行政指導は、急速に変化する社会情勢に即して迅速に必要な対応ができる点が有用な行政手続であるが、その反面それに従わない者への制裁など、行政機関による恣意的な運用の危険が大きいことに注意する必要がある。

　自治体の行政機関が行う行政指導については、手続法は適用されない（手続法3③）ことから、各自治体が条例で同様のことを定める必要がある。

（1）不利益取扱いの禁止

　行政指導に携わる者は、任務または所掌事務の範囲を逸脱してはならず、行政指導の内容があくまでも相手方の任意の協力によってのみ実現されるものであることに留意しなければならない。

　また、その相手方が行政指導に従わなかったことを理由に、不利益な取扱いをしてはならない（手続法32）。

（2）不当な威迫の禁止

　申請の取下げまたは内容の変更を求める行政指導について、行政指導に携わる者は、申請者がその行政指導に従う意思がない旨を明確にした場合は、行政指導を継続することなどにより当該申請者の権利の行使を妨害するようなことをしてはならない（手続法33）。

（3）許認可等の根拠に関連する行政指導

　許認可等をする権限または許認可等に基づく処分をする権限を有する行政機関が、その権限を行使することができない場合または行使する意思がない場合において行う行政指導にあっては、その権限を行使することができるということをことさらに示すことによって、その相手方に行政指導に従うことを余儀なくさせるようなことをしてはならない（手続法34）。

（4）行政指導の明確化の原則

ア　方　式

　行政指導に携わる者は、その相手方に対して当該行政指導の趣旨および内容ならびに責任者を明確に示さなければならない（手続法35①）。また、当該行政指導をする際に、行政機関が許認可等をする権限又は許認可等に基づく処分をする権限を行使する旨を示すときには、その相手方に対して、当該権限を行使しうる根拠となる法令の条項、当該条項に規定する要件および当該権限の行使が当該要件に適合する理由を示さなければならない（手続法35②）。

　さらに、行政指導は通常、口頭で行われることが多い。行政指導を受けた者

が書面の交付を要求した場合には、行政指導に携わる者は行政上特別の支障が
ない限り、行政指導の趣旨および内容ならびにその責任者を記載した書面を交
付しなければならない（手続法35③）。

イ　複数の者を対象とする行政指導

　同一の行政目的を達成するため、一定の条件に該当する複数の者に対し行政
指導を行う場合には、行政機関はあらかじめ事案に応じてこれらの行政指導に
共通する事項を定め、かつ行政上特別の支障がない限り、これを公表しなけれ
ばならない（手続法36）。

（5）行政指導等の中止等の求め

　法令に違反する行為等の是正を求める行政指導（その根拠となる規定が法律
に置かれているものに限る）の相手方は、当該行政指導が当該法律に規定する
要件に適合しないと思料するときは、当該行政指導した行政機関に対し、その
旨を申し出て、当該行政指導の中止その他必要な措置を求めることができる（手
続法36の2①）。ただし、当該行政指導がその相手方について弁明その他意見陳
述のための手続を経てされたものであるときは、行政指導を適正かつ慎重に行
うための手続が既にとられているため、この手続の対象外とされている（手続
法36の2①ただし書）。

　当該行政機関は、こうした申出があったときは、必要な調査を行い、当該行
政指導が当該法律に規定する要件に適合しないと認めるときは、当該行政指導
の中止その他必要な措置をとらなければならない（手続法36の2③）。

　なお、申出を受けた行政機関は、当該申出の結果について申出人に通知すべ
き法律上の義務はない。しかし、運用上の扱いとしては、行政指導の相手方の
権利を保護する観点から、①調査内容、②措置の有無、③措置を行った場合の
当該措置の内容など申出に係る対応の結果について、申出人に対して通知すべ
きである。

4　処分等の求め

　何人も、法令に違反する事実がある場合において、その是正のためにされる
べき処分又は行政指導（その根拠となる規定が法律に置かれているものに限
る。）がされていないと思料するときは、当該処分をする権限を有する行政庁又
は当該行政指導をする権限を有する行政機関に対し、その旨を申し出て当該処
分又は行政指導を求めることができる。

　当該行政庁又は行政機関は、こうした申出があった場合には、必要な調査を
行い、その結果に基づき必要があると認めるときは、当該処分又は行政指導を
しなければならない（手続法36の3）。

　なお、申出を受けた行政庁または行政機関は、当該申出の結果について申出人に通知すべき法律上の義務はない。しかし、運用上の扱いとしては、申立人に対する便宜から、①調査内容、②措置の有無、③措置を行った場合の当該措置の内容など申出に係る対応の結果について、当該処分又は行政指導の相手方となるべき者の利益が損なわれるような場合を除き、申出人に対して通知するように努めるべきであろう。

5　届　出

　届出とは、行政庁に対し一定の事項の通知をする行為（申請に該当するものを除く）をいい、法令または条例等により直接にその通知が義務付けられているものをいう（手続法2Ⅶ）。届出が法令上一定の形式要件に適合している場合は、それが届出の提出先とされている行政機関の事務所に到達したときは、届出を行うべき手続上の義務が履行されたものとするとされている（手続法37）。

　これは、届出の法的性格を明らかにすることにより、形式上の要件に適合しているにもかかわらず行政機関が届出を受け付けないといった不適切な取扱いを防止しようとするものである。

6　意見公募手続等

　手続法6章「意見公募手続等」は、平成17年（2005）改正により、新たに行政立法手続を法制化したものである。

　「意見公募手続等」は、「命令等を定める場合の一般原則」と「意見公募手続」から構成されており、命令等とは、内閣または行政機関が定める、①法律に基づく命令または規則、②審査基準、③処分基準、④行政指導指針の4種類が定義付けられている（手続法2Ⅷ）。

（1）命令等を定める場合の一般原則

　命令等を定める機関（以下「命令等制定機関」という）は、命令等を定めるに当たっては、当該命令等がこれを定める根拠となる法令の趣旨に適合するものとなるようにしなければならないという一般原則が明記された（手続法38①）。

　また、命令等制定機関は、命令等を定めた後においても、当該命令等の規定の実施状況、社会経済情勢の変化等を勘案し、必要に応じ、当該命令等の内容について検討を加え、その適正を確保するよう努めなければならない（同条②）。

　一度、命令等を定めても、それが時代遅れになる可能性があることから、たえず見直しをすることが求められる。したがって、命令等を適時に改正しないことよって国家賠償責任が生ずることもありうる。

（2）意見公募手続

意見公募手続は、一部の行政機関で行われていたパブリックコメント手続を法制化したものである。

命令等制定機関は、命令等を定めようとする場合には、当該命令案およびこれに関連する資料をあらかじめ公示し、意見の提出先および意見のための期間（以下「意見提出期間」という）を定めて広く一般の意見を求めなければならない（手続法39①）。

また、公示する命令等の案は、具体的かつ明確な内容のものであって、かつ、当該命令等の題名および当該命令等を定める根拠となる法令の条項が明記されたものでなければならない（同条②）。

意見提出期間は、30日以上でなければならない（同条③）。

ア　意見公募手続の特例

命令等制定機関は、命令等を定めようとする場合において、30日以上の意見提出期間を定めることができないやむをえない理由があるときは、30日を下回る意見提出期間を定めることができる。この場合においては、当該命令等の案の公示の際その理由を明らかにしなければならない（手続法40）。

イ　意見公募手続の周知等

命令等制定機関は、意見公募手続を実施して命令等を定めるに当たっては、必要に応じ、当該意見公募手続の実施について周知するよう努めるとともに、当該意見公募手続の実施に関連する情報の提供に努めなければならない（手続法41）。

ウ　提出意見の考慮

命令等制定機関は、意見公募手続を実施して命令等を定める場合には、意見提出期間内に当該命令等制定機関に対し提出された当該命令等の案についての意見（以下「提出意見」という）を十分に考慮しなければならない（手続法42）。

エ　結果の公示等

命令等制定機関は、意見公募手続を実施して命令等を定めた場合には、当該命令等の交付と同時期に、①命令等の題名、②命令等の案の公示の日、③提出意見、④提出意見を考慮した結果およびその理由を公示しなければならない（手続法43）。

7　自治体との関係

手続法46条は、手続法の適用除外とされた自治体の機関が行う処分および行政指導、自治体の機関に対して行う届出ならびに意見公募手続等に関する手続について、手続法の趣旨にのっとり、行政運営における公正の確保と透明性の

向上を図るため必要な措置を講ずるよう努めなければならないとしている。

この規定を受けて各自治体では、手続法とほぼ同内容の行政手続条例が制定されている。また、意見公募手続は、行政手続条例とは別の条例や要綱で定めている場合が少なくない。意見公募の周知については、各自治体のホームページや住民説明会を通じて行われている。なお、どのような事項を意見公募手続の対象とするかは、自治体によって異なる。

8 自治体行政手続の今後

手続法の制定は行政運営における公正の確保と透明性の向上に大きな意義を有するが、他方でわが国における行政手続整備の終着点というわけではなく、将来の検討課題として残された問題も少なくない。

何よりも、制度や事務事業はつねに見直し、よりよいものにしていかなければならない。公正で透明な行政手続を確保する措置についても同様に見直していく必要がある。

一般処分手続、行政調査手続、行政強制手続、行政審判手続等適用除外とされた分野や、個々の分野の特殊性ゆえに適用除外とされたものについても、必ずしも現状に甘んじてよいわけではない。

また、自治体における公共交通政策をはじめ住民の将来の生活に大きな影響を及ぼすような計画の策定手続などは、特に、住民の参画が重視されることから、住民の自主的かつ積極的な参加を促すための手法の構築が求められる。

【参考文献】
・宇賀克也『行政手続三法の解説〔第3次改訂版〕』学陽書房、令和4年（2022）
・行政管理研究センター『逐条解説 行政手続法〔改正行審法対応版〕』ぎょうせい、平成28年（2016）

第10章 人 権

第1節　人権尊重のためのこれまでの取組

1　世界人権宣言と国連の取組

　21世紀は「人権の世紀」といわれる。これには、20世紀の経験を無駄にせず、全人類の幸せが実現する時代にしたい、という願いが込められている。

　20世紀に経験した2つの大戦の反省から、世界的な平和と人権の尊重を求める動きが高まった。1945年（昭和20）10月、平和と民族自立、自由と基本的人権の擁護という理念のもとに、国際連合（国連）が発足した。そして1948年（昭和23）12月10日、第3回総会において、「すべての人間は、生まれながらにして自由であり、かつ、尊厳と権利とについて平等である」とうたった「世界人権宣言」を採択した。世界人権宣言は、人権の国際的な保障を初めて掲げた画期的なものであり、前文と30の条文からなる。

　国連はこの12月10日を「人権デー」とし、加盟国へ人権思想の啓発を要請している。わが国では、12月4日から10日までの1週間を「人権週間」として、広く人権の大切さについての啓発を行っている。

　「人権宣言」の採択以降、国連は「国際人権規約」をはじめ、「難民条約」「人種差別撤廃条約」「女子差別撤廃条約」「児童の権利条約」など、多くの人権に関する条約を採択した。そして、あらゆる人権問題の解消に向けた教育や啓発を推進し、人権文化の創造を目指す新たな取組として、1994年（平成6）12月、1995年（平成7）から2004年（平成16）までの10年間を「人権教育のための国連10年」とすることを決議し、あらゆる学習の場における人権教育の推進、マスメディアの活用、世界人権宣言の普及など、5つの主要目標を掲げた。

　10年間の終了を受け、2004年（平成16）12月、国連は、引き続き人権教育を推進していく必要があるとして「人権教育のための世界計画」を採択した。この計画は、2005年（平成17）1月から開始され、終了期限を設けずに、3年間の段階ごとに行動計画を策定し、人権教育を推進しているものである。

2　日本国憲法とわが国の取組

(1) 日本国憲法

　昭和21年（1946）11月３日に公布、昭和22年（1947）５月３日に施行された
「日本国憲法」は、11条において、「基本的人権は、侵すことのできない永久の
権利として、現在及び将来の国民に与へられる」と定めている。そして、「すべ
て国民は、法の下に平等であつて、人種、信条、性別、社会的身分又は門地に
より、政治的、経済的又は社会的関係において、差別されない」（憲法14）とす
る法の下の平等をはじめとして、思想及び良心の自由（憲法19）、信教の自由
（憲法20）、学問の自由（憲法23）、教育を受ける権利（憲法26）、勤労の権利（憲
法27）など、多くの種類の人権を「基本的人権」として保障している。

(2) 条約批准と人権擁護、人権教育・啓発への取組

　わが国においては昭和54年（1979）に「国際人権規約」を一部留保して批准
するとともに、昭和56年（1981）には「難民の地位に関する条約」、昭和60年
（1985）には「女子差別撤廃条約」、平成６年（1994）には「児童の権利条約」、
平成７年（1995）には「人種差別撤廃条約」を批准し、平成11年（1999）には
「拷問等禁止条約」に加入するなど、人権の尊重を世界に誓った。
　また、国は、平成９年（1997）７月、「『人権教育のための国連10年』に関す
る国内行動計画」を策定した。
　この国内行動計画では、憲法の定める基本的人権の尊重の原則および国連行
動計画などの趣旨に基づき、人権という普遍的文化を構築することを目的に、あ
らゆる場を通じて訓練・研修、広報、情報提供努力を積極的に行うことを目標
としている。そして、人権教育の推進に当たっては、女性、子ども、高齢者、障
害者、同和問題、アイヌの人々、外国人、HIV感染者等、刑を終えて出所した
人の人権問題を重要課題として位置づけ、その対応策を明らかにした。自治体
その他の公的機関や民間団体などは、差別意識の解消と人権尊重の意識を高め
ていくために、この行動計画の趣旨に沿った自主的な取組の展開が期待されて
いる。
　国はさらに、平成12年（2000）11月に「人権教育及び人権啓発の推進に関す
る法律」を制定し、人権教育および人権啓発の推進について、国、自治体およ
び国民の責務を明らかにした。また、同法を受けて国は、平成14年（2002）３
月、「人権教育・啓発に関する基本計画」を策定した（その後、平成23年（2011）
に「北朝鮮当局による拉致問題等」を加える変更があった）。

第2節　身の回りの人権問題

　人権とは、だれもが生まれながらにして持っている権利で、人間が人間らしく生きていくための、だれからも侵されることのない基本的権利である。そして、今までの歴史の中で人類が築いてきた財産である。

　しかし、現実の社会には、様々な人権侵害にかかわる問題が存在している。

1　女　性

　私たちの身の回りには、まだまだ女性を軽視した言葉や興味本位の言動により、人権の尊厳を傷つける事象が数多くある。

　男女雇用機会均等法はできたが、男女の賃金格差や募集・採用、配置・昇進に関する差別などは依然として残っている。また、近年、配偶者等からの暴力や、セクシュアル・ハラスメント、ストーカー行為が大きな社会問題となっている。

　私たちみなが、性別にとらわれず、個人として尊重され、職場・家庭・地域を含むあらゆる生活領域でバランスよく活躍できるようにすることが、男女平等の社会を実現するために必要である。

コラム◉人権を理解するキーワード

セクシュアル・ハラスメント（Sexual Harassment）（性的いやがらせ）

　セクシュアル・ハラスメントは、相手の意に反する性的な言動によって職場環境を悪化させたり、性的な言動を受けた者がその対応によって一定の不利益を与えられたりすることをいう。自治体の職員服務規程において、他の職員または職務従事の際に接する職員以外の者を不快にさせる性的な言動を行ってはならないなどの規定を設けるところがあり、この場合、セクシュアル・ハラスメントは、服務規程違反となる。

　男女雇用機会均等法は、事業主に対し、職場におけるセクシュアル・ハラスメント防止のための雇用管理上必要な措置を講じることを義務付けている。

（1）女性の人権に関する世界の取組

　1975年（昭和50）は「国際婦人年」とされ、この年に開かれた世界女性会議は、女性差別撤廃のため各国のとるべき措置のガイドラインとなる「世界行動計画」を採択した。国連はこの計画を支持し、1976年（昭和51）からの10年間を「国連婦人の10年」として、「世界行動計画」達成のための努力期間とした。

1979年（昭和54）12月、第34回国連総会で「女子差別撤廃条約」が採択され、「国連婦人の10年」の最終年である1985年（昭和60）には国連婦人10年世界会議において、「婦人の地位向上のためのナイロビ将来戦略」が採択された。

（2）国内の取組

日本政府は、「世界行動計画」を受け、昭和52年（1977）1月に「国内行動計画」を策定した。その後、国籍法の改正や男女雇用機会均等法の施行など国内法等を整備し、昭和60年（1985）6月に女子差別撤廃条約を批准した。

ア　雇用の機会均等

平成9年（1997）6月には、男女雇用機会均等法が改正され、名称が「雇用の分野における男女の均等な機会及び待遇の確保等に関する法律」に改められたほか、募集・採用から配置・昇進および教育訓練について差別が禁止されるとともに、事業主が講じる措置（ポジティブ・アクション）に対する国の援助や、職場における性的な言動に起因する問題（セクシュアル・ハラスメント）に関する雇用管理上の配慮等が規定された。同時に、労基法も改正され、女性の時間外・休日労働の制限および深夜業の原則禁止規定が廃止され、これら改正内容の主要部分は、平成11年（1999）4月に施行された。

男女雇用機会均等法は、平成18年（2006）に改正され、一見性別に関係のない取扱いであっても、結果として男女のどちらかの性が不利益となる「間接差別」も禁止された。

コラム●人権を理解するキーワード

女性活躍推進法

平成27年（2015）8月、「女性活躍推進法」が成立した。同法により、国・自治体、従業員301人以上の大企業は、次の3つを行わなければならないとされた（300人以下の中小企業は努力義務）。①自社の女性の活躍に関する状況把握・課題分析、②その課題を解決するのにふさわしい数値目標と取組を盛り込んだ行動計画の策定・届出・周知・公表、③自社の女性の活躍に関する情報の公表。

②の行動計画の届出を行い、女性の活躍推進に関する取組の実施状況が優良な企業については、申請により厚生労働大臣の認定を受けることができ、認定を受けた企業は、厚生労働大臣が定める認定マークを商品などに付することができる。

イ　男女共同参画

国は平成11年（1999）6月、「男女共同参画社会基本法」を制定・施行した。同法では、男女共同参画社会の実現に向けて社会のあらゆる分野で男女の共同

参画の施策を推進することを目標に、国、自治体、国民の責務が明らかにされた。

そして、基本法に基づく初の法定計画として、平成12年（2000）12月に「男女共同参画基本計画」が策定され、具体的な課題が提示された。この計画は、令和2年（2020）12月には第5次基本計画が策定された。

平成30年（2018）5月には、「政治分野における男女共同参画推進法」が成立し、衆議院議員、参議院議員及び自治体の議員の議会の選挙において、男女の候補者の数ができる限り均等となることを目指して行われるものとされた。

自治体でも男女共同参画条例の制定、男女共同参画に関する計画や推進体制の整備などの取組が行われている。

コラム◉人権を理解するキーワード

ポジティブ・アクション（Positive Action）

過去における社会的・構造的な差別によって、現在不利益を被っている集団（女性や人種的マイノリティ等）に対して、割当制やインセンティブ付与など、一定の範囲で特別な機会を提供すること等により、実質的な機会均等を実現することを目的とした暫定的な措置をいう。社会のあらゆる分野において、令和2年（2020）までに、指導的地位に女性が占める割合を少なくとも30％程度にするという「2020年30％」の目標が掲げられた（平成15年（2003）6月に国の男女共同参画推進本部決定）。

ウ　配偶者等からの暴力防止

ドメスティック・バイオレンス（Domestic Violence, DV）は、夫や恋人、パートナーなど「親密な」関係にある相手からふるわれる暴力のことである。「親密な」関係には、結婚している相手だけでなく、同棲相手や婚約者、付きあっている相手、別れた夫婦や恋人なども含む。

こうした暴力は、人権侵害であり社会問題としてとらえるべきものであり、暴力の被害にあった人を支援するためのシェルター（避難所）の整備や自立支援などの取組も行われている。

平成13年（2001）10月に施行された「配偶者暴力防止法」には、配偶者からの暴力が、犯罪となる行為をも含む重大な人権侵害であると明記された。同法は、配偶者からの暴力にかかる通報、相談、保護、自立支援等の体制を整備し、暴力の防止および被害者の保護を図るためのものであり、配偶者暴力相談支援センターによる一時保護、裁判所の保護命令などが規定され、保護命令に違反した者に対しては、罰則を設けている。平成26年（2014）1月に施行された改正法では、生活の本拠を共にする交際（婚姻関係における共同生活に類する共

同生活を営んでいないものを除く）をする関係にある相手からの暴力及びその
被害者について、この法律を準用することとなった。

コラム◉人権を理解するキーワード

ストーカー規制

　悪質なつきまとい行為や無言電話、拒まれたにもかかわらず連続して電子メールを送
信するなどの嫌がらせを執拗に繰り返すストーカー行為は、凶悪犯罪に発展するケース
もある。
　平成28年（2016）12月、改正ストーカー規制法が成立し、ストーカー対策を強化する
ため、被害者の告訴が必要な親告罪規定が撤廃され、罰則が強化されたほか、ブログや
ツイッターなどSNS（ソーシャル・ネットワーキング・サービス）で執拗にメッセー
ジを送ることが規制の対象に加えられた。また、ストーカー行為等に係る職務関係者は、
その職務を行うに当たり、被害者の安全の確保や秘密の保持に十分な配慮をしなければ
ならないとするとともに、国および自治体は、職務関係者に対し、被害者の人権等に関
する理解を深めるための研修・啓発を行う旨、定められた。

2　子ども

　子どもは、個人としての尊厳を重んじられるとともに、その最善の利益が考
慮されなければならない。
　しかしながら、社会経済の構造が変化し、家庭や地域による子どもの養育機
能が低下するに伴って、児童虐待などが大きな問題となっている。また、情報
通信技術の急速な発展や、性の商品化などの社会風潮も相まって、子どもが犯
罪に巻き込まれたり、いじめなどの被害者や加害者になる事態が生じている。

（1）子どもの権利条約

　第二次世界大戦後、国際連合により採択された「世界人権宣言」の中で、25
条２項では子どもへの特別な保護、26条では子どもの教育の権利がうたわれた。
　国際児童年の1979年（昭和54）、ポーランドから「児童の権利条約」締結の提
案がなされ、1989年（平成元）に国際連合で採択された。
　平成６年（1994）４月に「児童の権利条約」が批准され、５月に国内で発効
した。この条約においては、児童も独立した人格を持ち、権利を享受し行使す
る主体として位置づけられ、生存・発達の確保、名前・国籍の取得権、保護を
受ける権利のほか、参加の権利、意見表明権、あらゆる性的搾取および性的虐
待から児童を守ること、などが規定されている。

（2）子どもの人権問題

ア　児童に対する虐待

　急増している児童虐待に対応するため、平成12年（2000）11月に「児童虐待防止法」が施行された。この法律は、「虐待」の禁止を明確に打ち出し、学校など関係機関の職員や弁護士の早期発見努力義務、虐待の発見者の児童相談所への通告義務、一時保護の規定、児童虐待のおそれがある場合の立入調査の規定など、虐待の防止や措置について具体的に定めている。

　同法は平成16年（2004）に改正され、保護者以外の同居人による行為や心理的虐待を児童の家庭における DV を含め詳細に規定するほか、虐待の証拠がなくても、身体のあざなどから「虐待を受けたと思われる子ども」を見つけた場合まで国民の通告義務を拡大するなど、様々な拡充が図られた。また、平成19年（2007）の改正では、家庭への強制立入権や裁判所の承認に基づく施設入居中児童への接近禁止命令など、児童相談所の大幅な権限強化が規定された。

　虐待は、親権によって正当化されるものではない。平成23年（2011）には民法が改正され、裁判所の親権停止制度が設けられた。

　令和2年（2020）4月には「児童虐待防止対策の強化を図るための児童福祉法等の一部を改正する法律」が一部規定を除き施行され、親らが「しつけ」と称して体罰を加えることを禁じる、親権者による体罰禁止などが規定された。

イ　いじめ

　いじめは、文部科学省の定義では「児童生徒が、一定の人間関係のある者から、心理的・物理的な攻撃を受けたことにより、精神的な苦痛を感じているもの」とされている。いじめは、子どもの行為であっても、社会で絶対に許してはならないという認識が必要である。

　いじめの態様は、全体の傾向として、「冷やかし・からかい」「言葉での脅し」「仲間はずれ」などが多いが、情報通信機器の介在により、いじめが一層見えにくくなっているのが実態である。いじめは、いじめをする子どもだけでなく、見ているだけで何もしない子どもや大人の問題でもある。

　平成25年（2013）には、いじめの防止、早期発見及び対処のための対策に関し、「いじめ防止対策推進法」が制定された。

ウ　体　罰

　体罰は、子どもに屈辱感を与え、心を深く傷つける人権侵害行為である。また、暴言や行き過ぎた指導も、教育上不適切な行為であり許されない。

　教育職員による体罰については、学校教育法11条ただし書きで明確に禁止されているところであるが、体罰による人権侵犯事件は、依然として後を絶たない状況にある。

エ　性被害

　児童買春や露骨な性描写を盛り込んだ雑誌やビデオの氾濫、インターネットを悪用したネット児童買春などの犯罪の増加が懸念されている。

　青少年を非行から守り、社会の基本ルールを伝えていくことが社会全体の責務である。

　「児童買春、児童ポルノ禁止法」は平成26年（2014）6月に改正され、自己の性的好奇心を満たす目的で児童ポルノを所持等した者を処罰するなどの規定が設けられた。令和4年（2022）4月には、教員による性暴力等から子どもを守るための措置等を定めた「教育職員等による児童生徒性暴力等の防止等に関する法律」が施行された。

3　高齢者

　要介護高齢者に対する家庭や施設での身体的・精神的虐待や遺棄・財産奪取等をはじめ、賃貸住宅への入居拒否、年齢を理由とした就労差別など、高齢者に対する人権侵害が深刻な社会問題となっている。また、高齢化が急速に進行する中、「もう、そんなにがんばらなくとも」などという言葉が聞かれることがある。しかし、働くことや社会参加への意欲の高い高齢者は多い。年齢を理由に、社会参加の機会を奪われたり、自由に意見を言ったりできないとすれば、それは人権の侵害である。高齢者に対する差別をなくし、地域社会で高齢者が安心して自立した生活が送れるよう、取組を進めることが必要である。

　高齢者は、社会を支える重要な一員であり、高齢者1人ひとりの経験と能力を生かし、各種の社会的な活動に積極的に参加できるための条件整備が求められている。

　平成13年（2001）に制定された「高齢者の居住の安定確保に関する法律」は、高齢者の入居を拒まない賃貸住宅の登録制度などを設けたものである。また、平成18年（2006）4月に施行された「高齢者虐待の防止に関する法律」は、地域の方々が高齢者虐待に気づいたときは、市区町村に通報しなければならないとしている。

　進展する高齢化社会の実情を踏まえ、「高年齢者雇用安定法」の改正法が令和3年（2021）4月に施行され、65歳から70歳までの高年齢者就業確保措置（定年引上げ、継続雇用制度の導入、定年廃止など）を講じることを企業の努力義務とするなど、70歳までの就業を支援するとした。

4 障害者

　障害を持つ人も持たない人も、社会の一員として、お互いに尊重し、支えあいながら、地域の中でともに生活する社会こそ当たり前の社会であるという考え方が「ノーマライゼーション」であり、広く社会に定着させていかなければならない理念である。

　ノーマライゼーションの理念が行きわたった社会を実現するには、様々な障壁（バリア）を取り除かなければならない。バリアには、物理的なものや、制度的なもの、文化・情報にかかわるものや私たちの意識にかかわるものなどがあるが、こうした日常生活や社会生活上の様々なバリアを取り除こうという考え方が「バリアフリー」である。道路の段差や、駅や建物のエレベーター・エスカレーターの不備だけでなく、盲導犬への理解不足や字幕放送の不足などの文化・情報面のバリア、資格制限や就業にかかわる欠格条項などの制度面のバリア、差別や偏見といった私たちの意識というバリアが存在することもある。

　わが国の障害者施策は、「ノーマライゼーション」を基本理念の1つとし、「障害者の完全参加と平等」を目標に進められてきた。このような状況の中、物理

的なバリアをなくすため、ハートビル法や交通バリアフリー法が制定され、さらに平成18年（2006）12月「バリアフリー新法」が施行され、駅や建物のバリアフリー化が進められている。また、平成14年（2002）10月に施行された「身体障害者補助犬法」により、ホテルなどの施設は、盲導犬等の同伴を原則として拒否できなくなった。

　平成23年（2011）に「障害者基本法」が改正され、障害者の自立と社会参加を円滑に促すため、法制度の整備が進んでいる。平成24年（2012）には「障害者虐待防止法」が施行され、虐待の防止と早期発見、虐待を受けた障害者の保護と自立を図る取組が始まった。平成30年（2018）3月には、第4次障害者基本計画が策定された。

　平成25年（2013）には、「障害者差別解消法」が制定されるとともに、「障害者雇用促進法」が改正され、雇用分野における障害者に対する差別の禁止が定められたほか、平成30年（2018）から精神障害者を雇用義務の対象とするなどの措置が追加された。

　平成25年（2013）6月に制定された「障害者差別解消法」は、約3年の準備期間を経て平成28年（2016）4月に施行された。この法律は、すべての国民が障害の有無によって分け隔てられることなく、相互に人格と個性を尊重しあいながら共生する社会の実現に向け、障害を理由とする差別の解消を推進することを目的としている。この法律では、障害者への差別を解消するため、行政機関及び民間事業者に対し「不当な差別的取扱い」を禁止するとともに、「合理的配慮の提供」を求めている（民間事業者の「合理的配慮の提供」は努力義務であり、事業者などにとって大きすぎる費用がかかる場合などは行わなくとも差別にはならない）。

　令和4年（2022）5月には、全ての障害のある人が、あらゆる分野の活動に参加することができるよう「障害者による情報の取得及び利用並びに意思疎通に係る施策の推進に関する法律」が施行された。

コラム◉人権を理解するキーワード

ユニバーサルデザイン

　年齢、性別、国籍、個人の能力にかかわらず、できるだけ多くの人が利用しやすいように、はじめから配慮した施設、製品、環境などのデザインをいう。でこぼこのない歩きやすい歩道、安全な自動ドア、各種カードの切り欠き、ホームページによる情報提供の方法など、その対象は、多岐にわたる。

「不当な差別的取扱い」と「合理的配慮の提供」

障害者差別解消法により、例えば、「聴覚障害のある人の病院受診に際して、筆談のための時間が取れないとの理由で受診を断る」「盲導犬を連れた人に対して、動物を入れることができないとの理由でレストランへの入店を拒否する」などは、「不当な差別的取扱い」の対象となる。

「合理的配慮の提供」とは、障害の状態や性別、年齢などを考慮した変更や調整、サービスの提供などである。合理的配慮は、例えば、「ラッシュ時の満員電車を利用しなくともよいよう、精神障害がある職員の勤務時間を変更する」「知的障害がある人に対して、ルビをふった分かりやすい資料を提供する」などである。

5 同和問題

同和問題（部落問題）とは、封建時代の身分制度や歴史的、社会的に形成された人々の意識に起因する差別が、今もなお様々な形で現れている重大な社会問題である。

昭和40年（1965）8月の「同和対策審議会答申」は、同和問題が憲法の基本的人権にかかわる問題であることを明らかにし、「未解決に放置することは断じて許されないことであり、その早急な解決こそ国の責務であり、同時に国民的課題である」と述べた。この答申を具体化するため、昭和44年（1969）、「同和対策事業特別措置法」が制定され、13年間にわたり施行された。この間の対策により、物的な基盤整備が進展するなど、大きな成果があげられた。その後、昭和62年（1987）、残された課題を解決するため、「地域改善対策特定事業に係る国の財政上の特別措置に関する法律（地対財特法）」が制定された。平成8年（1996）5月には「地域改善対策協議会意見具申」が出され、今後の同和問題施策の基本的方向として、特別対策から一般対策への移行が示され、差別意識解消に向けた教育および啓発の推進が重点施策に掲げられた。同法は平成14年（2002）3月末に失効し、その後は特別法によらず必要な施策が実施されている。

民主主義の発達した今日においては「部落差別なんてもうなくなっているのでは」と考えている人も少なくない。しかし、依然として、被差別部落に生まれたというただそれだけの理由で、就職や結婚などにおいて、様々で深刻な差別を受けている実態がある。

現在においても、企業が採用時に調査会社に依頼して、応募者の家族状況などを調べるという、就職差別につながるおそれの強い身元調査事件が起こって

いる。また、調査会社などからの依頼を受けた行政書士などが、職務上の権限を悪用して、戸籍謄本などを不正に取得する事件が起きている。

公共施設などで同和地区出身者に対する差別的な落書きや貼り紙が見つかったり、インターネットに差別的な書き込みをするなどの行為も後を絶たない。

このような差別をなくすためには、まず差別について知り、差別をしたり、させたりすることのないよう行動していくことが大切である。

コラム◉人権を理解するキーワード

戸籍法の改正

戸籍法では、以前は戸籍の公開が原則とされていたため、閲覧や謄（抄）本をとるなど、結婚や就職の際の身元調査に悪用されることがあった。このため、昭和51年（1976）の改正では、閲覧制度を廃止するとともに、戸籍謄（抄）本を請求する場合は、使い道を明らかにさせるなどの公開制限を行った。また、平成19年（2007）の改正では、第三者による請求手続の厳格化、窓口での本人確認の義務付け、不正取得への罰則強化などが行われた。

部落差別解消推進法

現在もなお部落差別が存在するとともに、情報化の進展に伴って部落差別に関する状況の変化が生じていることを踏まえ、平成28年（2016）12月、部落差別は許されないものであるとの認識の下にこれを解消することが重要な課題であることに鑑み、「部落差別解消推進法」が公布・施行された。同法は、部落差別の解消を推進し、部落差別のない社会を実現することを目的とし、部落差別の解消に関し基本理念を定め、国および自治体の責務を明らかにするとともに、相談体制の充実や教育および啓発、実態調査の実施などについて定めた。

6　アイヌの人々

憲法では、等しく思想・信条、信教・文化の自由を認めている。しかし、実際には出身や民族の違いによる差別が残っている。アイヌ民族であることを理由に就職の際に採用を断ったり、結婚に反対するなどの差別や偏見がまだある。

北海道を中心とした地域に古くから住んでいるアイヌの人々は、自然の豊かな恵みを受けて独自の平和な生活と文化を築き上げてきた。しかし、次第に独自の生活様式や文化は侵害されるようになり、特に明治以降は、狩猟を禁止され、土地を奪われ、日本語を使うことを強制されるなどの同化策が進められた。このようにアイヌの人々は生活の基盤や独自の文化を奪われ、貧困にあえいだ。

昭和63年（1988）、北海道は、国に対し、アイヌの人々の権利を尊重するための宣言等を盛り込んだ法律の制定を要請した。これを受け、国は平成7年（1995）、「ウタリ対策のあり方に関する有識者懇談会」（ウタリとは、アイヌ語で「人民、同胞、仲間」のこと）を設置し、その報告書は、アイヌの人々の固有の事情に立脚し、アイヌ語や伝統文化の保存・振興を通じて民族的な誇りが尊重される社会の実現等を基本理念とした新たな施策の展開が必要である、とした。これらを踏まえ、平成9年（1997）5月に「アイヌ文化振興法」が成立し、同時に、「旧土人」の用語が不適切と指摘された「北海道旧土人法」（明治32年（1899））は廃止された。アイヌ文化振興法の目的には、アイヌの人々の民族としての誇りが尊重される社会の実現を図ることがあげられている。

　私たち1人ひとりが、アイヌの人々の生活習慣や、伝統文化を理解し、尊重することが大切である。

コラム◉人権を理解するキーワード

アイヌ政策をめぐる最近の動き

平成19年9月　国連総会「先住民族の権利に関する国際連合宣言」採択

平成20年6月　衆参両院「アイヌ民族を先住民族とすることを求める決議」採択

平成21年7月　「アイヌ政策のあり方に関する有識者会議」報告（アイヌの人々が先住民族であるという認識に基づく政策の展開を求める提言）

平成26年6月　「アイヌ文化の復興等を促進するための「民族共生の象徴となる空間」の整備及び管理運営に関する基本方針」閣議決定（平成29年6月一部変更）

令和元年5月　アイヌの人々を先住民族と規定した「アイヌの人々の誇りが尊重される社会を実現するための施策の推進に関する法律」施行（「アイヌ文化振興法」は廃止）

令和2年7月　アイヌ文化の復興・創造の拠点として、白老町（北海道）に「民族共生象徴空間」（愛称：ウポポイ）開業

7　外国人

　人、物、情報とあらゆる側面でグローバル化が進み、国境を越えた様々な活動や人々の移動が活発になっている。また、わが国は平成7年（1995）に「人種差別撤廃条約」を批准し、人種、皮膚の色、言語、宗教といった事由によるいかなる差別も非難し、人種差別を撤廃し、人種間の理解を促進する政策を遅滞なく行うことを明らかにしている。

　しかし、言語、文化、宗教、生活習慣などの違いからくる誤解や偏見などにより、外国人の人権にかかわる問題が指摘されている。

　例えば、「外国人お断り」として、アパートやマンションへの入居を断るケースや、就労の際に外国人であるという理由だけで不合理な扱いを受けることがある。また、よい仕事があるとだまして海外から女性を連れてきて、暴力や借金で拘束し風俗店で働かせた人身売買組織が摘発されている。このため、平成17年（2005）に刑法が改正され、新たに人身売買罪が設けられた。

　近年、特定の民族や国籍の人々を排斥する差別的言動がいわゆる「ヘイトスピーチ」として社会的問題となっている。最近では、ヘイトスピーチへの抗議を続けた在日外国人を標的にして、インターネット上で差別的な書き込みがされたという事件が起こった。書き込みをされた在日外国人がその削除を求め、法務局に救済を申し立てた結果、法務局は書き込みの場を提供した会社に削除要請し、書き込みは削除されたが、ヘイトスピーチなどの差別的言動は、1人ひとりの人権が尊重され豊かで安心して生活できる成熟した社会を実現する観点から、あってはならない。

　平成28年（2016）6月に「本邦外出身者に対する不当な差別的言動の解消に向けた取組の推進に関する法律」が施行された。この法律は、「差別的言動」を「適法に日本に居住する日本以外の出身者や子孫を対象に差別意識を助長する目的で生命や身体などに危害を加える旨を告知したり、著しく侮蔑したりすること」と定義し、不当な差別的言動（ヘイトスピーチ）は許されないことを宣言するとともに、その解消に向けて、国や自治体が相談体制の整備や教育活動、広報啓発などの施策を講じるよう定めた。

　ヘイトスピーチについては、自治体においても様々に取り組まれ、条例を制定する動きも多く見られる。

　閉鎖的な態度や差別は、外国人の人権を傷つけることになる。国籍、人種、宗教などによる不合理な差別をなくし、国籍などで判断するのではなく「その人自身」を知ろうとする努力こそが真の国際化のために大切である。そして、自治体においては、人種や皮膚の色、言語などの違いを超えて、すべての人が互いに理解しあい、尊重しあう地域社会を実現するため、外国人に対する偏見、差別を除去する施策を積極的に推進していくことが必要である。

コラム◉人権を理解するキーワード

外国人の技能実習の適正な実施及び技能実習生の保護に関する法律

　平成28年（2016）11月、外国人の技能実習の適正な実施及び技能実習生の保護に関する法律（技能実習法）が成立した。この法律は、外国人の技能実習の適正な実施および技能実習生の保護を図るためのものであり、技能実習生に対する人権侵害行為等について禁止規定を設け違反に対する罰則を規定するとともに、技能実習生に対する相談や情

報提供など、技能実習生の保護のための措置についても規定している。

出入国管理及び難民認定法の改正

平成30年（2018）12月に成立した「出入国管理及び難民認定法及び法務省設置法の一部を改正する法律」により、外国人向けの新たな在留資格として、「特定技能1号」（不足する人材の確保を図るべき産業上の分野に属する相当程度の知識又は経験を要する技能を要する業務に従事する在留資格）および「特定技能2号」（同分野に属する熟練した技能を要する業務に従事する在留資格）が創設された。こうした在留資格の創設に伴い、受入れ機関に対しては、支援計画を作成し、支援計画に基づいて、特定技能1号外国人に対する日常生活・職業生活・社会生活の上での支援を実施することを求めるなどとされた。

8　ハンセン病、HIV感染者、新型コロナウイルス感染症

　ハンセン病、HIV感染・エイズなどでは、その病気がどういうものであるか、感染源や感染ルートについての正しい知識や理解がないままに、患者や感染者が差別されることがある。

　ハンセン病は「らい菌」という感染力の弱い感染症であり、現在は外来治療だけで確実に治癒する。しかし、日本では明治40年（1907）に制定された「癩予防ニ関スル件」（昭和6年（1931）から「癩予防法」、昭和28年（1953）からは「らい予防法」）により、ハンセン病患者とその家族は社会から隔絶され、まさに人間としての尊厳を奪われた状態に置かれてきた。平成8年（1996）に同法が廃止され、平成20年（2008）6月「ハンセン病問題基本法」が制定された。この法律は、国に入所者等への医療体制の整備や、社会復帰の支援、名誉回復の措置などを義務付けるとともに、回復者たちの意向を取り入れるなどにより、各療養所の実情にあわせて療養所の施設や土地を地域住民に開放したり、自治体が利用できるよう規定した。

　令和元年（2019）7月には、ハンセン病家族国家賠償請求訴訟で国は控訴を断念し、首相が謝罪と初めて家族を対象とする新たな補償の措置を表明した。

　エイズは、HIV（ヒト免疫不全ウイルス）によって引き起こされる病気である。感染経路は限られており、また感染力も非常に弱いため、学校・職場・家庭等での日常生活では感染せず、セックスなどの特定の行為に注意しさえすれば、感染した人と一緒に暮らすことには何の問題も生じない。しかし、HIVやエイズに関する誤った知識で、多くのHIV感染者・エイズ患者は職場や社会での差別や偏見に悩んでいる。

　新型コロナウイルスの感染が拡大し、令和3年（2021）2月、「新型インフル

エンザ等対策特別措置法等の一部を改正する法律」が成立し、新たに、新型コロナウイルス感染症を含む新型インフルエンザ等の患者等に対する差別的取扱いの防止に係る国及び自治体の責務を定める規定が設けられた。新型コロナウイルスの感染者やその濃厚接触者、医療関係者その他の対策に携わる方々やその家族に対して、誤解や偏見によって差別を行うことはあってはならない。

　こうした病気の患者・感染者とその家族の人たちは、病気だけでなく社会の差別や偏見とも闘っている。私たちは、患者・感染者を好奇の目で見たり、逆に自分には関係ないこととして、まったく無理解・無関心のままでいたりしてはならない。だれもが安心して暮らしていけるようにするため、こうした人たちと、ともに生きる仲間として手を取りあうことが必要である。

9　犯罪被害者やその家族

　犯罪被害者は、これまでの社会の仕組みの中では、受けたショックから立ち直り、新しい一歩を踏み出すための十分な支援が行われてこなかった。

　しかし、近年、犯罪被害者やその家族が受けている深刻な精神的影響に対する認識が深まってきたことから、社会的な関心が高まり、警察や関係機関・団体等による支援活動が進められている。

　平成17年（2005）4月には「犯罪被害者等基本法」が施行された。この法律は、基本理念として「すべての犯罪被害者等は個々の尊厳が重んじられ、その尊厳にふさわしい処遇を保障される権利を有する」と明記した上、被害の回復や保護、社会復帰の支援を国や自治体の責務とし、総合的な施策を推進することを規定している。同法に基づき、国は、平成28年（2016）4月、犯罪被害者等のための施策を総合的かつ計画的に推進するため、「第3次犯罪被害者等基本計画」を策定した。

　犯罪被害者やその家族は、命や身体、財産などにかかわる直接的な被害のみならず、精神的な苦痛や身体の不調、捜査・裁判の過程での精神的・時間的負担、報道等による不快感など、被害後に生じる二次的被害といわれる様々な問題に苦しめられている。被害にあったことを理由に、周囲の人々が無責任なうわさをしたり、中傷をしたりするようなことは、決してあってはならない。

　私たちだれもが、犯罪被害者となる可能性がある。被害者、そしてその家族の人たちの立場に立って考えることが大切である。

10　インターネットによる人権侵害

　パソコンやスマートフォン、タブレット端末などが急速に普及したことにより、いつでもどこでもインターネットに接続できるようになった。また、SNSや動画共有サイトなどの利用者も急増している。このような機器の利便性や、情

報が瞬時かつ広範に伝わるといった特性、情報発信の容易さと匿名性から、インターネット上でのプライバシー侵害や人権侵害が頻繁に発生している。

平成14年（2002）５月に「プロバイダ責任制限法」が施行され、被害者がプロバイダ等に対して、インターネット上の書き込み削除や、書き込みをした者（発信者）の情報開示を求めることができるようになった。また、令和４年（2022）７月、侮辱罪の法定刑の引き上げ（１年以下の懲役若しくは30万円以下の罰金又は拘留若しくは科料）が行われた。

個人、行政、企業等を問わず、情報の収集や利用に当たっては、他者の人権への配慮に心がけるとともに、適切な情報セキュリティ対策を取ることが重要である。

11　その他の人権問題

(1) 様々なハラスメント

「ハラスメント」は「嫌がらせ、いじめ」を意味し、「セクシュアル・ハラスメント」のほかにも、職場など様々な場面において、相手を不快にさせる、尊厳を傷つける、不利益を与えるなどの発言や行動が問題となっている。

「パワー・ハラスメント」は、同じ職場で働く者に対して、職務上の地位や人間関係などの職場内の優位性を背景に、業務の適正な範囲を超えて、精神的・身体的苦痛を与えるまたは職場環境を悪化させる行為をいう。令和元年（2019）に改正された労働施策総合推進法は、パワー・ハラスメントについての定義を規定した上、事業主のパワー・ハラスメント防止対策義務などを明記した。同法に基づく指針は令和２年（2020）１月に告示され、事業主によるハラスメント対策は６月から義務化された。

「マタニティ・ハラスメント」は、妊娠・出産、育児休業等を理由として解雇、不利益な異動、減給、降格など不利益な取扱いを行うことをいう。

このようなハラスメントに対しては、職場での相談窓口の設置や研修を行うなど、組織として取り組んでいくことが大切である。

(2) 性同一性障害者

多くの人は、自分自身の性をどのように認識しているかという「性自認」、出生時に判定された性別である「身体の性」、自分の性別をどのように表現するかといった「性別表現」が女性・男性のどちらかで一貫しているが、これらに違和感を持ち、どうしても受け入れられない人たちがいる。また、性自認と身体の性とが一致せず、違和感や嫌悪感が持続する状態にあることを「性同一性障害」と呼んでいる。性に対する理解を深め、偏見をなくしていく必要がある。

平成16年（2004）には「性同一性障害者性別特例法」が施行され、一定の法的要件を満たした申請者は、戸籍上の性別変更の審判を受けることができるようになった（平成20年（2008）改正法によって条件を緩和）。しかし、この法律の要件を満たすことができず、生活上の不利益が解消できない人たちがいる。自治体においては、行政文書上の性別欄を見直し、不要なものを削除するといった取組も見られる。

（3）性的指向

人間の性愛については、異性を愛する人が多数だが、同性愛・両性愛の人もいる。人はだれを愛するか、いろいろな選択がなされている。世界には、同性同士の結婚を合法としている国もある。人間の性のあり方について、広く柔軟な考え方を持ち、理解を深めることも必要である。

（4）刑を終えて出所した人

裁判による刑を終えて、刑務所から出所した人やその家族の人権にも配慮する必要がある。刑を終えて出所した人は、周囲の偏見から、就職をはじめ住居の確保が困難であるという問題を抱えている。また、犯罪者の家族であるというだけで差別的な扱いを受ける場合もある。社会復帰した人を、偏見にとらわれず、社会が温かく迎え入れる必要がある。

（5）個人情報の流出やプライバシー侵害

平成17年（2005）４月に全面施行された個人情報保護法は、国や自治体の責務、個人情報取扱事業者が個人情報を取得・利用するに当たっての義務、個人情報の漏えい等の不適切な取扱いを行った場合の罰則などを定めている。

わが国でも情報管理体制が強化されてきているが、いまだに個人情報の流出やプライバシー侵害は深刻である。

以上のほか、平成14年（2002）にホームレス自立支援法が制定された路上生活者（ホームレス）への偏見や差別、日本人と外国人との間に生まれたものの親から認知されないため無国籍になる子どもの問題、北朝鮮当局による重大な人権侵害である拉致問題、福島第一原子力発電所事故により避難した人々に対する風評による差別的な取扱いといった東日本大震災に起因する人権問題など、様々で数多くの人権問題がある。

人権問題の現状を見ると、人権問題は決して固定的なものではなく、社会の変化とともに様々な形で発生する問題であることを認識しなければならない。

政策形成過程

第1節　政策の立案

1　政策とは何か

　政策とは多義的な概念であるが、本章では、政府の政策を「行政活動のシナリオ」とする。したがって、政策とは、将来の行政活動に関するプログラム、行政活動とは、政策の執行活動となる。

　さて、このような政策は、法律・条例、予算、計画、要綱・要領などの様々な形式で定められる。また、政策には、上位・下位の階層があり、下位の政策は上位の政策目的を実現する手段として位置づけられる。そして、通常、この階層のことを政策（Policy）、施策（Program）、事務事業（Project）と呼んでいる。

　もっとも、このような目的・手段関係が上から順を追って形成されていくのかというと、そうではない。自治体では、国庫補助などによってまず事業が決まり、これらを類型化しまとめたものが、上位に位置する施策や政策であることも多い。

2　政策循環

　政策は、「行政活動のシナリオ」であるから、当然、作成されれば終了、というものではない。作成の後には、実施が予定されている。そして、実施の後には評価が予定され、評価の結果に基づき、次の課題が設定される。これらの過程を政策循環という。図で表せば、**図表1-11-1**のようになる。

3　政策課題の設定

　行政需要（政府サービスに対する期待）は、国民誰しもが抱くことができる。期待と現実のギャップが行政需要として現れるのである。

　しかし、このような行政需要は、国民個々によって異なるものであり、政府

図表 1-11-1　政策循環

は、これらの行政需要すべてに対して応えることはできない。また、行政需要には、場合によっては、応えるべきでないものが含まれていることも考えられる。そこで、政府では、これらの行政需要について、対応するものと対応しないものとに選別することになる。このようにして、政府が、行政サービスによって対応すべき課題として認定したものが、政策課題（行政ニーズ）である。

　では、様々な行政需要のうちから政策課題に取り上げる基準には、どのようなものがあるだろうか。

　政府が対応すべき公領域、市民の自治に任せるべき私領域といったものが画然と分離しているのであれば、政府による政策課題設定作業は、これらへの当てはめの中で行えばよい。しかし、このような行政の役割と市民の責任を画する基準は、時代とともに変化している。誰もが納得する明確な基準はないのである。

　そこで、誰かがこれを決定しなければならない。自治体の場合、最終的には、政治的決定として政治家である首長や議会の判断にゆだねられる。一方、この前段としての資料収集や課題整理は、行政職員が行う。政治部門によって適切な決定（政策課題の設定）がなされるよう、行政職員は、これを補佐しなければならない。

4　政策立案

　政策課題が設定されると、次は、これに対応した政策を立案することになる。ただし、政策は、これまた最終的には、政治的決定として政治家である首長や、案件によっては議会の判断にゆだねられる。したがって、行政職員が作成するのは、このようにして決定されるべき政策案であることが多い。

　このような案の作成にあたり、行政職員は、政策目標の達成水準を設定する。行政機関で動員可能な資源に限界がある以上、その範囲内で政策案は作成される。一方、社会的に大きく取り上げられ、市民の関心が高い課題に関しては、政治的な支援によって行政機関の動員可能な資源が拡大することが期待できる。

　こうした場合、政策目標の達成水準は、より高いものになる。一般的に、行政職員は、できるだけ身の回りで処理可能な対応方法から検討を始め（課内での運用マニュアルの改定）、これで収まりがつかないと判断するようなときに、

より高次の対応を模索する（部局長専決の要綱の改定→首長決裁の規則改正→議会の議決を要する条例改正）。これらに伴って、政策目標の達成水準も向上していく。

政策目標の達成水準に関する評価の基準は、次の３つが考えられる。

第１は、これ以下の水準に陥ることは絶対に避けなければならない最低限の目標値としての「限界値基準」である。例えば、最高裁判所で違法とされた政策は変更を余儀なくされる。

第２は、政策目標がこの水準まで達成できれば一応はよしとする当面の目標値としての「充足値基準」である。例えば、自治体総合計画に掲げられた目標であり、現実的な目標値といえる。

第３は、できることなら到達したい理想の目標値としての「期待値基準」である。例えば、リサイクルの推進によってゴミの排出量をゼロにする政策があげられる。現実に達成することができないとしても、これに向けて努力している姿勢を示すことに意義がある。

これらのうちどの基準が採用されるのかは、市民・関係者の関心の高低と行政資源の動員可能性によって定まる。そして、前者については、政治部門である首長・議会が重視し、後者については、行政職員が相対的に重視する。行政職員を政策案作成者としたときには、政策課題に対する首長・議会等の関心も、政策目標の達成水準決定についての重要な考慮要素となる（政治上の実現可能性）。

また、行政資源には、権限、組織、人員、財源といったものが考えられる。現状の資源量で新たな政策が実施できないとするならば、これらを別途調達しなければならない。調達が可能であると予想されれば、より高い目標値を掲げることができるが、そうでなければ、現状の資源で実施可能な政策が立案されることになる（行政資源の調達可能性）。

さらに、例えば、規制行政において規制違反が取締りの想定内に収まるか、建設行政において用地が取得できるか、施設運営行政において必要な資格等を有するマンパワーが確保できるか、といったことも考慮されて政策は立案される（業務上の執行可能性）。

5　政策決定

行政職員は、このように政治部門の反応を予想しつつ政策案を立案するが、それでも実際には、政治部門の反応が行政職員の予想と食い違うことがありうる。政策立案の場合と異なり、政策決定の主役は政治部門である。

政治部門の決定に際し働く要因が、いわゆるパワー・ポリティクスだけだとしたら、政策の妥当性を事前に予測することはできない。そこで、このような

事態を避けるため、複数の政策案の中から最も合理的な案を決定する「合理的な選択」などに関し、多くの研究がなされている。

この第1は、合理的決定モデル（最大化モデル、総覧的決定モデル）である。合理的決定モデルは、①政策目的を設定する、②あらゆる政策手段を拾い出す、③それぞれの選択肢の政策結果に関するシミュレーションを実施する、④これらのうち最大の効果を上げる政策を選択する、ものである。

しかしながら、たとえこのような規範モデルが望ましいとしても、政策立案・決定者の認識能力には限界があり、また、これらにかかるコストや時間の上からも現実的ではない。リンドブロムは、このように合理的決定モデルを批判し、インクリメンタリズムを主張した。インクリメンタリズム（漸増主義）の理論とは、①政策立案は、理想状態の実現を目指すのではなく、当面の障害を除去するものである、②政策の立案は、所属集団と対象者の利益を考慮する、③目的と手段はワンセットで検討される、④政策案の探求は微修正主義である、⑤政策案の探求は2〜3案である、⑥課題解決は漸進的になされる、とするものである。

第2は、多元的相互調節の理論である。リンドブロムは、インクリメンタリズムの理論の上に立って、個々の政策立案者が利己主義と現実主義の下に行動するとき、あたかも市場の自動調整作用による予定調和のように公共の利益に合致した合理的な政策が決定されるとした。社会のすべての利益が関係集団に凝縮されているわけではないという反論に対して、多元的相互調節の理論を擁護する人々は、これらの利益が関係集団に凝縮されるよう制度を設計すべきであると再反論している。

第3は、充足モデルである。サイモンは、人間の認識能力には限界があることを前提に、効用の最大化ではなく、政策立案・決定者の願望水準が充足されれば十分だとする。

第4は、混合スキャニング・モデルである。エツィオーニは、ほとんどの政策立案・決定は、インクリメンタリズムにゆだねられるが、ごく少数の重要な政策立案・決定に関しては、合理的決定モデルが採用されるべきとする。

第5は、ゴミ箱モデルである。コーエン、マーチ、オルセンは、組織の行動選択はきちんと整理されたプロセスに沿って行われるのではなく、様々な問題とその解決案が乱雑にゴミ箱に入れられており、たまたま何かの機会に「政策の窓」が開くことによってそれらが結合し、政策が形成されるとする。

これらのうち合理的決定にかかわるモデルのほかは、現実の政策立案・決定について観察した記述モデルである。

第2節　政策の執行

1　政策変容

　かつて政策は、決定されればそのまま執行されると考えられてきた。ところが、実際にはそうでなく、決定された政策は、行政上の運用によって変容することが知られてきた。政策変容研究は、1970年代から本格的に取り組まれだした比較的新しい領域である。

　政策変容研究が当初対象にしたのは、政策執行の失敗の原因究明であった。失敗の原因が、①政策そのものの不備にあったのか、②その後の環境の変化によるものか、③それとも行政機関の行政活動システム自体に欠陥があったのか、といったことが問題になった。

　最近多用されつつある行政手法であるNPMは、政策の企画立案と実施を分離することで行政コストの削減を図ろうとしている。そこで、企画立案側の行政機関の意図が、例えば独立行政法人に確実に伝わり実施されるのかどうかなどを③の観点から検討することになる。政策評価のモニタリングのあり方とからめて後述しよう。

　また、国・自治体関係における政策変容も問題になる。日本では、ひとつの行政分野に国と自治体が機能分担することで、関わり合っている。国が法律を制定し基本的なスキームを定めた上で、個別の事務権限を都道府県や市町村に付与するといった具合である。

　このような事務を自治体で実施する場合、自治体では、国の意図と異なった行動をとるときがある。このときの国（省庁）の対応には、①各自治体の実施の差異を容認し、運用の変化を改正通知などで追認する、②モニタリング（報告徴収、監査・検査）を行いコントロールを試みるが、統一が困難な場合は黙認する、といったことが考えられる。むしろこれまでの実績を見る限り、マスコミや国会といった外部からの圧力が生じないときには、想定した政策の実施を完遂すべく、自治体に対して是正の要求、是正の指示といった法定の関与を行うことは、滅多にないといえる。

2　規範、基準、方針決定、適用

　政策の執行活動には、次の4つの段階がある。

　第1は、抽象的一般的な規範を定立する活動である。これは、主として立法機関によって担われる。第2は、規範をより具体的な基準に変換する活動である。行政立法と称され、内閣や各大臣等によって担われる。第3は、これらの

図表1-11-2　執行活動の性質

	形式	作用	性格
①抽象的・一般的な「規範」	法律	立法	枠組み
②具体的な「基準」設定	政令、府省令、告示、審査基準等	行政（行政立法）	基準設定
③基準適用のための「方針決定」	要綱、要領、マニュアル	行政（広義の行政執行）	方針決定
④基準の「適用」	具体的な行政活動	行政（狭義の行政執行）	基準適用

基準を個別のケースに適用するための方針が決定される。第4は、こうした方針に基づいて、基準が個別に適用されていく。第3と第4は、すべての行政機関で実施される（**図表1-11-2**）。

3　基準の設定

　基本的に、行政基準は、法律の適用に際し、国民を平等・公平に扱うために設定される。しかし、これらは、対象となる行政分野の性質によって異なった特徴を持つ。

　まず、規制行政の分野では、法律が行政機関の実施する許認可の基本的な基準として抽象的ながらも必ず存在する（侵害留保の原則）。そこで、行政が設定する政令以下の基準は、法律の内容を具体化する数値基準や許認可等の手続を定めるものとなる。規制対象者にとっての予測可能性が重視されるため、朝令暮改は避けなければならない。比較的安定したシステムを構成するといえる。

　これに対し、サービス行政の分野では、給付総額（予算）による制約が強いことから、給付対象者数の予測に基づき、給付量は毎年のように微調整がなされる。したがって、給付基準や行政執行方針の安定度は規制行政に比較して低いものとなる。

4　行政裁量

　行政裁量とは、法律の範囲内で行政機関が自由に活動可能な領域のことである。逆にいえば、法律の範囲内で、基準設定行為を行政機関が行うことができるのは、行政機関に裁量があるからである。また、行政機関が自ら設定した基準の適用に際しても、これを執行する行政職員には裁量があることが多い。

　この理由として、法律によって将来起こりうるあらゆる事態を想定すること

は不可能であることがあげられる。社会の流動性と行政の専門性は、行政裁量の存在を不可避としている。ただし、当然のことながら限度があり、これを行政が踏み越えたと見なされれば、伝統的な法治行政の原理から裁量行政は批判にさらされる。行政裁量は、不可避でありながらも濫用の防止に向けて統制方法が模索されている。

行政機関の執行活動の要件に、適法性、有効性、効率性などがあげられる。現代的裁量統制の観点からは、適法性だけでは不十分であって、有効性や効率性を含めた行政活動のコントロールが求められている。

一方、行政機関の側から執行活動を見れば、活動を行政裁量の枠内に収めることによって、法的な制約条件をクリアすることができる。そして、この範囲内において、予算・資源の制約をもクリアし、社会的複雑さと流動性の中で国民の利己的行動を適正なレベルに保ち、健全な社会環境を保持することが行政機関の使命であるといえる。このために、行政機関には、適切な戦略が必要である。

例えば、規制行政の執行では、違反行為をゼロにすることはできないのであるから、効率性の観点から取締りを重点化し、少ない費用でより大きな成果が上がるような取組が求められる。規制戦略の立案に当たっては、まず①違反状態を把握し、次に②違反行為者の動機を分析し、そして、③これらに応じた対応戦略を選択することになる。

これらの結果、行政裁量の範囲内で、広く薄い取締りが選択される場合もあるし、一罰百戒、見せしめとして行政資源の集中投下が選択される場合もある。

5　市民参加

行政基準を最終的に設定するのは、行政機関である。しかし、その過程を行政機関が独占すべきではない。規制の対象者をはじめとする広範な関係者の意見を聴取し、適切に設定すべきである。こうして、行政機関の政策形成過程に市民の意見を反映させようとする「市民参加」が注目されてきた。

市民参加は、直接民主主義的な手法のため、当初、行政や議会から嫌悪された。しかし、時代の変化とともに、行政も対応を変化させ、「市民本位の市政を目指す」などとして、市民参加を積極的に取り入れるようになった。今日では、法律レベルにおいても、平成17年（2005）改正行政手続法が「意見公募手続」（パブリック・コメント手続）を規定するなどし、標準的な行政手法となっている。

自治体でも、当然、市民参加の制度化として、パブリック・コメント手続や汎用的な市民参加制度を構築している。これらの内容を条例化している自治体も増えている。

市民参加の手法には、パブリック・コメント手続のほか、審議会委員の就任を巡って市民公募の手続を設けたり、究極的には住民投票によって、特定の政

策の是非を問うなどとするものもある。

　ただし、課題がないわけではない。例えば、せっかく制度化したパブリック・コメント手続にあっても市民からの意見提出は少ない。まったく意見提出がなされないというものも数多い。行政からの提案が非のないものだとして意見が提出されないのであればよいが、実のところ、行政からの提案に気づかない市民が多いものと推測される。市民の側からすれば知らない間に事態が進行しているにもかかわらず、行政の側からすれば市民意見を聞いたことになっている。そして、行政基準が設定され、その後、具体の適用の場面でトラブルが発生する。一定のトラブルの発生はやむをえないと考えられるものの、だとすれば、手間暇かけて実施したパブリック・コメント手続は何だったのか、ということになりかねない。

　すなわち、市民参加の形骸化である。こうした事態を防ぎ、実質的に意味のある市民参加を行うためには、制度の不断の見直しが求められる。制度は完成したときから陳腐化に向かう、という事実を肝に銘じ、改善を心がけていかなければならないだろう。

6　基準の適用

　法律の枠組みの中で行政裁量を踏まえて基準が設定され、さらに基準適用のための方針が決定されれば、後に控える実際の基準の適用は機械的な作業のようにも思われる。しかし、現実の行政のすべてがこのようなものではなく、行政職員によって取扱いに差が生じ、かつこれが正当化される分野がある。この典型は、第一線職員（ストリート・レベルの行政職員）が従事する業務である。

　ケースワーカーや外勤警察官は、広い裁量の余地を持って対象者に接している。このような第一線職員を、リプスキーは、ストリート・レベルの行政職員と呼んだ。第一線職員の属する官僚制は、オープン・システムの組織であり、彼らは官僚制組織の最先端に位置する。上司は、第一線職員の現場業務の実態を直接目にすることはできず、監督手段は、毎日提出させる報告書に基づくなど間接的なものに限られる。

　そのため、第一線職員の行動は、行政裁量を逸脱し、恣意的な法律の適用によって不公平な措置や対象者との癒着の危険が生じやすい。給付要件を抑制的に適用することで対象者へのサービスレベルを引き下げたり、対象者の違法行為に目をつぶり、目こぼしすることで対象者を支配することも可能である。特に、福祉サービスの対象者は、社会的に弱者であって、ケースワーカーに依存して生活せざるをえないため、ケースワーカーによる対象者（クライエント）支配は比較的容易である。

　なお、かつて想定されていた官僚制組織は、軍隊式の組織原理に立った文官

181

組織である。そして、この組織形態は、上官の命令に絶対服従することを義務付けられたクローズド・システムである。現在の行政組織、特に市町村の行政組織は、もはやクローズド・システムを採用しているのは総務系組織だけといってよく、事業系組織は、市民協働を掲げるなどで、多かれ少なかれオープン・システムの組織の要素を取り入れてきている。したがって、このような分野では、行政執行に関する基準自体を第一線職員の裁量の余地が認められるよう設定するなどし、第一線職員の権限（とその限界）を明確にすることが適当である。そして、同時に、権限行使に伴う責任をきちんと問う問責システムが構築されなければならないだろう。

第3節　政策の評価

1　政策評価の意義

　政策過程の最後に政策評価が位置づけられる。そして、この政策評価を経て、政策課題は、新たに設定されるのである。

　政策評価には、次の意義がある。

　第1は、行政が成果重視へ転換することを促す。行政機関が何をしたのかではなく、この結果、国民生活や社会経済がどのように向上したのかが重要である。特に、行政作用の企画と実施を分離するNPMの考え方にあっては、実施機関に対する評価は不可欠となる。

　第2は、行政機関の意思決定の科学性を高め、政策を合理的に管理する。政策を適法性、妥当性、有効性、効率性、経済性といった様々な観点からチェックすることで、政策の質の向上が見込まれる。

　第3は、行政の透明性を向上させ、市民に対する行政機関のアカウンタビリティ（説明責任）を確保する。政策評価の結果が公表されることで、市民による検証が可能になる。このことは、同時に、行政機関が市民に対して政策の成果を説明する過程でもある。

　第4は、市民が行政過程に参加・参画する契機となる。政策の実施を行政機関に丸ごと委任するのでは十分な成果が上がらないことが判明するならば、市民もこの過程に参加・参画しようと考えることが期待できる。

2　政策評価の類型

　もっとも、政策評価のすべてが政策実施後に行われるべきものではない。事案によっては、事前評価が検討されるべきである。また、評価の対象に関して、

政策評価方法自体や、政策に基づいて実施される事務事業の評価が考えられる。さらに、評価の主体に関して、行政機関自身が評価に当たるのか、それとも外部の他の機関が評価するのか、といったことも検討されるべき課題である。

3　事前評価、中間評価、事後評価

第1に、事前評価は、政策立案ないし事業実施前での政策評価である。事後評価と同様、政策を適法性、妥当性、有効性、効率性、経済性といった観点からチェックする。当然のことながら、評価に当たっては客観的に政策の成果を予測することが求められる。ともすると大規模公共事業などの場合、事業の実施自体が目的とされ、需要予測などを過大に見積もる傾向があるが、このような悪弊を排することが期待される。

第2に、中間評価は、政策執行過程の途中の段階で政策評価を実施するものである。事業の実施が長期間にわたる場合など漫然と事業が継続するのは好ましくない。事業の適切な進行管理とともに、社会環境の変化を踏まえた今後の成果について改めて検証することが求められる。

第3に、事後評価は、これまでに述べてきた政策循環の一環としての政策評価である。政策自体の評価（プログラム評価）とともに、その政策に基づいて実施された事業活動の評価（事務事業評価）が考えられる。

4　政策評価の方法

政策評価の実施に当たって、第1に、評価基準を設定することが求められる。そして、事務事業評価に関しては、実施された事業活動について評価するのか（アウトプット評価）、それともそれが社会に与えた影響について評価するのか（アウトカム評価）明確にする必要がある。この際、行政活動によって得られた効果か、それとも他の社会要因によって得られた効果か、因果関係を明らかにすることが重要である。

なお、アウトプットとアウトカムをどのような指標で評価すべきかが問題となる。総務省行政評価局では、**図表1-11-3**のように考えているようである。

第2に、評価主体を定めることである。事業の実施にあたった行政機関が評価するのか（内部評価）、それとも外部の他の機関が評価するのか（外部評価）である。また、この中間には、例えば総務省行政評価局が他省庁の政策を評価するといった選択肢がある。

評価の客観性の観点からは、外部評価が優れているが、一方、評価に際しての情報量という観点からは内部評価が優れている。このディレンマの解決には、第1次評価を内部評価で行い、第2次評価を外部評価で行うことが考えられる。

第3に、評価情報の取扱いである。評価対象ごとに的確な評価情報を作成す

図表1-11-3　アウトカム指標とアウトプット指標の分類の考え方

○アウトカム指標		
行政の活動の結果として、国民生活や社会経済に及ぼされる何らかの変化や影響	**(例)**	○行政サービスに対する満足度 ○講習会の受講による知識の向上、技能の向上 ○搬送された患者の救命率 ○開発途上国における教育水準（識字率、就学率） ○農産物の生産量　○大気、水質、地質の汚染度 ○ごみ減量処理率、リサイクル率、廃棄物の再生利用量、不法投棄件数　○株式売買高の推移 ○育児休業取得率　○就職件数、就職率

○アウトプット指標		
アウトカム指標以外のもの		
①行政の活動そのもの	**(例)**	○事業の実施件数　○会議の開催数 ○偽造防止技術の研究件数　○環境基準の設定 ○検査件数　○行政処分の実施件数
②行政活動により提供されたモノやサービスの量	**(例)**	○講習会、展示会等の開催回数 ○標準事務処理期間の遵守状況 ○電算機の稼働率　○助成金の支給件数・支給金額　○パンフレットの配布数
③行政活動により提供されたモノやサービスの利用の結果	**(例)**	○講習会、展示会等の参加者数　○ホームページ等へのアクセス件数　○論文の被引用数 ○共同利用施設の利用者数　○放送大学の学生数、高等教育機関における社会人の数 ○技術士、環境カウンセラー等の登録者数 ○相談件数　○インターンシップ参加者数
④行政機関同士や行政内部の相互作用の結果であり直接国民生活や社会経済に及ぼす影響でないもの	**(例)**	○機構・定員等の審査結果 ○一般会計予算の主要経費構成比 ○法令等審査件数　○恩給請求書を3カ月以内に総務省に進達した割合
⑤行政活動の結果に起因して生じている現象や事態を表す指標であるが、それ自体は直接国民生活や社会経済に及ぼす影響を表すものではないもの	**(例)**	○各種研究開発の特許取得件数 ○マネーロンダリングに関する金融機関からの届出件数 ○新規化学物質の製造、輸入に関する届出件数

出典：総務省行政評価局資料

ることで正確な評価が可能になるが、個別の事情を考慮しすぎれば他との比較が困難になる。他との比較といった観点からは、共通の評価情報を採用するほうが望ましい。ここでもディレンマが生じることになる。

第4に、評価自体のコストの問題である。政策評価の対象を拡大し、カネと時間と労力を注入すれば優れた成果が見込まれようが、これでは「政策評価という政策」の能率性が損なわれてしまう。政策評価によって達成しようとしている目的に沿った方法を選択することが必要である。

なお、ここで、行政活動における能率の概念を整理しておこう。

第1の考え方は、「能率＝産出量（output）／投入量（input）」とする。しかし、行政活動が、①経費、②作業量、③事業量、④効果の4段階で成り立つものと捉えると、何をinputとし、何をoutputとするのかで、（ア）作業量／経費、（イ）事業量／経費、（ウ）効果／経費、（エ）事業量／作業量、（オ）効果／作業量、（カ）効果／事業量、の6通りの組み合わせが考えられる。

そこで、第2の考え方として、バーナードの考え方が参考になる。彼は、有効性（effectiveness）と能率性（efficiency）を区別し、有効性は組織目的の達成度合い、能率性は組織成員の満足度だとした。

第3の考え方は、西尾勝のものである。有効性を「ある活動の実績を所期の目標水準に照らしその達成度合いによって評価する規準」、能率性を「この活動の実績を、その投入・産出比率によって評価する規準」と定義している（西尾・後掲350～351頁）。

いずれにしても、能率の測定は相対評価にならざるをえない。この方法として、①時系列比較、②政策分析、③団体間比較、などの方法がある。

また、能率を投入・産出比率によって評価する規準として捉えた場合、産出量が一定であれば、投入量を最少にするのが経済性（economy）である。そして、投入量が一定であれば、算出量を最大にするのが効率性（efficiency）である。有効性（effectiveness）の規準を示すことは難しいが、この試みは、先に述べたアウトカム指標の提示などによって、徐々に明確になりつつある。

なお、経済性にしても効率性にしても、現実には、投入量や産出量が同一である事態は起こりえない。したがって、政策評価は、つねに不完全であるといえる。評価者が政策を実施した行政機関であるのか市民であるのかによっても、評価の結果が異なることは当然である。

5 「行政機関が行う政策の評価に関する法律」の内容

このように限界を有する政策評価ではあるが、今日、その有用性は疑いがない。そこで、制定されたのが「行政機関が行う政策の評価に関する法律」（平成13年法律第86号、平成14年（2002）4月1日施行）である。

第1に、政策評価法の目的は、行政の効率性の推進および国民に対する説明責任の確保である（政策評価法1）。

　第2に、対象となる機関は、「行政機関」である（政策評価法1）。立法機関や司法機関は対象外である。

　第3に、「『政策』とは、行政機関が、その任務又は所掌事務の範囲内において、一定の行政目的を実現するために企画及び立案をする行政上の一連の行為についての方針、方策その他これらに類するもの」である（政策評価法2②）。「（狭義の）政策」「施策」「事務事業」は、すべてこの法律によるところの「政策」に包含されている。

　第4に、行政機関は、適時にその政策効果を把握し、必要性、効率性または有効性の観点等から自ら評価する（政策評価法3①）。政策評価のあり方は、「適時に」としていることから、事後評価のみならず、必要によっては事前評価や中間評価が求められる。また、「自ら」としていることから、内部評価が原則である。

　第5に、政策評価の結果は、予算の作成や政策の企画立案にあたり適切に活用する（政策評価法4）。

　第6に、政策評価の方法が定められ、行政機関は、①政府による基本方針の作成を受け、②行政機関の長による基本計画の作成、③行政機関の長による事後評価の実施計画の作成、④事後評価の実施、⑤一定の要件に該当する政策に関する事前評価の実施、⑥評価書の作成等、⑦総務大臣に対して政策への反映状況の通知、公表を行う（政策評価法5〜11）。なお、総務省は、一定の条件に合致する政策について評価を行う（政策評価法12〜14）。

　第7に、政府は、毎年、政策評価等の実施状況や、これらの結果の政策への反映状況に関する報告書を作成し、これを国会に提出するとともに、公表しなければならない（政策評価法19）。また、総務大臣は、政策評価の結果等に関する情報を入手しようとする者の利便を図るため、その所在に関する情報の提供に関し必要な措置を講ずる（政策評価法22）。行政機関の行う内部評価について、外部からチェックするための措置である。

　政策評価の方法に絶対的なものはない。評価が正しくなされたと考えるかどうかは、国民が別途判断することになる。しかし、その前段で評価情報が明らかにされることの効果は、大きなものである。

【参考文献】
・今井照『新自治体の政策形成』学陽書房、平成13年（2001）
・宇賀克也『政策評価の法制度―政策評価法・条例の解説』有斐閣、平成14年（2002）
・大橋洋一編著『政策実施（BASIC公共政策学6）』ミネルヴァ書房、平成22年（2010）
・西尾勝『行政学［新版］』有斐閣、平成13年（2001）
・吉田民雄『地方自治新世紀　都市政府のマネジメント』中央経済社、平成15年（2003）

第2編

地方自治の諸制度

第1章 地方自治制度

第1節 地方自治の意義

1 日本国憲法と地方自治

　日本国憲法は、地方自治に関する章を特に第8章として設け、4カ条からなる規定を置いている。これは、条文上地方自治の定めを設けなかった明治憲法とは異なる特色であり、憲法上の原則を定めることにより、国の政治の基盤をなす地方政治に民主制の原理を保障したということができる。

　日本国憲法における地方自治に関する内容は、次のとおりである。

①　憲法92条は、地方自治の基本原則として、「地方公共団体の組織及び運営に関する事項は、地方自治の本旨に基いて、法律でこれを定める」とした。

②　憲法93条は、地方公共団体の機関の民主化を図るため、「地方公共団体には、法律の定めるところにより、その議事機関として議会を設置する」（1項）こととし、また、「地方公共団体の長、その議会の議員及び法律の定めるその他の吏員は、その地方公共団体の住民が、直接これを選挙する」（2項）とした。

③　憲法94条は、「地方公共団体は、その財産を管理し、事務を処理し、及び行政を執行する権能を有し、法律の範囲内で条例を制定することができる」として、地方公共団体の権能が広く自治行政権及び自治立法権に及ぶこととした。

④　憲法95条は、地方公共団体の自治権の保障のため、「一の地方公共団体のみに適用される特別法は、法律の定めるところにより、その地方公共団体の住民の投票においてその過半数の同意を得なければ、国会は、これを制定することはできない」とした。

　民主制の原理は、自らのことは自らの意思で行う、すなわち、自治（self - government）が基礎になっている。国の政治についてはそれが国民主権の原理に結びつき、議会制度が設けられ、さらには国民の自由の保障と結びついてい

る。地方自治は、この自治のひとつの形態であり、一定の地域社会における政治や行政をその地域の住民自らの意思と責任によって行う体制のことをいう。

2 地方自治の本旨

　憲法は、地方自治を国家の基本的な統治機構の一環として位置づけ、「地方公共団体の組織及び運営に関する事項は、地方自治の本旨に基いて、法律でこれを定める」（92条）と規定した。これを受けて、「地方自治の本旨に基いて、地方公共団体の区分並びに地方公共団体の組織及び運営に関する事項の大綱を定め」たものが「地方自治法」である（自治法1）。
　したがって、自治法の性格を知るには、まず、「地方自治の本旨」が何を意味するかを理解することが必要である。
　地方自治の本旨は、次のような「住民自治」と「団体自治」の2つの要素からなるとするのが一般的である。

(1) 住民自治

　「住民自治」は、地域における統治が政府機関によってではなく、その地域の住民の意思と責任によって行われることを意味する。
　地方公共団体は、地域住民のために存在するものであり、地方的利害に関する事務を地域住民の意思に基づいて処理するという「住民自治」は、地方自治の最も基本的な要素をなすものである。
　このようなことから、「住民自治」は、政治的意義における自治といわれる。民主主義の理念は、政治に対する民主的統制を目的とするものであるから、この要請は中央政治だけではなく、地方行政に対しても当然に適用される。この意味においては、地方自治は、民主主義の理念を基調とする行政の民主的統制の一形式であり、民主的統治機構の一環をなすものといえよう。

(2) 団体自治

　「団体自治」は、国家の内部において、国から政治的に独立した法人格を持った一定の地域を基礎とする団体が、その地域における公共の事務を自らの意思と責任に基づいて処理することを意味する。
　それは、地方公共団体に対する国家の指揮監督等の関与をできるだけ排除し、法的に独立し自治権を保障された地方公共団体の自主的な意思決定とその執行を確保することである。これは、地方自治を国家との関係において、地域団体の観点からとらえた地方自治の観念であり、「団体自治」といわれる。したがって、団体自治が成り立つためには、国が行政組織を定めるに当たって、行政権を地方に分散するという建前をとることを当然の前提とする。このようなこと

から、「団体自治」は、法律的意義における自治といわれる。

　地方分権の一形式としての「団体自治」は、歴史的には官僚的集権との対立において、民主主義と結びついて発達したが、地方分権自体は行政権の合理的配分の問題に他ならないから、必ずしも常に民主主義と融合するものではない。

3　地方自治の法体系

　地方自治制度の全体は、憲法が地方自治の保障について規定しているのをはじめ、「地方自治法」が地方自治制度に関する基本的な事項を広く定めるほか、数多くの法令や、地方公共団体により制定される条例・規則によって、形づくられている。

　憲法92条の規定を受けた地方公共団体の組織及び運営に関する法律としては、地方自治法、地方財政法をはじめ、数多くの法律が制定されている。なかでも、憲法と同時に施行された地方自治法は、地方自治制度の根幹を規定した基本法として位置づけられている。

　また、個々の行政法規においても、地方公共団体の事務や権限が具体的に規定されている。

　地方公共団体に関する基本的・一般的な事項を定める法律をはじめ、地方自治に関連する法律としては、地方自治法のほか、次のようなものがある。

① 　地方財政法、地方税法、地方交付税法、地方公共団体の財政の健全化に関する法律など、地方財政制度に関する法律
② 　地方公務員法、教育公務員特例法、地方公営企業等の労働関係に関する法律など、地方公務員制度に関する法律
③ 　公職選挙法など、選挙制度に関する法律
④ 　住民基本台帳法など、住民の記録に関する法律
⑤ 　地方教育行政の組織及び運営に関する法律、警察法、消防法など、特定の行政分野に関する法律
⑥ 　地方独立行政法人法、地方公営企業法など、その他地方公共団体の行政に関する法律
⑦ 　市町村の合併の特例に関する法律など、地方自治法の特例を定める法律
⑧ 　都市計画法、道路法、医療法、児童福祉法、災害対策基本法など、地方公共団体の事務に関連する法律
⑨ 　行政手続法、行政不服審査法、行政事件訴訟法などの行政通則法
⑩ 　民法など、私人間の関係を規定する法律

　これらのほか、地方公共団体が地域において各種施策を実施するに当たっては、自らの法により、その根拠や手続などについて規定しておくことが必要となる。憲法94条が規定する地方公共団体が制定する条例や規則も、地方行政に

おける自主的な法源となるものである。

第2節　国と地方公共団体の役割分担

1　役割分担の原則とその意義

　自治法は、国と地方の関係の基本となり、かつ、地方分権を推進するための理念として、次のように、国と地方公共団体との役割分担の原則を規定している。

（1）地方公共団体の役割

　地方公共団体は、住民の福祉の増進を図ることを基本として、地域における行政を自主的かつ総合的に実施する役割を広く担う（自治法1の2①）。
　この規定は、住民に身近な行政は地方公共団体において処理するという地方自治の基本的な趣旨から、地方公共団体が地域における総合的な行政主体としてその役割を自主的かつ積極的に果たすべきことや、住民に身近な行政は地方公共団体に委ねるべきことを求めたものと解されている（自治法1の2②）。

（2）国が本来果たすべき役割

　国は、地方公共団体がその役割を果たすことができるよう、国が本来果たすべき役割を重点的に担うものとされている。国が本来果たすべき役割としては、次の①～③が規定されている（自治法1の2②）。
　①　国際社会における国家としての存立にかかわる事務…この例としては、外交、防衛、通貨、司法などがあげられる。
　②　全国的に統一して定めることが望ましい国民の諸活動又は地方自治に関する基本的な準則に関する事務…この例としては、公正取引の確保、生活保護基準、労働基準法などに定める労働条件の最低基準などがあげられる。
　③　全国的な規模で又は全国的な視点に立って行わなければならない施策及び事業の実施…この例としては、公的年金、宇宙開発、骨格的・基幹的交通基盤整備などがあげられる。
　なお、国が平成11年（1999）に策定した地方分権推進計画においては、③に関して、特に、「ナショナルミニマムの維持・達成、全国的規模・視点からの根幹的社会資本整備に係る基本的な事項に限られる」との考え方が示されている。
　国と地方の役割分担の規定は、このように、国の役割をできるだけ限定する方向を打ち出し、国に対して地方公共団体との間での適切な役割分担を義務付

けるとともに、国が行うべき配慮として、地方公共団体に関する制度の策定及び施策の実施に当たっては、地方公共団体の自主性・自立性が十分に発揮されるようにすべきことを求めている（自治法1の2②）。

2　地方公共団体の事務に対する国の立法等の原則

　自治法は、国と地方公共団体の役割分担規定（自治法1の2）を受けて、ここで明らかにされた原則が国の立法権、行政権の行使に当たっても反映されるよう、2条11項から13項において特別の規定を置いている。

（1）立法における役割分担

　自治法2条11項は、「地方公共団体に関する法令の規定は、地方自治の本旨に基づき、かつ、国と地方公共団体との適切な役割分担を踏まえたものでなければならない」としている。この規定は国の立法権を直接の対象としたものであり、国の立法が憲法に定められた「地方自治の本旨」（憲法92）と並んで「国と地方公共団体の役割分担原則」にも適合していることを要求しているものである。

　「住民自治」と「団体自治」をその内容とする「地方自治の本旨」の尊重に加えて、「国と地方公共団体の役割分担原則」も「地方自治の本旨」と並ぶ地方自治の基本原則であると解釈することが、地方分権の趣旨にも合致している。

（2）法令の解釈・運用における役割分担

　自治法2条12項は、「地方公共団体に関する法令の規定は、地方自治の本旨に基づいて、かつ、国と地方公共団体との適切な役割分担を踏まえて、これを解釈し、及び運用するようにしなければならない」と定めている。

　平成11年（1999）改正前の自治法2条12項においても、「地方公共団体に関する法令の規定は、地方自治の本旨に基いて、これを解釈し、及び運用するようにしなければならない」と規定されていたが、2条11項において国の立法原則に関する規定が設けられたことから、これとの規定上の均衡により、地方公共団体に関する法令の解釈運用の基準にも国と地方公共団体の役割分担原則を加えることとされたものである。

（3）地域特性に応じた自治事務の処理

　自治法2条13項は、「法律又はこれに基づく政令により地方公共団体が処理することとされる事務が自治事務である場合においては、国は、地方公共団体が地域の特性に応じて当該事務を処理することができるよう特に配慮しなければならない」と定めている。

　これまで、地域における課題に対処する事務は、国が法律又は政省令、告示、通達等により全国一律の基準を定めることが多かったが、この新しい規定によれば、今後「法令に基づく自治事務」の処理に当たっては、地方公共団体がそれぞれの地域特性に対応できるよう、できるだけ国が定める処理基準も弾力的かつ多様性を持つことが要請される。

　したがって、国が処理基準を定めるに際しても、全国一律の基準が不可欠で条例による余地がないという場合を除き、法律又は政令により、基準の設定を直接条例に委任したり、条例により、基準の付加及び緩和、複数の基準からの選択等ができるように配慮することが求められる。

コラム◉地方自治制度をさらに理解するキーワード

地方制度調査会

　地方制度全般について調査・検討するために、内閣総理大臣の諮問機関として、地方制度調査会が内閣府に置かれる。委員の任期は2年である。昭和27年（1952）に第1次地方制度調査会が発足して以来、近年では、中核市や広域連合の創設（第23次）、機関委任事務の廃止など地方分権の推進（第24次）、地方の自主性・自立性、地方議会、道州制などのあり方（第28次）、基礎自治体のあり方、監査機能の充実・強化、議会制度のあり方（第29次）などについて、内閣総理大臣に答申を行っている。最近の状況としては、令和2年（2020）6月に2040年頃から逆算し顕在化する諸課題に対応するために必要な地方行政体制のあり方等（第32次）、令和4年（2022）12月に多様な人材が参画し住民に開かれた地方議会の実現に向けた対応方策（第33次）について答申を行った。

第3節　地方公共団体の種類と区域

1　地方公共団体の意義

（1）地方公共団体とは

　地方公共団体は、法人格を有する公法人であり（自治法2①）、国の行政機関のように単に国の機関として地域の行政を行うのではなく、自らの意思と責任で自己の名において活動を行うものとされており、権利義務の主体となる能力を有する。

　地方公共団体は、固有の区域（場所的構成要件）、住民（人的構成要件）を持

ち、一般的・包括的な自治権能あるいはそれを行使するために必要な法人格を有する（法制度的構成要件）ものである。

地方公共団体には、県庁、市役所などの事務所が置かれるが、この事務所の位置を定め又は変更しようとするときは、条例で定めなければならない（自治法4①）。また、事務所の位置は、住民の利用に最も便利であるように、交通の事情、他の官公署との関係等について適当な考慮を払わなければならない（自治法4②）。事務所の位置を定め又は変更する条例を制定・改廃しようとするときは、議会において出席議員の3分の2以上の者の同意を要する特別多数議決によるものとされている（自治法4③）。

(2) 地方公共団体の組織

憲法93条は、地方公共団体の組織原理として、地方公共団体の議事機関として議会を置くこと、地方公共団体の長、議会の議員、法律の定めるその他の吏員は、住民が直接選挙すべきことを定めている。これは、地方公共団体の機関の構成について住民自治の原則を具体化するとともに、組織について首長制を採用しているものである。

憲法は、国については議院内閣制（議会主義）を採用する一方、地方公共団体については執行機関と議決機関がそれぞれ住民より選挙され、ともに住民に対して直接責任を負うという首長制（大統領制）を採用している。したがって、国会が国権の最高機関である（憲法41）のに対し、地方公共団体においては、議会と長とはそれぞれ独立し対等の関係にあり、相互の牽制と均衡によって公正な地方政治を推進する制度となっている（自治法176～180）。

(3) 地方公共団体の権能

憲法94条は、地方公共団体の権能として、①財産を管理すること、②事務を処理すること、③行政を執行すること、④法律の範囲内で条例を制定すること、を定めている。

「財産を管理すること」とは、地方公共団体が財産権の主体となり、その財産を取得、維持・管理、利用、処分することである。

「事務を処理すること」とは、非権力的又は管理的な行政作用を行うことである。

「行政を執行すること」とは、住民に対し権利を制限し、義務を課すような公権力の行使を伴うような権力的な行政作用を行うことであり、明治憲法下では権力的な行政作用はもっぱら国の事務とされたが、現行憲法は地方公共団体を地域を統治する団体として位置づけた。

憲法は、以上の自治行政権に加えて、地方公共団体の自治立法権を保障して

いる。「条例」には、議会が議決する狭義の条例のほかに、長が制定する規則、委員会が制定する委員会規則をも含むと解するのが一般的である。地方公共団体は法律に違反しない限りにおいて、条例を制定することができる（自治法14①）が、条例制定権は、憲法により直接に地方公共団体に授権され、条例の制定に個別の法律の根拠は必要ない。

2　地方公共団体の種類

(1) 普通地方公共団体と特別地方公共団体

　地方公共団体には、普通地方公共団体と特別地方公共団体がある（自治法1の3①）。

　普通地方公共団体は、一般的・普遍的な公共団体であり、都道府県及び市町村がこれに該当する（自治法1の3②）。わが国においては、全国どの区域もいずれかの市町村（又は特別区）といずれかの都道府県に属するという二層制の地方自治制度が採用されている。

　特別地方公共団体は、政策的見地から特別に設けられたもので、特定の目的を持ち、組織や権能も特殊である。特別地方公共団体としては、特別区（都の区）、地方公共団体の組合（地方公共団体がその事務の一部を共同処理するために設置するもの）及び財産区（市町村の一部で財産を有し又は公の施設を設けているもの）がある（自治法1の3③）（**図表2-1-1**）。

　これらのほか、市町村合併特例法（合併新法）や旧合併特例法（平成17年（2005）3月末失効）に基づき、合併市町村の協議により期間を定めて設置された「合併特例区」も特別地方公共団体とされる。

　普通地方公共団体及び特別地方公共団体は、いずれも地方公共団体である以上、法人である。

　憲法第8章が予定する地方公共団体は、普通地方公共団体である都道府県及び市町村であるが、これに準ずる東京都の特別区（自治法281の2②）も含まれると解される。しかし、特別地方公共団体は全国どこにでもある普遍的な団体ではなく、普通地方公共団体を基礎にして派生的に形成される特別の団体であり、東京都の特別区を除くと一定の限られた範囲の事務のみを所管することから、憲法の予定する地方公共団体ではないとされている。

　「地方自治体」とは、住民と自治権に着目し、住民の福祉を実現するための自治の基本的機能を有する普遍的な地方公共団体を指し、都道府県、市町村及び特別区を含めるのが通例である。

　なお、普通地方公共団体が市町村、都道府県の二層制の自治制度を採用されていることが、憲法上の要請であるといえるかについては、憲法上、現在の地

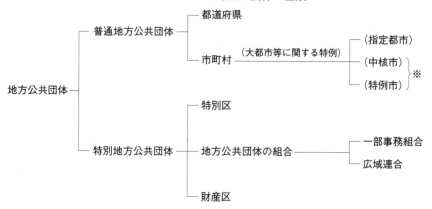

図表2-1-1　地方公共団体の種類

＊これらの他に、市町村合併特例法（合併新法）や旧合併特例法（平成17年（2005）3月末失効）に基づき、合併市町村の協議により期間を定めて設置された「合併特例区」も特別地方公共団体とされる。
※平成27年（2015）4月1日において中核市制度に統合され、特例市はなくなった。

方公共団体の種類・区分が普遍的であるとは解されていない。したがって、地方公共団体の種類、組織や権能については、一定の範囲内で立法政策に委ねられており、市町村・都道府県の仕組みを一切変更できないとはいえない。

（2）各地方公共団体の性格と特徴

ア　都道府県

　都道府県は、市町村を包括する「広域的な地方公共団体」として位置づけられ、市町村とはその権能の面で差異がある。

　都道府県は、普通地方公共団体の事務のうち、次の3種類の事務を処理する（自治法2⑤）。

①　広域にわたるもの
②　市町村に関する連絡調整に関するもの
③　その規模又は性質において一般の市町村が処理することが適当でないと認められるもの

　一方、市町村は、都道府県の全体の立場からする一定の制約に服さざるをえない。自治法は、都道府県に次のような権限を認め、都道府県が市町村に対して、指導、援助及び調整的機能を果たすことを予定している。

①　市町村の規模の適正化の勧告（自治法8の2）
②　市町村の境界の調停・裁定・決定（自治法9・9の2）

③　事務の運営等についての技術的助言・勧告・資料の提出要求（自治法245の3〜245の8）

　なお、都道府県は基本的に同種の地方公共団体であるが、都については若干の特例が設けられている。都は、特別区以外の区域では、一般の道府県の事務を処理するが、特別区の区域においては、一般の道府県の事務（広域事務、連絡調整事務）のほか、人口が高度に集中する大都市地域における行政の一体性及び統一性の確保の観点から、都が一体的に処理することが必要であると認められる市町村の事務の一部（消防、上・下水道など）を処理する（自治法281の2①）。さらに、都は、特別区について財政調整を行っている（自治法282）。

イ　市町村

a　権　能

　市町村は、住民にとって最も身近である基礎的な地方公共団体として、都道府県が処理することとされるものを除き、一般的に地域における事務及びその他の事務で法律又はこれに基づく政令により処理することとされるものを処理する（自治法2②③）。市町村は、住民の日常生活に必要な次のような公共的な事務を提供する。

①　住民の生活の基盤に関する事務（戸籍、住民登録、諸証明）
②　各種施設の設置、管理、運営（公園、バス・鉄道事業、上・下水道、ごみ・し尿、学校）
③　住民の生活にかかわる援助、保護（生活保護、児童福祉、老人福祉、環境、農業・中小企業）
④　都市・農村の開発計画、公共事業の実施

b　市の要件

　市となる要件は、次の4点である（自治法8①）。これらはあくまで市となるのに必要な要件であり、市として存続するのに必要な要件ではない。

①　人口5万以上を有すること
②　中心の市街地を形成している区域内の戸数が全体の戸数の6割以上であること
③　商工業その他の都市的業態に従事する者及びその者と同一世帯に属する者の数が、全人口の6割以上であること
④　①〜③のほか都道府県の条例で定める都市的施設その他の都市としての要件を具備していること

c　町の要件

　町となる要件は、都道府県条例で定める要件を具備していることである（自治法8②）。

ウ （政令）指定都市

指定都市の制度は、規模、財政力が一般の市に比較して著しく大きな都市について、特例を定めるものである（自治法252の19〜252の21の5）。

a　指定都市の権能

指定都市には、次のような権能がある（自治法252の19）。

① 事務配分の特例として、次に掲げる事務のうち都道府県が法律又はこれに基づく政令の定めるところにより処理することとされているものの全部又は一部で政令で定めるものを処理することができることとされている。

・児童福祉に関する事務

・民生委員に関する事務

・身体障害者の福祉に関する事務

・生活保護に関する事務

・行旅病人及び行旅死亡人の取扱に関する事務

・社会福祉事業に関する事務

・知的障害者の福祉に関する事務

・母子家庭及び父子家庭並びに寡婦の福祉に関する事務

・老人福祉に関する事務

・母子保健に関する事務

・介護保険に関する事務

・障害者の自立支援に関する事務

・生活困窮者の自立支援に関する事務

・食品衛生に関する事務

・医療に関する事務

・精神保健及び精神障害者の福祉に関する事務

・結核の予防に関する事務

・難病の患者に対する医療等に関する事務

・土地区画整理事業に関する事務

・屋外広告物の規制に関する事務

※平成26年（2014）改正により、指定都市及び当該指定都市を包括する都道府県（包括都道府県）が、指定都市及び包括都道府県の事務の処理について必要な協議を行うため、指定都市都道府県調整会議の仕組みが設けられている（自治法252の21の2〜252の21の5）。

② 都道府県知事等の関与の特例として、都道府県知事等の許可等の処分を要し、又は命令等を受けるものとされている事項で政令で定めるものについては、都道府県知事等の許可等を要せず、若しくは命令に関する規定を適用せず、又は都道府県知事等の許可等若しくは命令に代えて、直接各大

臣の処分等を要するものとし、若しくは命令を受けるものとする。

③ 行政組織の特例として、市長の権限に属する事務を分掌させるため、条例で、その区域を分けて区（行政区）を設け、区の事務所等を置き、区にその事務所の長として区長を置くものとする（自治法252の20）。

※平成26（2014）年の改正により、行政区に代えて、総合区を設けることができることとされた（自治法252の20の2）。

b 指定都市の要件

指定都市は、政令で指定する人口50万以上の市である（自治法252の19①）。

c 指定都市に指定されている都市

指定都市に指定されている市は、大阪、名古屋、京都、横浜、神戸（以上の市は昭和31年（1956）9月1日指定）、北九州、札幌、川崎、福岡、広島、仙台、千葉、さいたま、静岡、堺、新潟、浜松、岡山、相模原、熊本の20市である（平成24年（2012）4月1日現在）。指定都市の人口については、従来はおおむね100万がひとつの目安とされてきたが、最近では、人口70万以上でも指定を受けることが可能とされている。

エ 中核市

中核市は、指定都市以外で、社会的実体としての規模、能力が比較的大きな市について、その事務権限を強化し、できる限り住民の身近で行政を行う制度である（自治法252の22～252の26の2）。

a 中核市の権能

中核市は、指定都市が処理できる事務のうち、都道府県が一体的に処理することが効率的な事務などを除いたもの（福祉、衛生、まちづくり等）を処理することができる。

b 中核市の要件

中核市は、政令で指定する人口20万以上の市である。当該市からの申出により政令で指定する。政令は、関係市の申出に基づき立案されるが、当該申出に当たっては、あらかじめ、市議会の議決を経て、都道府県の同意（都道府県議会の議決が必要）を得なければならない。

c 中核市に指定されている都市

中核市に指定されている市は、宇都宮、富山、金沢、岐阜、姫路、鹿児島、秋田、郡山、和歌山、長崎、大分、豊田、福山、高知、宮崎、いわき、長野、豊橋、高松、旭川、松山、横須賀、奈良、倉敷、川越、船橋、岡崎、高槻、東大阪、函館、下関、青森、盛岡、柏、西宮、久留米、前橋、大津、尼崎、高崎、豊中、那覇、枚方、八王子、越谷、呉、佐世保、八戸、福島、川口、八尾、明石、鳥取、松江、山形、福井、甲府、寝屋川、水戸、吹田、松本、一宮の62市である（令和4年（2022）4月1日現在）。

※平成27年（2015）4月1日において、中核市の要件が人口20万以上の市であることに
改められ、従来の特例市制度は中核市制度に統合された。その際の経過措置として、同
日において現に特例市である市（施行時特例市）については、①同日から5年間（令
和2年（2020）3月31日まで）は人口20万未満であっても中核市として指定すること
ができることとされ、②施行の際現に処理することとされている事務を施行後におい
ても引き続き処理することができることとされた。

オ　特例市

特例市は、中核市に準ずる制度として、人口20万以上の市であることを要件
として創設された制度であるが、前述のように、平成26年（2014）改正により、
平成27年（2015）4月1日をもって中核市制度に統合された。

特例市として指定されていた市で経過措置の対象となっている市は次のとお
りである（令和4年（2022）4月1日現在）。

小田原、大和、沼津、四日市、平塚、富士、春日井、茨木、所沢、厚木、岸
和田、加古川、茅ヶ崎、宝塚、草加、つくば、伊勢崎、太田、長岡、上越、春
日部、熊谷、佐賀

カ　特別区

都の区を特別区という（自治法281①）。特別区は、地方公共団体としての区
域や住民を有し、区長、議員が公選されるなど、市町村などの普通地方公共団
体にきわめて近い団体である（自治法281〜283）。なお、特別区は特別地方公共
団体であり、行政区である指定都市の区とは異なる。

特別区は、基礎的な地方公共団体として、特別区の存する区域を通じて都が
一体的に処理するものを除き、一般的に市町村が処理するものとされている事
務を処理する。すなわち、特別区の事務は市よりは若干狭く、その分は都の事
務となっている（自治法281②）。

大都市行政の一体性を確保するための特例には、次のようなものがある。
①　水道、公共下水道、消防など市の事務の一部が、都の事務とされている。
②　財源配分のための都区財政調整制度が行われている。これは、都区間の
　　事務配分の特例に対応して、区税の一部が都税とされ、都と特別区、特別
　　区相互間の調整財源として使われている（自治法282）。
③　都区協議会の設置が法定されている（自治法282の2）。都区協議会は、都
　　及び特別区の事務の処理について、都と特別区及び特別区相互の間の連絡
　　調整を図るために設けられるものである。
④　都による特別区の事務処理に関する助言・勧告（自治法281の6）などの
　　制度が設けられている。

キ　地方公共団体の組合

地方公共団体の組合は、普通地方公共団体及び特別区が、その事務（自治事

務であると法定受託事務であるとを問わない）を共同で処理するために設ける団体をいう（自治法284②）。

　組合の設置は、関係する地方公共団体において、それぞれ議会の議決を経て、協議により規約を定めて行う。その場合、基本的に、都道府県の加入するものには総務大臣の、その他のものについては都道府県知事の許可が必要とされている。

　組合の組織・運営については、特別の定め（組合が定める規約事項も含む）があるものを除き、都道府県が加入するものには都道府県の規定、市及び特別区が加入するものには市の規定、その他のものには町村の規定が準用される（自治法292）。

　組合には、一般に、事務所、議会、執行機関（管理者）等が置かれる。

　組合によって共同処理されることとなる事務は、関係地方公共団体の権能から除かれることとなる。

　組合には、一部事務組合（複合的一部事務組合（自治法285）を含む）及び広域連合がある（自治法284①）。

a　一部事務組合（自治法286〜291）

　一部事務組合は、普通地方公共団体及び特別区がその事務の一部を共同で処理するために設けるものである。学校事務組合、下水道管理組合、廃棄物処理組合を設け、事務の共同処理に当たるなどがその例であり、地方公共団体の事務の広域的処理・効率的処理が求められる中で、最も利用されている事務の共同処理方式である。

b　広域連合（自治法291の2〜291の13）

　広域連合は、ごみ処理や大気汚染対策のような広域的対応を必要とする事務について、都道府県を含む多数の地方公共団体が参加して広域的な総合計画を作成し、この計画に基づいて共同して事務処理を進めるために設置される。最近では、介護保険の実施のために広域連合を設置している例が多い。同種の事務の共同処理に限定されず、広域にわたり処理することが適当な事務であれば、異なる事務を持ち寄り、広域連合で処理することができる。

ク　財産区（自治法294〜297）

　財産区は、市町村や特別区の一部の地区に存在する財産又は公の施設に関する地区住民の従前の財産利益を保障するために、法律上独立の人格者たる能力を特別に認めるものである。財産区は、その所有し又は設置する財産又は公の施設の管理及び処分の範囲内において権能を有するにすぎない。

　財産区には、次の2つがある。

①　市町村・特別区の一部で財産を有し又は公の施設を設けているもの（従来からの慣行で入会権が認められている入会山林、用水路、温泉など）

② 市町村・特別区の配置分合又は境界変更における財産処分の協議の結果、
　市町村・特別区の一部が財産を有し又は公の施設を設けることとなるもの

財産区の管理は、市町村長が行い、通常はその市町村議会が議決機関となる。財産区の機関は必要に応じて設けられるものであり、都道府県知事の指示によって設けられる議会又は総会、市町村・特別区の条例により設けられる財産区管理会などがある。

3　地方公共団体の区域

(1) 区域の意義

　地方公共団体の区域は、普通地方公共団体の場所的構成要件であり、人的構成要件である住民や法制度的構成要件である自治権・法人格とともに、地方公共団体の基本的な構成要件となるものである。

　区域は、他の地方公共団体と区別させる本質的な要素で、単なる行政区画と異なり、次のような法的効果を生じる。

　区域内に住所を有する者は、当然にその地方公共団体の構成員となる。その区域内にある者は、住民であるかどうかを問わず、全てその団体の権能に服することになる。他方、その地方公共団体の権能は、基本的に、その区域内に限り及ぶことになり、それを越えて権能を及ぼすことはできない。したがって、他の地方公共団体の権能が及んでくることはなく、条例や規則等の効力も、原則として、区域外には及ばない。なお、例外として、公の施設の区域外設置などがある（自治法244の3）。

　地方公共団体の区域は、自治法の施行時期に従来の区域をそのまま引き継ぐとされ、また、都道府県は市町村を包括することとされている（自治法5）。

　地方公共団体の区域は、陸地のみならず、その地域内の内水面、地域に接続する海域・空域・地下に及ぶと解されている。海域については、国家主権の及ぶ範囲である領海が、陸地に接続する領域として地方公共団体の区域となりうる。

(2) 地方公共団体の区域の変更

ア　地方公共団体の区域の変更

　地方公共団体の区域の変更には、廃置分合と境界変更の2種類がある。

　廃置分合は、地方公共団体の新設又は廃止を伴う区域の変更であり、合体、編入、分割、分立の4つがある。

　① 合体は、2つ以上の地方公共団体を廃止して新たに1つの団体を置くことをいう。

② 編入は、ある地方公共団体を廃止して他の団体の区域に組み入れること
　をいう。

③ 分割は、ある地方公共団体を分けて新たに数個の地方公共団体を置くこ
　とをいう。

④ 分立は、ある地方公共団体の一部を割愛して、その部分に新たな地方公
　共団体を置くことをいう。

境界変更は、地方公共団体の設置廃止を伴わない境界の変更である。

a　都道府県の区域の変更

都道府県の廃置分合・境界変更については、特別の法律で定めるものとされ
ている（自治法6①）。この場合の法律は、地方自治特別法として憲法95条によ
る住民投票を要するものと解されている。

このほか、都道府県による自主的な合併の手続も認められており、関係都道
府県の議会の議決を経た申請に基づき、内閣が国会の承認を経て定めることが
できる（自治法6の2）。

b　市町村の区域の変更

市町村の廃置分合・境界変更は、関係市町村が議会の議決を経てこれを都道
府県に申請し、都道府県知事が都道府県の議会の議決を経て定め、総務大臣に
届け出る（自治法7①⑥）。市の廃置分合については、都道府県知事は事前に総
務大臣と協議し、その同意を得なければならない（自治法7②）。

都道府県の境界にわたる市町村の設置を伴う市町村の廃置分合については、
関係市町村・都道府県のそれぞれの議会の議決を経た申請に基づき、総務大臣
が市町村の廃置分合及び新設市町村の属すべき都道府県を定めることになる
（自治法7③④⑥）。都道府県の境界にわたる市町村の境界変更についても、都
道府県の境界変更を伴うので、関係都道府県及び市町村の申請に基づき総務大
臣がこれを定める（自治法7③）。これらの廃置分合・境界変更の処分は、総務
大臣の告示により、効力を生じる（自治法7⑦⑧）。

都道府県の境界にわたって市町村の設置若しくは境界の変更があったとき、
又は所属未定地域を市町村に編入したとき、都道府県の境界は、自動的に変更
される（自治法6②）。

イ　境界をめぐる紛争

市町村の境界に関して争論があるとき、又は境界が不明確であるときは、次
の手続により境界を確定する（自治法9）。

① 境界に関し争論があるとき、都道府県知事は、関係市町村の申請に基づ
　き、自治紛争処理委員の調停に付することができる。調停不調の場合は知事
　が裁定する。知事がこれを総務大臣に届け出て、総務大臣が告示すること
　により境界確定処分の効力が生じる。知事の裁定に不服がある場合等にお

いては、関係市町村は裁判所に出訴することができる（境界確定の訴え）。
②　境界に関して争論のないとき、都道府県知事は、関係市町村の意見を聴いて決定することができ、この決定に不服の関係市町村は出訴することができる（自治法9の2）。

コラム●地方自治制度をさらに理解するキーワード

市町村合併

　市町村をとりまく社会経済環境が大きく変化する中、市町村財政基盤の強化、少子高齢化への対応、行政サービス水準の維持・向上、行政の効率化、広域化への対応などの要請から、市町村合併が進められている。

　明治まで遡れば、明治22年（1889）の市制・町村制施行に伴う「明治の大合併」では、約71,000あった自治体は約16,000になった。昭和28年（1953）の町村合併促進法施行に伴う「昭和の大合併」（1953〜61年）では、1万近かった自治体が約3,500になった。さらに、合併特例法の改正などにより平成11年（1999）から始まった「平成の大合併」では、約3,200あった自治体は平成22年（2010）3月末で1,727に減少した。

　市町村の合併の特例に関する法律（旧特例法）は、原則として平成17年（2005）3月末で失効し、現在の市町村合併は次のいわゆる「合併三法」によって進められている。

①　新特例法：市町村の合併の特例に関する法律（制定時は「市町村の合併の特例等に関する法律」。令和12年（2030）3月31日までの時限法）

②　旧特例法の経過措置：東日本大震災に伴う合併市町村に係る地方債の特例に関する法律の一部を改正する法律（平成17年（2005）までに合併した市町村を対象に認められる合併特例債の発効期限は、平成30年（2018）の改正で5年間延長され、東日本大震災で被災した市町村は合併後25年間、それ以外の市町村は20年間とされた）

③　平成16年（2004）の地方自治法の一部を改正する法律（地域自治区の創設等）

第4節　地方公共団体の住民と住民自治

1　住民の権利義務

(1) 住民の意義

　地方公共団体は、住民の福祉の増進をその存立目的としているが、地方公共団体の主権者であり、その提供役務の受益者は、地域に居住する住民である。市町村の区域内に住所を有する者は、その市町村の住民であるとともに、これを包括する都道府県の住民となる（自治法10①）。市町村の区域内に住所を有する者は、自然人たると法人たるとを問わず、また、国籍、年齢などを問わず住民となる。

　自治法13条の2は、「市町村は、別に法律の定めるところにより、その住民につき、住民たる地位に関する正確な記録を常に整備しておかなければならない」と規定しており、この規定により「住民基本台帳法」が制定されている。

　住民基本台帳は、個人又は世帯を単位とする住民票で構成され、住民からの届出又は職権によって、住民の氏名、生年月日、性別、本籍、住所等をはじめ、選挙人名簿の登録、国民健康保険や国民年金の被保険者の資格などに関する事項を記載することになっている（住基法7）。住民基本台帳に記載されなければ、選挙権の行使、義務教育の就学、国民健康保険の給付などが受けられず、個人の住民税も原則として住民基本台帳に記録されている者に賦課されることになっている。

(2) 住民の権利義務

　住民は、法律の定めるところにより、地方公共団体から行政サービスの提供を等しく受ける権利を有するとともに、その負担を分任する義務を負っている（自治法10②）。

　行政サービスの提供には、公の施設の利用、保険給付、各種福祉の享受、貸付制度の利用などがある。公の施設については、自治法244条から244条の4までに、その趣旨等が具体的に規定されている。

　他方、住民は、行政サービスに必要な経費を分担する義務、すなわち地方税、分担金、手数料、使用料、受益者負担金などの負担を分任する義務を負っている。

(3) 参政権

日本国民である住民は、地方公共団体の自治行政に参与する権利を有する（自治法11〜13）。その主なものは、選挙権・被選挙権及び直接請求権である。

これらの権利を有するのは、「日本国民たる普通地方公共団体の住民」と規定されているので、日本国籍を有しない者はこれらの権利を有しない。なお、住民である永住外国人について選挙権を与えるべきとの議論もなされているが、この点について、最高裁判所は、「わが国に在留する外国人のうちでも、永住者等であってその居住する区域の地方公共団体と特段に緊密な関係を持つに至ったと認められるものについて、その意思を日常生活に密接な関連を有する地方公共団体の公共的事務の処理に反映させるべく、法律をもって、地方公共団体の長、その議会の議員等に対する選挙権を付与する措置を講ずることは、憲法上禁止されているものではないと解する」と判示している（最三判平成7年(1995) 2月28日）。

2 住民自治に係る諸制度

(1) 選挙制度

選挙制度について、自治法は、憲法93条2項を受けて、議会の議員及び長が住民の直接選挙によること（自治法17）、並びに、選挙権・被選挙権について定めている（自治法18・19）。また、選挙制度の基本事項やその手続に関しては、公選法によって定められている。選挙を管理執行する機関として、都道府県及び市町村に選挙管理委員会が置かれている（自治法181〜194）。

ア 選挙権

地方公共団体の議会の議員及び長の選挙権を有するのは、次のいずれも満たす者である（自治法18、公選法9②③）。

① 日本国民であること
② 年齢満18年以上であること
③ 引き続き3カ月以上市町村の区域内に住所を有すること

例外として、禁錮以上の刑に処せられその執行を終えるまでの者などの欠格事由に該当する場合には選挙権を有せず、一定の選挙犯罪で処罰された者は、一定期間選挙権が停止される（公選法11・252、政治資金規正法28）。なお、選挙人名簿に登録されていない者は、原則として投票できない（公選法42）。

コラム◉地方自治制度をさらに理解するキーワード

選挙の期日と統一地方選挙

選挙は、その事由に応じて選挙期日（投票日）が定まる。

すなわち、議員全体を改選する一般選挙については、例えば、①議員の任期満了による場合は任期満了前30日以内、②議会の解散による場合は解散の日から40日以内、などとなっている。また、一定数の欠員が生じるなどにより議員の一部を選出する特別選挙については、その事由の発生の日から50日以内となっている。長については、例えば、①長の任期満了による場合は任期満了前30日以内、②長が欠けた場合は事由発生の日から50日以内となっている。

地方公共団体の長及び議員の選挙について、有権者の関心を高め、選挙を円滑に執行するため、全国的に期日を統一して行うのが統一地方選挙である。統一地方選挙を行うためには、そのつど、臨時特例法が制定される。令和5年（2023）4月の統一地方選挙については、「地方公共団体の議会の議員及び長の選挙期日等の臨時特例に関する法律」が令和4年（2022）11月18日に制定されている。

イ　被選挙権

被選挙権は、選挙の種類によって異なり、次のとおりである（自治法19、公選法10）。

① 都道府県の議会の議員及び市町村の議会の議員は、当該議会の議員の選挙権を有する者で、年齢満25年以上の者

② 都道府県知事は、日本国民で年齢満30年以上の者

③ 市町村長は、日本国民で年齢満25年以上の者

都道府県知事と市町村長について、住所要件を除外しているのは、広く人材を求める趣旨である。被選挙権についても、選挙権の場合と同様、欠格事由と被選挙権の停止について規定がある。

（2）直接請求制度

直接請求制度は、直接参政制度又は直接民主制の代表的なものである。長及び議会を住民が公選する間接民主主義を基本とする地方自治行政が、住民の意思と相容れないような場合が生じたとき、その欠陥を是正し、住民の意思を自主的に表示する手段として認められた制度である。

いずれも、一定数以上の有権者の連署をもって、その代表者から一定事項を請求するものであるが、それ自体は直接意思決定の効果が生じるものではなく、議会又は選挙権を有する者の投票により意思決定等を行うための最初の手続となるものである。

直接請求ができるのは、地方公共団体の議員・長の選挙権を有する者であり、請求に当たって代表者は、請求者の署名簿を市町村の選挙管理委員会に提出し、署名者が選挙人名簿に登録されたものであることの証明を受ける必要がある（自治法74の２など）。

　地方自治制度上の直接請求は、次の４種類である（**図表２−１−２**）。

ア　条例の制定・改廃の請求

　条例の制定・改廃の請求は、住民にその発案権を認めるもので、条例の制定又は改廃について、議会の議決を請求するものである（自治法12①・74）。ただし、地方税の賦課徴収並びに分担金、使用料及び手数料の徴収に関するものは対象から除かれる。

　請求は、選挙権を有する者が、その総数の50分の１以上の者の連署をもって、代表者から長に対して行う（自治法74①）。

　請求があったときは、長は、直ちに請求の要旨を公表しなければならない（自治法74②）。また、請求を受理した日から20日以内に議会を招集し、意見を付けて議会に付議するものとされている（自治法74③）。

　議会は、条例の制定又は改廃の請求により付議された事件の審議を行うに当たっては、政令の定めるところにより、当該請求の代表者に意見を述べる機会を与えなければならない（自治法74④）。

　議会の審議結果については、長が、代表者に通知するとともに、公表する（自治法74③）。

イ　事務の監査の請求

　事務の監査請求は、地方公共団体の事務の執行の実情を明らかにし、住民の監視と批判を通じて適正な行政運営を図ることを目的に認められている制度であり、監査委員に対し、地方公共団体の事務の執行に関し、監査の請求をするものである（自治法12②・75）。

　請求は、選挙権を有する者が、その総数の50分の１以上の者の連署をもって、代表者から監査委員に対して行う（自治法75①）。

　請求があったときは、監査委員は、直ちに請求の要旨を公表しなければならない（自治法75②）。また、監査委員は、請求に係る事項につき監査し、監査の結果に関する報告を決定し、これを代表者に送付し、公表するとともに、これを議会及び長並びに関係のある委員会又は委員に提出しなければならない（自治法75③）。

　監査委員は、監査の結果に関する報告の決定について、各監査委員の意見が一致しないことにより、合議により決定することができない事項がある場合には、その旨及び当該事項についての各監査委員の意見を代表者に送付し、かつ、公表するとともに、これらを議会及び長並びに関係のある委員会又は委員に提

図表2-1-2　直接請求制度　　　　　　　　　　　　　（法＝地方自治法）

種類と根拠	必要署名数	請求先	必要な措置	結果公表	請求期間の制限
条例の制定または改廃の請求（法12①、74、74の2〜74の4）〔除外：地方税の賦課・徴収、分担金・使用料、手数料の徴収に関するもの〕	選挙権を有する者の50分の1以上	長	長は、請求を受理した日から20日以内に議会を招集、意見を付して議会に付議	義務	（注）公布されていない条例に対しては改廃請求はできない。
事務の監査請求（法12②、74の2〜74の4、75）	選挙権を有する者の50分の1以上	監査委員	監査委員による監査の実施	義務	
議会の解散請求（法13①、74の2〜74の4、76〜79、85）	選挙権を有する者の3分の1（その総数が40万を超える場合、40万を超える数に6分の1を乗じた数と40万に3分の1を乗じた数とを合算した数、総数が80万を超える場合、80万を超える数に8分の1を乗じた数と40万に6分の1を乗じた数と40万に3分の1を乗じた数とを合算して得た数）以上	選挙管理委員会	選挙人による投票、過半数の同意で解散	義務	一般選挙のあった日、解散の投票のあった日から1年間は請求できない。
議員の解職請求（法13②、74の2〜74の4、80、82〜85）		選挙管理委員会	選挙人による投票、過半数の同意で失職	義務	就職の日、解職の投票のあった日から1年間は請求できない。
長の解職請求（法13②、81、82〜85、74の2〜74の4）				義務	
主要公務員の解職請求（法13②、74の2〜74の4、86〜88）副知事、副市町村長、指定都市の総合区長、選挙管理委員、監査委員、公安委員会委員		長	長は議会に付議、議員の3分の2以上の出席、その4分の3以上の同意で失職	義務	就職の日、解職請求に基づく議会の議決の日から1年間（副知事・副市町村長・指定都市の総合区長）又は6ヶ月間（選挙管理委員、監査委員、公安委員会委員）は請求できない。
広域連合の規約の変更（法291の6②〜⑧）	構成団体の選挙権を有する者で当該区域内の住民の3分の1（40万以上は上記に同じ）以上	広域連合の長	構成団体に規約の変更を要請する	義務	

出しなければならない（自治法75⑤）。これは、平成29年（2017）の自治法改正により、監査の透明性を高める観点から、合議に至らない場合であっても、監査の内容や監査委員の意見が分かるようにする必要があるとして、規定されたものである。

　また、監査委員は、監査の結果に関する報告のうち、普通地方公共団体の議会、長、教育委員会等の委員会又は委員において特に措置を講ずる必要があると認める事項については、その者に対し、理由を付して、必要な措置を行うべきことを勧告することができる（自治法199⑪）。これは、第31次地方制度調査

会の「監査を受けた者の監査に対する対応が不明確となっており、監査の結果が有効に生かされるよう、必要に応じて、監査委員が必要な措置を勧告できるようにし、監査を受けた者が説明責任を果たすような仕組みを設けることが必要である」旨の答申を受けて、平成29年（2017）の自治法改正で制度化されたものである。

ウ　議会の解散の請求

議会の解散請求は、住民が議会の解散を請求する権利を認めるものであり、選挙人の投票で過半数の同意を得た時点で議会が解散される（自治法13①・76〜79）。

請求は、選挙権を有する者が、その総数の3分の1以上の者の連署をもって、代表者から選挙管理委員会に対して行う。なお、署名の収集要件は、選挙権を有する者の総数が40万を超え80万以下の場合、40万を超える数に6分の1を乗じた数と40万に3分の1を乗じた数とを合算して得た数に、総数が80万を超える場合、80万を超える数に8分の1を乗じた数と40万に6分の1を乗じた数と40万に3分の1を乗じた数とを合算して得た数に緩和される（自治法76①）。

請求があったときは、選挙管理委員会は、直ちに請求の要旨を公表しなければならない（自治法76②）。また、選挙管理委員会は、これを選挙人の投票に付さなければならない（自治法76③）。

投票の結果が判明したときは、選挙管理委員会は、直ちにこれを代表者及び議長に通知し、公表するとともに、都道府県であれば知事、市町村であれば市町村長に報告しなければならない（自治法77）。議会は、この投票において過半数の同意があったときは、解散する（自治法78）。

なお、議会活動の安定を考慮し、議会の解散の請求は、その議会の議員の一般選挙のあった日から1年間、及び直接請求による解散の投票のあった日から1年間はこれをすることができない（自治法79）。

エ　議員・長・主要公務員の解職の請求

議員等の解職請求は、住民が直接又は間接に選任した地方公共団体の主要公務員のリコール制度である（自治法13②・80〜88）。

解職請求の対象となる職及び直接請求に必要な手続等は、次のとおりである。

a　議員及び長の解職請求（選挙による職）

議員及び長の解職請求は、選挙権を有する者が、その総数の3分の1以上の者の連署（議員の解職請求の場合は、選挙区における総数の3分の1以上の者の連署）をもって、代表者から選挙管理委員会に対して行う。選挙権を有する者の総数が40万を超える地方公共団体にあっては、ウの議会の解散請求と同様、必要署名数が緩和されている（自治法80①・81①）。

請求があったときは、選挙管理委員会は、直ちに請求の要旨を公表するとと

もに、選挙人の投票に付す（自治法80②③）。

投票の結果、過半数の同意があれば解職請求の対象となった者は失職する（自治法83）。

なお、議員・長の就職の日から1年間、又は解職の投票の日から1年間は、原則として請求できない（自治法84）。

b　副知事・副市町村長、指定都市の総合区長、選挙管理委員、監査委員、公安委員会の委員の解職請求（選挙によらない職）

副知事・副市町村長、指定都市の総合区長、選挙管理委員、監査委員、公安委員会の委員の解職請求も、選挙権を有する者が、その総数の3分の1以上の者の連署をもって代表者が行うが、その提出先は、長である（自治法86）。

選挙権を有する者の総数が40万を超える地方公共団体にあっては、必要署名数が緩和されているのは、**ウ**の議会の解散請求と同様である。

請求があったときは、長は、直ちに請求の要旨を公表するとともに、議会にこれを付議する（自治法86②③）。

その結果、議会で、議員の3分の2以上の者が出席し、その4分の3以上の者の同意があれば、その者は失職する（自治法87）。

なお、副知事・副市町村長、指定都市の総合区長については就職の日又は解職の投票の日から1年間、他の委員については6カ月間、請求が制限される（自治法88）。

c　教育長又は教育委員会の委員

教育長又は教育委員会の委員についても、それぞれ、自治法に準じた解職請求制度がある。

教育長又は教育委員会の委員の解職請求は、長の選挙権を有する者がその総数の3分の1（その総数が40万を超える地方公共団体にあっては、**ウ**の議会の解散請求と同様、緩和された必要署名数）以上の者の連署をもって、代表者から長に対して行う（自治法13③、地教行法8）。

（3）住民投票制度

住民投票は、特定の問題について、住民が直接に意思を表示する制度である。住民投票としては、次のようなものがある。

① 憲法95条を受けた地方自治特別法に係る住民投票がある。投票に係る具体的な細部規定は、公選法が準用される（自治法261・262）。

② 直接請求の結果行われる住民投票がある。議会の解散請求や議員・長の解職請求などである。

③ 市町村合併特例法によって規定されている合併協議会の設置についての住民投票がある。

④　以上のほか、自治法による一般的な制度ではないが、直接参政の制度として重視されるようになっているその他の住民投票制度がある。住民の利害に関連を持つ重要な事項を決定するに際し、住民投票に付すとする条例を制定する地方公共団体が増加しており、それに基づいて実際に住民投票が行われるようになっている。しかし、現行制度の下で、これらの条例による住民投票に法的拘束力を持たせることは難しく、諮問型の住民投票として実施されている。

(4) 住民監査請求・住民訴訟

　住民監査請求及び住民訴訟は、住民が地方公共団体の執行機関若しくは職員の行う違法・不当な行為等を防止し、又はこれらによって生じる損害に対する賠償責任を追及することを通して、地方公共団体の財務の適正を実現し、納税者としての損失を受けることを防止し、住民全体の利益を守ることを目的とする。

　この制度は、直接請求である事務の監査請求と異なり、当該地方公共団体の住民であれば、法人たると個人たるとを問わず（永住外国人も含む）請求できる。また、その請求対象は違法又は不当な公金の支出等に限定される。この監査請求によって住民が効果を期待できないときは、住民訴訟を提起できる。

ア　住民監査請求制度

a　住民監査請求の対象

　請求の対象となるのは、地方公共団体の長その他の執行機関又は職員による違法・不当な公金の支出、財産の取得・管理又は処分、契約の締結・履行（競争入札によるべきところを随意契約とする等）、債務その他の義務の負担（条例と異なる退職年金の決定等）、あるいは、違法・不当な公金の賦課・徴収又は財産の管理を怠る事実（法令に根拠のない地方税の減免等）である（自治法242①）。

b　住民監査請求の内容

　請求の内容は、監査、当該行為の防止・是正、当該怠る事実を改めること、地方公共団体の被った損害を補てんするために必要な措置を求めることである（自治法242①）。

c　住民監査請求できる期間

　請求できる期間は、当該行為のあった日又は終わった日から１年以内に限られる。ただし、当該行為が住民に容易に知り得ない状態で行われた場合のように正当な理由があるときは、１年を経過してもできる（自治法242②）。

d　住民監査請求があった場合の措置等

　住民監査請求があった場合、監査委員は監査をしなければならない。監査の

結果、請求に理由がないときは、理由を付して請求人に通知し、公表する。一方、請求に理由があるときは、議会、長等に必要な措置を勧告し、その内容を請求人に通知し、公表する（自治法242⑤）。この監査及び勧告は請求があった日から60日以内に行わなければならない（自治法242⑥）。

　勧告は法的な拘束力や強制力は持たないが、勧告を受けた相手方は、尊重する義務を負う。勧告を受けた議会、長等は、その勧告に示された期間内に必要な措置を講じて、監査委員に通知する義務を負う。監査委員は、通知された事項を請求人に通知し、公表しなければならない（自治法242⑨）。

e　暫定的停止勧告制度

　事前の差止めを求める住民監査請求の実効性を担保するため、一定の要件(当該行為が違法であると思料する相当な理由がある、回復困難な損害回避の緊急の必要がある、生命等に対する重大な危害発生の防止その他公共の福祉を著しく阻害するおそれがないこと）を満たしたときは、監査委員は、当該地方公共団体の長等にdの手続が終了するまでの間、暫定的に当該行為を停止すべきことを勧告できる（自治法242④）。

f　損害賠償請求権等の放棄に関する監査委員への意見聴取等

　平成24年（2012）の各最高裁判決（議会の議決による地方公共団体の債権の放棄（自治法96①Ⅰ）に関し、諸般の事情を総合考慮して、これを放棄することが裁量権の範囲の逸脱又は濫用に当たると認められるときは、議決は違法となり放棄は無効となる）を踏まえ、議会には、長や職員に対する損害賠償請求権等を放棄する判断が裁量権の逸脱又は濫用となることのないよう、客観的で合理的な判断が求められることから、議会が住民監査請求後に当該請求に係る損害賠償請求権等を放棄する場合には、あらかじめ監査委員から意見を聴かなければならないこととされた（自治法242⑩）。

　また、これに関連して、監査委員に対し、住民監査請求の要旨の議会及び長への通知義務が課された（自治法242③）。

イ　住民訴訟制度

a　出訴権者

　住民訴訟を提起できるのは、住民監査請求をした住民で、次の場合に限られる（自治法242の2①）。

① 　監査委員の監査の結果又は勧告に不服があるとき
② 　勧告を受けた議会、長等の執行機関又は職員の措置に不服があるとき
③ 　監査請求があった日から60日以内に監査委員が監査・勧告を行わないとき
④ 　監査委員の勧告を受けた議会、長等が勧告に示された期間内に必要な措置を講じないとき

b　訴訟の対象

住民訴訟の対象となるのは財務会計上の違法な行為又は違法に怠る事実であって（不当な行為又は不当に怠る事実は対象とならない）、当該行為又は怠る事実について住民監査請求を行ったものに限られる（監査請求前置主義）。

なお、出訴期間については、行政運営の安定性確保のため一定の期間が定められており、その期間は不変期間とされている（自治法242の２②③）。

c　訴訟の類型

訴訟により請求できる事項は、次の４種類である（自治法242の２①）。

①　１号訴訟…執行機関又は職員に対する当該行為の全部又は一部差止請求

②　２号訴訟…行政処分たる当該行為の取消し又は無効確認請求

③　３号訴訟…執行機関又は職員に対する当該怠る事実の違法確認請求

④　４号訴訟…当該職員又は当該行為若しくは怠る事実にかかる相手方に損害賠償又は不当利得返還の請求をすることを、当該地方公共団体の執行機関又は職員に対して求める請求。ただし、当該職員又は当該行為若しくは怠る事実にかかる相手方が、自治法243の２の２③による賠償の命令の対象となる者である場合にあっては、当該賠償の命令をすることを求める請求

d　４号訴訟に関する手続

４号訴訟について損害賠償等を命ずる判決が確定したときは、長は、当該職員又は相手方に対し、判決確定の日から60日を期限として損害賠償金等の支払を請求しなければならない（自治法242の３①）。支払われないときは、地方公共団体は、当該損害賠償等の請求を目的とする訴訟を提起しなければならない（自治法242の３②）。地方公共団体がその長に対し損害賠償等の請求を目的とする訴訟を提起するときは、代表監査委員が当該地方公共団体を代表する（自治法242の３⑤）。なお、地方公共団体の自治法242の３②に係る訴訟の提起には、当該地方公共団体の議会の議決を要しない（自治法242の３③）。

第5節　地方公共団体の自治権

1　条例と規則（自治立法権）

憲法94条は、「地方公共団体は、…法律の範囲内で条例を制定することができる」としている。地方公共団体が自治権に基づいてその事務に関して自ら条例や規則を定める権能を自治立法権という。地方公共団体が自主法を制定する権能は、憲法によって保障され、国の法令とは独立・別個にそれを制定できるが、憲法が自主法として規定する「条例」は、条例、規則などその形式を問わず地

方公共団体の自治立法を意味する。

　また、近年の地方分権改革の進展により地方公共団体の自己決定権が拡大し、それにともない条例制定権も拡大し、条例による行政の積極的な展開が期待されるようになっている。さらに、機関委任事務の廃止により、地方公共団体のすべての事務が条例制定権の対象となるとともに、従来の「要綱による行政」からの脱却も求められている。

(1) 条　例

ア　条例の所管

　地方公共団体は法令に違反しない限りにおいて、自治法2条2項の事務に関し、条例を制定することができる（自治法14①）。地方公共団体の事務であれば、「地域における事務」である自治事務のみならず、「法律又はこれに基づく政令により地方公共団体が処理するものとされている事務」である法定受託事務についても条例を制定できる。

　また、権力的な性質を持つもので住民等の権利義務に関わる事項については、法令に特別の定めがある場合を除き条例で定めることが義務付けられている（自治法14②）。

イ　条例と罰則

　地方公共団体は、その条例中に、条例に違反した者に対し、2年以下の懲役若しくは禁錮、100万円以下の罰金、拘留、科料若しくは没収の刑又は5万円以下の過料を科する旨の規定を設けることができる（自治法14③）。

ウ　条例の種類

地方公共団体が定める条例には、次のような種類がある。

① 　権力的事務に関する条例…地方公共団体が特定の政策目的を達成するために制定する、住民などに義務を課し、権利を制限する内容の条例である（自治法14②）。公安条例、公害防止条例などがある。

② 　内部管理に関する条例…地方公共団体の内部的な組織や一般的な事務処理のうち重要な事項について規定する条例である。地方公共団体の事務所の位置を定める条例、議会の委員会設置条例、職員の給与等に関する条例などがある。

③ 　住民の負担の根拠を定める条例…住民に財政的負担を課する根拠となる条例である。税条例、分担金・使用料・手数料・加入金の徴収に関する条例などがある。

④ 　公の施設の設置管理条例…公の施設の設置管理に関しては、一般的に条例で定めなければならないこととされている（自治法244の2）。

⑤ 　任意的条例…政策を実施するに当たって必ずしも条例の根拠は必要でな

いが、政策の内容を明確にし、議会の議決を経て地方公共団体の意思とするために制定される条例である。

エ　条例の制定手続

a　条例案の議会への提案

条例の議会への提案権は、地方公共団体の長並びに議会の議員及び委員会がこれを有している（自治法109⑥・112①・149Ⅰ）。なお、長の内部組織の設置や議会の委員会の設置など、提案権が長又は議員に専属するものもある。

b　条例案の議会での議決

条例は議会の議決によって成立する（自治法96①Ⅰ）。議会の議決は、原則として出席議員の過半数で決するが、県庁や市役所の位置を定める条例のように、法律が特別多数の同意を要件として定めているものもある。

c　条例の公布・施行

条例は、公布により効力を生じる。議会で議決された条例は、3日以内に地方公共団体の長に送付され、長は、その条例に異議がない場合は、20日以内に公布をしなければならない（ただし、再議その他の措置を講じた場合はこの限りではない）（自治法16①②）。公布された条例は、その条例に特別の定めがある場合を除き、公布の日から起算して10日を経過した日から施行される（自治法16③）。

d　条例の効力

条例の効力の及ぶ範囲は、原則として当該地方公共団体の区域に限定され、区域外に及ばない。公の施設をその地方公共団体の区域外に設置する場合のように、例外的に、その区域外の者に適用されることもある。また、その地方公共団体の区域内であれば、住民、滞在者を問わずすべての人に効力が及ぶ。

なお、地方公共団体の職員の勤務条件に関する条例のように、例外的に、区域を越えて属人的に条例が適用される場合もある。

（2）規　則

地方公共団体が制定する自主立法のうち、地方公共団体の長が制定するのが規則である。長は、法令に違反しない限りにおいて、その権限に属する事務に関して規則を制定することができる（自治法15①）。

規則制定権の対象は、次のとおりである。

① 法令により規則を制定すべきこととされている事項（法令の委任に基づく事項）

② 地方公共団体の事務のうち長の権限に専属することとされている事項

③ その他の地方公共団体の事務で法令により条例で定めるべきものとされていない事項（条例と規則が競合しうる事項）

④ 条例の委任に基づく事項、条例施行のために必要な事項

規則では、刑罰を科することはできないが、行政上の秩序罰として5万円以下の過料を科する旨の規定を設けることができる（自治法15②）。

その他、行政委員会、委員や議会の専管事項については、それぞれの機関が規則を定めることができる（教育委員会規則（地教行法15①）、議会の会議規則（自治法120）など）。

（3）条例と規則の関係

条例と規則は、それぞれ専属的な所管事項の範囲にとどまる限りにおいては、両者の効力関係には何ら問題は生じない。

これに対し、条例と規則が共管事項を持ち、条例の内容と規則の内容が相互に矛盾する場合においては、議会が定める基本的な自治法規であることなどから、条例の方が規則に優先するものと考えられる。

また、条例で具体的な定めを規則に委任したり、条例の執行のためその細則を規則で定めている場合、規則は、条例の委任の範囲を超えたり、条例の規定に反することができないことは当然である。

2 地方公共団体の事務（自治行政権）

自治行政権とは「地方公共団体が自治権に基づいて、様々な仕事を実際に行う権能」をいう。

自治法では、「地方公共団体は、…地域における行政を自主的かつ総合的に実施する役割を広く担う」（自治法1の2①）と規定されている。さらに、「住民に身近な行政はできる限り地方公共団体にゆだねることを基本」とし（自治法1の2②）、「地域における事務及びその他の事務で法律又はこれに基づく政令により処理することとされるもの」を処理するとされ、法人としての地方公共団体が幅広い権能を有することが明示されている（自治法2②）。

この地方公共団体の事務は、「自治事務」と「法定受託事務」とに区分され、法定受託事務は、さらに第1号法定受託事務と第2号法定受託事務とに区分される。

（1）自治事務

自治事務とは、地方公共団体が処理する事務のうち、法定受託事務以外の事務をいう（自治法2⑧）。すなわち、自治法2条2項に規定されている地方公共団体の事務から「法定受託事務」を除いたすべての事務である。地方公共団体が処理している事務が多種多様でありそれを定義することが困難であることや、地方公共団体は地域における行政を広く担うとする考え方から、自治事務につ

いては、このような規定の仕方になったとされている。

　地域における事務には、地方公共団体の存立目的そのものであるような事務、例えば住民の福祉を増進する事務、地方公共団体の存立・維持に不可欠な事務のほか、住民の安全・福祉の保持のために、住民の権利・自由を制限するような権力の行使を伴う事務も含まれる。

　住民の福祉を増進する事務としては、学校、公園、道路、図書館、病院、上下水道、バス等を設置・運営する事務等があり、地方公共団体の存立・維持に不可欠な事務としては、長や議員の選挙、職員の任免、地方税の賦課徴収、条例の制定等の事務がある。

　自治事務には、法律に定めのないものと法律に定めのあるもの（法律に定めのないものについては、その実施は地方公共団体に義務付けられていない）がある。

(2) 法定受託事務

　法定受託事務とは、国などが本来果たすべき役割に関するものであって、国などから法令により地方公共団体に委ねられる事務であり、その定義は次のとおりである。

① 　法律又はこれに基づく政令により都道府県、市町村又は特別区が処理することとされる事務のうち、国が本来果たすべき役割に係るものであって、国においてその適正な処理を特に確保する必要があるものとして法律又はこれに基づく政令に特に定めるもの（第1号法定受託事務）（自治法2⑨Ⅰ）。

② 　法律又はこれに基づく政令により市町村又は特別区が処理することとされる事務のうち、都道府県が本来果たすべき役割に係るものであって、都道府県においてその適正な処理を特に確保する必要があるものとして法律又はこれに基づく政令に特に定めるもの（第2号法定受託事務）（自治法2⑨Ⅱ）。

　法定受託事務とするかどうかの区分については、それぞれの事務に関し規定する法令の中で定められるが、法律に定める法定受託事務は自治法の別表（第1号法定受託事務は別表第1、第2号法定受託事務は別表第2）に、政令に定める法定受託事務は自治令の別表にそれぞれ確認的に列挙されることとなっている（自治法2⑩）。

　法定受託事務は、あくまで地方公共団体の事務であり、法律又はこれに基づく政令の規定により、都道府県、市町村又は特別区が処理するものと定められているものであるから、その点で、従来の機関委任事務と異なる。

　例としては、国政選挙、旅券の交付、戸籍事務、生活保護、国の指定統計等

の事務がある。

　なお、地方分権の推進の観点から法定受託事務は将来抑制すべきものとされており、平成11年（1999）の地方分権一括法において、法定受託事務はできる限り新たに設けないようにするとともに、その見直しを適宜行う旨の規定が設けられている。

コラム◉地方自治制度をさらに理解するキーワード

機関委任事務

　平成11年（1999）に制定された地方分権一括法による第一次分権改革の大きな柱とされたのは、国と地方公共団体の間に対等・協力の関係を築くことを主眼とした機関委任事務の廃止であった。

　機関委任事務は、特に、都道府県知事及び市町村長を国の機関とし、これに国の事務を委任して執行させる仕組みであった。この場合、知事は主務大臣の指揮監督、市町村長は国の機関としての知事の指揮監督を受け、いわゆる職務執行命令等の制度が設けられるとともに、当該事務については、地方公共団体の議会や監査委員によるチェック機能も制限されていた。

　機関委任事務は、都道府県事務の7〜8割、市町村事務の3〜4割を占めており、従来の地方自治制度の中には、このような国と地方の上下関係を具現化する制度があった。

3　自治財政権

　自治財政権とは「地方公共団体が、自治権に基づいて、その仕事をするのに必要な経費を調達し、管理する権能」をいう。具体的には、地方税、分担金、使用料、手数料などを賦課・徴収し、予算、決算など、財務に関する業務を行うことである。

　自治財政権は地方自治の経済的側面からの裏づけである。そこでは、自治立法権、自治行政権が絵に画いた餅にならないように、いかに自主的かつ独立の財源を確保するかが問題とされる。地方税などの自主財源の割合が高いことが、自主性・独立性・安定性につながり、より望ましい地方公共団体といえる。現在、地方分権を進める上での最大の課題のひとつは、地方の歳入を増加させることではなく、地方の自主財源の比率を高めることである。

第6節　議事機関──議会

1　議会の設置とその位置づけ

（1）地方公共団体における議会

　議会は「地方公共団体の意思を決定する機関」である。自治法は「普通地方公共団体に議会を置く」と規定している（自治法89）。都道府県及び市町村・特別区には必ず議会が設置される（必置機関）が、例外として、町村については「町村総会」という制度が認められている（自治法94）。

　地方公共団体の議会は、国会とは異なり、地方公共団体における最高機関でも唯一の立法機関でもない。その役割としては、①地域社会における多種多様な争点を政治過程にのせること、②審議を通じてそれらの争点に政策としての優先順位を与え住民に示すこと、③長との競争と緊張関係を保ちつつ地方公共団体の公的な意思を形成すること、④執行機関による行政の適正さや有効性を評価し、監視・統制していくことなどが挙げられる。

（2）議員の地位・身分

　議会は、直接住民によって選挙された議員によって組織され、議員は、議会の基本的な構成員となるものである。

　議員の定数は、条例で定める（自治法90・91）。従来は自治法で人口に比例して定められていたが、地方分権一括法により議員の定数を条例で定める制度が導入され（自治法においては人口に比例した上限値を定める）、さらに、この上限数を人口に応じて定める規定は、平成23年（2011）5月公布の改正により、同年8月1日に撤廃されたものである。

　議員の任期は4年である（自治法93①）。補欠選挙による議員の任期は、前任者の残任期間となる。

　議員については、住民の代表者として公正に職務を行うことを担保するために、一定の兼職・兼業の禁止の制度が設けられている。

ア　兼職禁止
議員が兼職を禁止されている職として、主に次のものがある。
①　地方公共団体の長（自治法141②）
②　衆議院議員・参議院議員（自治法92①）
③　他の地方公共団体の議会の議員（自治法92②）
④　地方公共団体の常勤の職員・短期間勤務職員（自治法92②）

⑤　裁判官（裁判所法52Ⅰ）

⑥　教育委員会の教育長及び委員（地教行法6）

⑦　人事委員会・公平委員会の委員（地公法9⑨）

⑧　海区漁業調整委員（都道府県議会委員についてのみ）（漁業法140）

⑨　港務局の委員会の委員（例外あり）（港湾法17①Ⅱ）

⑩　都道府県公安委員会の委員（警察法42②）

イ　兼業禁止

兼業禁止として、議員は、一定の経済的ないし営利的業務への従事が制限されており、一般には請負禁止と呼ばれている。兼業禁止の対象となるのは、次のとおりである（自治法92の2）。

①　当該地方公共団体に対し請負をする者及びその支配人たること

②　主として当該地方公共団体に対し請負をする法人の無限責任社員、取締役、執行役若しくは監査役又はこれらに準ずべき者、支配人及び清算人たること

なお、令和4年（2022）改正（令和5年（2023）3月1日施行）において、議員のなり手不足への対応のため、規制の対象となる請負の定義が明確化されるとともに、請負の対価の総額が政令で定める額（300万円）を超えない場合については規制の対象から除かれることとされた。

ウ　議員の失職理由

議員がその身分を失う場合としては、次の事由がある。

①　任期満了

②　選挙又は当選の無効

③　被選挙権の喪失…被選挙権の有無は、公選法又は政治資金規正法に該当するため被選挙権を有しない場合を除き、議会が出席議員の3分の2以上の多数により決定する（自治法127①）。

④　辞職…議員が辞職するためには、議会の許可を得ることが必要である（議会の閉会中においては議長の許可を得て辞職できる）。

⑤　兼業禁止に該当した場合
　　兼業禁止該当の決定…兼業禁止の規定に該当するかどうかの決定は、出席議員の3分の2以上の多数により行わなければならない（自治法127①）。

⑥　除名…除名については、議員の3分の2以上の出席により、その4分の3以上の同意が必要である（自治法135③）。

⑦　解職請求の成立

⑧　議会の解散

※兼職禁止（自治法92）に該当した場合については、直ちに議員の職を失職するものと解すべきとする見解もあるが、当該兼職禁止規定の趣旨は、同時に兼ねることができない

新たな職に就任することができないとするものであるとの見解もある。

エ　議員の政務活動費

普通地方公共団体は、条例の定めるところにより、その議会の議員の調査研究その他の活動に資するために必要な経費の一部として、その議会における会派又は議員に対し、政務活動費を交付することができる。政務活動費の交付対象、交付額、交付方法及び政務活動費を充てることができる経費の範囲は、条例で定めなければならない（自治法100⑭）。

政務活動費を受けた会派又は議員は、条例の定めるところにより、政務活動費に係る収入及び支出の報告書を議長に提出することとされている（自治法100⑮）。

また、議長には、政務活動費について、その使途の透明性の確保に努めるよう義務が課されている（自治法100⑯）。

2　議会の組織

議会には議員全員で構成される「本会議」のほか、議員の一部をもって構成される会議である「委員会」がある。議会は条例により、常任委員会、議会運営委員会、特別委員会を置くことができる（自治法109①）。委員会が設置される理由は、行政の広範化、専門・技術化に対応し、審議の徹底を図るとともに議事運営の効率化を図ることにある。委員会は原則として議会の会期中に活動するが、議会の議決により付議された特定の事件については、議会の閉会中も審査することができる（自治法109⑧）。この事件については、会期不継続の原則（自治法119）の例外とされている。

（1）本会議

本会議は、議員全員で構成される議会の基本的な組織であり、議会の意思はこの会議において決定される。

議会の本会議の種類には、定例会と臨時会がある（自治法102①）。

ア　定例会

定例会は、毎年、条例で定める回数、開会しなければならない（自治法102②）。定例会は、付議案件の有無にかかわらず、定例的に招集されるものである。

イ　臨時会

臨時会は、あらかじめ告示された特定の事件を審議するために招集される（自治法102③）。

臨時会においては、告示された事件以外は原則としてこれを審議することができない。ただし、開会中に緊急を要する事件があるときは、ただちに会議に付議することができる（自治法102⑤）。

ウ　通年の会期

議会は、条例により、定例会・臨時会の区分を設けず、通年の会期（条例で定める日から翌年の当該日の前日までを会期とするもの）とすることができる（自治法102の2）。この場合、議会は、条例で、定期的に会議を開く日（定例日）を定めなければならない。

(2) 委員会

ア　常任委員会

常任委員会は、その部門に属する事務に関する調査を行い、議案、請願などを審査する（自治法109②）。常任委員会は、議会の議決すべき事件のうち、その部門に属する事務に関して、議会に議案を提出することができる（自治法109⑥）。

イ　議会運営委員会

議会運営委員会は、①議会の運営に関する事項、②議会の会議規則、委員会に関する条例等に関する事項、③議長の諮問に関する事項について調査を行うほか、議案、請願等を審査する（自治法109③）。議会運営委員会には、議案の提出権も認められている（自治法109⑥）。

ウ　特別委員会

特別委員会は、議会の議決により付議された事件を審査する（自治法109④）。特別の付議事件について調査審議を行うために設置される。特別委員会が設けられるのは、例えば、2以上の常任委員会の所掌に属する事件、特に重要であるため特別の構成員によって調査審議を行う必要のある事件、常任委員会の所掌に属しない事件等を審議する場合である。予算特別委員会や決算特別委員会などが設置される。

(3) 議長・副議長

議会は、議員の中から議長及び副議長1人を選挙しなければならないものとされている（自治法103①）。選挙は、指名推選の方法によることも認められている（自治法118②）。指名推選の方法を用いる場合においては、被指名人をもって当選人と定めるべきかどうかを会議に諮り、議員の全員の同意があった者をもって当選人とする（自治法118③）。

議長・副議長の任期は、議員の任期による（自治法103②）。議長・副議長は、任期の途中でも、議会の許可を得て辞職することができる。ただし、副議長は、議会閉会中においては、議長の許可を得て辞職できる（自治法108）。

議長の権限としては、次のものが規定されている（自治法104・105）。

① 議場の秩序の保持

② 議事の整理

③ 議会の事務の統理

④ 議会の代表

⑤ 委員会への出席と発言

副議長は、議長に事故があるとき、又は議長が欠けたとき、議長の職務を行う（自治法106）。

(4) 議会事務局

都道府県の議会には、事務局を置く（自治法138①）。また、市町村の議会は、条例で定めるところにより事務局を置くことができる（自治法138②）。事務局には、事務局長、書記その他の職員を置く（自治法138③）。

事務局を置かない市町村の議会に書記長、書記その他の職員を置く。ただし、町村においては、書記長を置かないことができる（自治法138④）。事務局長、書記長、書記その他の職員は、議長がこれを任免する（自治法138⑤）。

3 議会の権限

(1) 議決権

議会の議決権とは、地方公共団体の主要な事務について、団体意思を決定する権限である。この権限は、議会の有する権限のうちで最も基本的であり、本質的なものである。

地方公共団体の議会は、住民を代表し地方公共団体の意思を決定する機関として、自治権の拡充とともに、その重要性を増してきた。しかし、自治法が首長制を採用していることから、議会の権限は、地方公共団体の事務全てに及ぶものではなく、議会が議決すべき事項（議決事件）は、自治法96条に制限列挙されている。

法定議決事件についての議決は、一般に、次の2つに分けることができる。

① 条例の制定改廃、予算の議決、決算の認定及び地方税の賦課徴収等の狭義の団体意思の決定としての議決

② 契約の締結、財産の取得使用処分、不動産の信託、負担付き寄附・贈与、権利の放棄、公の施設の長期独占的利用、訴えの提起、損害賠償額の決定等の長が具体的財務行為を執行する前提としての議決（事件議決）

なお、議会の議決すべき事件に関する条例を制定することにより、議会の議決すべきことを定めることができる（「国の安全に関することその他の事由により議会の議決すべきものとすることが適当でないものとして政令で定めるもの」を除く）（自治法96②・自治令121の③）。

(2) 選挙権

選挙権は、議員の集合的な意思によって特定の地位に就くべき者を選び、決定する権限である。地方公共団体の議会は、法律又はこれに基づく政令によりその権限に属する選挙を行わなければならないとされている（自治法97①）。

議会が行う選挙は、次の2つに分けることできる。

① 内部組織に関するもの（議長、副議長、仮議長の選挙）

② それ以外のもの（選挙管理委員、補充員の選挙等）

(3) 意見提出権

議会は、当該普通地方公共団体の公益に関する事件につき、意見書を国会又は関係行政庁に提出することができる（自治法99）。

(4) 同意権

同意権は、長その他の執行機関の行為のうち特に重要なものについて、その執行の前提手続として議会に同意という関与の権限が与えられているものである。

同意の対象となる事項としては、次のものがある。

① 長の所定期日前の退職（自治法145）

② 副知事・副市町村長、行政委員会の委員等の選任（自治法162、地公法9の2②、地教行法4①など）

③ 職員の賠償責任の免除（自治法243の2の2⑧）

④ 条例で定める特に重要な公の施設について条例で定める長期的・独占的な利用（自治法244の2②）

また、長の専決処分に対する事後の承認、議長・副議長・議員の辞職に対する許可がある。

(5) 検査権、監査請求権

検査権及び監査請求権は、地方公共団体の事務処理が適正に行われるようにするために認められる権限である。

検査権としては、次の2つがある（自治法98①）。

① 地方公共団体の事務に関する書類及び計算書を検閲すること

② 長や委員会・委員に報告を請求して団体の事務の管理や議決した事項の執行状況・出納を検査すること

監査請求権は、監査委員に地方公共団体の事務に関して監査を求め、その結果の報告を請求することのできる権限である（自治法98②）。

普通地方公共団体の事務であっても、次のものは検査及び監査請求の対象から除かれる。

①　自治事務にあっては労働委員会及び収用委員会の権限に属する事務で政令で定めるもの（自治令121の4①③）

②　法定受託事務にあっては国の安全を害するおそれがあることその他の事由により議会の検査の対象とすることが適当でないものとして政令で定めるもの（自治令121の4②④）

検査は、基本的に書面による検査であり、実地検査は認められないものと解されている。実地について検査が必要な場合は、監査委員に監査を請求することになる。

(6) 調査権

自治法は、「普通地方公共団体の議会は、当該普通地方公共団体の事務…に関する調査を行うことができる。この場合において、当該調査を行うため特に必要があると認めるときは、選挙人、その他の関係人の出頭及び証言並びに記録の提出を請求することができる」と規定し、議会の調査権を認めている（自治法100①）。これは、その根拠条文から、一般に「100条調査権」などと呼ばれる。

この調査権は、憲法62条により、国会に国政に対する広範な調査権が与えられた趣旨を踏まえ、地方公共団体の議会に、その職責を十分に果たすために認められたものである。したがって、調査権の本質は、議会が有する一般的な質問、説明要求、検査権、監査請求等の諸権限を担保するための補助的な権限である。

正当な理由なく証言等を拒否した場合や、虚偽の陳述には罰則が適用され（自治法100③⑦）、調査の実効性を担保するための強制力が与えられている点でも、委員会の一般的な調査権と大きく異なる。

調査権の対象となりうるのは、広く地方公共団体の事務であり、自治事務のみならず、法定受託事務も対象となりうる。

ただし、自治事務のうち労働委員会及び収用委員会の権限に属する事務で政令で定めるもの、並びに法定受託事務のうち国の安全を害する恐れがあることなどの事由によりその対象とすることが適当でないと政令で定めるものは、除かれる（自治法100①・自治令121の5）。

調査権は議会に与えられた権限であるが、通常は、常任委員会に調査を委任したり、新たに特別委員会を設置し調査に当たらせる例が多い。

(7) 請願の受理権

憲法により国民の請願権が保障されていることに対応し、議会に請願を受理

する権限が認められている（自治法124・125）。

　議会に対して請願をするには議員の紹介が必要であり、文書によって提出しなければならない。請願は、その形式・手続が整っていれば、議会の開会中・閉会中を問わず、議長はこれを受理する。受理された請願は、一般に委員会に付託され、その審査を経て、議会の意思が決定されることになる。請願に対して「採択」とするか「不採択」とするかは、全く議会の自由である。請願の趣旨に賛成でも内容の一部が実現不可能である場合などは「趣旨採択」とされる場合もある。

　議会は、採択した請願でその地方公共団体の長その他の執行機関において処理することが適当と認めるものは、これらの者にこれを送付し、かつ、その請願の処理の経過及び結果の報告を請求することができる。

　なお、陳情は、請願の要件である議員の紹介を欠くものをいう。陳情は、請願行使権としての法的保護は受けないが、自治法（109②）においては、陳情も請願等として委員会の審査事項となると解される（平成24年（2012）改正前は陳情が審査事項として明記されていた。）。

(8) 自律権

　議会の組織及び運営について議会が自主的に決定する権限として、会議規則の制定（自治法120）、議会の会期及びその延長並びにその開閉に関する事項の決定（自治法102⑦）、議長・副議長等の選挙及び辞職の許可（自治法103・108）、議員の辞職の許可及び資格の決定（自治法126・127①）、懲罰（自治法134）などがある。

4 議案と議決

(1) 議　案

ア　議案の提出

　議案を提出することができるのは、次のとおり、地方公共団体の長、議員及び委員会である。

① 長は、議会の議決を経べき事件につき、その議案を提出することができる（自治法149Ⅰ）。

② 議員は、議員の定数の12分の1以上の者の賛成により、議会の議決すべき事件につき、議会に議案を提出することができる。ただし、予算については、この限りでない（自治法112）。

③ 常任委員会、議会運営委員会又は特別委員会は、議会の議決すべき事件のうち、その部門に属する事務に関して、議会に議案を提出できる。ただ

し、予算については、この限りでない（自治法109⑥）。

議案の性質上、次のような例外がある。

① 長にだけ提出権が認められているもの（予算、決算認定、副知事・副市町村長の選任の同意など）

② 議員にだけ提出権が認められているもの（常任委員会の設置、議会事務局の設置など）

イ 調査、審議

議案の調査は、一般的には委員会で行う。審議のルールについては「会議規則」に定めるところによる（自治法120）。平成20年（2008）の改正により、会議規制の定めるところにより議案の審査又は議会の運営に関し協議又は調整を行うための場を設けることができることとされた（自治法100⑫）。

また、専門的知見を活用するため、議会は、議案の審査又は当該地方公共団体の事務に関する調査のために必要な専門的事項に係る調査を、学識経験を有する者等にさせることができる（自治法100の2）。

(2) 議 決

ア 過半数議決の原則

議案は質疑や討議を行った後、表決によって可否を決定する。通常、表決は出席議員の過半数で決する。これを「過半数議決の原則」という。

議長は、議員として議決に加わらない。可否同数のときは議長が決する（自治法116①）。

イ 特別多数決

法律が特に定めるものについては、3分の2以上などの「特別多数決」が必要とされている。この場合は、議長も議員の1人として議決に加わる。

特別な定足数や特別多数決を要する例としては、次のものがある（**図表2-1-3**）。

a 通常の定足数により、出席議員の3分の2以上の多数

① 地方公共団体の事務所の設定・変更条例の制定・改廃（自治法4③）

② 秘密会の議決（自治法115①）

③ 議員の失職・資格に関する決定（自治法127①）

④ 再議議決における条例の制定・改廃又は予算に関するものについての同意（自治法176③）

⑤ 重要な公の施設の廃止・長期独占的利用に関する同意（自治法244の2②）

b 議員の3分の2以上の出席により、過半数

長に対する不信任議決（再度の場合）（自治法178②③）

図表2-1-3　特別多数決の例

議決事項		定足数	議決	自治法
事務所の位置等に関する条例		定数の2分の1以上	出席議員の3分の2以上	4③
直接請求に基づく主要公務員の解職の同意		在任者の3分の2以上	出席議員の4分の3以上	87
会議を秘密会とする議決		定数の2分の1以上	出席議員の3分の2以上	115①
議員の身分	議員の資格の決定	定数の2分の1以上	出席議員の3分の2以上	127①
	議員の除名	在任者の3分の2以上	出席議員の4分の3以上	135③
長と議会の関係	条例、予算の再議決	定数の2分の1以上	出席議員の3分の2以上	176③
	長の不信任議決	在任者の3分の2以上	出席議員の4分の3以上	178①③
	解散後の再不信任議決	在任者の3分の2以上	出席議員の過半数	178②③
特に重要な公の施設の廃止等		定数の2分の1以上	出席議員の3分の2以上	176③

　　c　議員の3分の2以上の出席により、4分の3以上の多数
　①　副知事・副市町村長、選挙管理委員、監査委員、公安委員会の委員の解職請求に関する同意（自治法87①）
　②　議員の除名（自治法135③）
　③　長に対する不信任議決（最初の場合）（自治法178①③）

5　議会の招集と会議の運営

(1) 議会の招集

　議会の招集とは、会議を開くために、一定の期日に一定の場所に集合するよう議員に要求することである。
　招集は、地方公共団体の長の専属権限である（自治法101①）。
　ただし、臨時会については、次の規定があり、これらの場合、当該普通地方公共団体の長は、請求のあった日から20日以内に臨時会を招集しなければならない（自治法101④）。
　①　議長は、議会運営委員会の議決を経て、当該普通地方公共団体の長に対し、会議に付議すべき事件を示して臨時会の招集を請求することができる（自治法101②）。
　②　議員の定数の4分の1以上の者は、当該普通地方公共団体の長に対し、会

議に付議すべき事件を示して臨時会の招集を請求することができる（自治法101③）。

議長等の臨時会の招集請求に対して長が招集しないときは、議長は臨時会を招集することができる（自治法101⑤⑥）。

招集は、緊急を要する場合を除き、開会の日前、都道府県及び市は7日、町村は3日までに告示しなければならない（自治法101⑦）。告示後に、開会の日に会議を開くことが災害等により困難となったときは、当該告示をした者は、開会の日の変更をすることができる（自治法101⑧）。

議会が通年の会期としている場合は、条例で定めた日の到来をもって、長が当該日に招集したものとみなされる（自治法102の2②）。

(2) 会　期

議会は、通年の会期（自治法102の2）の場合も含め、会期がある。会期は、議会が活動能力を有する期間である。通年の会期を除いて、会期とその延長については、議会がこれを定める（自治法102⑦・102の2）。

(3) 会議の開閉

議会は、議員の定数の半数以上の議員が出席しなければ会議を開くことができない（自治法113）。

ただし、この定足数の例外として、次のような規定がある。

① 　除斥（自治法117）のため半数に達しないとき

② 　同一の事件につき再度招集してもなお半数に達しないとき

③ 　招集に応じても出席議員が定数を欠き、議長において出席を催告してもなお半数に達しないとき、又は半数に達してもその後半数に達しなくなったとき

会議の開閉の権限は、議長にある（自治法104）。しかし、議員の定数の半数以上の者から開議の請求があるときは、議長はその日の会議を開かなければならない。なお、開議請求により会議を開いたとき、又は議員の中に異議があるときは、議長は、会議の議決によらないかぎり、その日の会議を閉じ、又は中止することができない（自治法114）。

(4) 公聴会の開催と参考人の招致

議会は、会議において、予算その他重要な議案、請願等について公聴会を開き、真に利害関係を有する者又は学識経験を有する者等から意見を聴くことができる（自治法115の2①）。

また、議会は、会議において、調査または審査のため必要があると認めると

きは、参考人の出頭を求め、その意見を聴くことができる（自治法115の2②）。

(5) 会議規則

議会の運営に関する基本的な事項は、自治法に定められているが、会議運営に関するその他の事項については、議会は会議規則を設けなければならないとされている（自治法120）。

(6) 会議録

議長は、事務局長又は書記長（書記長を置かない町村においては書記）に書面又は電磁的記録により会議録を作成させ、会議の次第と出席議員の氏名を記載又は記録させなければならない（自治法123①）。会議録を書面をもって作成するときは、議長及び議会において定めた2人以上の議員がこれに署名しなければならない（自治法123②）。

議長は、会議録の写しないし磁気ディスクなどを添えて、会議の結果を長に報告しなければならない（自治法123④）。

(7) 議会の紀律と懲罰

議会の紀律とは、議場の秩序を維持し、議会の品位を保持し、議会運営を円滑にすすめるための議会の自浄作用である。議長は、議場の秩序を乱す議員の制止、発言取消し、発言禁止、議場外退去させることができる（自治法129①）。また、議長は、議場が騒然として整理することが困難であると認めるときは、会議を閉じ、又は中止することができる（自治法129②）。これらのほか、自治法には、傍聴人の取締り（自治法130）及び発言における品位の保持（自治法132）などが定められているほか、必要な事項が会議規則（自治法120）に定められる。

議会は、自治法、会議規則及び委員会条例に違反した議員に対し、議決により懲罰を科すことができる（自治法134①）。

この懲罰の種類は、次のとおりである（自治法135①）。

① 公開の議場での戒告
② 公開の議場での陳謝
③ 一定期間の出席停止
④ 除名（特別多数の議決が必要）

議会の懲罰に関する司法審査について、最高裁は、除名についてのみならず、出席停止についても司法審査の対象となるとしている（最大判令和2年（2020）11月25日において従来の判例を変更）。

6 会議の原則

(1) 会議公開の原則

　議会の会議は、公開が原則である（自治法115①）。これは会議の運営の公正を維持するためであり、具体的には会議や会議録を公開するとともに傍聴の自由や報道の自由を保障するものである。この原則によって、住民は議員活動を理解し批判することが可能となり、代表者としてふさわしい者の選任に努めることができる。

　会議の公開は民主主義の原理から極めて重要であるので、例外として「秘密会」とするときは、議長又は議員3人以上の発議により、出席議員の3分の2以上の多数での議決が必要とされている（自治法115①ただし書）。

　委員会は義務的公開の対象とされていない。しかし、実際には会議公開の原則の趣旨を規則等で生かし、委員会は公開されている。実質的な審議は委員会で行うから、委員会を公開しないと会議公開の意味がないからである。

(2) 会期不継続の原則

　議会には会期制がとられている。すなわち、議会は招集され開会されると、一定の期間活動することになるが、この期間を「会期」という。これは、議会は会期ごとに独立別個のものとして活動するという考え方に立つものであって、会期中に議決に至らなかった議案は会期終了とともに消滅し、次の会期には継続しない（自治法119）。

　例外として、委員会は、議会の議決により付議された特定の事件については、閉会中も、なお、これを審査することができる（自治法109⑧）。委員会が議会の閉会中も継続審査しているものは、次の議会に継続するものと解されている。

(3) 一事不再議の原則

　一事不再議の原則は、ある議案を議会で一度議決した以上、その会期中は同じ議案を再び議決に付することはできないという原則である。自治法上に規定はないが、議会運営上の当然の原理として認められている。この原則は、審議の重複を避け会議の効率化を図り、議会の意思の安定性を確保するために認められているものである。

　この原則の例外として、「長による再議」の制度がある。

コラム◉地方自治制度をさらに理解するキーワード

地方自治法の最近の議会関係改正

(1) 平成18年 (2006) の改正
① 議長への臨時会の招集請求権の付与（議会運営委員会の議を経て、長に対し臨時会の招集を請求できる）
② 専決処分の要件の明確化
③ 委員会制度
・議員の複数常任委員会への所属制限の廃止
・委員会の委員につき、閉会中でも、議長の指名により選任できる
・委員会の議案提出権を認める
④ 専門的知見の活用（学識経験者等の知見を活用し、政策立案機能を強化）

(2) 平成20年 (2008) の改正
① 議会活動の範囲の明確化
　各派代表者会議、全員協議会など各種会議等が開催されている実態を踏まえ、議会活動の範囲を明確にするため、議会は、会議規則の定めるところにより、議案の審査又は議会の運営に関し協議又は調整を行うための場を設けることができる。
② 議員の報酬に関する規定の整備
　議員の報酬の支給方法等が行政委員会の委員等の報酬の支払方法等と異なっていることを明確にするため、規定を分離整備し、報酬の名称を「議員報酬」に改めた。

(3) 平成23年 (2011) の改正
① 議会制度の充実
　議会の議員定数の上限数に係る制限を廃止する。
② 議会の条例により追加することができる議決事件の範囲の拡大
　改正前は、法定受託事務に係る事件全般が除外されていたところ、改正後は、法定受託事務に係る事件であっても「国の安全に関することその他の事由により議会の議決すべきものとすることが適当でないものとして政令で定めるもの」を除き、条例で議会の議決事件とすることができる。

(4) 平成24年 (2012) の改正
① 通年議会の導入
　議会は、条例で定めるところにより、定例会及び臨時会によらず、毎年、条例で定める日から翌年の当該日の前日までを会期とすることができることとする。
② 議会の招集請求に応じない場合の議長による議会招集
　議長等による臨時会の招集請求があった日から20日以内に普通地方公共団体の長が臨時会を招集しない場合には、議長が臨時会を招集ことができることとする。
　また、議員の定数の4分の1以上の者の招集要求のあった日から20日以内に当該普通地方公共団体の長が臨時会を招集しないときは、議長は、招集を請求した者の申出に基づき、当該申出のあった日から、都道府県及び市にあっては10日以内、町村にあっては6日以内に臨時会を招集しなければならないこととする。
③ 公聴会及び参考人制度の明文化
④ 政務活動費

政務調査費という名称を政務活動費に改めるとともに、これを充てることができる経費の範囲を条例で定めなければならないこととする。また、議長に政務活動費の使途の透明性確保の努力義務を課すこととする。

⑤　議会の委員会に関する規定の整備

常任委員会、議会運営委員会、特別委員会の規定を一つの条に整理する。

（5）平成29年（2017）の改正

①　普通地方公共団体の長等の損害賠償責任の一部免責に関する条例の制定・改廃の議決をしようとするときは、あらかじめ監査委員の意見を聴かなければならない。

②　住民監査請求があった後に、当該請求に係る行為又は怠る事実に関する損害賠償又は不当利得返還の請求権その他の権利の放棄に関する議決をしようとするときは、あらかじめ監査委員の意見を聴かなければならない。

（6）令和4年（2022）の改正

①　議会の議員に係る請負に関する規制の明確化及び緩和

・規制の対象となる「請負」の定義を「業として行う工事の完成若しくは作業その他の役務の給付又は物件の納入その他の取引で当該普通地方公共団体が対価の支払をすべきものをいう。」とする。

・各会計年度において支払を受ける請負の対価の総額が地方公共団体の議会の適正な運営の確保のための環境の整備を図る観点から政令で定める額を超えない者を、議員個人による請負に関する規制の対象から除く。

②　災害等の場合の開会の日の変更に関する規定の整備

議会の招集の告示をした後に当該招集に係る開会の日に会議を開くことが災害その他やむを得ない事由により困難であると認めるときは、当該告示をした者は、当該招集に係る開会の日の変更をすることができる。この場合においては、変更後の開会の日及び変更の理由を告示しなければならない。

第7節　執行機関

1　執行機関の特色

　地方公共団体の執行機関の特色としては、長の公選制と執行機関の多元主義を挙げることができる。長の公選制は、住民が地方公共団体の長を直接選挙で選ぶことであり、これは、民主主義の原理を徹底し地方行政の民主的な運営を確保しようとするために、執行機関を民主的な手続で構成しようとするものである。また、執行機関の多元主義とは、長の他に長から独立した委員会及び委員を設置することであり、これは、権力分立の趣旨に基づき執行権限を分散することにより、公正妥当な執行の確保、行政運営の画一主義の防止などを目的としている。

　地方公共団体の長は、執行権の長、そして地方公共団体を代表する機関として、制度上も実際上も広範な権限を持っている。その意味では、執行機関の多元主義が徹底されるとともに、議会や住民による監視が十分に機能することが必要である。なお、わが国の地方公共団体では、首長制が採用されているといっても、長と議会が対立した場合の調整手段として、議会による長の不信任議決と長による議会の解散という議院内閣制の要素も採り入れられている点で、アメリカ型の大統領制とは異なる。

　そのほか、地方公共団体の内部組織として長の補助機関や附属機関が置かれているが、これらは執行機関ではない。地方公共団体は、法律又は条例によって、執行機関の附属機関として、自治紛争処理委員、審査会、審議会、調査会その他の調停・審査・諮問・調査のための機関を置くことができる（自治法138の4③・202の3）。

2　長の地位と権限

(1) 長の地位、任期等

ア　長の地位

　自治法では、都道府県に知事、市町村に市町村長が置かれ（自治法139）、普通地方公共団体の長は、当該普通地方公共団体を統轄し、これを代表するとされている（自治法147）。

イ　長の任期

　長の任期は、4年である（自治法140）。

ウ　長の兼職・兼業の禁止

　長は、衆・参両議院議員、地方公共団体の議会の議員、常勤の職員等との兼職が禁止されている（自治法141）。

　また、長については、その公正な職務の執行の確保を図るため、次の兼業が禁止されている（自治法142）。

①　その地方公共団体に対し請負をする者及びその支配人

②　主としてその地方公共団体に対し請負をする法人（当該地方公共団体が出資している法人で政令で定めるものを除く）の無限責任社員、取締役、執行役若しくは監査役又はこれらに準ずべき者、支配人及び清算人

エ　長の失職理由

　長は、任期満了、死亡のほか、次の場合などにその職を失うものとされている。

①　被選挙権の喪失…被選挙権の有無は、公選法又は政治資金規正法の関係規定に該当するため被選挙権を有しない場合を除き、選挙管理委員会がこ

れを決定する（自治法143）。

② 兼職禁止の職への就任…兼業禁止に該当するかどうかは、選挙管理委員会がこれを決定しなければならない（自治法142・143）。

③ 選挙無効・当選無効の確定…公選法に基づく争訟による選挙無効・当選無効については、それが確定するまでは、長はその職を失わない（自治法144）。

④ 解職請求に基づく解職…長の解職請求による解職の投票において、過半数の同意があったときに、長は、その職を失う（自治法81・83）。

⑤ 議会の不信任議決…議会で長の不信任の議決をした場合に、議長からそのことの通知を受けた日から10日以内に議会を解散しないとき、またはその解散後初めて招集された議会で再び不信任の議決をされたときに、長は、その職を失う（自治法178）。

⑥ 本人の意思による退職…長が退職しようとするときには、都道府県知事については退職予定日前30日、市町村長については退職予定日前20日までに、議長に退職の申出を行わなければならないものとされており、議会の同意を得たときには、その期日前でも退職できるものとされている（自治法145）。

(2) 長の権限

ア 長の統轄代表権

長は、当該地方公共団体を統轄し、これを代表する（自治法147）。

「統轄」とは、当該地方公共団体の事務の全般について、長が総合的に統一を確保する権限を有することを意味する。「代表」とは、長が外部に対して地方公共団体を代表し、長のなした行為そのものが法律上直ちに当該地方公共団体の行為となることを意味する。

イ 長の事務執行権

長は、当該地方公共団体の事務を管理し、これを執行する（自治法148）。長が担任する事務として例示されているものは、次のとおりである（自治法149）。

① 議会への議案の提出

② 予算の調製、執行

③ 地方税の賦課徴収、分担金・使用料・加入金・手数料の徴収、過料を科すること

④ 決算を議会の認定に付すること

⑤ 会計の監督

⑥ 財産の取得、管理、処分

⑦ 公の施設の設置、管理、廃止

⑧　証書及び公文書類の保管

⑨　その他当該地方公共団体の事務の執行

　これらの事務は例示に過ぎず、法令の規定により他の機関の権限であるとされない限り、長の権限との推定を受けることになる。

ウ　内部統制に関する方針の策定等

　第31次地方制度調査会答申を受けて行われた平成29年（2017）の自治法改正により、内部統制制度が導入された（294頁のコラム参照）。

　行政サービスの提供等の事務上のリスクを評価及びコントロールし、事務の適正な執行を確保する体制（内部統制体制）の整備及び運用が求められるとの第31次地方制度調査会の答申を踏まえ、制度化されたものである（自治法150）。

① 都道府県知事及び政令指定都市の市長は、事務の管理及び執行が法令に適合し、かつ、適正に行われることを確保するための方針（内部統制方針）を定め、これに基づき必要な体制（内部統制体制）を整備しなければならない（自治法150①）。（政令指定都市の市長を除く市長及び町村長は同様の努力義務が課せられる。）

　※内部統制方針の対象となる事務は、影響度が大きく発生頻度が高いこと、地方公共団体の事務の多くは予算に基づくものであり明確かつ網羅的に捕捉できること、民間企業の取組を参考にしながら進めることができること等の理由から「財務に関する事務」とされている。なお、それ以外に「総務省令で定める事務」についても方針の対象として規定されているが、これは将来的に、方針の対象として追加すべき事情が生じた際に備えた規定と説明されている。一方、例えば「情報の管理に関する事務」など「財務に関する事務」以外でその適正な管理及び執行を特に確保する必要がある事務を方針の対象とすることは妨げられるものではないとされている。

② 都道府県知事及び市町村長は、内部統制方針を定め又は変更したときは、遅滞なく、公表しなければならない（自治法150③）。

③ 内部統制方針を定めた都道府県知事等は、毎会計年度少なくとも１回以上、内部統制評価報告書を作成し、監査委員の監査に付し、監査委員の意見を付けて、議会に提出するとともに、報告書を公表しなければならない（自治法150④〜⑧）。

3　長の補助機関

　補助機関とは、地方公共団体の長の職務執行を補助することを任務とする機関をいう。補助機関は、長がその権限に属する幅広い事務を管理執行するに当たり、これをもっぱら内部的に補助する機関であり、権限の委任又は代理の場合のほかは、その地方公共団体の意思を決定し、外部に表示する権限を持たない。

（1）副知事・副市町村長

　都道府県に置かれる「副知事」、市町村に置かれる「副市町村長」は、その他の補助機関の頂点に位置する、いわば最高の補助機関であり、知事・市町村長と一体になってその地方公共団体の意思や判断を決定したり表示したりする。

　副知事・副市町村長の定数は、条例で定めるが、１人も置かないことも可能である（自治法161）。選任は長が議会の同意を得て行う（自治法162）。身分は特別職の地方公務員である。

　副知事・副市町村長の任期は、４年である。ただし、長は、任期中においてもこれを解職することが可能である（自治法163）。この場合、議会の同意は必要としない。また、副知事・副市町村長については、住民による解職請求も認められている（自治法86～88）。

　副知事・副市町村長の職務としては、次の５つが規定されている。

① 　長を補佐すること
② 　長の命を受け政策・企画をつかさどること
③ 　長の補助機関である職員の担任する事務の監督をすること
④ 　長に事故があるとき又は長が欠けたとき、自治法152条１項の規定により、長の職務を代理すること
⑤ 　自治法153条１項の規定により長の委任を受けてその事務の一部の執行をすること

（2）会計管理者

　会計管理者は、その地方公共団体の会計事務をつかさどるものである（自治法170①）。普通地方公共団体には、会計管理者一人が置かれ、長の補助機関である職員のうちから、長が任命する（自治法168）。

　会計管理者の設置は、地方公共団体において、命令機関を長、執行機関を会計管理者として、会計事務を命令機関と執行機関に分離するものである。

　会計事務とは、財務に関する事務のうち、予算の執行、契約の締結、公有財産の管理を除くものである。会計管理者がつかさどる会計事務については、次のものが例示されている（自治法170②）。

① 　現金の出納・保管
② 　小切手の振出し
③ 　有価証券の出納・保管
④ 　物品の出納・保管
⑤ 　現金・財産の記録管理
⑥ 　支出負担行為の確認

⑦　決算の調製・長への提出

会計管理者は、そのつかさどる会計について、長の監督に服する。

(3) 出納員その他の会計職員

会計管理者の事務を補助させるため、出納員その他の会計職員を置くこととされている。ただし、町村においては、出納員を置かないことができる（自治法171①）。

出納員その他の会計職員は、長の補助機関である職員のうちから、長が任命する（自治法171②）。

「出納員」は、会計管理者の命を受けて、現金の出納（小切手の振出しを含む）・保管、物品の出納・保管の事務をつかさどり、「会計職員」は、上司の命を受けてその地方公共団体の会計事務をつかさどる（自治法171③）。それぞれの職場で、日常、金銭や物品の管理をしている職員（金銭出納員、物品出納員、現金取扱員）である。

(4) 職　員

長の補助機関として、職員が置かれる（自治法172①）。

職員は、地方公共団体の長が任免するが、その任用、給与、勤務時間などの勤務条件、分限及び懲戒、服務といった身分取扱いについては、主に地公法に定められている。職員の定数は、臨時又は非常勤の職員を除き、条例で定めるとされている（自治法172②〜④）。

(5) 公営企業管理者

公営企業管理者は、地方公営企業（交通、水道、電気、ガスなど）を経営する地方公共団体に地方公営企業の業務を執行させるために置かれるものであって（地公企法7）、地方公営企業の経営に関し識見を有する者のうちから地方公共団体の長が任命し、その任期は、4年である（地公企法7の2）。

公営企業管理者は、長から独立して、自己の名と責任において企業の業務を執行し、予算の調製等を除くほか業務の執行に関しその地方公共団体を代表する地位にある（地公企法8）点で、他の補助機関とは異なる性格を持つ。

(6) 専門委員

専門委員は、長の委託を受けて、その権限に属する事務に関し必要な事項を調査するものであり（自治法174③）、普通地方公共団体は、常設又は臨時の専門委員を置くことができるとされている（自治法174①）。専門委員の性格は附属機関と類似しているが、専門委員は、長の補助機関として位置づけられてい

るものである。専門委員の設置は任意であり、設置に当たって条例や規則で定めるべきとされているものではないが、行政実例では、規則で設置することが適当とされている。

専門委員は、専門の学識経験を有する者の中から、長がこれを選任する（自治法174②）。また、専門委員は、非常勤とされている（自治法174④）。このようなことから、専門委員は、地公法では、特別職とされている。

専門委員は独任制の機関であり、個々の委員が長から個別的に調査の委託を受けるものである。

4　行政委員会・委員

(1) 行政委員会・委員の意義と設置目的

地方公共団体の行政機関のうち、独任制の長と異なり、合議制（ただし監査委員は独任制）の行政機関であって、長から独立した地位と権限を有し、自らの責任で行政の一部を担当し執行するものである。行政のうち、専門的な知識が要求され、また、政治から独立して公平・中立に執行されることが要請される事項を所管する。各種の法律に基づいて設置されるものであり、地方公共団体が任意に設置することはできない（自治法138の4①）。

(2) 行政委員会・委員の種類

すべての地方公共団体に置かれるもの、都道府県だけに置かれるもの、市区町村だけに置かれるものがある（自治法180の5①～③）。
① 　すべての地方公共団体に置かれるもの…教育委員会、選挙管理委員会、人事委員会又は公平委員会、監査委員
② 　都道府県だけに置かれるもの…公安委員会、労働委員会、収用委員会、海区漁業調整委員会、内水面漁場管理委員会
③ 　市区町村だけに置かれるもの…農業委員会、固定資産評価審査委員会
また、これらの委員会・委員をその目的や機能から見ると、次のように分類できる。
① 　政治的中立性を確保するためのもの…教育委員会、公安委員会、選挙管理委員会など
② 　公平・公正な行政を確保するためのもの…人事委員会・公平委員会、監査委員、選挙管理委員会など
③ 　利害関係の調整を図るためのもの…労働委員会、海区漁業調整委員会、内水面漁場管理委員会、農業委員会など
④ 　審判・裁定等の裁判手続に準ずる慎重な手続を経て処分するためのもの

…人事委員会・公平委員会、労働委員会、収用委員会、固定資産評価審査委員会など

(3) 行政委員会・委員の地位と権限

　行政委員会・委員は、当該委員会を構成する委員・当該委員が、長の指揮監督に服することなく独立して、自らの権限と責任において所管の行政事務を管理し執行する。その独立性は規則制定権（自治法138の4②）のほか、法律の範囲内で認められる準立法的あるいは準司法的権限によって保たれている。また、委員には身分保障があり、任期中は法定事由のほかはその意に反して罷免されることはない。ただし、予算の調製や決算を議会の認定に付すこと、議案の提出等の権限は有していない（自治法180の6）。

　行政委員会・委員は、通常、独立の事務組織を持つ。

(4) 主な行政委員会・委員

ア　教育委員会（自治法180の8、地教行法2～16）

　教育委員会は、学校その他の教育機関の管理、学校の組織編制、教育課程、教科書その他の教材の取扱い及び教育職員の身分取扱い、社会教育その他教育、学術及び文化に関する事務の管理・執行を行う。

　教育委員会は、教育長及び4人の委員で組織される（条例の定めるところにより、都道府県若しくは市又は地方公共団体の組合のうち都道府県若しくは市が加入するものの教育委員会は教育長及び5人の委員、町村又は地方公共団体の組合のうち町村のみが加入するものの教育委員会は教育長及び2人以上の委員をもって組織することができる）。

　教育長は、当該地方公共団体の長の被選挙権を有する者で、人格が高潔で、教育行政に関し識見を有するもののうちから、議会の同意を得て、長が任命する。委員は、当該地方公共団体の長の被選挙権を有する者で、人格が高潔で、教育、学術及び文化に関し識見を有するもののうちから、長が、議会の同意を得て、任命する。

　教育長の任期は3年、委員の任期は4年である。

　教育長は常勤であり、委員は非常勤である。教育長には職務専念義務があり、また営利企業従事制限が課せられる。

　教育長及び委員には、長の選挙権を有する者による解職請求の制度がある。

イ　選挙管理委員会（自治法181～194）

　選挙管理委員会は、国・地方公共団体の選挙に関する事務及びこれに関係する事務の管理を行う。

　委員の数は4人。議会において選挙する。任期は4年である。

委員には、住民による解職請求の制度がある（自治法86）。

ウ　人事委員会・公平委員会（地公法7〜11、自治法202の2①②）

人事委員会は、人事行政に関する調査・研究・企画・立案・勧告等、職員の競争試験・選考の実施、職員の勤務条件に関する措置要求・不利益処分の審査を行う。公平委員会は、職員の勤務条件に関する措置要求・不利益処分の審査を行う。

人事委員会・公平委員会の設置については、次のように規定されている。

①　都道府県及び指定都市においては、人事委員会を置く。

②　人口15万以上の市と特別区においては、人事委員会か公平委員会のいずれかを置く。なお、特別区においては、現在、23区の一部事務組合として人事委員会が置かれている。

③　人口15万未満の市、町村、地方公共団体の組合においては、公平委員会を置く。

人事委員会・公平委員会の委員の数は3人。議会の同意を得て、長が選任する。任期は4年である。

エ　監査委員（自治法195〜202）

監査委員は、地方公共団体の財務に関する事務の執行及び地方公共団体の経営に係る事業の管理の監査（財務監査）と、地方公共団体の事務又は長その他の執行機関の権限に属する事務の執行の監査（行政監査）を行う。

委員の数は都道府県及び人口25万以上の市では4人、その他の市及び町村では2人である。ただし、条例でその数を増加することができる。監査委員は、人格が高潔で優れた識見を有する者及び議員のうちから、議会の同意を得て、地方公共団体の長が選任する。ただし、平成29年（2017）の改正により、議選監査委員の選任は選択制とされ、条例で、議員のうちから監査委員を選任しないことができることとされた。

監査委員は、原則として非常勤だが、識見を有する者のうちから選任される監査委員は常勤とすることができ、都道府県及び人口25万以上の市は識見を有する者のうちから選任される監査委員のうち少なくとも1人以上は常勤としなければならない。任期は4年だが、議員である委員は議員の任期による。

監査委員は、委員会と異なり、各委員が権限を行使することができる独任制の機関である。もっとも、監査委員に関する庶務及び代表監査委員若しくは監査委員の処分若しくは裁決に係る普通地方公共団体を被告とする訴訟又は普通地方公共団体がその長に対し損害賠償若しくは不当利得返還の請求を目的として提起する訴訟に関する事務については、代表監査委員が処理する。これらの訴訟において代表監査委員が当該普通地方公共団体を代表する。

監査委員には、住民による解職請求の制度がある（自治法86）。

　平成29年（2017）の改正により、監査委員の独立性を確保しつつ専門性を高める観点から、監査委員に常設又は臨時の監査専門委員（非常勤）を置くことができることとされた。監査専門委員は、専門の学識経験を有する者の中から、代表監査委員が他の監査委員の意見を聴いて選任する。監査専門委員は、監査委員の委託を受け、その権限に属する事務に関し必要な事項を調査する。

オ　公安委員会（警察法38〜45、自治法180の9）

　公安委員会は、都道府県警察の管理を行う。

　委員の数は、都道府及び指定都市のある県は5人、他の県は3人である。議会の同意を得て知事が任命する。任期は3年。住民による解職請求の制度がある（自治法86）。

カ　労働委員会（労組法19の12、自治法202の2③）

　労働委員会は、労働組合の資格証明、労働協約の地域的一般拘束力の決定、不当労働行為に関する救済命令等及び労働争議のあっせん・調停・仲裁等を行う。

　使用者委員・労働者委員・公益委員各5人、各7人、各11人、各13人のいずれかの数のものをもって組織される（労組令25の2・別表第三）。使用者委員は使用者団体の推薦に基づいて、労働者委員は労働組合の推薦に基づいて、公益委員は使用者委員及び労働者委員の同意を得て、知事が任命する。任期は2年である。

キ　収用委員会（土地収用法51〜66、自治法202の2⑤）

　収用委員会は、土地の収用に関する裁決その他の事務を行う。

　委員の数は7人をもって組織する（2人以上の予備委員を置く）。委員及び予備委員は、議会の同意を得て、知事が任命する。任期は3年である。

ク　農業委員会（農業委員会等に関する法律3〜41、自治法202の2④）

　農業委員会は、農地等の利用関係の調整、農地の交換分合その他農地に関する事務を執行する。

　農業委員会の委員の選任は、平成27年（2015）の農業委員会等に関する法律の改正により、公選制から市町村長の選任制に改められ、「農業に関する識見を有し、農地等の利用の最適化の推進に関する事項その他の農業委員会の所掌に関する事項に関しその職務を適切に行うことができる者のうちから、市町村長が、議会の同意を得て、任命する」とされている。

　農業委員会の委員の定数は、「農業委員会の区域内の農業者の数、農地面積その他の事情を考慮して政令で定める基準に従い、条例で定める」こととされ、農地利用最適化推進委員を委嘱するか否かによって、委嘱する場合の農業委員会の委員の上限は14人から24人、委嘱しない場合の上限は27人から47人とされている。

　農業委員会の委員は、非常勤とされ、任期は3年である。

ケ　海区漁業調整委員会（漁業法136～146、自治法202の２⑤）

海区漁業調整委員会は、漁業調整のため必要な指示その他の事務を行う。

委員の数は15人（農林水産大臣が指定する海区については10人。条例により10人から20人とすることができる）。知事が議会の同意を得て任命する。任期は４年である。

なお、委員の公選制及び解職請求制度は、平成30年（2018）12月の改正により廃止された。

コ　内水面漁場管理委員会（漁業法171～173、自治法202の２⑤）

内水面漁場管理委員会は、漁業調整のため必要な指示その他の事務を行う。

委員の数は原則10人である。内水面において漁業を営む者の代表、水産動植物の採捕をする者の代表、及び学識経験者の中から知事が選任する。任期は４年である。

サ　固定資産評価審査委員会（地税法423～436、自治法202の２⑤）

固定資産評価審査委員会は、固定資産課税台帳に登録された価格に関する不服の審査決定その他の事務を行う。

委員の数は３人以上とされ、条例で定める。住民、納税義務者、固定資産評価に関する学識経験者から、議会の同意を得て、市町村長が選任する。任期は３年である。

なお、都の区域においては、特別区に代わり東京都が固定資産税を徴収していることから、固定資産評価審査委員会は都が設置している。

5　附属機関

地方公共団体は、法律又は条例の定めるところにより、執行機関の附属機関として自治紛争処理委員、審査会、審議会、調査会その他の調停、審査、諮問又は調査のための機関を置くことができる（自治法138の４③）。

附属機関は、執行機関の要請により、その行政執行のための必要な資料の提供など、いわば行政執行の前提として必要な調停、審査、審議、調査等を行うことを職務とする行政組織の一部である。したがって、附属機関は、直接住民に対する行政執行を行うものではない。

附属機関には、法令の規定により設置を義務付けられているものと、各地方公共団体が任意に条例に基づいて設置するものがある。附属機関は、単独でも活動しうる自治紛争処理委員を除いて、複数の委員によって構成される合議制の機関である。

なお、法律又はこれに基づく政令に特別の定めがあるものを除き、附属機関にはそれ独自の補助職員を置くことは許されず、附属機関の庶務は、その属する執行機関がつかさどる（自治法202の３③）。

6 地域自治区

(1) 地域自治区の内容

　地域自治区とは、行政と住民との連携を目的として市町村長の権限に属する事務を分掌させ、及び地域の住民の意見を行政に反映させつつこれを処理させるため、設けられる区域のことをいい、市町村が条例によりその区域を分けて設ける（自治法202の4①）。

　地域自治区は、法人格を有しないとされている。地域自治区には、市町村の事務を分掌させるための事務所が置かれ、その事務所の位置、名称及び所管区域は条例で定め（自治法202の4②）、事務所の長は、当該地方公共団体の長の補助機関である職員をもって充てることとされている（自治法202の4③）。

(2) 地域協議会

　地域自治区には、その区域の住民のうちから市町村長によって選任された者によって構成される地域協議会が置かれる（自治法202の5①②）。

　構成員の任期は4年以内において条例で定める期間とされ、構成員に対しては報酬を支給しないことができる（自治法202の5④⑤）。地域協議会には、会長及び副会長を置くこととされている（自治法202の6）。

　地域協議会は、次の事項のうち、市町村長その他の市町村の機関により諮問されたもの又は必要と認めるものについて、審議し、市町村長等に意見を述べることができる（自治法202の7①）。

①　地域自治区の事務所が所掌する事務に関する事項
②　市町村が処理する地域自治区の区域に係る事務に関する事項
③　市町村の事務処理に当たっての地域自治区の区域内に住所を有する者との連携の強化に関する事項

　地域自治区の区域に係る重要事項の決定又は変更については、市町村長はあらかじめ地域協議会の意見を聴かなければならない（自治法202の7②）。市町村長等は、地域協議会の意見を勘案し、必要と認めるときは、適切な措置を講じなければならない（自治法202の7③）。

　なお、指定都市は、条例で、区ごとに区地域協議会を設けることができ、その一部の区の区域に地域自治区を置くこともできる（自治法252の20⑦〜⑩）。

7 地方独立行政法人

(1) 地方独立行政法人の定義

　地方独立行政法人は、住民の生活、地域社会及び地域経済の安定等の公共上の見地からその地域において確実に実施されることが必要な事務及び事業であって、地方公共団体が自ら主体となって直接に実施する必要のないもののうち、民間の主体にゆだねた場合には必ずしも実施されないおそれがあるものと地方公共団体が認めるものを、効率的かつ効果的に行わせるために地方公共団体が設立する法人である（地方独行法2①）。

(2) 対象事務

　地方独立行政法人は、次に掲げる業務のうち定款で定めるものを行う（地方独行法21）。
① 　試験研究
② 　大学又は大学及び高等専門学校の設置・管理等
③ 　独立採算の公営企業に相当する事業（水道、軌道、自動車運送、鉄道、電気、ガス、病院等）
④ 　社会福祉事業の経営
⑤ 　申請等関係事務（市町村長その他の執行機関に対する申請等の受理、申請等に対する処分その他の申請等の処理に関する事務であって定型的なもの及びこれらと一体的に処理することが効率的かつ効果的である事務であって定型的なもののうち、別表に掲げるもの）を当該市町村又は当該市町村の長その他の執行機関の名において処理すること
⑥ 　公共的な施設で政令で定めるものの設置・管理
⑦ 　①から⑥までの業務に附帯する業務
　なお、⑤の業務及びこれに附帯する業務を行う地方独立行政法人（申請等関係事務処理法人）については、設立団体の申請等関係事務を処理するのか、設立団体以外の市町村の申請等関係事務を処理するのかに応じて、それぞれの事務処理に関する特例が定められている（設立団体申請等関係事務については地方独行法87の3〜87の11、関係市町村申請等関係事務については地方独行法87の12〜87の22）。

(3) 設置手続等

　地方公共団体は、地方独立行政法人を設立しようとするときは、その議会の

議決を経て定款を定め、都道府県又は都道府県及び都道府県以外の地方公共団体が設立しようとする場合にあっては総務大臣、その他の場合にあっては都道府県知事の認可を受けなければならない（地方独行法7）。

地方独立行政法人のうち、その業務の停滞が住民の生活、地域社会若しくは地域経済の安定に直接かつ著しい支障を及ぼすため、又は、その業務運営における中立性及び公正性を特に確保する必要があるものについては、その役職員には地方公務員の身分を付与することが求められる（特定地方独立行政法人）（地方独行法2②）。

（4）目標による管理と評価

地方独立行政法人の業務については、次のように、目標による管理と評価の仕組みが設けられている。

ア 中期目標等（地方独行法25〜27）

① 設立団体の長は、3年以上5年以下の期間において地方独立行政法人が達成すべき業務運営に関する目標（中期目標）を定め、これを当該地方独立行政法人に指示するとともに、公表する。

② 地方独立行政法人は、①の指示を受けたときは、当該中期目標を達成するための計画（中期計画）を作成し、設立団体の長の認可を受ける。認可を受けたときは、これを公表する。

③ また、地方独立行政法人は、中期計画に基づき、毎事業年度の業務運営に関する計画（年度計画）を定め、これを設立団体の長に届け出るとともに、公表する。

イ 業務実績の評価（地方独行法28〜30）

① 地方独立行政法人は、毎事業年度の終了後、（ⅰ）当該事業年度の業務実績について、設立団体の長の評価を受けなければならない。中期目標の期間の最後の事業年度の直前の事業年度である場合には、（ⅱ）中期目標の期間の終了時に見込まれる中期目標の期間の業務実績についても、中期目標の期間の最後の事業年度である場合には、（ⅲ）中期目標の期間の業務の実績についても、評価を受けなければならない。

設立団体の長は、（ⅱ）の評価を行おうとするときは、評価委員会の意見を聴かなければならない。（ⅰ）・（ⅲ）の評価に関しては、条例に定めることにより、評価委員会の意見を聴くものとすることができる。

② 設立団体の長は、業務実績の評価を行ったときは、当該地方独立行政法人に評価の結果を通知し、公表するとともに、議会に報告しなければならない。評価の結果に基づき必要があるときは、当該地方独立行政法人に、業務運営の改善等の措置を講ずることを命ずることができる。（ⅱ）の評価を

行ったときは、評価委員会の意見を聴いて、中期目標の期間の終了時までに、当該地方独立行政法人の業務の継続又は組織の存続の必要性その他その業務及び組織の全般にわたる検討を行い、その結果に基づき、所要の措置を講ずる。

(5) 大学の特例 （地方独行法68〜80）

地方独立行政法人のうち、大学（又は、大学及び高等専門学校）の設置・管理を行うものについては、次のような特例が規定されている。
① 名称として、地方独立行政法人に代えて、公立大学法人とすること
② 設置する大学における教育研究の特性に配慮すること
③ 理事長の任命の特例等
④ 中期目標の期間を6年間とすること

第8節　長と議会の関係

1　長と議会のチェック・アンド・バランス

長と議会がともに直接住民によって選挙され、それぞれが住民に対して責任を負うこととされている理由は、1つの政治勢力の独裁化を防ぎ、相互の牽制と調和によって公正な行政を確保しようとすることにある。さらに、住民の直接選挙によって選出される長と議会を対等独立の地位に置くことにより、相互のチェック・アンド・バランスを図り、地方公共団体の民主的運営を確立することとしている。

(1) 議会の長に対する牽制

議会の長に対する牽制の主なものには、次のようなものがある。
① 議決権（自治法96）
② 議場への出席・説明要求（自治法121）
③ 決算の認定（自治法96①Ⅲ）
④ 意見書の提出（自治法99）
⑤ 主要公務員の任命の同意権（自治法162）
⑥ 専決処分の承認（自治法179③）
⑦ 検査及び監査の請求（自治法98）
⑧ 調査権（自治法100）
⑨ 長の不信任議決（自治法178）

（2）長の議会に対する牽制

長の議会に対する牽制の主なものには、次のようなものがある。
① 議会の招集権（自治法101）
② 予算の提出権（自治法112①ただし書）
③ 拒否権、付再議（自治法176・177）
④ 専決処分（自治法179・180）
⑤ 議会の解散（自治法178①）

2 再議制度・長の拒否権

再議制度は、長が議会の行った議決又は選挙を拒否して、再度議会の審議及び議決等を要求するものである。この制度は、長と議会の間に対立がある場合に、長の側からこれを調整する手段として認められているものである。

長の拒否権には、長の側で異議があれば発動できる「一般的拒否権」と、特別の要件のもとで発動される「特別的拒否権」がある。

（1）一般的拒否権（議決に異議がある場合）

議会の議決について異議がある場合、長はその議決の日（条例の制定・改廃又は予算に関する議決については、その送付を受けた日）から10日以内に理由を示して再議に付することができる（自治法176①）。なお、議会において否決された議案は、執行上何らの効果も生じないことから、再議に付することはできない（**図表2-1-4**）。

再議の結果、議会の議決が再議に付された議決と同じ議決がなされたときは、その議決は確定し、長は拒否できなくなる（自治法176②）。なお、当該議決のうち条例の制定・改廃又は予算に関するものについては、出席議員の3分の2以上の者の同意がなければならない（自治法176③）。

（2）特別的拒否権

ア 違法な議決又は選挙

議会の議決若しくは選挙がその権限を超え、又は法令・会議規則に違反すると認めるときは、長は、理由を示してこれを再議に付し、又は再選挙を行わせなければならない（自治法176④）（**図表2-1-5**）。

再議決・再選挙の結果がなおその権限を超え、又は法令・会議規則に違反すると認めるときは、都道府県知事にあっては総務大臣に、市町村長にあっては都道府県知事に対し、21日以内に審査の申立てをすることができ（自治法176⑤）、さらに、その審査の結果出された裁定に不服があれば、議会又は長は、裁

図表2-1-4　長の一般的拒否権

事　　由	期限の定め	理由の明示	特別多数決の制度	再び同様の議決があった場合の処置等
議決に異議のある場合（法176①）	議決の日（条例の制定・改廃又は予算に関する議決についてはその送付を受けた日）から10日以内	必要	条例の制定・改廃又は予算に関するものについては出席議員の3分の2以上の同意（法176③）	議決は確定する（法176②）。

図表2-1-5　長の特別的拒否権

事　　由	期限の定め	理由の明示	特別多数決の制度	再び同様の議決・選挙があった場合の処置等
議決・選挙が議会の権限を超え、又は法令・会議規則に違反すると認めるとき（法176④）	なし	必要	1回目の議決と同様でよい	知事は総務大臣に、市町村長は知事に対し審査の申立てができる（法176⑤）。裁定に不服があれば裁判所に出訴できる（法176⑦）。
義務的経費を削除・減額する議決の場合（法177①Ⅰ）				長は予算に計上して執行することができる（原案執行権）（法177②）。
非常災害費・感染症予防費の削除・減額の場合（法177①Ⅱ）				長はその議決を不信任議決とみなし、議会を解散することができる（法177③）。

定のあった日から60日以内に裁判所に出訴することができる（自治法176⑦）。

イ 義務費の削除・減額

　議会において、法令により負担する経費、法律の規定に基づき行政庁の職権により命ずる経費、その他の地方公共団体の義務に属する経費を削除し又は減額する議決をしたときは、長は、理由を示してこれを再議に付さなければならない（自治法177①Ⅰ）。

　再議に付されたことにより、その議決の効力は失われる。再議の結果なお議会の議決が改められないときは、長は、原案のとおりその経費及びこれに伴う収入を予算に計上して、その経費を支出することができる（自治法177②）。

ウ 非常費の削除・減額

　議会において、非常災害による応急・復旧の施設のために必要な経費又は感染症予防のために必要な経費を削除し又は減額する議決をしたときは、長は、理由を示してこれを再議に付さなければならない（自治法177①Ⅱ）。

　再議の結果、議会がなおその経費を削除・減額する議決をした場合は、長は、その議決を不信任の議決とみなすことができる（自治法177③）。

3　長の不信任議決と議会の解散

　不信任議決とは、長が適任でないと考えた議会が、長を信任しない意思を表示することをいう。長の不信任議決は、議員総数の3分の2以上の者が出席し、その4分の3以上の同意により成立する（自治法178③）。

　この不信任議決に対抗するのが長の「議会の解散」である。すなわち、長は、不信任議決をした旨の通知を受けた日から10日以内に議会を解散することができる（自治法178①）。解散せずに10日を経過したときには、長はその日において失職することになる（自治法178②）。

　また、解散後の初の議会で再び長の不信任議決（この場合の議決は、議員総数の3分の2以上が出席し、その過半数の同意が必要である）が成立したときは、議長から長に対しその旨の通知があったときに、長は、選択の余地なく失職する（自治法178②③）。

4　専決処分

　専決処分とは、議会の権限に属する事項を議会に代わって、長がその権限を行使することを認める制度である。これには、次の2つの類型がある。

（1）法律の規定による専決処分（自治法179）

　ひとつは、法律の規定によるものであり、議会との関係においては、法定代理的な性格を有するものである。議会と長との間の調整手段となるものであり、

議会において必要な議決等が得られない場合に、長が議会に代わって行うものである。これには、次の4つの場合がある（自治法179①②）。

① 議会が成立しないとき
② 自治法113条ただし書の場合において、なお会議を開くことができないとき
③ 長において、特に緊急を要するため議会を招集する時間的余裕がないことが明らかであると認めるとき
④ 議会において議決・決定すべき事件を議決・決定しないとき

ただし、副知事又は副市町村長の選任の同意及び指定都市の総合区長の選任の同意については、この限りでない（自治法179①ただし書）。

これらの場合により長が専決処分を行った場合は、長は、処分後の最初の会議で議会に報告し、承認を求めなければならない（自治法179③）。議会の承認が得られなくても、長の処分の効力には影響はなく、長の政治的責任の問題が残るに過ぎない。

ただし、条例・予算の専決処分について議会が不承認としたときは、長は、速やかに、必要と認める措置を講じ、その旨を議会に報告しなければならない（自治法179④）。

（2）議会の委任による専決処分（自治法180）

もうひとつは、議会の議決による長への委任によるもので、任意代理的な性格を有するものである。議会の議決によってあらかじめ指定した議会の権限に属する軽易な事項について認められる。地方公共団体の行政執行の能率化を図る手段といえる。

この場合により長が専決処分を行った場合は、長は、議会に報告することが求められるが、その承認を求める必要はない。

第9節　地方公共団体の財務管理

1　会計年度及び会計の区分

（1）会計年度の意義

地方公共団体の会計年度は、毎年4月1日に始まり翌年の3月31日に終了する（自治法208①）。会計年度とは、地方公共団体の歳入歳出の計算を区分整理して、財政状況を明らかにし、財政運営を健全に維持するために設けられた一

定の期間である。

　各会計年度の歳出は、各会計年度の歳入をもって充てなければならない（自治法208②）。これを「会計年度独立の原則」という。

　「歳入」とは一会計年度における一切の収入、「歳出」とは一会計年度における一切の支出である。

　この原則の厳格な適用はかえって硬直的な財政運営をもたらすので、次のような例外が認められている。

① 継続費の逓次繰越し（自治法212、自治令145）
② 繰越明許費（自治法213、自治令146）
③ 事故繰越し（自治法220③ただし書）
④ 歳計剰余金の繰越し（自治法233の2）
⑤ 過年度収入・過年度支出（自治法243の5、自治令160・165の8）
⑥ 翌年度歳入の繰上充用（自治法243の5、自治令166の2）

(2) 会計の区分

ア　一般会計

　一般会計は、地方公共団体にとって根幹となる会計であり、税収入を主な財源とする。

イ　特別会計

　特別会計は、特定の事業・資金等について、特別の必要がある場合（法律で特に定めるものを含む）、一般会計から区分して、その収支を別個に経理する会計をいう（自治法209②）。

　なお、地方公共団体の経営する企業のうち地方公営企業法適用を受ける企業（地方公営企業）の経理は、特別会計を設けて行うものとされている（地公企法17）。地方公営企業としては、水道、自動車運送、電気、ガスなどの事業が定められている。また、地方公営企業以外の病院、宅地造成等の事業などは、条例で特別会計を設置することができる。

2　予　算

(1) 予算の意義

　予算とは、「地方公共団体の一会計年度における収入（歳入）と支出（歳出）の見積り」をいう。予算は長が調製し、議会の議決を経て成立し（自治法211①）、財政運営の指針となる。また、予算は、住民が地方公共団体の行政運営を監視するために必要な情報を提供するものである。

　歳入予算は、単なる収入の見積りであり執行機関を拘束するものではない。歳

入は予算とは別の法令、条例等の根拠に基づいて徴収される。

　歳出予算は、支出の予定の見積りであると同時に、長に対して予算で定める目的及び金額の範囲内で支出する権限を与えるとともに、支出の限度や内容を制限する拘束力を有し、執行機関を拘束する法的性格を有するとされている。

(2) 予算に関する原則

ア　総計予算主義の原則

　一会計年度における一切の収入及び支出は、すべて歳入歳出予算に編入しなければならない（自治法210）。これを、総計予算主義の原則という。

　例外として、一時借入金、歳計剰余金の基金への編入がある。これらは、歳入歳出予算に計上されずに収入・支出が行われる。

イ　単一予算主義の原則

　一会計年度における一切の収入及び支出は、単一の予算に計上して一会計の下に処理しなければならない。これを、単一予算主義の原則という。

　例外として、特別会計予算（自治法209・218④）、暫定予算（自治法218②③）、補正予算（自治法218①）がある。これらは、別個の予算として調製される。

ウ　予算統一の原則

　分科された予算は、予算科目、予算様式等を統一することによって系統的に総合調製しなければならない（自治法216）。これを、予算統一の原則という。

エ　会計年度独立の原則

　各会計年度における歳出は、その会計年度の歳入をもって充て、毎会計年度の歳出予算の経費の金額は翌年度において使用することができない（自治法208②・220③本文）。これを、会計年度独立の原則という。

　例外として、継続費の逓次繰越し、繰越明許費、事故繰越し、歳計余剰金の処分、過年度収入・支出、翌年度歳入の繰上充用がある（前述1（1）①〜⑥参照）。

オ　予算の事前議決の原則

　予算は、年度開始前に議会に提出され、議決を経なければならない（自治法211①）。これを、予算の事前議決の原則という。

　例外として、議会の議決を経ないで長が経費を支出する原案執行予算（自治法177②）がある。

カ　予算公開の原則

　予算は、予算要領の公表、歳入歳出予算の執行状況の公表等によって住民に対して公開されなければならない（自治法219・243の3①）。これを、予算公開の原則という。

(3) 予算の内容

予算は、次の7つの事項に関する定めからなる（自治法215）。

ア　歳入歳出予算

歳入歳出予算は、一会計年度内の一切の収入支出の内容を示すものである。

歳入歳出ともそれぞれ款、項に区分し、歳入においては性質別に、歳出については目的別に分類区分することとされている（自治法216）。項はさらに目、節に区分される。議会の議決の対象となるのは款、項であり、予算書には款、項のみが掲げられる。

歳入歳出予算には、予算外又は予算超過の支出に充てるため予備費を設けなければならないが、特別会計では任意とされている（自治法217①）。

イ　継続費

継続費は、工事、製造など、完成及び履行に数年を要する事業経費について、あらかじめ予算に総額、年割額を定めて執行を確保するものである（自治法212）。

ウ　繰越明許費

繰越明許費は、歳出予算の経費のうち、その性質上あるいは予算成立後の事由によりその年度内では支出が終わらない見込みのあるものについて、予算に計上することによって、翌年度に繰り越して使用することができるものである（自治法213）。

エ　債務負担行為

債務負担行為は、翌年度以降、長が行うことのできる債務負担の限度額について期限を限ってあらかじめ決定する制度である（自治法214）。これは、あくまで長に対し翌年度以降にわたる債務の負担を許容する制度であり、必ずしも事業全体の執行に着目したものではない。特に、契約等の支出負担行為は当該年度内に行う必要があり、もし行われなければ、翌年度以降の予算としての効力は消滅する。

オ　地方債

地方債は、地方公共団体が後年度の歳入をもって償還する一会計年度を超える期間にわたって負う金銭債務である（自治法230）。

カ　一時借入金

一時借入金は、一会計年度の収入と支出とが時期的にバランスを失し、一時的に現金が不足した場合に、予算内の支出をするために借り入れられる金銭であり、その会計年度の歳入で償還する必要がある（自治法235の3）。

キ　予算の各項間の流用

予算は、各款又は各項間の流用が禁止されている。しかし、予算の執行上必要がある場合に限り、予算の定めるところにより項間の流用ができる（自治法

220②)。

　流用とは、予算の補正の手続を用いず、予算執行上の処理として、特定の目的のための経費を抑制し、その財源を他の支出費目の増額に充当することである。

　なお、特別会計のうち、事業の経費を主として事業に伴う収入をもって充てるもので条例で定めるものについて、業務量の増加により経費に不足を生じたときは、収入の増加分を経費に充てることができる（自治法218④）。このことを、「特別会計の弾力条項」と呼んでいる。

(4) 予算の種類

ア　当初予算

　当初予算とは、一会計年度を通じて一切の歳入・歳出を計上し、毎年度、会計年度開始前に議決すべき予算である。通常は、単に予算といえば当初予算を意味する。

イ　補正予算

　補正予算は、既定の予算に追加その他の変更を加える必要が生じたときに調製する予算である。その必要は、当初予算の調製後に生じた事由に基づくものでなければならない（自治法218①）。調製後の事由であれば、予算の議決前に生じたものであってもかまわない。年度内に調製する補正予算の回数に制限はないが、会計年度経過後に補正することはできない（自治令148）。

ウ　暫定予算

　暫定予算は、必要に応じて、一会計年度のうちの一定期間について調製するもので、当該会計年度の予算が成立するまでの間の歳入歳出を規定するものである。したがって、当該会計年度の予算が成立したときには、その効力を失う。ただし、暫定予算に基づいて行った支出や債務の負担は、当該会計年度の予算に基づく支出や債務の負担とみなされる（自治法218②③）。

エ　骨格予算

　骨格予算は、年度の途中で長の選挙が行われる場合等年度を通じた政策判断ができにくい事由があり、年間を通じる予算を編成することが困難な場合に、差し当たり必要最小限の経費だけを計上した予算である。あくまで一会計年度を通じた予算計上を行うものであり、暫定予算とは異なる。事由解消後に補正予算で肉付けしていく（肉付け予算）。

(5) 予算の調製及び議決

ア　予算の調製

　地方公共団体の長は、毎会計年度、予算を調製し、年度開始前に、議会の議

決を経なければならない。予算を調製し議会に提出する権限は長に専属しており、議員が提出することは許されない。予算提出の時期は、遅くても年度開始前30日（都道府県・指定都市）又は20日（指定都市以外の市及び町村）までとされている（自治法211①）。

予算を提出するときは、予算に関する説明書も併せて提出することが義務付けられている（自治法211②）。

イ 予算の議決

予算が成立するためには、原案執行（自治法177②）、長の専決処分（自治法179①）、弾力条項（自治法218④）による場合を除いては、議会の議決を要する（自治法96①Ⅱ）。

議会は、予算を修正できるが、増額修正権については、長の予算提出権限（発案権）を侵すことはできないという限界がある（自治法97②）。これは、予算に含まれていない事項について所要額を計上することにより、予算の趣旨を損なうことを防ぐためである。減額修正についても、長が再議に付することによる一定の制約がある（自治法177②③）。

予算を定める議決があったときは、議長は、その日から3日以内に長に送付しなければならない（自治法219①）。長は、予算の送付を受けた場合において、再議その他の措置を講ずる必要がないと認めるときは、直ちに、その要領を住民に公表しなければならず（自治法219②）、また会計管理者に通知しなければならない（自治令151）。

3 決 算

(1) 決算の意義

決算とは、一会計年度の歳入歳出予算の執行の実績を表示した計数表である。予算は収入支出の見積りであり、執行の結果は必ずしも予算どおりではない。地方公共団体の行政活動は、社会経済の変動の中で遂行されており、当然のことであるが、収入支出もその影響を受け、当初予算に増減を生じさせることとなる。これが、予算とは別に、社会経済の実勢を反映させた行政の執行の財政面の実績である「決算」を設ける意味である。

決算として予算執行の実績を示すことにより、財政上の責任を議会や住民に明らかにし、次年度予算執行の際の指針とする。

(2) 決算の調製

会計管理者は、毎会計年度、決算を調製して、出納閉鎖後3カ月以内に、長に提出しなければならない（自治法233①）。

地方公営企業の決算は、管理者が毎会計年度終了後2カ月以内に調製し、長に提出しなければならない（地公企法30①）。

決算の調製に期限を定めたのは、早期に調製を終了させることで、次年度以降の予算編成や議会の予算審議に資することを期待しているからである。

(3) 監査委員の審査

長は、会計管理者から提出された決算を監査委員の審査に付さなければならない（自治法233②）。監査の主眼は、①計算に過誤はないか、②実際の収支が収支命令と適合しているか、③収支が適法になされたか、④財政運営が適法になされたか、⑤予算が目的に沿って効果的に執行されたか、などにある。

地方公営企業の決算も、長は監査委員の監査に付さなければならない（地公企法30②）。監査委員は、審査に当たって、地方公営企業の運営が、地公企法3条に定める経営の基本原則の趣旨に従ってなされているかどうかについて、特に意を用いなければならない（地公企法30③）。

(4) 決算の認定

長は、監査委員の審査に付した決算を、監査委員の意見を付けて、次の通常予算を審議する会議までに（地方公営企業にあっては、遅くとも当該事業年度終了後3月を経過した後において最初に招集される定例会である議会において）議会の認定に付さなければならない（自治法233③〜⑤）（地公企法30④）。

議会は、決算書等について、予算の執行が適正に行われたかどうかについて、住民の代表機関として大局的見地から審査し、認定する（自治法96①Ⅲ）。この審査は、当該年度の収支の内容等を検討して確認するとともに、決算に対する議会の意思を明らかにして執行機関に必要な措置を求め、又は将来の参考にすることを目的としており、決算が認定されなくとも、既に行われた収入・支出についての効力には影響がないものとされ、これを理由として長の不信任の議決（自治法178）をするといった政治的責任や道義的責任を問うことがあることは別として、単に認定しないというだけでは、特段法的効果は生じない。そのため、長は議会が決算の認定をしない場合であっても、制度上、議会に対する説明を行うことまでは求められておらず、また、決算不認定の場合に、その後の議論がなされていないという状況も見られた。

こうした状況を踏まえ、平成29年（2017）改正により、長は、決算不認定の場合において、当該不認定を踏まえて必要となる措置を講じたときは、速やかに、当該措置の内容を議会に報告するとともに、これを公表しなければならないこととされた（自治法233⑦）。

なお、地方公営企業の決算についても、平成29年（2017）の改正により、同

様の仕組み（決算不認定の場合における地方公営企業の管理者から議会への報告・公表）が設けられた（地公企法30⑧）。

（5）決算の報告及び公表

長は、決算の認定に付した決算の要領を住民に公表しなければならない（自治法233⑥）。地方公営企業の決算についても同様（地公企法30⑦）。

（6）歳計剰余金の処分

決算上、剰余金を生じたときは、翌年度の歳入への編入が原則であるが、条例又は議会の議決による基金への編入も可能である（自治法233の2）。

4　収入・支出

（1）収入の意義と種類

一会計年度のすべての収入を「歳入」というが、予算の執行過程で財源となるべき現金や証券を個々に収納することを「収入」という。

地方公共団体の主な収入の種類は、次のとおりである。

ア　地方税

地方税は、地方公共団体が一般の経費に充てるため公権力に基づき住民から徴収する課徴金であり、地方公共団体の収入の基本となるものである。税目、税率、徴収方法等の詳細は地方税法及びこれに基づく条例で定める（自治法223）。

イ　分担金

分担金は、地方公共団体が特定の事業を行う場合に、その事業によって特に利益を得る者に対し、その経費の全部又は一部を分担させるものをいう（自治法224）。財源を調達するとともに、住民相互間の負担の公平を図る意義を有する。

ウ　使用料

使用料は、行政財産の目的外使用又は公の施設の利用について、それにより利益を受ける者から徴収するものをいう（自治法225）。地方公営企業法の適用を受ける水道、ガス、鉄道等の公営企業につき徴収される料金も使用料の一種である。

エ　手数料

手数料は、特定の者に提供する役務に対し、その費用を償うため又は報償として徴収する料金であり、地方公共団体は、その地方公共団体の事務で特定の者のためにするものにつき、手数料を徴収することができる（自治法227）。

オ 地方債

　地方債は、地方公共団体が仕事を進める経費の財源として、一会計年度を超えて長期間借り入れる借金をいう（自治法230①）。地方債を起こすときは、起債の目的、限度額、起債の方法、利率及び償還の方法を予算で定めなければならない（自治法230②）。

　地方債の特色は、①地方公共団体の負担する債務であること、②他から資金を借り入れることによって負担する債務であること、③債務の履行が2年以上にわたって行われること、などがあげられる。

　地方債は長期借入金であり、地方公共団体の歳出は地方債以外の歳入をもってその財源とすることが基本とされるべきことから、財政の健全な運営のため、地方債をもって財源とすることができる場合は、公共事業費、出資金、貸付金、地方債の借換えのための経費等に限られる（地財法5）。

カ その他

　以上のほか、地方公共団体の収入には、次のようなものがある。

① 　地方公共団体の行政水準を一定に確保するため地域間の財源の不均衡を踏まえて国から地方公共団体に交付される「地方交付税」（地方交付税法）

② 　本来地方税に属すべきものであるが、課税の便宜あるいは財源偏在の調整のため国が国税として徴収し、地方公共団体に譲与している「地方譲与税」（地方揮発油譲与税法等）

③ 　ある特定の仕事について一定の場合にその経費の全部又は一部を国が負担して地方公共団体に交付する「国庫支出金」（補助金、負担金、委託金等）（地財法16等）

(2) 歳入の収入の方法

ア 歳入の調定

　地方公共団体が歳入を収入するには、長がその徴収すべき金額を決定し、納入義務を負う者に通知することが必要である。この徴収すべき金額を決定する行為を「歳入の調定」という（自治法231）。

イ 督促と滞納処分

　通知を受けた納税義務者は、納期限までに納入することとなるが、長は納入されない場合、督促・滞納処分をすることが認められている（自治法231の3）。

　地方公共団体の収入については、その徴収を確保するために、分担金等の徴収方法等は条例で定められ（自治法228①）、詐欺その他不正の行為により徴収を免れた者等に対して過料を科する規定を設けることができる（自治法228②③）。

　督促した場合、その督促のための手数料や延滞金を徴収することもできる。さ

らに分担金、加入金、過料と特別の使用料について最終的に地方税の滞納処分の例により処分することもできる（自治法231の3）。

ウ　収入の方法の特例

収入の方法は現金によるのが原則だが、次のような方法によることもできる。

a　収入証紙による納付

使用料・手数料については、証紙によることができる。この場合は、証紙の売りさばき現金が歳入となる（自治法231の2①②）。

b　口座振替による納付

指定金融機関の指定がされている場合には、口座振替の方法によることができる（自治法231の2③、自治令155）。

c　証券による納付

証券によって納入することもできるが、これは持参人払式の小切手や会計管理者又は指定金融機関等を受取人とする小切手、無記名式の国債や地方債などで納付金額を超えないものに限定される（自治法231の2③、自治令156）。この場合も指定金融機関の指定が要件となる。なお、納付された証券を提示し有効な支払請求をしたにもかかわらず支払の拒絶があったときは、その歳入ははじめから納付がなかったものとみなされる（自治法231の2④）。

d　コンビニエンスストア、クレジットカード、電子マネー等（指定納付受託者）による納付

納入義務者は、納付の通知に係る書面に記載されたバーコードを提示して、又は、電子情報処理組織を使用して歳入の特定に必要な事項及びクレジットカードの番号等を通知して、指定納付受託者に納付を委託することができる（自治法231の2の2）。

※令和3年（2021）の改正により、指定代理納付制度に替えて指定納付受託制度が創設された（令和4年（2022）1月4日施行）。従来の指定代理納付者については、経過措置として令和5年（2023）3月31日までは引き続き納付事務を取り扱うことができることとされた。

(3) 支出の手続

地方公共団体は、①地方公共団体の事務を処理するために必要な経費、②法律又はこれに基づく政令により地方公共団体の負担に属する経費を支弁する（自治法232①）。

法律又は政令により地方公共団体に事務処理を義務付ける場合には、国はそのために要する経費の財源について、必要な措置を講じなければならない（自治法232②）。

ア　支出負担行為

支出は、法令又は予算の定めるところに従い、契約その他の行為を前提とし

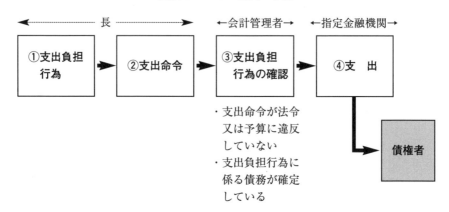

図表2-1-6　支出の手続

て、予算の配当に基づいて行われる。工事請負契約、物品購入契約、補助金の交付決定、給与等の支出の決定など、支出の原因となる行為を「支出負担行為」という（自治法232の3）。

イ　支出命令

長が、歳出につき債務が確定した旨を会計管理者に通知し、その支出を命令するのが「支出命令」である。会計管理者は、長の命令がなければ支出をすることはできない（自治法232の4①）。支出命令については、政令で定めるところによることとされ、公共料金などの一定の経費については、年度分等を一括して行うことができることとして支出命令を簡素化している。

ウ　現金の支出

会計管理者は、長の支出命令を受けた後、①支出負担行為が法令又は予算に違反していないこと、及び、②支出負担行為に係る債務が確定していることを確認した上でなければ支出することはできない（自治法232の4②）（**図表2-1-6**）。支出審査の結果、法令又は予算に違反している場合及び債務が確定していない場合においては、会計管理者は、その支出が不可能なものとして、その支出命令を長に返し戻さなければならない。

金融機関を指定している地方公共団体における支出は、現金の交付に代え、当該金融機関を支払人とする小切手を振り出し、又は公金振替書を当該金融機関に交付してするものとされる。ただし、小切手を振り出す場合に、債権者の申出があれば、現金で小口の支払をすることなどができる（自治法232の6①）。

(4) 支出の方法

地方公共団体の支出は、債権者のためでなければ行うことができない（自治

法232の5①）。支出は、①債務金額が確定し、②支払期限が到来しており、③支出の相手方が正当な債権者である場合に行われる。

　支出は、このような場合に現金で支払うのが原則であるが、様々な支出の必要に対応して、次のような例外的な支出方法が認められている（自治法232の5②）。ただし、特例が認められる経費は限定されている。

ア　資金前渡（自治令161）

　資金前渡は、外国において支払をする経費、地方債の元利償還金、非常災害のため即時支払を必要とする経費など、職員が現金支払をするためにその資金をあらかじめその職員に渡しておくことをいう。債務が確定しているかどうかを問わない点や債権者のための支出でない点で、特例とされる。

イ　概算払（自治令162）

　概算払は、旅費、官公署に対して支払う経費、訴訟に要する経費など、概算で支出し、後に精算することをいう。履行期限が到来しておらず、債務額が確定していない点で、特例とされる。

ウ　前金払（自治令163）

　前金払は、補助金、買入れ又は借入れに要する経費、土地又は家屋の買収又は収用により移転が必要となった家屋・物件の移転料など、前金で支払うことをいう。債務の支払の時期が到来する前に支出する点で、特例とされる。

エ　繰替払（自治令164）

　繰替払は、地方税の報奨金、証紙取扱手数料など、ある収入から、関連のある一定の支出のための支払をすることをいう。歳入の収納現金を直ちに支払現金に充てて支出する方法であり、支出命令書に基づかない点で、特例とされる。

オ　隔地払（自治令165）

　隔地払は、あらかじめ債権者に通知して支払場所を指定し、指定金融機関などに資金を交付して送金手続をさせることをいう。

カ　口座振替の方法による支出（自治令165の2）

　指定金融機関その他地方公共団体の長が定める金融機関に預金口座を設けている債権者から申し出があったときに、口座振替の方法により支出することができる。

　隔地払及び口座振替の方法による支出は、出納機関又は指定金融機関が小切手または通貨を直接債権者に給付しない点で、特例とされる。

（5）支出の制限

　地方公共団体は、寄附又は補助をすることができるが、公益上必要がある場合に限られる（自治法232の2）。

　近年は、補助金の公益性が厳しく問われるようになっており、住民訴訟にお

いて、裁判所により、その支出が違法とされる例も見られるようになっている。また、補助金の交付は、その公正性や透明性を確保するため、従来のような要綱に基づくのでなく、条例や規則を制定する例が多くなっている。

　以上のほか、地方公共団体は、宗教上の組織・団体の便宜・維持のため、又は公の支配に属しない慈善、教育、博愛の事業に対して、公金を支出してはならないとされている（憲法89）。

5 契 約

(1) 地方公共団体の契約

　地方公共団体が締結する契約には、公法上の契約と私法上の契約がある。自治法が規定しているのは、このうち、私法上の契約についてである。すなわち、私法上の契約については、民法その他の私法が規定し、基本的に契約自由の原則が適用されるが、契約の公正性の確保や公金の効率的運用を図るとともに、財政における民主主義を担保するために、自治法により特別の規定がなされているものである。

(2) 契約締結の方法

　地方公共団体が締結する売買、貸借、請負その他の契約は、①一般競争入札、②指名競争入札、③随意契約、④せり売りの4つの方法により行うものとされている。

　また、地方公共団体が締結する契約は公正で確実な契約の締結が求められることから、契約締結方法については、一般競争入札が原則であり、その他の方法は政令で定める場合に限り認められている（自治法234①②）。

ア　一般競争入札

　一般競争入札は、入札に関する公告をして不特定多数の者の参加を求め、その地方公共団体に最も有利な価格で申込みをした者と契約を締結する方法である。

　一般競争入札の長所は、誰でも入札に参加でき、契約手続も公開して行われるので、契約の機会均等及び公正性の点で優れていることである。他方、短所としては、①不誠実な者の参加によって、公正な競争が妨げられたり、契約の履行が確実に行われなかったりすること、②手続が煩瑣で多額の費用と時間を要する場合があること、などがあげられる。

イ　指名競争入札（自治令167）

　指名競争入札は、あらかじめ指名された特定の複数の者が入札に参加し競争する方法である。契約の履行能力等に信用のおける特定の者を競わせ、最も有

利な価格で入札した者と契約を締結する方法で、工事・製造の請負、物件の売買等で、その性質・目的が一般競争入札に適しない場合に認められる。

指名競争入札によることができるのは、次の場合である。

① 契約の性質・目的が一般競争入札に適さないとき
② 入札参加者が一般競争入札に付す必要がないと認められるほどに少数であるとき
③ 一般競争入札に付すことが不利と認められるとき

指名競争入札は最も多く使われる方法であるが、談合などにより競争効果が減退するおそれがあり、指名の公正等についての配慮が必要となる。

ウ　随意契約（自治令167の2）

随意契約は、任意に相手方を選んで契約する方法であり、競争入札に適しない場合や、不可能なときなどに行われる。

随意契約によることができるのは、次の場合などである。

① 予定価格が契約の種類に応じ一定の額の範囲内で規則で定める額を超えないものであるとき
② 契約の性質・目的が競争入札に適しないものであるとき
③ 緊急の必要により競争入札に付することができないとき
④ 競争入札に付し入札者がないとき又は再度の入札に付し落札者がないとき

手続が簡単で、信用できる相手を選ぶことができるが、情実に左右されるなど、公正さの点で問題がある。

エ　せり売り（自治令167の3）

せり売りは、不特定多数の者が参加して競争するものであるが、入札ではなく口頭か挙手によって、はじめから金額が公開されながら最終的に価格が決定されるという方法である。動産の売払いのうち、この方法が適しているものについて行われる。

（3）契約履行の確保

締結された契約の適正かつ確実な履行を確保するため、地方公共団体の職員は、契約履行過程で必要な監督や検査をしなければならないものとされている（自治法234の2）。

また、損害賠償を容易にするため、契約保証金を契約の相手方に納めさせることとしている。

（4）長期継続契約

電気・ガス・水の供給、電子通信役務の提供を受ける契約、不動産を借りる

契約、OA機器のリース契約など、翌年度以降にわたり物品の借入れ・役務の提供を受ける契約で条例で定める一定のものについては、債務負担行為として予算で定めることなく、翌年度以降にわたって契約を締結することが認められている（自治法234の3）。

(5) 総合評価競争入札

総合評価競争入札は、価格のほかに、価格以外の技術的な要素を評価の対象に加え、品質や施工方法等を総合的に評価し、価格と技術の両面から最も優れたものをもって申込みをした者を落札者とする方式をいう。

「公共工事の品質確保の促進に関する法律」（平成17年法律第18号）では、「公共工事の品質は、…経済性に配慮しつつ価格以外の多様な要素をも考慮し、価格及び品質が総合的に優れた内容の契約がなされることにより、確保されなければならない」（同法3②）とされており、地方公共団体においても、総合評価方式の導入が求められている。

一方、総合評価競争入札を導入すると、入札手続に恣意性が入り込む余地が生まれること、手続が煩雑なため発注事務が渋滞することなどの問題があり、多くの自治体では、工事品質の確保が重要な大規模工事に限って、総合評価方式が導入されている。

6 財　産

(1) 財産の種類

自治法において財産として規定されているものには、①公有財産、②物品、③債権、④基金の4種がある（自治法237①）（**図表2-1-7**）。したがって、借家権、借地権などは、財産権の対象となるものであっても自治法上の財産とはならない。

ア　公有財産

公有財産は、地方公共団体の所有に属する財産のうち、基金に属するものを除き、次のものをいう（自治法238①）。

① 不動産
② 船舶や航空機等
③ ①②の従物
④ 地上権などの用益物権
⑤ 特許権、著作権、商標権などの無体財産権
⑥ 株券、社債券、国債証券などの有価証券
⑦ 出資による権利

図表2-1-7　財産の種類

```
財 産 ─┬─ 公有財産 ─┬─ 行政財産 ─┬─ 公用財産 ── 地方公共団体が使用する庁舎など
        │   不動産、船舶、│            └─ 公共用財産 ── 学校、道路、公会堂、
        │   特許権等    │                              病院など住民が一般的に
        │   自治法238   │                              利用するもの
        │              └─ 普通財産 ── 行政財産以外の財産
        │
        ├─ 物 品 ── 動産で現金、公有財産、基金以外のもの
        │   自治法239
        │
        ├─ 債 権 ── 金銭の給付を目的とする地方公共団体の権利
        │   自治法240
        │
        └─ 基 金 ── 地方公共団体が条例により設置するもので、特定の目的のために財産を維持し、資金
            自治法241    を積み立て、又は定額の資金を運用するために設けるもの
```

┌───┐
│ 基   ◇特定の目的のために財産を維持するための基金   │
│ 金   ◇特定の目的のために資金を積み立てる基金   │
│ の   （財政調整基金、都市交通基盤整備基金など）   │
│ 例   ◇特定の目的のために資金を運用するための基金   │
│   （市区町村振興基金、土地開発基金、用品調達基金など）   │
└───┘

⑧　財産の信託の受益権

公有財産は、行政財産と普通財産に分けられる（自治法238③）。

a　行政財産

行政財産は、地方公共団体において公用若しくは公共用に供し、又は供することを決定した財産をいう（自治法238④）。

公用に供する財産は、地方公共団体がその事務・事業を執行するため直接使用するもので、庁舎などがその例である。

公共用に供する財産は、住民の一般的な利用に供することを目的とするもので、学校、病院、公園など公の施設の物的要素となる場合が多い。

b　普通財産

普通財産は、行政財産以外の一切の公有財産をいう（自治法238④）。

イ　物　品

物品は、地方公共団体が所有する動産で現金（現金に代えて納付される証券を含む）・公有財産に属するもの・基金に属するもの以外のもの、及び地方公共団体が使用のために保管する動産をいう（自治法239①）。また、地方公共団体

の所有に属さない動産で地方公共団体が保管するもの（使用のために保管する
ものを除く）を占有動産という（自治法239⑤）。

ウ 債 権

債権は、金銭の給付を目的とする地方公共団体の権利をいう。地方公共団体
の長は、債権について、その督促、強制執行その他その保全及び取立てに関し
必要な措置を取らなければならないほか、その徴収停止、履行期限の延長又は
債務の免除をすることができる（自治法240）。

エ 基 金

基金は、地方公共団体が特定の目的のために財産を維持し、資金を積み立て、
又は定額の資金を運用するために条例によって設けるものである。前者を「特
定目的基金」、後者を「定額運用基金」という。基金は、確実かつ効率的に運用
しなければならない。また、「特定目的基金」については、その特定の目的のた
めでなければ処分することができない。基金の運用から生ずる収益及び基金の
管理に要する経費は、それぞれ毎会計年度の歳入歳出予算に計上しなければな
らない（自治法241）。

(2) 財産の管理と処分

ア 行政財産の管理と処分

行政財産は、直接、特定の目的のために利用されるものであるため、貸し付
け、交換し、売り払い、譲与し、出資の目的とし、若しくは信託し、又は私権
を設定することは禁止されている（自治法238の4①）。

行政財産は、原則として私法上の関係において運用することが禁止され、こ
れに違反する行為は無効とされる（自治法238の4⑥）。例外的に、その用途又
は目的を妨げない限度で、①貸し付け、又は私権を設定すること、②その使用
を許可することができる（自治法238の4②⑦）。

なお、PFI法（民間資金等の活用による公共施設等の整備等の促進に関する
法律）により、PFI事業の用に供するため、PFI事業者に対し、行政財産の貸
付けを行うことが可能となった。

イ 普通財産の管理と処分

普通財産は、本来私法の適用を受けるもので、貸し付け、交換し、売り払い、
譲与し、出資の目的とし、若しくは私権を設定し、又は信託することができる
（自治法238の5）。

7 職員の賠償責任

（1）会計職員又は予算執行職員の損害賠償責任

　地方公共団体の会計職員又は予算執行職員が、故意又は重過失（現金については過失）により当該地方公共団体に財産上の損害を与えたときは、賠償責任に関する民法の一般規定は適用されず、自治法243の2の2により、損害賠償責任を負う。この制度は、地方公共団体の利益を保護し、損害の補てんを容易にすること、職務上の危険負担が重く責任を追及されやすい会計職員等の責任の軽減を図ることを目的とするものである。

（2）会計職員等の賠償責任の要件

ア　会計職員の場合

　①会計管理者、②会計管理者の事務を補助する職員、③資金前渡を受けた職員、④占有動産を保管している職員、⑤物品を使用している職員が、故意又は重大な過失（現金については過失）により、その保管に係る現金、有価証券、物品、占有動産、使用に係る物品を亡失し、又は損傷したときは、これによって生じた損害を賠償しなければならない（自治法243の2の2①前段）。

イ　予算執行職員の場合

　①支出負担行為、②支出命令・支出負担行為の確認、③支出若しくは支払、④監督・検査の権限を有する職員、⑤これらの権限に属する事務を直接補助する職員で普通地方公共団体の規則で指定した者が、故意又は重大な過失により、法令の規定に違反して当該行為をしたこと又は怠ったことにより地方公共団体に損害を与えたときも、賠償責任を負う（自治法243の2の2①後段）。

（3）会計職員等の賠償責任の手続

　長は、会計職員等が地方公共団体に損害を与えたと認めるときは、監査委員に対し、その事実があるかどうかを監査し、賠償責任の有無及び賠償額を決定することを求め、その決定に基づき、期限を定めて賠償命令をするものとされている（自治法243の2の2③）。ただし、賠償責任については、金銭債権の5年の消滅時効が適用されることから（自治法236①）、賠償命令ができるのはそれまでの間ということになる。

（4）普通地方公共団体の長等又は会計職員等以外の職員の賠償責任

ア　普通地方公共団体の長等の民法による賠償責任

会計職員等のように自治法の規定による賠償命令の対象となる職員以外の職

員（長、委員会の委員若しくは委員を含む）は、民法の規定に従って不法行為責任や債務不履行責任を負うこととなる（最一判昭和61年（1986）2月27日）。そのため、長や職員等に軽過失しかない場合にも相当因果関係のある損害の全額について責任を追及される。

イ　普通地方公共団体の長等の損害賠償責任の一部免責

上記のように地方公共団体の長や職員が軽過失の場合にも多額で過酷な損害賠償責任を追及されることがあることによって、長や職員等が大きな心理的負担を抱いて、職務の執行において萎縮が生じ、地方公共団体の事務処理の障害となっているとの見方があった。そこで、平成29年（2017）の自治法改正により、損害賠償責任の一部免責の仕組みが設けられることとなった（自治法243の2）。

地方公共団体の長等が、職務を行うにつき善意でかつ重大な過失がないときは、長等が地方公共団体に対して賠償の責任を負う額から、条例で定める額を控除して得た額について免れさせる旨の条例を定めることができる。議会は、この条例の制定・改廃に関する議決をしようとするときは、あらかじめ監査委員の意見を聴かなければならない（自治法243の2②、自治令173）。

8　監査委員による監査

(1)　監査基準による監査等

監査の質を高め、住民の監査に対する信頼向上を図るため、平成29年（2017）の自治法改正により、監査委員の服務として「監査基準による監査等」が追加された。すなわち、監査委員は、監査基準（監査委員が行うこととされている監査、検査、審査その他の行為の適切かつ有効な実施を図るための基準）に従い、監査等を行わなければならない（自治法198の3①）。

なお、監査基準は、監査委員が合議により定めるものとされている（自治法198の4①②）。監査委員による監査基準の策定又は変更について、総務大臣が指針を示すとともに、必要な助言を行うものとされている（自治法198の4⑤）。

(2)　一般監査

監査委員は、地方公共団体の財務に関する事務の執行及び地方公共団体の経営に係る事業の管理を監査する（財務監査）（自治法199①）。また、監査委員は、必要があると認めるときは、地方公共団体の事務の執行についても監査できる（行政監査）（自治法199②）。ただし、自治事務については労働委員会や収用委員会の権限に属する事務、法定受託事務については国の安全を害するおそれのある事項、個人の秘密を害することとなる事項等に関する事務についてはその

除外対象とされている（自治法199②、自治令140の５）。

　監査委員が毎会計年度少なくとも１回以上期日を定めて行う財務監査は「定期監査」（自治法199④）、必要があると認めるときに監査委員の判断で行う財務監査は「随時監査」（自治法199⑤）と呼ばれている。

（3）特別監査

　住民、議会、長からの請求や要求により監査委員がその請求や要求のあった事項について監査を行うのが「特別監査」であり、これに該当するものは以下のとおりである。

ア　事務監査

　事務監査は、住民の直接要求による監査で、選挙権を有する者が、その総数の50分の１以上の者の連署をもって、当該普通地方公共団体の事務の執行に関し、監査の請求をするものである（自治法75）。その地方公共団体の事務事業全般が対象となる。

イ　議会の請求による監査

　議会は監査委員に対してその地方公共団体の事務に関する監査を求めることができる（自治法98②）。

ウ　長の要求による監査

　長からその地方公共団体の事務の執行に関し監査の要求があったときは、監査しなければならない（自治法199⑥）。

エ　住民監査請求による監査

　住民は、違法又は不当な公金の支出等があると認めるときは、監査委員に対し監査を求め、当該行為の防止・是正・損害の補填等に必要な措置を講ずべきことを請求することができる（自治法242）。

オ　職員の賠償責任の監査

　長は、職員が一定の行為によって地方公共団体に損害を与えたと認めるときは、監査委員に監査を求めなければならない（自治法243の２の２③）。

カ　その他

　以上ア〜オのほか、地方公共団体が財政的援助を与えているもの等に対する長の要求による監査（自治法199⑦）、決算の審査（自治法233②）、現金出納の毎月例日の検査（自治法235の２①）、指定金融機関の公金収納等の監査（自治法235の２②）がある。

（4）監査委員による勧告

　監査委員は、監査の結果に関する報告のうち、地方公共団体の議会、長、教育委員会等の委員会又は委員において特に措置を講ずる必要があると認める事

項については、その者に対し、理由を付して、必要な措置を行うべきことを勧告することができる（自治法199⑪）。これは、第31次地方制度調査会の「監査を受けた者の監査に対する対応が不明確となっており、監査の結果が有効に生かされるよう、必要に応じて、監査委員が必要な措置を勧告できるようにし、監査を受けた者が説明責任を果たすような仕組みを設けることが必要である」旨の報告を受けて、平成29年（2017）の自治法改正で制度化されたものである。

(5) 監査委員の合議の特例

監査委員は、監査の結果に関する報告の決定について、各監査委員の意見が一致しないことにより、合議により決定することができない事項がある場合には、その旨及び当該事項についての各監査委員の意見を代表者に送付し、かつ、公表するとともに、これらを議会及び長並びに関係のある委員会又は委員に提出しなければならない（自治法199⑬）。これは、平成29年（2017）の自治法改正により、監査の透明性を高める観点から、合議に至らない場合であっても、監査の内容や監査委員の意見が分かるようにする必要があるとして、規定されたものである。

9　外部監査制度

(1) 外部監査の意義

外部監査は、地方公共団体におけるチェック機能を強化するため、外部の専門家が契約に基づいて監査を行うものである。監査機能の専門性・独立性を一層充実させるとともに、監査機能に対する住民の信頼を高めるため、平成9年（1997）6月の自治法改正により導入された。

地方公共団体が外部監査契約を締結できる者は、地方公共団体の財務管理、事業の経営管理その他行政運営に関し優れた識見を有する者であって、次の各号のいずれかに該当する者である（自治法252の28①）。

① 　弁護士（有資格者を含む）
② 　公認会計士（有資格者を含む）
③ 　国の行政機関において会計検査に関する行政事務に従事した者又は地方公共団体において監査若しくは財務に関する行政事務に従事した者であって、監査に関する実務に精通している者（自治令174の49の21）

また、上記のほか、外部監査契約を円滑に締結し又はその適正な履行を確保するため必要と認めるときは、識見を有する者であって税理士（有資格者を含む）であるものと外部監査契約を締結することができる（自治法252の28②）。

なお、外部性を確保するため当該地方公共団体の職員であった者は外部監査

人となることはできないこととされているほか、欠格事由が定められている（自治法252の28③）。

　外部監査契約には、外部監査人の側において監査の対象となる事件を選択することができるかどうかにより、包括外部監査契約と個別外部監査契約の2つがある（自治法252の27）。

（2）包括外部監査契約

　包括外部監査契約とは、一定の地方公共団体が、能率化の原則（自治法2⑭）及び合理化の原則（自治法2⑮）を達成するため、外部監査人の監査を受けるとともに監査の結果に関する報告の提出を受けることを内容とする契約である（自治法252の27②）。契約の締結に当たっては、あらかじめ監査委員の意見を聴くとともに、議会の議決を経なければならない（自治法252の36①）。包括外部監査契約は、連続して4回、同一の者と締結することはできない（自治法252の36④）。

ア　包括外部監査を行う地方公共団体

　都道府県、指定都市、中核市については、包括外部監査契約を締結することが義務付けられ、包括外部監査を毎会計年度実施しなければならない（自治法252の36①）。

　一方、その他の市町村は、包括外部監査を受けることを条例で定めることにより実施することが可能なものとなっており、条例で定める会計年度のみの実施でよい（自治法252の36②）。

イ　包括外部監査の対象

　包括外部監査人は、対象団体の財務に関する事務の執行と経営にかかわる事業の管理のうち、能率化の原則及び合理化の原則を達成するため必要と認める特定の事件について財務監査を行う（自治法252の37）。

ウ　包括外部監査結果の報告等

　包括外部監査人は、契約の期間内に監査の結果に関する報告を決定し、これを議会、長及び監査委員並びに関係のある委員会や委員に提出しなければならない（自治法252の37⑤）。包括外部監査人は、監査の結果に基づいて必要があると認めるときは、監査の結果に関する報告に添えてその意見を提出することができる（自治法252の38②）。

　監査委員は、包括外部監査人から報告の提出があったときは、これを公表しなければならない（自治法252の38③）。また、監査委員は、包括外部監査人の監査の結果に関し必要があると認めるときは、議会や長、委員会に対して意見を提出することができる（自治法252の38④）。

　包括外部監査人から監査の結果に関する報告の提出を受けた議会、長、委員

会・委員は、その監査の結果に基づき、又は監査の結果を参考として措置を講じたときは、その旨を監査委員に通知するものとされており、この場合において監査委員は、これを公表しなければならない（自治法252の38⑥）。

（3）個別外部監査契約

　個別外部監査契約は、監査委員以外の者からの要求や請求に基づいて監査委員が監査を行うこととされている場合において、要求や請求をする者が理由を示して外部監査を求めたとき、その事項に係る外部監査人の監査を受けるとともに監査の結果に関する報告の提出を受けることを内容とする契約である（自治法252の27③）。個別外部監査契約も、包括外部監査契約と同様に、契約の締結に当たっては、あらかじめ監査委員の意見を聴くとともに、議会の議決を経なければならない。ただし、包括外部監査契約の期間内に包括外部監査人と個別外部監査契約を締結する場合には、締結をする前の議会の議決を経る必要はない（自治法252の39⑩等）。

ア　個別外部監査を行う地方公共団体

　次の**イ**に挙げられている要求や請求にかかる監査について、監査委員の監査に代えて契約に基づく監査によることができることを条例により定める地方公共団体は、個別外部監査を行うことができる。

イ　個別外部監査の対象

　個別外部監査の対象となるのは、次の監査である。
① 　事務監査請求（自治法252の39・75①）
② 　議会からの監査請求（自治法252の40・98②）
③ 　長からの監査請求（自治法252の41・199⑥）
④ 　長からの財政援助団体等の監査の請求（自治法252の42・199⑦）
⑤ 　住民監査請求（自治法252の43・242①）

　長が個別外部監査契約を結ぶに当たっては、監査委員の監査に代えて個別外部監査契約に基づく監査によることについて、①、③及び④については議会の議決、⑤については監査委員の決定が必要である（自治法252の39④・252の41④・252の42④・252の43②）。

ウ　個別外部監査結果の報告等

　包括外部監査と同様に、個別外部監査人は、契約の期間内に監査の結果に関する報告を決定し、これを議会、長及び監査委員並びに関係のある委員会や委員に提出しなければならない。また、監査委員は、個別外部監査人から報告の提出があったときは、これを公表しなければならない（自治法252の39⑫⑬等）。

(4) 外部監査人と地方公共団体との関係

外部監査人は、監査を実施するに当たっては、監査委員にその旨を通知するなど相互の連絡を図るとともに、監査委員の監査の実施に支障を来さないよう配慮しなければならない。また、監査委員は、監査を実施するに当たっては、外部監査人の監査の実施に支障を来さないよう配慮しなければならない（自治法252の30）。

地方公共団体が外部監査人の監査を受けるに当たっては、議会、長その他の執行機関又は職員は、外部監査人の監査の適正かつ円滑な遂行に協力するよう努めなければならない。また、代表監査委員は、外部監査人の求めに応じ、監査委員の監査の事務に支障のない範囲内において、監査委員の事務局長、書記その他の職員を外部監査人の監査の事務に協力させることができる（自治法252の33）。

議会は、外部監査人の監査に関し必要があると認めるときは、外部監査人又は外部監査人であった者の説明を求めることができ、また、外部監査人に対し意見を述べることができる（自治法252の34）。

第10節　公の施設と指定管理者制度

1　公の施設

(1) 公の施設の意義

公の施設は、自治法に特有の概念であり、「住民の福祉を増進する目的をもってその利用に供するための施設」をいう（自治法244①）。

したがって、公の施設は、次のような特色を持つ。

① 公の施設は、「住民の福祉を増進する目的」で設置されるものである。したがって、財政上の必要から設けられる競馬場・競輪場や、社会公共の秩序を維持するために設けられる留置施設などは、公の施設には当たらない。

② 公の施設は、「住民の利用に供するための施設」である。したがって、地方公共団体が使用する庁舎、利用者が限定される試験研究機関などは、公の施設には当たらない。

③ 公の施設は、「その住民」の利用に供するための施設である。したがって、主として他の地方公共団体の住民の利用に供するための観光ホテルや物品陳列場などは、公の施設には当たらない。

④　公の施設は、物的施設を中心とした概念であり、人的要素は必ずしも必要でない。したがって、物的施設のみからなる道路、墓地などは公の施設に当たる。

⑤　公の施設は、地方公共団体が設置するものである。

公の施設は、地方公共団体が住民に対して提供するサービスの中心的なものとなっており、例えば、学校、図書館、公会堂、公民館、道路、公園、墓地、上下水道、公営住宅、保育所、病院、体育館、運動場、博物館などがその例である。

公の施設については、自治法が一般的に規定するほか、道路法、学校教育法、図書館法、社会教育法など、個別法が規律を定めているものが少なくない。

(2) 公の施設の利用関係

地方公共団体は、正当な理由がない限り、住民が公の施設を利用することを拒んではならない（自治法244②）。公の施設を利用することを拒否する正当な理由としては、他の利用者に著しい迷惑を及ぼすことが明白な場合などが考えられる。

また、地方公共団体は、住民が公の施設を利用することについて、不当な差別的取扱いをしてはならない（自治法244③）。不当な差別的取扱いとしては、利用者の人種、信条、性別、身分などにより利用の便宜・制限を図ったり、使用料に差を設けたりすることが当たる。

(3) 公の施設の設置及び管理

普通地方公共団体は、法律又はこれに基づく政令に特別の定めがあるものを除くほか、公の施設の設置及びその管理に関する事項は、条例で定めなければならない（自治法244の2①）。

公の施設は、条例の施行をもって供用開始となり、物的施設の消滅や設置条例の廃止によって供用廃止となる。公の施設の管理に関する事項は、利用の許可やその取消し、使用料の額とその徴収方法などである。これらを条例で定めるとしたのは、公の施設が住民の日常生活に密接であり、その設置と管理に関する事項が住民の利害に深く関係するところにある。

普通地方公共団体は、条例で定める重要な公の施設のうち条例で定める特に重要なものについて、これを廃止し、又は条例で定める長期かつ独占的な利用をさせようとするときは、議会において出席議員の3分の2以上の者の同意を得なければならない（自治法244の2②）。

地方公共団体は、その区域外においても、関係地方公共団体との協議により、公の施設を設置することができる。また、地方公共団体は、他の地方公共団体

と協議して、他の地方公共団体の公の施設を自己の住民の利用に供させること
ができる（自治法244の3）。

2 指定管理者制度

（1）指定管理者制度導入の背景

　地方公共団体の行政需要の多様化に対応すると同時に、地方公共団体の行財
政運営の改革を進めるためには、民間のノウハウや民間活力などを積極的に活
用することが有効である。また、公的主体以外の民間企業等においても公的サー
ビスの提供能力が向上してきた。

　指定管理者制度は、このような背景のもとに、行政サービスの質的向上と行
政コストの削減の双方を達成するために創設された。

　従来は、公の施設の管理の委託先は、公共団体・公共的団体や地方公共団体
の出資法人などに限定されてきたが、指定管理者制度の導入により、一般の民
間企業やNPOなどの民間団体に広く対象が広がったものである。

（2）指定管理者制度の意義

　地方公共団体は、公の施設の設置の目的を効果的に達成するために必要があ
ると認めるときは、条例の定めるところにより、その管理を法人その他の団体
でその地方公共団体が指定するものに行わせることができる（自治法244の2
③）。指定の対象として、個人は除かれる。

　地方公共団体が指定する団体は、「指定管理者」と呼ばれ、指定の手続、指定
管理者が行う管理の基準及び業務の範囲等は条例で定められるとともに、指定
管理者の指定については、あらかじめ議会の議決を経るものとされている（自
治法244の2④⑥）。指定管理者制度においては、議会は、条例制定と指定とい
う2つの段階で関与するものである。なお、指定管理者の指定は、期間を定め
て行う（自治法244の2⑤）。

　指定管理者の制度は、公の施設の管理に関する権限を指定管理者に委任して
代行させるものであり、指定管理者は、処分に該当する使用許可も行うことが
できる。ただし、使用料の強制徴収、過料の賦課徴収、審査請求などのような
権力色の強い事務は行うことができない。

（3）指定管理者制度をとった場合の公の施設の料金

　地方公共団体は、適当と認めるときは、公の施設の指定管理者にその利用に
係る料金を当該指定管理者の収入として収受させることができる（自治法244の
2⑧）。

この場合利用料金については、公益上必要があると認める場合には地方公共団体が条例で定めるが、それ以外の場合は、条例の定めるところにより、指定管理者が、あらかじめ地方公共団体の承認を受けて定めるものとされている（自治法244の2⑨）。

（4）適正な管理のための仕組み

公の施設の管理の適正化を確保するため、指定管理者は、毎年度終了後、事業報告書を作成し、地方公共団体に提出することが義務付けられている（自治法244の2⑦）。一方、地方公共団体の長又は委員会には、指定管理者に対する報告徴収、実地調査、指示などの権限が与えられている（自治法244の2⑩）。また、地方公共団体は、指定管理者がこれらの指示に従わないときその他当該指定管理者による管理を継続することが適当でないと認めるときは、その指定を取り消し、又は期間を定めて管理の業務の全部若しくは一部の停止を命ずることができる（自治法244の2⑪）。

第11節　国と地方公共団体の関係

1　関与の基本類型と原則

（1）国等の関与

国家において、地方公共団体の行政運営の統一性や一貫性、適法性などを確保するためには、ある程度は地方公共団体への国又は都道府県による関与が必要となってくる。そこで自治法は、国の行政機関又は都道府県の機関による地方公共団体に対する関与について、法治主義及び透明性・公正性の確保の観点から、一定のルールを定めている。

具体的には、自治法は、第11章「国と普通地方公共団体との関係及び普通地方公共団体相互間の関係」において、国・都道府県による関与の基準と手続のルール等を定めているものである。

（2）関与の定義と基本類型

地方公共団体に対する国等の関与とは、地方公共団体の事務の処理に関し、国の行政機関等が行う次に掲げる基本類型である（自治法245）。この場合において、国等の関与は地方公共団体がその固有の資格において当該行為の名あて人となるものに限られる。その場合の「固有の資格」とは、一般私人が立ち得な

いような立場で国等の関与の相手方となる場合を指し、私人と同様な立場で地方公共団体が行為の名あて人となる場合は「関与」に当たらない。

① 助言又は勧告（自治法245Ⅰイ）

② 資料の提出の要求（自治法245Ⅰロ）

③ 是正の要求（自治法245Ⅰハ）

④ 同意（自治法245Ⅰニ）

⑤ 許可、認可又は承認（自治法245Ⅰホ）

⑥ 指示（自治法245Ⅰヘ）

⑦ 代執行（自治法245Ⅰト）

⑧ 協議（自治法245Ⅱ）

⑨ これらのほか、一定の行政目的を実現するため地方公共団体に対して具体的かつ個別的に関わる行為（自治法245Ⅲ）

　上記の関与の類型のうちで特に汎用性の高いものについては、一般法である自治法に根拠規定が設けられている。自治法に直接基づいて行うことができる関与は、技術的な助言又は勧告、資料の提出の要求、是正の要求・勧告・指示、代執行である（自治法245の4〜245の8）。

　一方、それ以外の関与（同意、許可・認可・承認、指示、協議、その他の関わる行為）については、法定主義の原則により、個別法又はこれに基づく政令にそれぞれ根拠が定められなければならないとされた（自治法245の2）。

（3）関与に関する原則

　関与についての一般ルールは、自治法において、次のように規定されている。

ア　法定主義の原則

　関与は、法律又はこれに基づく政令に定めのある場合でなければ行うことができない（自治法245の2）。

　この規定により、国又は都道府県が地方公共団体に対して行う関与は、法律又は内閣が制定する政令に根拠を持たねばならず、各大臣が、地方公共団体に対し省令や通達を根拠として関与を行うことはできないこととされた。これに伴い、従来行われていた省令や通達を根拠とする関与については、各省庁においてこれを廃止するか、法律又はこれに基づく政令に根拠を規定し直すかの対応がなされた。

イ　一般法主義の原則

　国又は都道府県の地方公共団体への関与については、まず関与の基本的な類型と関与の基本原則を一般法である自治法で規定（自治法245・245の3）した上で、個別の事務についての必要な関与は、その事務に関する個別法において、自治法で定める関与の類型と基本原則にのっとり規定されるべきものとされて

いる。

ウ 公正・透明の原則

行政手続法の仕組みに準じて書面の交付、許可・認可等の審査基準や標準処理期間の設定、公表などの地方公共団体に対する国又は都道府県の関与等の手続と紛争処理の仕組みが制度化されている（自治法247〜250の6）。

（4）関与の基本原則

地方公共団体に対する国又は都道府県の関与は、その目的を達成するために必要な最小限のものとし、かつ地方公共団体の自主性・自立性に配慮したものでなければならない（自治法245の3①）（**図表2-1-8**）。

また、自治法上定められた関与の類型及び配慮義務は、**図表2-1-9**のとおりである。

ア 自治事務

自治事務については、上記の④同意、⑤許可、認可又は承認、⑥指示を一定の場合に制限するとともに、⑦代執行を原則としてしないようにしなければならないとしている。したがって、自治事務に関する関与は、上記のうち、①助言又は勧告、②資料の提出の要求、③是正の要求、⑧協議の4類型が原則的な

図表2-1-8　関与の基本類型

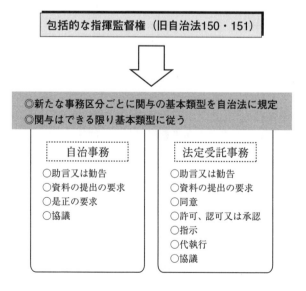

従前の関与について、機関委任事務に係る包括的な指揮監督権を廃止し、基本類型に沿った必要最小限のものとする。

包括的な指揮監督権（旧自治法150・151）

◎新たな事務区分ごとに関与の基本類型を自治法に規定
◎関与はできる限り基本類型に従う

自治事務	法定受託事務
○助言又は勧告	○助言又は勧告
○資料の提出の要求	○資料の提出の要求
○是正の要求	○同意
○協議	○許可、認可又は承認
	○指示
	○代執行
	○協議

ものとされている（自治法245の3②〜⑥）。

　これらの関与のうち「協議」については、国の施策と地方公共団体の施策との間の調整が必要な場合には可能とされることから、自治事務に関する関与の基本類型に含めることとされる。ただし、国がこうした政策調整の必要性を超えて、後見的立場から地方公共団体に協議を義務付けることはできないとされている。

図表2-1-9　関与の類型と配慮義務

関与の類型	自治事務	法定受託事務
①助言・勧告	可 （法245の4①）	可 （法245の4①）
②資料の提出の要求	可 （法245の4①）	可 （法245の4①）
③是正の要求	可 （法令違反、著しく不適正のとき） （法245の5①〜④）	―
④同　意	制限あり （財政・税制上等施策の整合性が必要な場合のみ可）（法245の3④）	可
⑤許可・認可・承認	制限あり （法人設立等他の方法では処理が困難な場合のみ可）（法245の3⑤）	可
⑥指　示	制限あり （国民の生命、身体又は財産の保護のために緊急に必要とする場合のみ可）（法245の3⑥）	可 （法令違反、著しく不適正のとき）（法245の7①〜④）
⑦代執行	できるだけ行わない （法245の3②）	可 （法令違反、管理執行を怠った場合で所要の手続を経た後に限る） （法245の8①〜⑮）
⑧協　議	可 （施策の調整が必要な場合） （法245の3③）	可 （施策の調整が必要な場合）（法245の3③）

イ　法定受託事務

　法定受託事務については、上記の③是正の要求は、原則として自治事務に関する関与とされ、⑥指示が法定受託事務の関与とされている。したがって、法定受託事務に関する関与は、上記のうち、①助言又は勧告、②資料の提出の要求、④同意、⑤許可、認可又は承認、⑥指示、⑦代執行、⑧協議の7類型が原則的なものとされている（自治法245の3②③）。

（5）自治法を根拠とする関与

　汎用性の高い関与については、いちいち個別法に関与の根拠と内容を規定せずに、直接、一般法たる自治法を根拠として行うことができることとしている。

ア　技術的な助言及び勧告並びに資料の提出の要求

　各大臣又は都道府県知事その他の都道府県の執行機関は、事務の運営その他の事項について技術的な助言若しくは勧告をし、又は助言・勧告若しくは事務の適正な処理に関する情報提供のため必要な資料の提出を求めることができる（自治法245の4①）。また、各大臣は、その担任する事務に関し、都道府県知事その他の都道府県の執行機関に対し、市町村に対する助言、勧告、資料要求に関し、必要な指示をすることができる（自治法245の4②）。

　一方、地方公共団体の長その他の執行機関は、各大臣に対し、技術的な助言若しくは勧告又は必要な情報の提供を求めることができる（自治法245の4③）。

イ　是正の要求・勧告・指示

a　是正の要求

　各大臣は、地方公共団体の自治事務（市町村の場合は、第2号法定受託事務を含む）の処理が法令に違反し、又は著しく適正を欠き、かつ明らかな公益侵害と認めるときは、違反の是正又は改善のため必要な措置を講じることを求めることができる。また、各大臣は、都道府県の執行機関に対して、市町村に対して是正の要求を行うよう指示することができる。これらの要求を受けた地方公共団体には、必要な措置を講じる義務が生じる（自治法245の5）。

b　是正の勧告

　都道府県の執行機関は、市町村の自治事務の処理が法令違反又は著しく不適正かつ明らかな公益侵害と認めるときは、違反の是正・改善のため必要な措置を講ずべきことを勧告することができる（自治法245の6）。勧告を受けた市町村には、尊重義務が生じる。

c　是正の指示

　各大臣は、地方公共団体の法定受託事務の処理が法令違反又は著しく不適正かつ明らかな公益侵害と認めるときは、違反の是正・改善のため講ずべき措置に関し必要な指示をすることができる（自治法245の7）。指示を受けた地方公

共団体には、指示された具体的行為を行う義務が生じる。

ウ 代執行

各大臣は、地方公共団体の法定受託事務の処理が法令に違反している場合又はその地方公共団体がその処理を怠っている場合、その是正のための措置を地方公共団体に代わって行うことができる。地方公共団体に対する勧告、指示、高等裁判所での裁判という手続を経て行われる（自治法245の8）。

エ 法定受託事務に係る処理基準

法定受託事務は、国などが本来果たすべき役割に係るもので、国などから法令により地方公共団体に対して委任した事務であることから（自治法2⑨）、当該法定受託事務を所管する省庁等の解釈に従って事務を処理することが必要である。そこで、各大臣又は都道府県の執行機関は、その処理基準を定めることができる（自治法245の9）。

また、自治法では規定されてはいないが、自治事務に関しては、法令に基づき処理されるものについて国がその処理基準を定めるに際しては、その処理基準は「助言又は指導」と解されるものの、特に法律又はこれに基づく政令に定めることが必要であるとされている。

(6) 国等の関与の手続

行政運営における公正の確保や透明性の向上を図る観点から、自治法では、地方公共団体に対する国や都道府県の関与についても、その種類ごとに事前の手続が定められ、法律による行政の一層の推進が図られている。

ア 書面主義の原則

国・都道府県は、助言、勧告その他これに類する行為、資料の提出の要求その他これに類する行為を書面によらないで行った場合、当該地方公共団体からその趣旨及び内容を記載した書面の交付を求められたときは、これを交付しなければならない（自治法247①・248）。

国・都道府県は、是正の要求、指示その他これに類する行為をするときは、同時にその内容及び理由を記載した書面を交付しなければならない（自治法249①）。

国・都道府県は、申請等に係る許認可等を拒否する処分をするとき又は許認可等の取消し等をするときは、その内容及び理由を記載した書面を交付しなければならない（自治法250の4）。

イ 許認可等の基準の設定・公表

国・都道府県は、地方公共団体から申請や協議の申出があった場合に、許可、認可、承認、同意その他これらに類する行為をするかどうかを判断するために必要とされる基準を定め、行政上特別の支障のあるときを除き、これを公表し

なければならない。許可、認可、承認、同意その他これらに類する行為の取消しその他これらに類する行為についても必要な基準を定め、これを公表するよう努めなければならない（自治法250の2①②）。

ウ　標準処理期間の設定・公表

地方公共団体からの申請又は協議の申出が到達してから申請等に係る許認可等をするまでに通常要すべき標準的な期間を定め、これを公表するよう努めなければならない（自治法250の3①）。

エ　その他

地方公共団体から国・都道府県に対し協議の申出があったときは、国・都道府県と地方公共団体は、誠実に協議を行うとともに、相当の期間内に協議が調うよう努めなければならない（自治法250①）。このほか、届出の到達主義（自治法250の5）等についても自治法に定められている。

2　国と地方公共団体の間の係争処理

（1）国地方係争処理委員会

地方公共団体に対する国の関与に関する争いを処理するため、国地方係争処理委員会が設けられている（**図表2-1-10**）。国地方係争処理委員会は総務省に置かれ（自治法250の7①）、委員（5人）は両議院の同意を得て、総務大臣が任命する（自治法250の8①・250の9①）。

国地方係争処理委員会に対する審査の申出は、次のものについて不服がある場合に認められ、文書で行うとされている（自治法250の13①～③）。

①　国の関与のうち、是正の要求、許可の拒否その他の処分その他公権力の行使に当たるもの

②　不作為（申請等が行われた場合で、国の行政庁が相当の期間内に許可その他の処分その他公権力の行使に当たるものをすべきにもかかわらず、これを行わないこと）

③　協議（協議に係る地方公共団体の義務を果たしたと認めるにもかかわらずその協議が調わないとき）

審査の申出は、国の関与があった日から30日以内とされている（自治法250の13④）。

国地方係争処理委員会は、審査の申出を受けたときは、その申出があった日から90日以内に審査を行い、勧告等をしなければならないものとされており（自治法250の14⑤）、そのために国地方係争処理委員会には申出又は職権による証拠調べの権限が認められている（自治法250の16）。

上記①のうち自治事務に関する関与については、その関与が違法、又は地方

図表2-1-10　国と地方公共団体の間の係争処理に関する仕組み

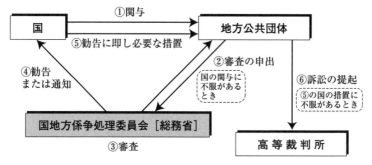

＊国地方係争処理委員会が勧告する場合
・自治事務に関する関与が違法又は地方公共団体の自主性及び自立性を尊重する観点から不当であるとき（自治法250の14①）
・法定受託事務に関する関与が違法のとき（自治法250の14②）

公共団体の自主性・自立性を尊重する観点から不当と認める場合、法定受託事務に関する関与については、その関与が違法と認められる場合には、勧告を行うこととされている。違法（自治事務の場合は違法又は不当）でないと認めるときは、理由を付してその旨を審査申出人及び国の行政庁に対し通知し、公表する（自治法250の14①②）。国の不作為に係る審査の申出又は協議に係る審査の申出についても同様である（同条③④）。

　国地方係争処理委員会から勧告を受けた国の行政庁は、その勧告に示された期間内にその勧告に即して必要な措置を講ずるとともに、その旨を国地方係争処理委員会に通知しなければならない（自治法250の18①）。

（2）関与に関する訴え

　勧告に不服があるとき、地方公共団体は、高等裁判所に対し、国の関与の取消訴訟又は不作為の違法確認訴訟を提起できる（自治法251の5）。

（3）地方公共団体の不作為に関する国の訴えの提起

　国等が是正の要求等をした場合に、地方公共団体がこれに応じた措置を講じず、かつ、国地方係争処理委員会への審査の申出もしないとき等は、国等は違法確認訴訟を提起することができる（自治法251の7）。

3　地方六団体による国への意見申出

　地方公共団体の長・議会議長は、それぞれ全国的な連合組織をつくって、相互間の連絡を緊密にとりあい、共通の問題について協議し、処理するための活

動を行っている。

すなわち、全国知事会、全国都道府県議会議長会、全国市長会、全国市議会議長会、全国町村会、全国町村議会議長会であり、包括して「地方六団体」と呼ばれる。これら連合組織については、自治法263条の3第1項に法律上の根拠が設けられている。

これら連合組織は、地方自治に影響を及ぼす法律・政令その他の事項に関し、総務大臣を経由して内閣に意見を申し出、又は国会に意見書を提出することができる（自治法263の3②）。

その場合、内閣は、遅滞なく回答するよう努めるものとされ（自治法263の3③）、特に、その意見が、地方公共団体に対し新たに事務・負担を義務付けると認められる国の施策に関するものであるときは、遅滞なく回答する義務があるとされている（自治法263の3④）。

また、地方公共団体に新たに事務又は負担を義務付けると認められる施策の立案をしようとする場合、各大臣は、これら連合組織にその内容となるべき事項を知らせる措置を講ずるものとされている（自治法263の3⑤）。

第12節　都道府県と市町村の関係

1　従来の都道府県と市町村との関係

都道府県と市町村は、ともに住民の福祉を増進するために事務を処理する地方公共団体として、基本的には対等の立場にあったといえる。

しかし実際には、次のように、制度上も都道府県には市町村に対し優越的な地位が与えられてきた。

① 都道府県は、市町村の事務の処理に関する基準や水準の維持等に関する事務がその権限とされていた（旧自治法2⑥Ⅱ）。

② ほとんど実例はないものの、都道府県は、いわゆる統制条例により、市町村の行政事務に関し必要な規定を設けることができることとされていた（旧自治法14③）。

③ 都道府県は、機関委任事務制度に基づき、国の機関として市町村に対する許認可や指導監督を行うことが多かった。

これらの結果、従来は都道府県が市町村に対して一般的に優越的な地位にあり、市町村の事務に関与したり市町村を指導したりすることが当然であるとされていた。

2　都道府県と市町村の役割分担の見直し

　平成11年（1999）の自治法改正は、都道府県と市町村の役割分担を明確にし、相互に対等・協力の関係を新たに構築しようとするものであり、都道府県と市町村の役割分担規定の見直し、条例による事務処理の特例制度、市町村に対する都道府県の関与のあり方の見直しが行われた。市町村に対する都道府県の関与については、前節で見たとおりである。

　都道府県の処理する事務は、①広域にわたるもの、②市町村に関する連絡調整に関するもの、③その規模又は性質において一般の市町村が処理することが適当でないと認められるものとされている（自治法2⑤）が、旧法では「統一的な処理を必要とするもの」も含まれていた。しかし、「統一的な処理を必要とするもの」については、できる限り市町村において処理することとされ、この条項は削除された。

　また、これに関連して、都道府県の市町村に対する優位性の象徴であった統制条例（旧自治法14③④）や、機関委任事務制度を前提とする都道府県知事による市町村長への事務委任（旧自治法153②）、都道府県知事の事務を市町村職員に補助執行させる制度（旧自治法153③）は廃止された。このうち、都道府県知事による市町村長への事務委任の制度は、都道府県から市町村への権限移譲の手法として活用されたこともあるので、自治法では、都道府県の条例により市町村に事務移譲をする仕組みを新たに設けている。

3　条例による事務処理の特例制度

　市町村の規模、能力は多様であり、都道府県の事務とされたものの中にも、地域の実情や市町村の規模、能力等に応じ、個別に市町村が処理することが適当な事務があることから、条例による事務処理の特例制度が設けられた。

　この制度によれば、都道府県は、都道府県知事の権限に属する事務の一部を、条例の定めるところにより、市町村が処理することとすることができる。移譲された事務は、市町村長が管理執行する（自治法252の17の2①）。

　当該条例の制定又は改廃に当たっては、あらかじめ相手方となる市町村長に協議をしなければならない（自治法252の17の2②）。これは、都道府県から市町村への事務移譲は、その性質上市町村に事務処理を義務付けることとなるため、その開始、変更、廃止について、あらかじめ市町村側からも意向を示す機会を確保するものである。

　また市町村長は、議会の議決を経て、都道府県知事に対し、その権限に属する事務の一部を当該市町村が処理することとするよう要請することができる（自治法252の17の2③）。要請があったときは、都道府県知事は速やかに当該市

町村長と協議しなければならない（自治法252の17の2④）。

　なお、地教行法においても、地方分権一括法における改正により、都道府県教育委員会の権限に属する事務の一部を市町村に移譲できる制度が設けられている（地教行法55）。

　条例により市町村に移譲された事務は、従前の都道府県の自治事務は市町村の自治事務に、従前の都道府県の法定受託事務は市町村の法定受託事務になる。この場合における自治法に根拠を有する関与については、それぞれ市町村の自治事務、法定受託事務として国、都道府県により行われることとなるが、次のような若干の特例が設けられている。

　①　条例により市町村に移譲された事務が自治事務である場合は、都道府県知事は各大臣の指示がない場合であっても、当該自治事務の処理について、違反の是正又は改善のため必要な措置を講ずべきことを求める（本来は是正措置の勧告）ことができる（自治法252の17の4①）。

　②　条例により市町村に移譲された事務が法定受託事務である場合は、都道府県知事がその代執行をすることは認められないが（この場合、代執行は大臣が行う）、市町村長の処分についての都道府県知事による審査請求の裁決に不服のある者は、各大臣に対し再審査請求をすることができる（自治法252の17の4②④）。

　また、条例により市町村に移譲された事務については、その処理について法令（自治法以外の個別の法令）、条例又は規則中都道府県に関する規定は、移譲された事務の範囲内で当該市町村に適用があるとされる（自治法252の17の3①）。

4　地方公共団体相互間の係争処理

　国と地方公共団体との関係と同様、都道府県と市町村についてもそれらが、対等・協力の関係にあることから、国と地方公共団体の係争処理制度に準じて、自治紛争処理委員制度が設けられている（自治法251）。

（1）自治紛争処理委員

　自治紛争処理委員は3人とされ、事件ごとに優れた見識を有する者のうちから総務大臣（都道府県又は都道府県の機関が当事者となる場合）又は都道府県知事（都道府県又は都道府県の機関が当事者とならない場合）が任命する。紛争の調停、都道府県の関与に関する審査、審査請求等の審理の手続が終了すると、失職するものとされている（自治法251①〜④）。

　すなわち、自治紛争処理委員は、非常勤かつ臨時の附属機関である。自治紛争処理委員は、監査委員と同様に独立しており、合議制の機関の構成員でない

点で、国地方係争処理委員会の委員とはその性格を異にしている。ただし、調停案の作成の決定、勧告の決定など、重要事項の決定については委員の合意によるものとされている。

（2）自治紛争処理制度

自治紛争処理委員による紛争処理手続としては、調停と審査・勧告の2種類がある（自治法251の2・251の3）。

ア　調停

地方公共団体相互間又は地方公共団体の機関相互間に紛争があるときは、総務大臣（都道府県又は都道府県の機関が当事者となる場合）又は都道府県知事（都道府県又は都道府県の機関が当事者とならない場合）は、当事者の申請に基づき、又は職権により、紛争解決のため自治紛争処理委員の調停に付すことができる（自治法251の2①）。

イ　審査及び勧告

審査・勧告の対象となるのは、次のものである。
①　市町村に対する都道府県の関与のうち是正の要求、許可の拒否その他の処分その他公権力の行使に当たるもの
②　不作為（都道府県の行政庁が相当の期間内に許可その他の処分その他公権力の行使に当たるものをすべきにもかかわらず、これをしないこと）
③　協議（協議に係る市町村が義務を果たしたと認めるにもかかわらず協議が調わないこと）

市町村は、総務大臣に対し都道府県を相手方として文書で審査の申出をすることができる。この場合、総務大臣は、速やかに自治紛争処理委員を任命し、事件をその審査に付さなければならない（自治法251の3）。

（3）関与に関する訴え

自治紛争処理委員の審査の結果・勧告、行政庁の措置に不服があるときなどには、市町村の執行機関は、高等裁判所に対し、都道府県の関与の取消訴訟又は不作為の違法確認訴訟を提起できる（自治法251の6・252）。

5　地方公共団体相互間の協力

地方公共団体の事務の処理に当たって他の地方公共団体と連携・協力する方法としては、次のようなものがある。

（1）連携協約

地方公共団体は、当該地方公共団体及び他の地方公共団体の区域における当

該地方公共団体の事務の処理に当たっての当該他の地方公共団体との連携を図るため、協議（この協議については地方公共団体の議会の議決を経なければならない）により、当該地方公共団体及び他の地方公共団体が連携して事務を処理するに当たっての基本的な方針及び役割分担を定める協約（連携協約）を当該他の地方公共団体と締結することができる（自治法252の2①③）。

連携協約を締結したときは、その旨及び連携協約を告示するとともに、都道府県が締結したものは総務大臣に、その他のものは都道府県知事に届け出なければならない（自治法252の2②）。

連携協約を締結した地方公共団体は、当該連携協約に基づいて、当該連携協約を締結した他の普通地方公共団体と連携して事務を処理するに当たって当該地方公共団体が分担すべき役割を果たすため必要な措置をとるようにしなければならない（自治法252の2⑥）

連携協約を締結した地方公共団体相互間に連携協約に係る紛争があるときは、当事者である地方公共団体は、都道府県が当事者となる場合は総務大臣、その他の場合は都道府県知事に対し、文書により、自治紛争処理委員による当該紛争を処理するための方策の提示を求める旨の申請をすることができる（自治法252の2⑦）。

総務大臣又は都道府県知事は、上記「方策の提示を求める旨の申請」があったときは、自治紛争処理委員を任命し、処理方策を定めさせなければならない（自治法251の3の2①）。自治紛争処理委員は、処理方策を定めたときは、これを当事者である地方公共団体に提示するとともに、その旨及び当該処理方策を総務大臣又は都道府県知事に通知し、かつ、公表しなければならない（自治法251の3の2③）。処理方策の提示を受けたときは、当事者である地方公共団体は、これを尊重して必要な措置をとるようにしなければならない（自治法251の3の2⑥）。

(2) 協議会

地方公共団体は、地方公共団体の事務の一部を共同して管理し及び執行し、若しくは地方公共団体の事務の管理及び執行について連絡調整を図り、又は広域にわたる総合的な計画を共同して作成するため、協議により規約を定め、地方公共団体の協議会を設けることができる（自治法252条の2の2①）。協議会を設けたときは、その旨及び規約を告示するとともに、総務大臣又は都道府県知事に届け出なければならない（自治法252の2の2②）。

協議会が広域にわたる総合的な計画を作成したときは、関係地方公共団体は、当該計画に基づいて、その事務を処理するようにしなければならない（自治法252の2の2⑤）。

協議会が関係地方公共団体又は関係地方公共団体の長その他の執行機関の名においてした事務の管理及び執行は、関係地方公共団体の長その他の執行機関が管理し、及び執行したものとして効力を有する（自治法252の5）。

（3）機関等の共同設置

地方公共団体は、協議（この協議については議会の議決を経なければならない）により規約を定め、共同して、議会事務局、委員会事務局、議会・長・委員会・委員の事務を補助する職員又は専門委員をおくことができる（自治法252の7①③・252の2の2③）。

機関等の共同設置を行ったときは、その旨及び規約を告示するとともに、総務大臣（都道府県の加入するもの）又は都道府県知事（それ以外のもの）に届け出なければならない（自治法252の7③・252の2の2②）。

（4）事務の委託

地方公共団体は、協議（この協議については議会の議決を経なければならない）により、規約を定め、地方公共団体の事務の一部を、他の地方公共団体に委託して、当該他の地方公共団体の長又は同種の委員会若しくは委員をして管理し及び執行させることができる（自治法252の14①③・252の2の2③）。

事務の委託を行ったときは、その旨及び規約を告示するとともに、総務大臣（都道府県の間の委託）又は都道府県知事（それ以外のもの）に届け出なければならない（自治法252の14③・252の2の2②）。

（5）事務の代替執行

地方公共団体は、他の地方公共団体の求めに応じて、協議（この協議については議会の議決を経なければならない）により規約を定め、当該他の地方公共団体の事務の一部を、当該他の地方公共団体又は当該他の地方公共団体の長等の名において管理し及び執行すること（事務の代替執行）ができる（自治法252の16の2①③・252の2の2③）。

事務の代替執行を行ったときは、その旨及び規約を告示するとともに、総務大臣（都道府県によるもの）又は都道府県知事（それ以外のもの）に届け出なければならない（自治法252の7③・252の2の2②）。

地方公共団体が他の地方公共団体の長等の名において事務の代替執行として管理し及び執行した事務の管理及び執行は、当該他の地方公共団体の長等が管理し及び執行したものとしての効力を有する（自治法252の16の4）。

（6）職員の派遣

　地方公共団体の長等は、法律に特別の定めがあるものを除くほか、当該地方公共団体の事務の処理のため特別の必要があると認めるときは、他の地方公共団体の長等に対し、当該地方公共団体の職員の派遣を求めることができる（自治法252条の17）。

```
┌─────────────────────────────────────────────────────────────┐
│        ◖ コラム◉地方自治制度をさらに理解するキーワード ◗        │
└─────────────────────────────────────────────────────────────┘
```

地方自治法の平成26年（2014）の改正

　平成26年（2014）の改正は、同年5月23日に成立し、同30日に公布されている。
　施行は、①平成26年（2014）11月1日に施行されるもの、②平成27年（2015）4月1日に施行されるもの、③公布の日から起算して2年を超えない範囲内（平成28年（2016）5月22日まで）において政令で定める日から施行されるもの、の3段階に分かれている。
（1）平成26年（2014）11月1日に施行される事項
　①連携協約制度の創設
　　・普通地方公共団体は、他の普通地方公共団体と連携して事務を処理するに当たっての基本的な方針及び役割分担を定める連携協約を締結できることとする（自治法252の2）。
　　・連携協約に係る紛争があるときは、自治紛争処理委員による処理方策の提示を申請することができることとする（自治法251の3の2・252の2⑦）。
　②事務の代執行制度の創設
　　・普通地方公共団体は、その事務の一部を、当該普通地方公共団体の名において、他の普通地方公共団体の長等に管理・執行させること（事務の代執行）ができることとする（自治法252の16の2〜252の16の4）。
（2）平成27年（2015）4月1日に施行される事項
　①中核市制度と特例市制度の統合
　　・中核市の指定の要件を人口20万以上とすること（自治法252の22①）。
　　・特例市に関する規定を削除し、現在の特例市に必要な経過措置等を設けること（旧自治法2編12章3節、改正法附則3条等）。
　②認可地縁団体が所有する不動産に係る登記の特例
　　・認可地縁団体が所有する不動産であって表題部所有者又は所有権の登記名義人の全てが当該認可地縁団体の構成員又はかつて当該認可地縁団体の構成員であった者であるもの（当該認可地縁団体によって、10年以上所有の意思をもって平穏かつ公然と占有されているものに限る。）について、市町村長の証明により、当該認可地縁団体が当該認可地縁団体を当該不動産の登記名義人とする所有権の保存又は移転の登記をすることを可能とする特例を設けるものとする（自治法260の38・260の39）。
（3）平成28年（2016）4月1日に施行される事項
　①指定都市制度の見直し
　　・区の事務所が分掌する事務については、条例で定めるものとする（自治法252の20

②)。
・総合区制度：指定都市は、その行政の円滑な運営を確保するため必要があると認めるときは、市長の権限に属する事務のうち特定の区の区域内に関するものを総合区長に執行させるため、条例で、当該区に代えて総合区を設けることができる（自治法252の20の２）。
②指定都市都道府県調整会議の設置
・指定都市及び当該指定都市を包括する都道府県は、指定都市及び包括都道府県の事務の処理について必要な協議を行うため、指定都市都道府県調整会議を設ける（自治法252の21の２）。
・指定都市の市長と包括都道府県の知事は、総務大臣に対して、文書で、当該指定都市及び包括都道府県の事務の処理に関し当該協議を整えるため必要な勧告を行うことを求めることができる（自治法252の21の３）。
・指定都市都道府県勧告調整委員（自治法252の21の４）

コラム◉地方自治制度をさらに理解するキーワード

地方自治法等の平成29年（2017）の改正

　平成29年（2017）の地方自治法等の改正は、平成28年（2016）３月16日の第31次地方制度調査会答申「人口減少社会に的確に対応する地方行政体制及びガバナンスのあり方」を受けて、平成29年（2017）３月10日に国会に提出され、同年６月２日に成立し、同月９日に公布（平成30年法律第54号）された。その主な改正内容と施行期日は以下のとおり。
1　地方自治法の改正
（1）内部統制制度の導入（自治法150）〔令和２年（2020）４月１日施行〕
　・都道府県知事及び政令指定都市の市長は内部統制に関する方針を定め、これに基づき必要な体制（内部統制体制）を整備しなければならない（政令指定都市の市長を除く市長及び町村長は努力義務）。
　・内部統制に関する方針を定め、変更したときは、遅滞なく、公表しなければならない。
　・内部統制に関する方針を策定した都道府県知事等は、毎会計年度少なくとも１回以上、内部統制評価報告書を作成し、監査委員の審査に付し、監査委員の意見を付けて、議会に提出し、かつ公表しなければならない。
（2）監査制度の充実強化〔令和２年（2020）４月１日施行〕
　①監査基準に従った監査の実施等（自治法198の３①・198の４）
　　・監査委員は監査基準に従い監査等をしなければならない。
　　・監査基準は、監査委員が、合議により、定め、公表する。
　　・総務大臣は、監査基準の策定又は変更について、指針を示すとともに、必要な助言を行う。
　②監査委員の権限の強化等
　　イ　監査委員による勧告制度（自治法199⑪⑫⑮）
　　ロ　監査委員の合議の特例（自治法75⑤・199⑬）
（3）監査体制の見直し〔平成30年（2018）４月１日施行〕

①議員のうちから選任される監査委員（議選監査委員）の選任の選択制（自治法196①ただし書）

②監査専門委員の設置（自治法200の２）

③条例により包括外部監査を実施する地方公共団体の実施頻度の緩和（252条の36②）

(4) 決算不認定の場合における地方公共団体の長から議会への報告規定の整備〔平成30年（2018）４月１日施行〕

普通地方公共団体の長は、決算不認定の場合に、当該不認定を踏まえて必要と認める措置を講じたときは、その内容を議会に報告するとともに、公表しなければならない（自治法233⑦）。

(5) 普通地方公共団体の長等の損害賠償責任の見直し等〔令和２年（2020）４月１日施行〕

①普通地方公共団体の長等の損害賠償責任の一部免責（自治法243の２）

・普通地方公共団体は、条例で、当該普通地方公共団体の長若しくは委員会の委員若しくは委員又は当該普通地方公共団体の職員（普通地方公共団体の長等）の当該普通地方公共団体に対する損害を賠償する責任を、普通地方公共団体の長等が職務を行うにつき善意でかつ重大な過失がないとき、普通地方公共団体の長等が賠償の責任を負う額から、普通地方公共団体の長等の職責その他の事情を考慮して政令で定める基準を参酌して、政令で定める額以上で当該条例で定める額を控除して得た額について免れさせる旨を定めることができる（同①）。

・普通地方公共団体の議会は、上記条例の制定又は改廃に関する議決をしようとするときは、あらかじめ監査委員の意見を聴かなければならず、当該意見の決定は、監査委員の合議による（同②③）。

②損害賠償請求権等の放棄に関する監査委員への意見聴取等

・普通地方公共団体の議会は、住民監査請求があった後に、当該請求に係る行為又は怠る事実に関する損害賠償又は不当利得返還の請求権その他の権利の放棄に関する議決をしようとするときは、あらかじめ、監査委員の意見を聴かなければならず、当該意見の決定は、監査委員の合議による（自治法242⑩⑪）。

・住民監査請求があったときは、監査委員は、直ちに当該請求の要旨を当該普通地方公共団体の議会及び長に通知しなければならない（同③）。

2　地方公営企業法の改正〔平成30年（2018）４月１日施行〕

(1) 地方公営企業の決算の要領の公表（地公企法30⑦）

(2) 決算不認定の場合における地方公共団体の長から議会への報告規定の整備（地公企法30⑧）

3　地方独立行政法人法の改正〔平成30年（2018）４月１日施行〕

(1) 地方独立行政法人の業務への市町村への申請等関連事務の処理の追加（地方独行法21Ⅴ及び別表）、市町村の申請等関連事務処理法人への関与（地方独行法122の２・122の３等）、複数市町村における申請等関係事務処理法人の活用（地方独行法87の12等）等

(2) 地方独立行政法人における適正な業務の確保（一部、令和２年（2020）４月１日施行〕

コラム◉地方自治制度をさらに理解するキーワード

地方自治法の令和4年（2022）の改正

　令和4年の改正は、同年12月10日に成立し、12月16日に公布されている。その改正事項と施行期日は次のとおり。具体的な内容は234ページの（6）を参照。
（1）議会の議員に係る請負に関する規制の明確化及び緩和（自治法92の2）〔令和5年（2023）3月1日施行〕
（2）災害等の場合の開会の日の変更に関する規定の整備（自治法101⑧）〔令和4年（2022）12月16日施行〕

第2章 地方財政制度

第1節 地方財政の意義

1 財政の意義

　財政は、政府の経済活動である。地方公共団体（地方政府）と国（中央政府）は、ともに政府として、議会の下で租税・公債などの収入等により資金を調達し、行政サービスを提供している。

　経済活動は、企業や家計など民間部門の経済活動（市場）と政府による公共部門の経済活動（財政）とからなり、両部門は互いに密接な関係を有している。民間部門は経済の中心的な役割を担い市場を通じて経済活動を営み、公共部門は、市場に任せておいては十分に提供されないであろう警察・国防や道路・公園などの社会資本整備、医療・福祉や教育などの行政サービスを提供し、民間部門を補完する役割を担っている。

　財政の特色は、①租税というかたちで強制的に資金が調達されること、②税と行政サービスの間で、民間企業と異なり一般に等価の交換関係は成り立たないこと、③民間企業のような利潤追求ではなく、政策の実現を目的としていることである。

2 国と地方の財政関係

(1) 国の財政と地方財政

　日本では、国・都道府県・市区町村という3段階の政府によって行政活動が営まれているが、大きくは国の財政と地方財政とに分けることができる。国の財政は1つの政府からなるのに対し、地方財政は都道府県と市区町村を合わせ1,700を超える地方公共団体（地方政府）からなり、多数の政府の集合体となっている。

　予算編成時に国の財政と地方財政をつなぐ仕組みとして「地方財政計画」が

図表2-2-1 国・地方間の税財源配分（令和2年度（2020））

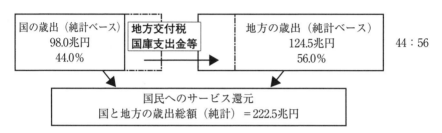

ある。内閣は毎年度「地方財政計画」を策定し、各地方公共団体の歳入歳出予算の見積り総額と国の予算の関係を明らかにしている。この地方財政計画の策定を通じて、国は地方交付税の総額を確保するなどして、地方の財源保障を行う。また、「地方財政計画」は各地方公共団体の行政運営の指針とされるとともに、国と地方の施策の整合性を図るものとなっている。

　決算において、国民が支払った租税は、104.9兆円（国税64.9兆円、地方税40.0兆円、超過課税・法定外税等を除く）であるのに対し、歳出（純計ベース）では222.5兆円（国98.0兆円、地方124.5兆円）となり、租税は国：地方が62：38であったものが、歳出では44：56となる（総務省資料）（**図表2-2-1**）。

　第1に、国から地方に地方交付税や国庫支出金等の多額の財政資金の移転（財政移転）があることは、地方の国に対する財政面での依存を意味している。第2に、国民が支払う租税104.9兆円と国・地方の歳出総額222.5兆円には大きな乖離があり、これを埋めるものとして公債（国債・地方債）その他がある。国・地方の歳出は国民へのサービス還元を意味するので、国民は租税を支払う以上のサービスを受けていると理解することができる。

3　財政運営

（1）財務の視点

　地方公共団体の議会・住民等による民主的統制を保障するとともに、適正な

財務を全国的に確保するため、財務事務の基本ルールとして、財務に関する規定が自治法・自治令などに定められており、その基本的な視点は次のとおりである。なお、財務の規定には原則規定と例外規定があり、原則を理解した上で、例外としてどのような趣旨で修正が図られているのか理解するように努めると理解が深まる。

○**議会による民主的統制**　予算に係る議決など住民の代表である議会による統制を原則として規定している。

○**適法性、正確性の確保**　議会、監査委員、住民による財務のチェック機能を確保している。

○**現金主義と単式簿記**　議会の事前統制の手段として予算があるが、明確性を重視し、現金収入である歳入を予算に基づき配分するものとして、現金の出入りを記帳する現金主義と簡便な記帳方式の単式簿記を採用している。しかし、現金主義と単式簿記は、発生主義・複式簿記を採用する企業会計とは会計の仕組みが異なり、かえって分かりづらいという面もある。そこで、公会計制度改革の取組も進められている。

○**情報開示と説明責任**　予算・決算書類、財政状況の公表等により、財政状況等についての住民等に対する情報開示・説明責任を義務付けている。

○**命令機関と執行機関の分離**　会計事務の適正な執行を確保するために、支出に係る「長」の命令行為と「会計管理者」の確認行為とを分離し内部牽制の仕組みを採用している。

(2) 会　計

　自治法は、地方公共団体の会計（経理の区分け）として、一般会計と特別会計の2つを定めており、特別会計は、特定の事業を行う場合その他特定の歳入をもって特定の歳出に充て一般の歳入歳出と区分して経理する必要がある場合において、条例で設置することができる（自治法209）。

　しかし、特別会計の設置の多くが条例に委ねられるため、団体ごとに会計間の分類が大きく異なる場合がある。このため、歳出を中心に、財政状況の把握や団体間の比較分析を行うには、会計の概念を整理するため普通会計が設けられている。普通会計は、総務省の定める基準によって各団体の多様な会計を再構成した統計上の会計である。普通会計の対象は、一般会計と公営事業会計を除く特別会計を合計したものである。会計間の重複控除や年度間のずれを調整した純計にて表示される。

　なお、公営事業会計は、地方公共団体の企業活動部門であり、地方公営企業（水道、病院、交通など）、国民健康保険事業、後期高齢者医療事業、介護保険事業、収益事業（競馬、競艇、宝くじなど）、農業共済事業などの会計からなる。

(3) 予 算

予算は、一定期間における収入支出の見積りまたは計画で、地方公共団体の長が調製し、議会の議決を得る。国と同様に、予算は、会計年度を毎年4月1日に始まり翌年3月31日に終わるものとし（自治法208①）、各会計年度における歳出は、その年度の歳入をもって、これに充てなければならない（会計年度独立の原則、自治法208②）。

予算については、一会計年度における一切の収入及び支出は、すべてこれを歳入歳出予算に編入しなければならない（総計予算主義、自治法210）。予算の内容は、予算書で確認でき、歳入歳出予算、継続費、繰越明許費、債務負担行為、地方債、一時借入金、歳出予算の各項の経費の金額の流用などのほか、その他自治令で定める必要事項が記載されている。議会統制の視点から、予算は事前議決が原則とされ、歳出予算は予算額を超えて支出することができない。

(4) 決 算

決算は予算執行の結果であり、会計管理者が決算を調製し、長に提出する。決算は議会の認定に付され、そのことで長と会計管理者の責任が解除されるものとされている。ただし、議会が決算を認定しない場合でも、決算の効力には関係がなく、長は政治的・道義的責任を負うにとどまる。

第2節　地方財政の歳入

1　歳入の分類

地方公共団体の歳入は、財源の使い途が特定されているか、自主的に収入されるかにより次のように分類される。

(1) 一般財源・特定財源

一般財源は、使途に制約がなく、どの経費にも使用できる財源である。地方税、地方譲与税、地方交付税、地方特例交付金等がある。特定財源は、特定の事業目的に使途が制約される財源である。国庫支出金、地方債、分担金、負担金、使用料、手数料などが該当する。

(2) 自主財源・依存財源

自主財源は、地方公共団体が自らの権能を行使し自主的に収入しうる財源で

図表 2-2-2　財源の分類

	一般財源	特定財源
自主財源	地方税	使用料 手数料
依存財源	地方交付税 地方譲与税	国庫支出金 地方債

ある。地方税、分担金、負担金、使用料、手数料などがある。依存財源は、収入のために、国または都道府県（市町村の場合）に依存する財源である。地方譲与税、地方交付税、国庫支出金、地方債などが該当する（**図表 2-2-2**）。

　通常、機動的で自主的な行財政運営をするためには、一般財源が望ましく、自立的かつ安定的な財政運営を確保するには、自主財源の充実が望ましい。したがって、地方公共団体の財政的な自主性・自立性を高めるためには、一般財源かつ自主財源である地方税の充実が望ましいということになる。

2　主な歳入と歳入の状況

（1）主な歳入

①**地方税**　地方公共団体の収入の中心となるもので、地方税法と各地方公共団体の条例の定めるところによって、地域内の住民や事業者が支払う税金である。
②**地方交付税**　地方公共団体間の税源の不均衡（財政力格差）を是正しつつ、標準的な行政サービスを提供できるようにするために国税の一定割合を国が地方公共団体に交付する交付金である。
③**国庫支出金**　特定の行政目的を達成するために、当該行政に要する経費に充てることを条件に国が地方公共団体に交付する交付金である。
④**地方譲与税**　本来地方税として地方公共団体に付与されるべき税を国が徴収し、その収入額の全部または一部を一定の基準などによって地方公共団体に譲与するものである。
⑤**地方債**　地方公共団体の一会計年度を超える借入金（借金）である。財源の不足を補って年度間の財源調整により負担を平準化するとともに、後年度の償還（返済）というかたちで世代間の公平を図るものである。
⑥**分担金**　地方公共団体が、ある施策に関して特に利益を受ける者から、その受益の限度において収入するもので、条例で規定しておくことが必要である。
⑦**負担金**　一定の施策について特別の利益を受ける者が、その受益の程度に応じて負担する場合と、一定の事業等について、財政政策上その他の見地から、そ

図表2-2-3　歳入純計決算額の状況

区　　分	決算額			構成比		増減率	
	令和2年度	令和元年度	増減額	2年度	元年度	2年度	元年度
	億円	億円	億円	%	%	%	%
地　　方　　税	408,256	412,115	△3,858	31.4	39.9	△0.9	1.1
地　方　譲　与　税	22,323	26,138	△3,815	1.7	2.5	△14.6	△1.4
地　方　特　例　交　付　金	2,256	4,683	△2,427	0.2	0.5	△51.8	203.3
地　方　交　付　税	169,890	167,392	2,497	13.1	16.2	1.5	1.2
小　計（一　般　財　源）	602,725	610,328	△7,603	46.3	59.1	△1.2	1.5
（一般財源＋臨時財政対策債）	633,841	642,639	△8,798	48.7	62.2	△1.4	0.3
国　　庫　　支　　出　　金	374,557	158,344	216,213	28.8	15.3	136.5	6.4
地　　方　　債	122,607	108,705	13,902	9.4	10.5	12.8	3.4
う　ち　臨　時　財　政　対　策　債	31,116	32,311	△1,195	2.4	3.1	△3.7	△18.0
そ　　の　　他	200,583	155,081	45,501	15.4	15.1	29.3	△2.1
合　　計	1,300,472	1,032,459	268,014	100.0	100.0	26.0	1.9

(注) 国庫支出金には、交通安全対策特別交付金及び国有提供施設等所在市町村助成交付金を含む。
(『令和4年度版地方財政白書』)

の経費の負担割合が定められているときに、その負担区分により負担する場合とがある。

⑧**使用料**　公の施設の利用等の対価として、その利用者が支払うものである。

⑨**手数料**　特定の者のために行うなど、住民サービスに要する費用に充てるために支払われるものである。

⑩**繰入金**　他会計や基金、財産区等から繰り入れられた収入である。ただし、収益事業特別会計から一般会計に繰り入れられる収入は諸収入になる。

(2) 歳入の状況

　地方財政の歳入状況をみると、地方税が4割程度で、地方交付税、国庫支出金、地方債が主要な歳入となっている（**図表2-2-3**）。

3　地方税

(1) 地方税法と税条例

　地方公共団体は、法律の定めるところにより、地方税を賦課徴収することができる（憲法84、自治法10②・223、地税法2）。地方公共団体の税条例で、税目、課税客体、課税標準、税率その他賦課徴収について定め、条例の実施のための手続その他その施行について必要な事項を規則で定めることができる（地税法3）。

　課税客体（課税物件）は、課税の目的となるべきものであり、物、行為、所

得などがある。課税標準は、租税を賦課する標準となるもので、課税客体の数量、価額、品質などが該当する。税率は、課税標準の一定量について、税として課税される率または額である。税額は、次の計算式で計算される。

　　　税額＝課税標準×税率

　また、租税の基本原則として、公平、中立、簡素を中心に考えられているが、地方税では、こうした租税一般の原則に加え、特に、次のような性質を満たす必要があるとされる。

○**普遍性**　税源が一部の地域に偏在せず、広域に存在すること
○**安定性**　税収が景気の変動などに左右されず、年度間を通じて安定的に収入できること
○**伸長性**　国民経済の進展に伴い、税収が将来にわたって高い伸びが期待できること
○**負担分任性**　自治の基本として住民が広くその負担を分かち合うものであること
○**応益性**　享受する行政サービスに応じて住民が負担するものであること（受益者負担の原則）

（2）地方税体系

　現行の地方税体系は、様々な税目から構成されている（**図表2-2-4**）。

ア　道府県税と市町村税

　地方税は、課税団体によって、道府県税と市町村税とに分かれる（地税法上、都と特別区には、それぞれ道府県と市町村の規定が準用される）。

イ　普通税と目的税

　普通税は、使途が限定されない税であり、目的税は、特定目的のために使途が限定される税である。例えば、目的税の使途としては、都市計画税は都市計画事業・土地区画整理事業、事業所税は都市環境の整備・改善事業とされている。

ウ　法定税と法定外税

　地税法に税目や税率の定めがあるものを法定税という。地方公共団体は、地税法に列挙されない税目を独自に課税することも可能である。これを法定外税といい、法定外普通税（地税法259・669）および法定外目的税（地税法731）がある。法定外税を新設・変更しようとする場合は、あらかじめ、総務大臣と協議し、その同意を得なければならない。

エ　税　率

　地税法は、地方公共団体が「通常よるべき税率」として、標準税率を定めており、「財政上その他の必要がある場合」は、標準税率を超えて課税することができる。この標準税率を超える課税を超過課税という。ただし、地税法上、超

図表 2-2-4　地方税の体系

道府県税	普通税	道府県民税（個人・法人・利子割等）
		事業税（個人・法人）
		地方消費税（原則普通税であるが、一部目的税）
		不動産取得税
		道府県たばこ税
		ゴルフ場利用税
		軽油引取税
		自動車税
		鉱区税
		固定資産税（特例分）
		道府県法定外普通税
	目的税	狩猟税
		水利地益税
		道府県法定外目的税
市町村税	普通税	市町村民税（個人・法人）
		固定資産税（国有資産等所在市町村交付金を含む）
		軽自動車税
		市町村たばこ税
		鉱産税
		特別土地保有税
		市町村法定外普通税
	目的税	入湯税
		事業所税
		都市計画税
		水利地益税
		共同施設税
		宅地開発税
		国民健康保険税
		市町村法定外目的税

過してはいけない税率（制限税率）が定められている場合がある。

　超過課税について、道府県では、道府県民税、法人事業税、自動車税で、市町村では、市町村民税、固定資産税、軽自動車税などで実施されている。その9割近くは法人二税（法人住民税、法人事業税）である。

　このほか、地方公共団体が課税する場合に、これ以外の税率によることを許さないものとして一定税率がある。また、地税法では税率を定めず、地方公共団体が自由に税率を定めることができるものとして任意税率がある。

（3）地方税収の状況

　道府県税、市町村税別に税収の状況を示したのが、**図表2-2-5**、**図表2-2-6**である。

ア　道府県税収

　道府県税収は、道府県民税、事業税、地方消費税が税収の多くを占めている。

図表2-2-5　都道府県税収入額の状況

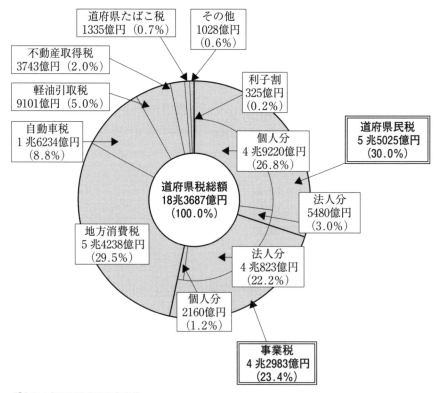

道府県たばこ税
1335億円（0.7%）

その他
1028億円
（0.6%）

不動産取得税
3743億円（2.0%）

軽油引取税
9101億円（5.0%）

自動車税
1兆6234億円
（8.8%）

利子割
325億円
（0.2%）

個人分
4兆9220億円
（26.8%）

**道府県民税
5兆5025億円
（30.0%）**

道府県税総額
18兆3687億円
（100.0%）

法人分
5480億円
（3.0%）

地方消費税
5兆4238億円
（29.5%）

法人分
4兆823億円
（22.2%）

個人分
2160億円
（1.2%）

**事業税
4兆2983億円
（23.4%）**

（『令和4年度版地方財政白書』）

図表 2 - 2 - 6　市町村税収入額の状況

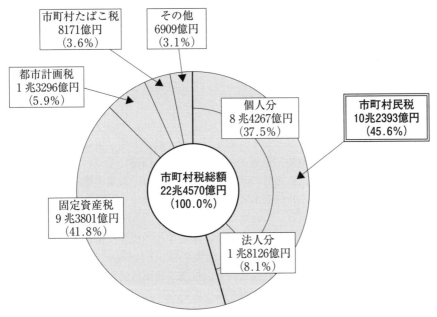

市町村たばこ税
8171億円
（3.6%）

その他
6909億円
（3.1%）

都市計画税
1 兆3296億円
（5.9%）

個人分
8 兆4267億円
（37.5%）

市町村民税
10兆2393億円
（45.6%）

市町村税総額
22兆4570億円
（100.0%）

固定資産税
9 兆3801億円
（41.8%）

法人分
1 兆8126億円
（8.1%）

（『令和 4 年度版地方財政白書』）

このうち道府県民税法人分・事業税（法人分）は法人に課税しており法人関係税というが、法人関係税は、一般的に景気変動の影響を受けやすく、普遍性や安定性に乏しいと理解されている。

イ　市町村税収

市町村税収は、市町村民税、固定資産税で多くの割合を占める。市町村税は道府県税と比較し、法人関係税の割合は小さくなっていることで、安定性が高く景気に左右されにくい構造になっている。

ウ　主な税目

①住民税

住民税は、道府県民税と市町村民税の総称であり、「地域社会の会費」として地域内の個人と法人を対象に課税（個人住民税、法人住民税）され、基幹税（税収に占める割合が高い税目）である。個人住民税は、一律定額の均等割と前年所得に比例する所得割などからなり、法人住民税の場合は均等割と法人税額を課税標準とする法人税割等からなる。

②事業税

事業税は、道府県税として、域内で事業を行う個人（個人事業税）と法人（法

人事業税）に課税される。この税は本来、事業者の事業活動と道府県が提供する行政サービスとの応益関係に着目して、事業自体を課税対象とするものである。資本金1億円超の法人に対する法人事業税について、外形標準課税が採用されており、資本金額や報酬給与・支払利子・家賃といった事業規模（外形）を基準にして課税するものである。これにより、企業活動に対する受益者負担の原則を明確化し、景気動向に左右されにくい安定的な税収確保を意図している。

③固定資産税

固定資産税は、市町村税として、固定資産（土地、家屋、償却資産）の所有者に対して、固定資産台帳に登録されたこれらの各価格に基づいて課税される。普遍性や安定性が高く、市町村の基幹税である。なお、大規模償却資産については、道府県が課税する特例がある。

エ　税源の偏在

地域ごとの経済活動の違いなどにより、地域ごとの税源に格差・偏在を生じており、このことを税源の偏在という（**図表2-2-7**）。税源の偏在は、通常住民1人当たりの税収をもとに判断される。税源は経済活動が盛んな都市部に集中しがちであり、特に、東京に税源が偏っている。こうした税源の偏在をどのように是正していくか、地方財政の大きな課題となっている。

4　地方譲与税・交付金・地方特例交付金等

（1）地方譲与税

地方譲与税は、本来地方に属すべき税源を徴収の便宜や税源の偏在などを理由に、国がいったん国税として徴収し地方公共団体に譲与するものをいう。その種類としては、地方揮発油譲与税、石油ガス譲与税、自動車重量譲与税、地方法人特別譲与税、森林環境譲与税等がある。これらは、その全部または一部が、道路面積、道路延長、人口といった財政需要などに関連した客観的基準によって対象団体に譲与される。このため、各地域で発生して国が徴収した税額と各地方公共団体への配分額は異なることになる。

（2）交付金

交付金は、都道府県および市町村の共同の税源であるが、徴収手続の簡素化の観点などから、一方が徴収した税を他方に交付するものである。市町村が都道府県に交付する市町村たばこ税都道府県交付金や、都道府県が市町村に交付する利子割交付金、地方消費税交付金、軽油引取税交付金（政令指定都市のみ対象）などがある。

図表2-2-7 地方税計、個人住民税、法人関係二税、地方消費税及び固定資産税の
人口1人当たり税収額の指数

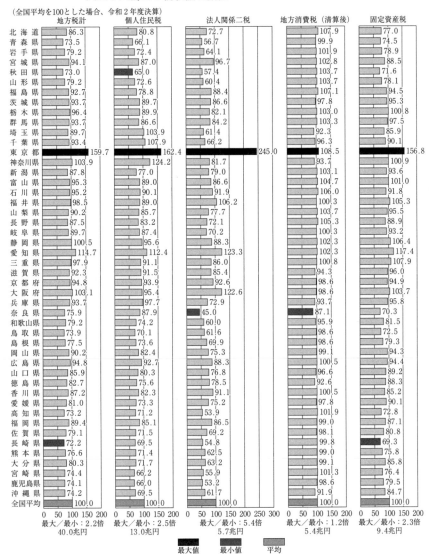

（全国平均を100とした場合、令和2年度決算）

※上段の「最大／最小」は、各都道府県ごとの人口1人当たり税収額の最大値を最小値で割った数値であり、下段の数値は、税目ごとの税収総額である。
※地方消費税については、現行の清算基準により得られる最新の理論値である。
（注） 1 地方税計の税収額は、特別法人事業譲与税の額を含まず、超過課税及び法定外税等を除いたものである。
　　 2 個人住民税の税収額は、個人道府県民税（均等割及び所得割）及び個人市町村民税（均等割及び所得割）の合計額であり、超過課税分を除く。
　　 3 法人関係二税の税収額は、法人道府県民税、法人市町村民税及び法人事業税（特別法人事業贈与税を含まない。）の合計額であり、超過課税分等を除く。
　　 4 固定資産税の税収額は、道府県分を含み、超過課税分を除く。
　　 5 人口は、令和3年1月1日現在の住民基本台帳人口による。
『令和4年度版地方財政白書』

（3）地方特例交付金

　地方特例交付金は、国による政策減税などに対応して、負担増または歳入減となる地方に特例的、暫定的に措置する交付金である。現在は、住宅ローン減税に伴う個人住民税の減収分を補てんするために交付されている。

5　地方交付税

（1）地方交付税の意義と機能

ア　意義

　地方交付税は、地方公共団体間の財源の不均衡を調整し、すべての地方公共団体が一定水準の行政サービスを提供できるようにするため、国税（所得税、法人税、酒税、消費税、地方法人税）の一定割合が交付される交付金である。地方交付税は、使途の制限のない一般財源であり、地方公共団体固有の独立共有財源としての性格を有するとされている。地方交付税には、普通交付税（地方交付税総額の94％）と特別交付税（地方交付税総額の6％）の2種類がある。普通交付税は、個々の地方公共団体の基準財政需要額が基準財政収入額を超える場合、その超過額（財源不足額）を補てんするために交付される。特別交付税は、全国共通の一定基準で機械的に算定される普通交付税の算定で必然的に生じる画一性などを補完するため、災害や地域ごとの特殊財政事情を考慮して算定される。

イ　地方交付税の機能

　地方交付税には、以下の機能がある。

①財政調整機能

　全国一定の行政サービスの維持を担保するため、地方公共団体間の財政力の格差を調整し、財源の均衡化を図る機能である。

②財源保障機能

　地方交付税総額が、国税の一定割合として確保されることで地方公共団体全体に対し総体として財源を保障する機能（マクロの財源保障）と個々の地方公共団体ごとに交付額を算定することで財源不足を補てんする機能（ミクロの財源保障）の2つの財源保障機能がある。

（2）普通交付税の算定方法

　地方公共団体ごとの普通交付税額は、基準財政需要額が基準財政収入額を超える地方公共団体に、その超える額（財源不足額）が交付される。他方、基準財政収入額が基準財政需要額を上回る地方公共団体は、富裕団体とみなされ普

通交付税は交付されない（不交付団体）。

○基準財政需要額－基準財政収入額＝交付基準額（財源不足額）

　基準財政需要額は、各地方公共団体が標準的な水準で行政サービスを提供するための必要な経費（財政需要）のうち一般財源で賄うべき額を一定の合理的な方法で算定するものである。具体的には、各行政項目別に設けられた測定単位の数値に必要な補正、単位費用を乗じた額を合算することで算定される。

○基準財政需要額
　＝｛各行政項目の単位費用×（測定単位×補正係数）｝の合算額

●単位費用　各行政項目について設定された測定単位に乗ずる単価。標準的な団体（都道府県で人口170万人・面積6,500㎢、市町村で10万人・160㎢等を想定）が合理的かつ妥当な水準で行政サービスを行う際に要する経費から国庫補助金等の特定財源を控除した一般財源所要額をもとに算定する。

●測定単位　行政項目ごとに、その財政需要額をできるだけ的確に捕捉するための尺度となる指標。国勢調査その他の指定統計に基づく数値、法令によって定められた台帳等の基礎数値、法令により定められる定数などが用いられる。（例：道路橋りょう費における道路延長・道路面積、小学校費における児童数・学級数・学校数）

●補正係数　単位費用や測定単位では把捉できない各地方公共団体固有の自然的、地理的、社会的条件の差のうち、客観的に割高あるいは割安との因果関係が明らかなものについて、基準財政需要額に反映させるため、測定単位の数値に乗ずる一定の係数。（例：人口密度による違いを反映させる密度補正、寒冷積雪地帯における給与費の寒冷地手当等や暖房費などの増額分を反映させる寒冷補正）

　基準財政収入額は、各地方公共団体の財政力を合理的に測定するために、地方公共団体の標準的な税収入の一定割合（基準税率という。一般に75％を採用）などをもって算定した額をいう。

○基準財政収入額＝
　標準的な地方税収入×75％（算入率・基準税率）＋地方譲与税等

　標準的な地方税収入のうち基準財政収入額に算入されない25％分を留保財源という。留保財源は、基準財政需要額に把握されない行政需要への対応や、自主財源である地方税の収納努力や税収確保努力（税源かん養）へのインセンティブとするため設けられている。

6 国庫支出金

(1) 国庫支出金の意義

国庫支出金とは、地方公共団体が支出する特定の経費について、その全部または一部を国が負担して当該団体に交付するもので、その使途が定められている国の支出金の総称である。国庫支出金は、地方公共団体に対する直接的な政策誘導手段であるとともに、大規模災害や特別の建設事業などの対応を可能にする機能がある。

(2) 国庫支出金の種類

国庫支出金は、その性質により国庫負担金、国庫補助金、国庫委託金の3種類に区分される。

ア 国庫負担金

地方公共団体が実施する事務のうち、国と地方の相互に利害関係がある事務の経費について国が義務的に支出するもので、割勘にたとえられる。この場合、経費の種目、算定基準および国と地方の負担割合は、法令により定めるものとされている（地財法11）。地財法の規定により、次の3種類に区分される。

①普通（一般行政費）国庫負担金

地方公共団体が法令に基づいて実施しなければならない事務であって、国と地方公共団体相互の利害に関係ある事務のうち、その円滑な運営を期するためには、なお国が進んで負担する必要がある経費である（地財法10）。

＜例＞義務教育費国庫負担金、生活保護費国庫負担金、児童手当国庫負担金

②建設事業費（公共事業費）国庫負担金

地方公共団体が、国民経済に適合するように総合的に樹立された計画に従って実施しなければならない、法令で定める土木その他の建設事業に要する経費である（地財法10の2）。

＜例＞道路・河川・港湾等事業費国庫負担金、土地改良事業費国庫負担金

③災害復旧費等国庫負担金

地方公共団体が実施しなければならない法令で定める災害に関する事務で、地税法または交付税法によってはその財政需要に適合した財源を得ることが困難なものを行うために要する経費である（地財法10の3）。

＜例＞災害復旧事業費国庫負担金

イ 国庫補助金

国がその施策を行うため特別の必要があると認めるとき（奨励的補助金）、または地方財政にて特別の必要があると認めるとき（財政援助的補助金）に交付

できる経費である（地財法16）。したがって、国庫補助金は、国への義務付けはなく、国の任意で交付されるもので、賄賂にたとえられることがある。

＜例＞都道府県警察費国庫補助金、在宅福祉事業費補助金、私立学校等経常費助成費補助金

ウ　国庫委託金

本来国が実施すべき事務であるが、国民の利便性や経費執行の効率性などの観点から各団体に委託した事務に要する経費を全額国が負担して交付するものである（地財法10の4）。

＜例＞国政選挙の経費、国の統計調査費、国民年金事務

(3) 国庫支出金の問題点

国庫支出金には、次のような問題点が指摘されている。

・不十分な交付額によって超過負担が生じ、地方公共団体の財政を圧迫している。

・画一的な交付基準、細かな交付条件、使途の特定など国が強く関与するため、地方公共団体の施策の自主性を損うとともに、地域の実情に即した施策の推進を困難にしている。

・交付申請や実績報告など国庫支出金の交付のための事務負担が大きい。

7　地方債

(1) 地方債の意義

ア　地方債の意義

地方債とは、地方公共団体の借入金で、その返済（償還）が一会計年度を超えるものをいう。なお、一時的な資金不足に対応（資金繰り）するための一時借入金は、その返済が年度内に行われるものであり、地方債とは異なる。

地方債には、地方債の発行（借入）で事業のための財源を確保する財源確保のほか、世代間の公平という機能も有する。公共施設の整備や道路・上下水道・病院などの建設は、将来世代にも利益を享受される。地方債の借入により、現在世代だけでなく、将来世代も返済金（償還金）というかたちで応分の負担を求めることになるため、世代間の公平を確保することにつながる。

なお、地方債を借り入れる（発行する）ことを、地方債を起こす、起債すると表現することも多い。

イ　地方債を起こすことのできる経費

地財法5条は、「地方公共団体の歳出は、地方債以外の歳入をもって、その財源としなければならない」と定めている。これは、安易な地方債の借入によっ

て、財政規律が失われることを防ぐ趣旨である。

　さらに、地方債を活用すべきケースとして、地財法5条ただし書により、例外的に次の経費に限っては、地方債の発行が認められている（いわゆる5条債、建設地方債）。

①交通事業、ガス事業、水道事業など、地方公営企業に要する経費

②出資金及び貸付金

③地方債の借換えのために要する経費

④災害応急事業、災害復旧事業及び災害救助事業のための経費

⑤公共施設、公用施設の建設事業などに要する経費

　このほかにも、個別法によって例外的に認められる特例債（赤字地方債）がある。例えば、地方交付税の減収を補てんする臨時財政対策債、大量退職に備え総人件費の適正管理の推進を支援する退職手当債などである。

ウ　地方債の引受先

　地方債を引受先ごとに分類すると、公的資金（財政融資資金および地方公共団体金融機構資金）、民間等資金に分けられる。さらに、民間等資金による地方債は、入札や見積り合わせによる債券市場を通じて幅広い投資家からの資金調達を図る市場公募債と、指定金融機関や共済組合等、各団体の関係先をあらかじめ引受先として指定して発行する銀行等引受債（縁故債）に分類される。

エ　地方債協議制度

　地方債は、起債目的、限度額、起債方法、利率及び償還（返済）方法を予算にて定めることで発行できる（自治法230）。起債に際しては、都道府県及び政令指定都市は総務大臣に、市町村は都道府県知事に、それぞれ協議を行う。また、財政状況について一定の基準を満たす団体については、原則として、民間等資金、一部の公的資金にかかる協議を不要とし、事前に届け出ることで起債ができる。協議における同意の効果として、起債団体は、協議において総務大臣または都道府県知事が同意した場合のみ、公的資金を借り入れることができる。また、その元利償還金は、地方財政計画に計上され、地方交付税による財源措置を受けることができる。

（2）地方債の状況

　地方債の内訳として、臨時財政対策債が大きな割合を占めるようになっている。借入先としては、政府資金の割合が低下する一方で、市場公募債の割合が上昇する傾向にある（**図表2-2-8**）。

図表2-2-8　地方債現在高の目的別構成比及び借入先別構成比の推移

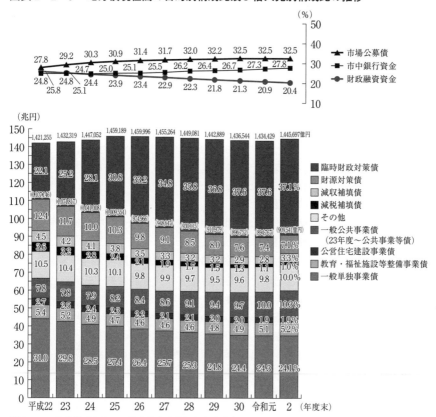

(注)　1　地方債現在高は、特定資金公共投資事業債を除いた額である。
　　　2　財源対策債は、一般公共事業債又は公共事業等債に係る財源対策債等及び他の事業債に係
　　　　る財源対策債の合計である。
　　　3　地方債現在高には満期一括償還地方債の元金償還に充てるための減債基金への積立額相当
　　　　分は含まれていない。
　　　4　（　）内の数値は、地方債現在高から臨時財政対策債を除いた額である。
(『令和4年度版地方財政白書』)

第3節　地方財政の歳出

1　目的別歳出

　歳出には、経費の行政目的に着目した「目的別歳出」と、経費の経済的性質に着目した「性質別歳出」の大きく2つの分類がある。

(1) 目的別歳出の意義

　目的別歳出は、教育、土木というように行政目的をもとにした分類で、予算書の款・項・目はこの分類にしたがっている。

①**議会費**　議会のための経費
②**総務費**　内部的な事務、地方公共団体が所有する土地や建物の維持管理、国際交流など総務的な事務の経費
③**民生費**　児童福祉、障害福祉、高齢者福祉など社会保障関係の経費
④**衛生費**　保健衛生や環境対策、ごみ処理などのための経費
⑤**労働費**　勤労者を支援するための経費
⑥**農林水産業費**　農林水産業の振興のための経費
⑦**商工費**　商工業や観光の振興のための経費
⑧**土木費**　道路・公園整備、土地区画整理など街づくりのための経費
⑨**消防費**　消防や災害対策のための経費
⑩**警察費**　警察のための経費
⑪**教育費**　小中学校等、公民館、図書館、生涯学習などのための経費
⑫**公債費**　地方債などの元金及び利子の返済のための経費
⑬**諸支出金**　普通財産の取得など行政目的を有しない経費
⑭**予備費**　予算外の支出または予算超過の支出に当たるため使途を特定しないで計上される経費

(2) 目的別歳出の状況

　総務費や教育費の割合が抑制される一方で、少子高齢化の影響から、子どもや高齢者関係、生活保護費などが増加し民生費の割合が上昇している。都道府県と市町村を比較すると、住民に身近なサービスを提供している市町村の方が、民生費の構成割合が高い（**図表2-2-9**）。

図表2－2－9　目的別歳出決算額の構成比

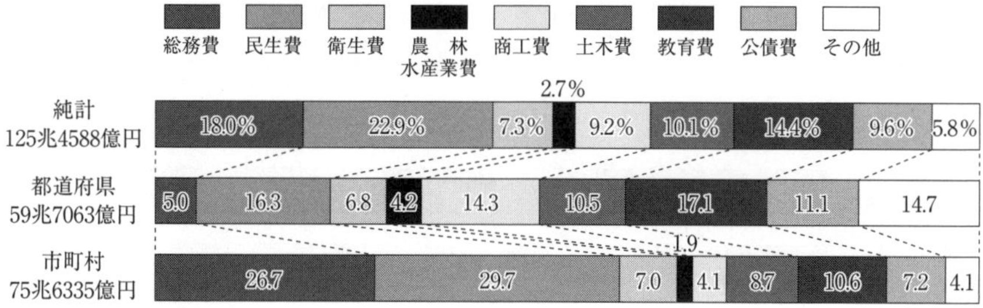

（『令和4年度版地方財政白書』）

2　性質別歳出

（1）性質別歳出の意義

性質別歳出は、横断的に、経費の経済的性質に着目した歳出の分類であり、義務的経費、投資的経費及びその他の経費に大別することができる。特徴的な分類は次のとおりである。

①**義務的経費**　性質別分類のうち、人件費（職員給与費など）、扶助費（生活保護など）、公債費（地方債の元利償還金など）をまとめて義務的経費といい、これらは任意に節減することができない性質の経費である。義務的経費が歳出に占める割合が高くなると、財政が硬直化し他の新たな財政需要に財源を充てることが困難になる。

②**投資的経費**　道路、橋りょう、公園、学校、公営住宅の建設等社会資本の整備等に要する経費であり、普通建設事業費、災害復旧事業費及び失業対策事業費からなっている。投資的経費のうち、国庫補助負担金の交付を受けているか否かにより、補助事業・単独事業という分類もある。

③**人件費**　事業費支弁職員分を除く職員等のための経費で、給料・職員手当等が該当する。

④**扶助費**　性質別歳出の一分類で、社会保障制度の一環として地方公共団体が各種法令に基づいて実施する給付や、地方公共団体が単独で行っている各種扶助に係る経費。なお、扶助費には、現金のみならず、物品の提供に要する経費も含まれる。

⑤**公債費**　地方公共団体が発行した地方債の元利償還等に要する経費。なお、性質別歳出における公債費が地方債の元利償還金及び一時借入金利子に限定されるのに対し、目的別歳出における公債費については、元利償還等に要する経費のほか、地方債の発行手数料や割引料等の事務経費も含まれる。

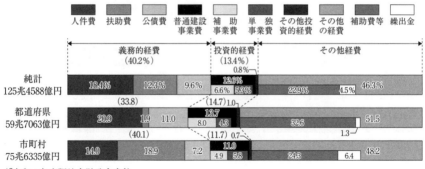

図表 2－2－10　性質別歳出決算額の構成比

（『令和 4 年度版地方財政白書』）

⑥**物件費**　性質別歳出の一分類で、人件費、維持補修費、扶助費、補助費等以外の地方公共団体が支出する消費的性質（その経費の効果が、その年度、またはきわめて短期間で終わるもの）の経費の総称で、職員旅費、備品購入費、委託料、臨時職員の賃金等が含まれる。

（2）性質別歳出の状況

　人件費の構成比は、都道府県が市町村立義務教育諸学校教職員の人件費を負担していること等から、都道府県が、市町村を上回っている（**図表 2－2－10**）。また、扶助費の構成比は、市町村において、児童手当の支給、生活保護に関する事務（町村については、福祉事務所を設置している町村）等の社会福祉関係事務が行われていること等から、市町村の割合が高い。

3　地方公営企業

　地方公共団体は、一般的な行政活動の他、水の供給や公共輸送の確保、医療の提供、下水の処理など地域住民の生活や地域の発展に不可欠なサービスを提供する様々な事業活動を行っている。こうした事業を行うために地方公共団体が経営する企業活動を総称して「地方公営企業」という。

　地方公営企業は、対価としての料金徴収を行うことで、独立採算制を経営の基本としている。しかし、設備投資に要する支出や受益者負担では賄いきれない経費などは、一般会計からの繰出金や国庫による助成措置によって補てんされる。また、地方債（企業債）が発行されており、公的資金（財政融資資金、地方公共団体金融機構）や民間等資金によって引き受けされる。

　地方公営企業は、水道事業、下水道事業、交通事業、病院事業等がその代表的なものであるが、その他にも、電気（卸売）・ガス事業や土地造成事業を行う

など、その事業種別は多種多様である。

第4節　財政分析

1　決算統計と財政分析資料

　地方公共団体では、出納整理期間が終了して決算数値が確定すると、決算統計作業に取り組む。決算統計とは、「地方財政状況調査」のことであり、総務省が統括する各様式にて決算数値を組み直し、普通会計による統計データを作成する。

　総務省は、全国統一的な様式に基づく統計情報として財政状況資料集等を取りまとめ、普通会計決算、財政比較分析表、経常経費分析表、財政健全化法に係る健全化判断比率等を都道府県のウェブサイトとリンクしながらウェブサイト上で公開している。なお、財政分析では、他団体との単純な比較ではなく、経年比較や、類似団体との比較が効果的である。

○決算カード

　決算統計における各種数値や財政指標等を、団体別に1枚のカードにまとめたものであり、基礎的データを把握する際に活用される。最も基本となる財政状況把握のための基礎資料である。

○財政比較分析表

　類似団体との比較をふまえ7つの指標（①財政力指数、②経常収支比率、③人口1人当たり人件費、物件費等決算額、④ラスパイレス指数による給与水準、⑤人口10万人（都道府県）または1,000人（市町村）当たりの職員数、⑥実質公債費比率、⑦将来負担比率）の経年比較を示し、財政指標により財政状況を概略的にとらえるものとなっている。

○経常経費分析表

　類似団体比較をふまえ経常経費の内訳ごとの経年変化を示すとともにコメントが記載され、経常収支比率の分析をすることで財政硬直化の状況と対策を、より詳細に示している。

2　主な財政指標

（1）財政力指数

　地方公共団体の財政力を示す指数で、基準財政収入額を基準財政需要額で除して得た数値の過去3年間の平均値である。ただし、特別区の財政力指数につ

いては、特別区財政調整交付金の算定に要した基準財政需要額と基準財政収入額によって算出したものである。

　財政力指数が高いほど、普通交付税算定上の留保財源が大きいことになり、財源に余裕があるといえる。基準財政収入額を基準財政需要額で除して得た数値が単年度で1を超えると普通交付税が交付されず、不交付団体となる。

(2) 経常収支比率

　人件費・扶助費・公債費のように毎年度経常的に支出される経費（経常経費）に、地方税・普通交付税を中心とする毎年度経常的に収入される一般財源（経常一般財源等）がどの程度充当されているかを見るものであり、この比率が高いほど財政構造の硬直化が進んでいるとされる。

$$経常収支比率＝\left(\frac{経常経費充当一般財源}{経常一般財源等^{※}}\right)×100$$

（※＝経常一般財源＋減収補てん債特例分＋臨時財政対策債）

　この比率が高いほど財政の弾力性が乏しく、新たな行政ニーズに対応できる財源の捻出が難しくなる。以前は、70〜80が適正水準とされてきたが、地方全体の経常収支比率は、90を超える状況が続いている。

(3) 公債費負担比率

　地方公共団体における公債費による財政負担の度合いを判断する指標のひとつで、公債費に充当された一般財源の一般財源総額に対する割合である。公債費負担比率が高いほど、一般財源に占める公債費の比率が高く、財政構造の硬直化が進んでいることを表す。一般的には、15％以下が好ましいとされている。

$$公債費負担比率＝\left(\frac{公債費充当一般財源}{一般財源総額}\right)×100$$

(4) ラスパイレス指数

　加重指数の一種で、重要度を基準時点（又は場）に求めるラスパイレス式計算方法による指数で、地方公務員の給与水準を表すものとして、一般に用いられている。国家公務員行政職（一）職員の俸給を基準とする地方公務員一般行政職職員の給与の水準を示している。100を上回ると給与水準が高いとされる。

3　地方財政健全化の推進

（1）財政健全化法のねらい

　「地方公共団体の財政の健全化に関する法律」は、破綻の危機に瀕した各団体の財政状況を改善させる目的で、従来の「地方財政再建促進特別措置法」（再建法）に代えて、平成19年（2007）6月に制定された。これは、同年3月に再建法下の財政再建団体となった夕張市（北海道）のような財政破綻を未然に抑止するねらいから、次のような趣旨に基づいている。

・客観的で明確な財政指標を活用することで、財政に関する適正な情報公開を担保する。

・破綻に至る前に、財政健全化に向けた各団体の早期かつ自主的な取組を促進する。

・分析対象については、普通会計上の実質赤字といった単年度フローに限定せず、地方債残高等のストックや地方公営企業、地方公社、第三セクターといった連結ベースも加えることで、潜在的リスクや中長期的課題への対応を促進する。

・再建を支援する国の措置を充実させる。

（2）健全化判断比率等

　財政健全化法は、次の5つの財政指標を規定している（**図表2−2−11**）。

ア　実質赤字比率

　標準財政規模に対する、各団体の実質赤字または資金不足額の大きさを示す比率である。普通会計を対象としている。

$$実質赤字比率＝\frac{一般会計等の実質赤字額}{標準財政規模}$$

イ　連結実質赤字比率

　標準財政規模に対する、各団体の全会計を対象とした実質赤字または資金不足額の大きさを示す比率である。公営事業会計等の経営状況も反映される。

$$連結実質赤字比率＝\frac{連結実質赤字額}{標準財政規模}$$

ウ　実質公債費比率

　標準財政規模に対する、実質的な公債費負担額の大きさを示す比率である。地方公営企業の元利償還金も算定の対象に加えることで、一般会計等が負担すべ

図表2-2-11　健全化判断比率等の対象について

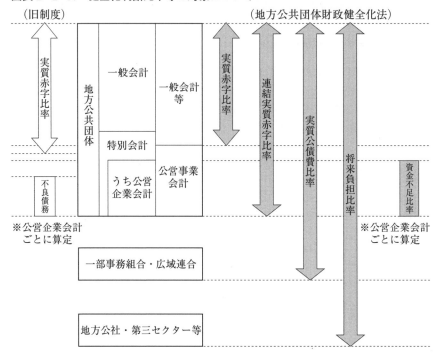

き元利償還金および準元利償還金の規模が反映される。

$$実質公債費比率＝\frac{\{(A＋B)－(C＋D)\}}{(E－D)}$$

A：元利償還金（繰上げ償還等除く）
B：準元利償還金
C：特定財源
D：基準財政需要額に算入される元利償還金等
E：標準財政規模

　実質公債費比率が18％以上の団体は、地方債の起債に際して総務大臣等の許可が必要となる。また、25％以上になると、起債対象事業に制限が加わる。

エ　将来負担比率

　標準財政規模に対する、一般会計等が将来負担すべき実質的な負債の大きさを示す比率である。地方債残高、地方公社、損失補償を行っている第三セクターの負債見込額も算入される。

　これまでの財政指標は、年間の収支等のフロー指標が中心であったが、各団体の実質的な負債と償還能力を判断するストック指標が必要であることから、財政健全化法により新たに設けられた。

$$\text{将来負担比率} = \frac{\{\text{将来負担額} - (A + B + C)\}}{(\text{標準財政規模} - D)}$$

　　A：充当可能基金金額
　　B：特定財源見込額
　　C：地方債現在高等にかかる基準財政需要額算入見込額
　　D：元利償還金・準元利償還金に係る基準財政需要額算入見込額

オ　資金不足比率

　公営企業の事業規模に対する、公営企業ごとの資金不足額の大きさを示す比率である。料金収入の規模をもって、事業の規模としている。

$$\text{資金不足比率} = \frac{\text{資金の不足額}}{\text{事業の規模}}$$

（3）財政の早期健全化と再生に向けた取組

ア　指標の取扱い

　（2）ア～エの4指標を「健全化判断比率」という。各団体は、この健全化判断比率と（2）オの資金不足比率の各指標を、毎年度作成し、監査委員の審査に付した上で、議会に報告し、住民に公表しなければならない。その後、総務大臣・都道府県知事に報告する。

イ　計画の策定

　地方公共団体が、自主的かつ計画的に財政の健全化を図るべき基準として、健全化判断比率のそれぞれに「早期健全化基準」が設けられている。

　健全化判断比率のいずれかが、早期健全化基準を上回る団体は、財政健全化団体に指定される。この場合、財政健全化計画を策定した上で、自主的な財政状況の改善に取り組まなければならない。

　また、「再生判断比率」（健全化判断比率のうち将来負担比率を除いた3比率）のいずれかが、「財政再生基準」を上回る団体は、財政再生団体に指定される。この場合、財政再生計画を策定した上で、国の関与の下、歳出削減に取り組まなければならない。

　公営企業については、資金不足比率が、「経営健全化基準」を上回る場合は、企業別に経営健全化計画の策定が義務付けられる。

ウ　計画の取扱い

　これらの計画は、議会の議決を経て定め、速やかに公表するとともに、総務大臣・都道府県知事に報告を行わなければならない。加えて、財政再生計画については、総務大臣の同意を得ることとされている（同意がない場合は、災害復旧事業等以外の地方債の起債が制限される）。また、計画の実施状況については、毎年度、議会に報告し、公表される。

エ　総務大臣・都道府県知事の勧告

　財政健全化計画の実施状況に対して、早期健全化が著しく困難と認められるときは、総務大臣または都道府県知事が必要な勧告をすることができる。財政運営が財政再生計画に適合しないと認められる場合には、総務大臣が予算の変更等の措置を勧告することができる。

第3章 地方公務員制度

第1節 地方公務員制度の基本理念

近代的地方公務員制度を確立するための法制度が、地公法を中心とする地方公務員制度である。地公法は、その1条において、「この法律は、…人事行政に関する根本基準を確立することにより、地方公共団体の行政の民主的かつ能率的な運営…を保障し、もつて地方自治の本旨の実現に資することを目的とする」としている。

1 職員に適用される基準

(1) 平等取扱いの原則

地公法13条は、地公法の適用について、「全て国民は、…平等に取り扱われなければならず、人種、信条、性別、社会的身分若しくは門地によつて、…又は…政治的意見若しくは政治的所属関係によつて、差別されてはならない」と定めている。

これは、憲法14条1項が定めている「法の下の平等」を地公法の適用関係について具体化したものである。地公法が競争試験について公開平等の原則を定めている（地公法18の2）のも、広く人材を求めるという趣旨とともに、この原則の適用について明記したものといえる。平等取扱いの規定に違反して差別をした者に対しては、罰則が適用される（地公法60Ⅰ）。

なお、地方公共団体が日本国民である職員に限って管理職に昇任することができることとする措置を執ること等についての「管理職選考受験資格確認等請求事件」で最高裁は、公権力の行使に当たる行為もしくは重要施策の決定またはこれらに参画する職務に携わる職員に外国人が就任することは、国民主権の原則に基づき、本来わが国の法体系の想定するところではない、として、管理職への昇任を日本国民の職員に限ることを合理的であるとした（最高裁平17.1.26判決）。

(2) 情勢適応の原則

　地公法14条1項は、職員の「給与、勤務時間その他の勤務条件が社会一般の情勢に適応するように、随時、適当な措置を講」ずべきことを地方公共団体に義務付けている。また、人事委員会は、随時、情勢適応の原則に基づいて講ずべき措置について、地方公共団体の議会および長に勧告することができる（地公法14②）。

　一般の労働者の場合は、労使対等の立場に立って弾力的に労働条件を改めることができるのに対して、地方公務員の場合は、その労働基本権が制限されており、給与等の勤務条件の決定方法には制約がある。そこで、地方公共団体は勤務条件が社会情勢に適応するよう、随時適当な措置を講じることを義務付けることにより、社会の変化に対応した勤務条件が職員に保障されるよう配慮した。ただし、情勢適応の原則は地方公共団体の努力義務とされており、違反した場合でも罰則の適用はない。

2　任用の根本基準－成績主義（メリット・システム）の原則

　地公法15条は、任用の根本基準として、「職員の任用は、この法律の定めるところにより、受験成績、人事評価その他の能力の実証に基づいて行わなければならない」とし、「成績主義（メリット・システム）」の原則を明確にしている。

　職員の採用等をある党派への所属や情実・縁戚関係などにより行う「猟官主義（スポイルズ・システム）」の弊害を排除しようとするものであり、この成績主義の原則は近代的地方公務員制度確立のために特に重要である。

　成績主義の原則に違反して任用した者に対しては、罰則が適用される（地公法61Ⅱ）。

3　服務の根本基準

(1) 全体の奉仕者

　地公法30条は、「すべて職員は、全体の奉仕者として公共の利益のために勤務し、且つ、職務の遂行に当つては、全力を挙げてこれに専念しなければならない」と定めている。

　これは、主権者である国民全体の奉仕者として公務員が位置づけられるという公務員の基本的性格を定めたものであり、すべての公務員に適用される基本原則であって、憲法15条2項の「すべて公務員は、全体の奉仕者であつて、一部の奉仕者ではない」に由来する。

（2）勤労者としての地方公務員

　地方公務員は、私企業の労働者と異なり、使用者との合意によって賃金その他の労働条件が決定されるものではないが、自己の労働提供への対価である報酬によって生計を維持する勤労者である。ただし、「全体の奉仕者」であることから、一定の制約が課せられることになる。

（3）政治的中立性の確保

　地公法36条は、「職員は、政党その他の政治的団体の結成に関与し、若しくはこれらの団体の役員となつてはならず、又はこれらの団体の構成員となるように、若しくはならないように勧誘運動をしてはならない」（同条１項）などと定めている。

　これは、住民に対して行政の信頼性を確保し、継続的かつ安定した行政運営を確保するとともに、職員自身を政治的影響から保護し、身分を保障することを目的としている。

第2節　地方公務員の範囲と種類

1　地方公務員の範囲

　地公法３条１項は、地方公務員とは、「地方公共団体及び特定地方独立行政法人の全ての公務員」と規定している。

　地方公務員であるか否かの判断基準としては、通常、次の３点が挙げられる。

① 　その者の従事している事務が地方公共団体の事務であるかどうか（事務の性質）

② 　地方公共団体の公務員としての任命行為が行われているかどうか（雇用の性質）

③ 　地方公共団体から勤労の対価としての報酬を受けているかどうか（報酬の性質）

　このように、地方公務員であるかどうかには、その者が担う仕事が公権力の行使に係るものであるかといった仕事の性質には関係がなく、その範囲は極めて広くなっている。

2　地方公務員の種類

　地方公務員の分類のうち、地公法上最も重要な分類は、一般職と特別職の区

別である。これは、地公法の規定は、一般職の全ての地方公務員（「職員」という）に適用され（全ての規定が適用される訳ではない）、法律に定めがある場合を除き、特別職の地方公務員には適用されないからである（地公法４）。

　一般職と特別職は、地方公務員法の適用の有無によって、例えば、成績主義の適用、服務規定の適用、定年制の適用などで異なった取扱いが生じてくる。

（1）特別職

　特別職に属する者は、地公法３条３項に限定列挙されており、おおむね次のように分けられる。

ア　住民またはその代表の信任によって就任する職

　①　住民の公選によるもの

　　地方公共団体の長、議会の議員（憲法93②、自治法17）等がこれに当たる。

　②　議会の選挙、議決、同意によるもの

　　選挙管理委員会の委員、副知事・副市町村長、監査委員、教育委員会の委員、公安委員会の委員（自治法182①・162・196①、地教行法４②、警察法39①）等がこれに当たる。

イ　非専務職

　地方公共団体の事務にもっぱら従事する者でなく、一定の知識、経験に基づいて、随時地方公共団体の業務に参画する者、あるいは他に生業を有することを前提として、特定の場合にのみ地方公共団体の業務を行う者をいう。

　①　法令、条例等により設けられた委員および委員会（審議会その他これに準ずるものを含む）の構成員の職で臨時または非常勤のもの（地公法３③Ⅱ）

　②　臨時または非常勤の顧問、参与、調査員、嘱託員およびこれらの者に準ずる者の職（専門的な知識経験又は識見を有する者が就く職であって、当該知識経験または識見に基づき、助言、調査、診断その他総務省令で定める事務を行うものに限る）（地公法３③Ⅲ）

　③　投票管理者、開票管理者、選挙長その他総務省令で定める者の職（地公法３③Ⅲの２）

　④　非常勤の消防団員及び水防団員の職（地公法３③Ｖ）

ウ　自由任用職

　必ずしも成績主義の原則によることなく、特定の知識経験、任命権者の人的関係、政策的配慮のもとに、任命権者の判断により任意に任用される職をいう。

　①　地方公営企業の管理者及び企業団の企業長の職（地公法３③Ⅰの２）

　②　長や議長などの秘書の職で条例で指定するもの（地公法３③Ⅳ）

③　特定地方独立行政法人の役員（地公法３③Ⅵ）

エ　常勤の労働委員会委員

都道府県労働委員会の委員の職で常勤のものは、特別職である（地公法３③Ⅱの２）。

（2）一般職

一般職は、特別職に属する職以外の一切の職である（地公法３②）。

例えば、長の補助機関である職員、行政委員会事務局の職員、議会事務局の職員などがこれに当たる。一般職には、常勤職員である場合も非常勤職員である場合もある。

第3節　人事機関

人事機関とは、地方公共団体において人事行政について最終的な権限を有する機関をいう。地公法は、人事機関として任命権者ならびに人事委員会および公平委員会を定めている。

任命権者が職員の任免、分限、懲戒等の人事権を直接職員に行使するのに対して、人事委員会および公平委員会は、任命権者の人事権の行使をチェックする機関である。

1　任命権者

地公法６条１項には、任命権者とは、「この法律並びにこれに基づく条例、地方公共団体の規則及び地方公共団体の機関の定める規程に従い、それぞれ職員の任命、人事評価、休職、免職及び懲戒等を行う権限を有するもの」とされている。

任命権者には、地方公共団体の長、議会の議長、選挙管理委員会、代表監査委員、教育委員会、人事委員会および公平委員会ならびに警視総監、道府県警察本部長、市町村の消防長その他法令に基づく者（地方公営企業の管理者、農業委員会など）または条例に基づく者がある。

「任命権者は、…権限の一部をその補助機関たる上級の地方公務員に委任することができる」（地公法６②）。代決や専決と異なり、この規定による委任が行われた場合は、受任者は自らの名義でその権限を行使するものである。任命権の委任を受けた者がさらに他の者にその権限を委任すること（再委任）は、できない（昭27.1.25行政実例）。

2 人事委員会・公平委員会

人事委員会または公平委員会は、任命権者が人事権を適正に行使するよう、助言、審査等を行う第三者的中立性を持った行政委員会であり、議員および長から独立した人事行政の専門的執行機関である。

(1) 設 置

地方公共団体は、その規模に応じて、条例により人事委員会または公平委員会のいずれかを設置しなければならない。

① 都道府県および政令指定都市は、人事委員会を設置する（地公法7①）。
② 政令指定都市以外の人口15万以上の市および特別区は、人事委員会または公平委員会を設置する（同条②）。
③ 人口15万未満の市、町、村および地方公共団体の組合は、公平委員会を置く（同条③）。

公平委員会を置く地方公共団体には、議会の議決を経て定める規約により、公平委員会を置く他の地方公共団体との共同設置（地公法7④、自治法252の7①）、または他の地方公共団体の人事委員会への委託（地公法7④、自治法252の14①）が認められている。

(2) 組織・運営

ア 組 織

人事委員会または公平委員会は、3人の委員をもって組織する（地公法9の2①）。委員は、人格が高潔で、地方自治の本旨および民主的で能率的な事務の処理に理解があり、かつ、人事行政に関し識見を有する者のうちから、議会の同意を得て、地方公共団体の長が選任する（同条②）。委員は、そのうちの2人が同一の政党に属する者となってはならない（同条④）。

イ 委 員

委員の任期は4年（地公法9の2⑩）で、心身の故障または委員に職務上の義務違反その他非行がある場合を除き、その意に反して罷免されない（同条⑥）。ただし欠格事由に該当すると失職する（同条⑧）。人事委員会の委員は常勤または非常勤で、公平委員会の委員は非常勤である（同条⑪）。

ウ 委員長

人事委員会または公平委員会は、委員のうちから委員長を選挙する（地公法10①）。委員長は、委員会に関する事務を処理し、委員会を代表する（同条②）。

エ 会 議

人事委員会または公平委員会の会議は、3人（会議を開かなければ公務の運

営または職員の福祉・利益の保護に著しい支障が生ずると認められる十分な理由があるときは2人）の委員の出席で開き、出席委員の過半数で決する（地公法11①〜③）。議事は、議事録として記録しておかなければならない（同条④）。

オ　事務局等

人事委員会には事務局を置き、事務局に事務局長その他の事務職員を置く（地公法12①）。公平委員会には、事務職員を置く（競争試験等を行う公平委員会には、事務局を置くことができる）（同条⑤⑥）。事務局長の職は、委員が兼ねることができる（同条②）。

(3) 権　限

人事委員会および公平委員会の主な権限については、地公法8条および9条で示されている（図表2-3-1）。

図表2-3-1　人事委員会と公平委員会の権限

	人事委員会	公平委員会
準立法的権限	法律または条例に基づきその権限に属する事項に関して規則を制定することができる（地公法8⑤）。	法律または条例に基づきその権限に属する事項に関して規則を制定することができる（地公法8⑤）。
準司法的権限	勤務条件の措置要求の審査（地公法47）、不利益処分に関する審査請求の審査（地公法49の2①）等がある。	勤務条件の措置要求の審査（地公法47）、不利益処分に関する審査請求の審査（地公法49の2①）等がある。
行政的権限	人事行政の運営に関する任命権者への勧告（地公法8①Ⅳ）、職員からの苦情処理（地公法8①ⅩⅠ）、競争試験または選考の実施（地公法18・21の4④）、人事評価の実施に関する任命権者への勧告（地公法23の4）、給料表についての議会および長への報告・勧告（地公法26）、職員団体の登録（地公法53⑤）等がある。	職員からの苦情処理（地公法8①ⅩⅠ）、職員団体の登録（地公法53⑤）等がある。また、条例で定めるところにより競争試験および選考を行うことができる（地公法9①）。

1　任用の根本基準

　任用とは、任命権者が特定の者を特定の職に就けることである。

　このように、職員の「職」と「身分」は一体のものであり、地方公共団体の職に就くことがすなわち職員の身分を取得することである。職と身分の分離は認められず、身分のみを有し職を有しない待命などは認められない。

　地公法15条では、職員の任用を行う場合の根本基準として、「職員の任用は、この法律の定めるところにより、受験成績、人事評価その他の能力の実証に基づいて行わなければならない」と定めている。これは優秀な人材の確保・育成を行うことのほか、人事の公平を確保することを目的としている。「その他の能力の実証」には、職種に応じて必要な免許、学歴・職歴などを有していることをいう。成績主義の原則に反して任用を行った者については、罰則の規定がある（地公法61Ⅱ）。

　任用の原則には、このほかに平等取扱いの原則（地公法13）および職員団体活動等による不利益取扱いの禁止（地公法56）がある。

2　欠格条項

　地方公共団体の職は、平等公開の原則に従って一般に平等に公開されなければならないが、一定の状況にある者については、全体の奉仕者として公務を担当する者である以上、職員になる資格を認めないことが合理的である場合がありうる。そこで地公法16条では、職員となることができない一定の条件として欠格条項を規定している。

　欠格条項に該当する者は、条例で定める場合を除くほか、職員となり、または競争試験もしくは選考を受けることができない（地公法16）。また、現に職員である者がこれに該当することとなったときは、条例に特別の定めがある場合を除くほか、当然にその職を失う（地公法28④）。

　地公法が規定する欠格条項は、次の4項目である（「成年被後見人又は被保佐人」については、第1編第10章人権164ページのコラムを参照）。

　①　禁錮以上の刑（死刑、懲役、禁錮）に処せられ、その執行を終わるまでの者（服役中の者）またはその執行を受けることがなくなるまでの者（刑の執行猶予期間中の者等）
　②　当該地方公共団体において懲戒免職の処分を受け、当該処分の日から2年を経過しない者

③　人事委員会または公平委員会の委員の職にあって、地公法第5章（罰則）に規定する罪を犯し刑に処せられた者

④　憲法施行の日以後において、憲法またはその下に成立した政府を暴力で破壊することを主張する政党その他の団体を結成し、またはこれに加入した者

ある者が欠格条項に該当するにもかかわらず、それが明らかでなかったなどの理由により採用した場合、採用は当然に無効となるがこの間にその者の行った行為は有効となるとされている。

3　任用の種類

（1）採用、昇任、降任、転任

地公法17条1項は、「職員の職に欠員を生じた場合においては、任命権者は、採用、昇任、降任又は転任のいずれかの方法により、職員を任命することができる」と定めている。また、人事委員会（競争試験等を行う公平委員会を含む）は、いずれの方法によるかについての一般的基準を定めることができる（地公法17②）。

任用の種類とそれぞれの意義は、次のとおりである。従来は定義がなかったが、平成26年（2014）の改正により、明確化された（地公法15の2①Ⅰ～Ⅳ）。

ア　採　用

職員以外の者を新たに職員として任命すること（臨時的任用を除く）

イ　昇　任

職員を現に任命されている職より上位の職制上の段階に属する職に任命すること

ウ　降　任

職員を現に任命されている職より下位の職制上の段階に属する職に任命すること

エ　転　任

職員を現に任命されている職以外の職員の職に任命することであって昇任または降任に当たらないもの

（2）その他の任用

地公法に基づく任用のほか、実際の任用に際しては、他の法律に基づき、あるいは事実上、兼職、充て職、事務従事等の運用が行われている。

ア　兼　職

職員をその職を有したままで他の職に任命することをいう。なお、国への派

遣や他の地方公共団体への派遣職員制度（自治法252の17、災害対策基本法29）も派遣というが、これは広義には兼職の一種である。

イ 充て職

一定の職にある職員が当然に他の特定の職に就くこととする制度である。兼職の一形態であるが、充てられる職については、具体的な任命行為は必要なく、本来の職に任命することにより、自動的に充てられる職を兼ねることになる。任命権者間で職員を融通する場合（自治法180の3）にも行われる。

ウ 事務従事

職員に対し、他の職の職務を行うべきことを命ずることをいう。具体的な発令行為は必要なく、当該職員に他の職務に従事すべき職務命令を発すれば足りるものであり、兼職とは異なる。イの充て職同様、任命権者間で職員を融通する場合（自治法180の3）にも行われる。「事務取扱」といわれるものも、事務従事の一種である。

エ 出 向

習慣的に用いられている発令形式であり、①他の任命権者の機関への転任、②他の任命権者の機関への事務従事、③国や他の地方公共団体への派遣等を命ずることを意味する。

オ 派 遣

法令に基づいて職員を派遣する場合の派遣先には、次のようなものがある。

① 地方公務員共済組合等の公共機関

地方公共団体の機関は、組合の運営に必要な範囲内において、その所属の職員等を組合の業務に従事させることができる（地共済法18①）。また、地公災法にも、基金の運営に必要な範囲内において、基金の業務に従事させることができる旨の規定がある（地公災法13①）。

② 外国の地方公共団体の機関等

任命権者は、地方公共団体と外国の地方公共団体等との合意等に応じ、条例で定めるところにより、職員を派遣することができる（外国派遣職員処遇法2①）。派遣職員は、派遣の期間中、派遣された時就いていた職等を保有するが、職務に従事しない（外国派遣職員処遇法3）。

③ 一定の公益法人等

任命権者は、公益的法人等（一般社団法人・一般財団法人等のうち、その業務の全部または一部が当該地方公共団体の事務・事業と密接な関連を有するもので、かつ、当該地方公共団体が施策の推進を図るため人的援助を行うことが必要であるものとして条例で定めるもの）との間の取決めに基づき、当該公益的法人等の業務に専ら従事させるため、条例で定めるところにより、職員を派遣することができる（公益法人等派遣法2）。派遣職

員は、派遣の期間中、派遣された時就いていた職等を保有するが、職務に従事しない（公益法人等派遣法4②）。

　なお、地方公共団体が出資する株式会社のうち、その業務の全部または一部が公益の増進に寄与するとともに、地方公共団体の事務・事業と密接な関連を有し、人的援助が必要なものとして条例で定める特定法人への派遣は、いったん退職させる方法により行う（公益法人等派遣法10）。

4　任用の方法

　任用には、恒久的な職に職員を就ける正式任用のほか、条件付採用、臨時的任用、会計年度任用などがある。

(1) 正式任用

　正式任用は、職員の職に欠員を生じた場合に、任命権者が採用、昇任、降任または転任のいずれかの方法により、職員を任命するものである（地公法17①）。

ア　採用、昇任、降任、転任による任用

【採用】

　職員の「採用」は、人事委員会（競争試験等を行う公平委員会を含む。以下、**4**において同じ）を置く地方公共団体においては、採用試験による（ただし、人事委員会規則（競争試験等を行う公平委員会を置く地方公共団体においては、公平委員会規則）で定める場合には、選考によることを妨げない）（地公法17の2①）。また、人事委員会を置かない地方公共団体においては、職員の採用は、採用試験または選考による（同条②）。

　採用試験は、受験者が、当該採用試験に係る職の属する職制上の段階の標準的な職に係る標準職務遂行能力及び当該採用試験に係る職についての適性を有するかどうかを正確に判定することをその目的とする（地公法20）。

【昇任】

　職員を人事委員会規則で定める職（人事委員会を置かない地方公共団体においては、任命権者が定める職）に「昇任」させる場合には、昇任試験または選考によらなければならない（地公法21の4①）。

　職員の昇任は、任命権者が職員の受験成績、人事評価その他の能力の実証に基づき、標準職務遂行能力と適性を有すると認められる者の中から行う（地公法21の3）。

【降任】

　任命権者は、職員を「降任」させる場合は、当該職員の人事評価その他の能力の実証に基づき、標準職務遂行能力および適性を有すると認められる職に任命する（地公法21の5①）。

【転任】

職員の「転任」は、任命権者が、職員の人事評価その他の能力の実証に基づき、標準職務遂行能力および適性を有すると認められる者の中から行う（同条②）。

イ　実施機関

採用試験または選考は、人事委員会（人事委員会を置かない地方公共団体においては任命権者。以下、**4**において「人事委員会等」という）が行う。

ただし、人事委員会等は、他の地方公共団体の機関との協定によりこれと共同して、または国もしくは他の地方公共団体の機関との協定により、これらの機関に委託して採用試験または選考を行うことができる（地公法18）。

昇任試験または選考の実施機関についても、上記の条項が準用される（地公法21の4④⑤）。

ウ　受験資格

採用試験は、人事委員会等の定める受験資格を有するすべての国民に対して平等の条件で公開されなければならない（地公法18の2）。また、昇任試験は、人事委員会等の指定する職に正式に任用されたすべての職員に対して平等の条件で公開されなければならない（同条21の4④）。

なお、試験機関に属する者などが、受験を阻害したり、受験に不当な影響を与える目的をもって特別・秘密の情報を提供したりすると、3年以下の懲役または100万円以下の罰金に処せられる（地公法18の3・21の4④・61Ⅲ）。

エ　競争試験と選考の意義

【競争試験】

競争試験（採用試験、昇任試験）は、特定の職に就けるべき者を不特定多数の者のうちから競争によって選抜する方法であり、受験者相互は競争関係に置かれ、その結果について順位が付けられる。

競争試験は、受験者が、標準職務遂行能力および適性を有するかどうかを正確に判定することを目的としており、筆記試験その他の人事委員会等が定める方法により行うこととされている（地公法20・21の4④）。

【選考】

選考は、競争試験以外の能力の実証に基づく試験である。特定の者が一定の能力と適性を有する者であるかどうかを判定する。選考を受ける者の間に競争関係はなく、結果についても順位は付けられない。選考についても、その目的は競争試験と同様である（地公法21の2①・21の4⑤）。

オ　候補者名簿による任用

人事委員会を置く地方公共団体において競争試験を実施したときは、人事委員会は、試験ごとに任用候補者名簿（採用候補者名簿または昇任候補者名簿）

を作成し、合格点以上を得た者の氏名および得点を記載する（地公法21①②・21の4④）。任用候補者名簿による職員の任用は、任命権者が、人事委員会の提示する当該名簿に記載された者の中から行う（地公法21③・21の4④）。

なお、任用候補者名簿に記載された者の数が任用すべき者の数よりも少ない場合その他の人事委員会規則で定める場合には、人事委員会は、他の最も適当な任用候補者名簿に記載された者を加えて任命権者に提示することもできる（地公法21④・21の4④）。

（2）条件付採用

地公法22条は「職員の採用は、全て条件付のものとし、当該職員がその職において6月の期間を勤務し、その間その職務を良好な成績で遂行したときに、正式のものとなる」と定めている。臨時的任用は採用に含まれないので、条件付採用の規定は適用されない。

ア 条件付採用制度の意義

条件付採用の制度は、実務を通じて能力実証を行うことにより、採用試験または選考を補完し、真の適格者を採用するための制度である。能力の実証を実地に行うという意味で、民間企業で行われている「試用期間」の制度と同じ趣旨である。

イ 条件付採用の期間

条件付採用期間は採用後6か月間であるが、人事委員会規則（人事委員会を置かない地方公共団体においては、地方公共団体の規則）の定めるところにより、人事委員会等は、その期間を1年を超えない範囲内で延長することができる（地公法22）。

条件付採用期間中の職員が、条件付採用期間を良好な成績で職務を遂行したときは、当該職員は、改めて特別の手続を要することなく、期間満了の翌日において当然に正式採用となり（高松高裁昭37.11.27判決）、任命権者がその終了前に免職措置を執らない限り、正式採用については別段の通知または発令行為を要しない（高知地裁昭36.2.24判決）。

会計年度任用職員の条件付採用期間は、1か月である（地公法22の2⑦）。また、会計年度任用職員の再度の任用は、任期の延長とは異なり、あくまで新たな職に改めて任用されたものとされ、改めて条件付採用の対象となる。

ウ 身分取扱いの特例

条件付採用期間中の職員には、次のような身分取扱い上の特例が定められている（地公法29の2）。

① 分限処分の事由に関する規定の適用を受けない。したがって、法律に定める事由によらず、意に反して降任、免職などを受けることがある。ただ

し、分限および懲戒が公正でなければならない旨の規定（地公法27①）、平等取扱いの原則（地公法13）及び成績主義（地公法15）の規定が適用されるので、恣意的な分限処分が許されるわけではない。

② 不利益処分に関する説明書の交付及び行政不服審査法の規定の適用を受けない。したがって、不利益処分を受けた場合、その説明書の交付を受けることができず、審査請求をすることができない。

しかしこれらを除いては、その身分取扱いは原則として、一般の正式任用の職員と同様である（例：勤務条件に関する措置要求権等を有する）。

条件付採用期間中の職員の分限については、条例で必要な事項を定めることができる（地公法29の2②）。

一般職の地方公務員であるから、地公法に定める服務規程に従うことは当然であり、懲戒に関する規定の適用を受ける。

（3）臨時的任用

ア 臨時的任用の意義

地方公共団体が職員を採用する場合は、恒久的な職に任用するのが建前である。しかし、地方公共団体は、例外的に一定の事由がある場合に限り、職員を臨時的に採用することが認められている。

イ 臨時的任用の要件

任命権者は、人事委員会規則（人事委員会を置かない地方公共団体においては地方公共団体の規則）で定めるところにより、常時勤務を要する職に欠員を生じた場合において、次のときに臨時的任用を行うことができる（地公法22の3①④）。

なお、人事委員会を置く地方公共団体においては、任命権者がこれらの場合に臨時的任用をしようとするときには、人事委員会規則で定めるところにより、人事委員会の承認を得ることが必要である（地公法22の3①）。

① 緊急の場合
   災害発生時その他、緊急に職員の任用を必要とする場合
② 臨時の職に関する場合
   臨時的な業務の繁忙などの事由に基づき職員の採用を行う場合
③ 採用候補者名簿または昇任候補者名簿がない場合（人事委員会を置く地方公共団体に限る）
   採用候補者名簿は作成されたが、志望者がすべて採用された場合などもこれに含まれる。

ウ 臨時的任用の期間

臨時的任用を行うことができる期間は原則として6か月以内としているが、

必要な場合には、さらに6か月以内の期間に限り、1回だけ更新することができる（人事委員会を置く地方公共団体ではその承認が必要）（地公法22の3①④）。

臨時的任用は、いかなる場合であっても1年を超えることは認められない。これは、臨時的任用職員には身分保障がないため、長期にわたってこれらの職員を不安定な状態に置くことが適当でないためである。

エ　身分取扱いの特例

臨時的任用職員の身分取扱いは、条件付採用期間中の職員と同様である（地公法29の2）。また、正式任用に際して、いかなる優先権も認められない（地公法22の3⑤）。

(4) 会計年度任用職員

ア　会計年度任用職員の意義

会計年度任用職員の制度は、平成29年（2017）5月に改正された地方公務員法および地方自治法によるものであり、令和2年（2020）4月に施行された。

会計年度任用職員とは、一会計年度を超えない範囲内で置かれる非常勤の職（短時間勤務の職を除く）を占める職員であって、1週間当たりの通常の勤務時間が常時勤務を要する職を占める職員のそれに比して、①短時間であるもの（パートタイム）、および②同一時間であるもの（フルタイム）がある（地公法22の2①）。

イ　採用方法

会計年度任用職員の採用は、常勤職員と異なり、競争試験または選考による（地公法22の2①）とし、面接や書類選考等による能力実証によることも可能である。採用の際には、1か月の条件付とされる（同条⑦）。

ウ　任　期

会計年度任用職員の任期は、その採用の日から同日の属する会計年度の末日までの期間の範囲内で任命権者が定める（地公法22の2②）。任命権者は、会計年度任用職員の採用または任期の更新に当たっては、職務の遂行に必要かつ十分な任期を定めるものとし、必要以上に短い任期を定めることのないよう配慮しなければならない（同条⑥）。

エ　服務等

会計年度任用職員については、職務専念義務等の服務規程が適用になるが、営利企業への従事等の制限については、パートタイムのものは対象外とされた（フルタイムのものは適用対象）（地公法38①）。

また、定年制、退職管理に関する規定は適用されないが、分限・懲戒、不利益処分に関する審査請求、職員団体等に関する規定は適用される。

普通地方公共団体は、フルタイムの会計年度任用職員に対しては、給与・旅費を支給するほか、条例により一定の手当（期末手当、退職手当を含む）を支給することができる（自治法204）。また、パートタイムの会計年度任用職員に対しては、報酬・費用弁償を支給するほか、条例により期末手当を支給することができる（自治法203の2）。

5 離 職

離職とは、職員がその身分を失うことをいう。地公法は、失職、分限免職、懲戒免職および定年による退職について規定している。辞職については、特段の規定はない。

(1) 失 職

失職とは、職員が一定事由に該当した場合に、任命権者の何らの行政処分によることなく、当然に離職する場合である。失職には、次のような場合がある。これらの場合、離職するのに何らの処分を必要としないが、本人に通知するという趣旨で、辞令等を交付することが適当である。

ア 欠格条項該当

職員が欠格条項（地公法16）に該当したときは、その身分を失う（地公法28④）。この場合、行政処分は要せず、理論的には辞令の交付も必要としない。しかし、一般には失職を確認し、本人に了知させるために辞令交付を行っている。

イ 任用期間の満了

地公法22条の3第1項または同条4項の規定により任用された臨時的任用職員の任用期間が満了した場合である。

ウ 定 年（「6 定年制」（339頁）参照）

職員が定年に達したとき、および、定年による退職の特例の適用を受けて期限まで引き続き勤務したときは、条例で定める日に退職する。

地公法では、「定年による退職」と整理されているが、定年退職も、定年により退職すべき日が到来したときは当然に離職することであるので、その法律的性質は失職と解されている。

(2) 退 職

退職は行政処分により離職する場合をいうものであり、行政処分によらない失職とは異なる。退職は、職員の意思によるか否かによって、免職と辞職に分けられる。

ア 免 職

免職とは、職員の意に反して退職させることである。職員は身分が保障され

ている（地公法27条②③）ので、免職は法律で定める事由、すなわち分限免職（地公法28①）と懲戒免職（地公法29①）の場合に限られる。

いずれの場合も、処分説明書を付した文書の交付が必要である（地公法49①）。

イ 辞 職

辞職とは、職員がその意思に基づき退職することをいう。すなわち、職員が退職願の提出に基づき、任命権者の同意（退職発令）によって行われる。

辞職には、依願退職をはじめ勧奨退職、死亡による退職も含む。

辞職については法律上の規定はないが、職員の任用が行政行為とされるため、職を離れる辞職についても任命権者の行政行為が必要と考えられている。退職願（辞職願）は本人の同意を確かめるための手続であり、本人の同意を要件とする退職発令（辞職承認処分）が行われて初めて離職することになる（高松高裁昭35.3.31判決）。

また、退職願の撤回の可否については、辞令交付前は信義則に反しない限り自由とされている（最高裁昭34.6.26判決、同昭37.7.13判決）。

なお、職員が在職中に死亡したときは、行政処分によらない自然退職となる。

6 定年制

定年制は、職員が一定の年齢に達した場合に、一定の日に自動的に退職することとする制度である。地公法は、「職員は、定年に達したときは、定年に達した日以後における最初の3月31日までの間において、条例で定める日（次条第1項及び第2項ただし書において「定年退職日」という。）に退職する」と定めている（地公法28の6①）。

定年は、国の職員について定められている定年（2023年度から2031年度まで2年ごとに1歳ずつ、60歳から段階的に65歳に引き上げ）を基準として、条例で定める（地公法28の6②）。ただし、①職員の職務と責任に特殊性があること、又は、②欠員の補充が困難であることにより国の職員の定年を基準として定めることが実情に即さないと認められるときは、条例で別の定めをすることができる（地公法28の6③）。この場合においては、国及び他の地方公共団体の職員との間に権衡を失しないように適当な考慮が払われなければならない。

なお、臨時的任用職員その他の法律により任期を定めて任用される職員及び非常勤職員には、定年制は適用されない（地公法28の6④）。

任命権者は、定年に達した職員が退職すべきとなる場合において、職員の職務遂行上の特別の事情などによりその退職により公務の運営に著しい支障が生ずると認められる条例で定める事由があるときは、条例で定めるところにより、1年を超えない範囲内で定年を延長することができる。この期限は、条例で定めるところにより、1年を超えない範囲内で延長することができる（ただし、そ

の職員の定年退職日の翌日から起算して3年を超えることができない)(地公法28の7①②)。

7 管理監督職勤務上限年齢制(役職定年制)

　任命権者は、「管理監督職」の職員で「管理監督職勤務上限年齢」(国家公務員との権衡を考慮した上で、条例で定める(60歳を基本とする))に達している職員について、「管理監督職勤務上限年齢」に達した日の翌日から最初の4月1日までの期間(異動期間)に他の職(管理監督職以外の職又は管理監督職勤務上限年齢が当該職員の年齢を超える管理監督職)への「降任」又は「降給を伴う転任」を行うものとする(地公法28の2①)。この規定は、臨時的任用職員その他の法律により任期を定めて任用される職員には適用されない(地公法28の6④)。

　ここで、「管理監督職」の範囲は、管理職手当の支給対象となっている職及びこれに準ずる職であって条例で定める職である。

　以上の規定にかかわらず、公務の運営に著しい支障が生じる場合、1年以内の期間(同様の事由がある場合、3年に至るまで更新可能)、引き続いて管理監督職職として勤務させることができる(地公法28の5①②)。

8 定年前再任用短時間勤務制

　任命権者は、当該任命権者の属する地方公共団体の「条例年齢以上退職者」(条例で定める年齢に達した日以後に退職をした者)を、条例で定めるところにより、従前の勤務実績等に基づく選考により、短時間勤務の職(当該職を占める職員の一週間当たりの通常の勤務時間が、常時勤務を要する職でその職務が当該短時間勤務の職と同種の職を占める職員の一週間当たりの通常の勤務時間に比し短い時間である職をいう)に採用することができる(地公法22の4①)。この規定により採用された職員(「定年前再任用短時間勤務職員」という)の任期は、採用の日から定年退職日相当日までとされる(地公法22の4③)。任命権者は、定年前再任用短時間勤務職員を、常時勤務を要する職に昇任し、降任し、又は転任することができない(地公法22の4⑤)。

　地方公共団体とその地方公共団体が組織する組合との間においても同様に、条例年齢以上退職者を短時間勤務の職に採用することができる(地公法22の5)。

9 任期付採用

　地方公共団体において、一定期間に限って人材等を確保する必要性が高まり、任期付職員の採用を定める制度が逐次導入されている。任期付採用には、広い意味では、臨時的任用(地公法22の3)や定年前再任用短時間勤務職員(地公

法22条の4～22条の5）があるが、これらのほか次のような制度がある。

（1）任期付職員の採用（任期付職員採用法3・4・5）

任期付職員は一般職である。任期付職員採用法においては、次のような採用を規定している。いずれも、採用は条例の定めるところによる。

ア　高度の専門的な知識経験または優れた識見を有する者

任命権者は、高度の専門的な知識経験または優れた識見を有する者を一定の期間活用することが特に必要な場合、任期付職員を選考により5年を限度として採用することができる（任期付職員採用法3①・6①）。

イ　専門的な知識経験を有する者

任命権者は、専門的な知識経験を有する者を期限を限って従事させることが公務の能率的運営を確保するために必要な場合で、一定の要件（当該専門的な知識経験を有する職員の育成に相当の期間を要するため職員を部内で確保することが一定の期間困難である場合など）に該当するときは、任期付職員を選考により5年を限度として採用することができる（任期付職員採用法3②・6①）。

ウ　一定期間内に終了する見込みの業務等

任命権者は、職員を次のいずれかの業務に期間を限って従事させることが公務の能率的運営を確保するために必要である場合には、3年（一定の場合は5年）を限度として、任期付職員または任期付短時間勤務職員を採用することができる（任期付職員採用法4・5・6②）。

① 一定期間内に終了する見込みの業務
② 一定期間内に業務量が増加する見込みの業務

エ　住民サービスの提供時間延長等

任命権者は、住民に直接提供されるサービスについてその提供時間の延長または繁忙時の体制の充実が必要である場合等は、3年（一定の場合は5年）を限度として、任期付短時間勤務職員を採用することができる（任期付職員採用法5②・6②）。

オ　修学部分休業等に伴う任期付採用

職員が承認を受けて、修学部分休業、高齢者部分休業、介護休暇、育児部分休業をする場合、当該勤務しない時間について、当該職員の業務に従事させるため、3年（一定の場合は5年）を限度として、任期付短時間勤務職員を採用することができる（任期付職員採用法5③・6②）。

（2）配偶者同行休業に伴う任期付採用（地公法26の6⑦～⑨）

任命権者は、配偶者同行休業またはその延長の申請があった場合、申請された期間について、職員の配置換え等によりその職員の業務を処理することが困

難と認めるときは、条例で定めるところにより、申請期間を任用の限度として任期付職員を採用することができる。

（3）育児休業に伴う任期付採用（地公育休法6・18）

　任命権者は、育児休業またはその期間の延長の請求があった場合、請求された期間について配置換え等によりその職員の業務を処理することが困難と認めるときは、請求期間を任期の限度として、任期付職員を採用することができる。

　また、任命権者は、育児短時間勤務またはその期間の延長の請求があった場合、請求された期間について請求をした職員の業務を処理するため必要と認めるときは、請求期間を任期の限度として、任期付短時間勤務職員を採用することができる。

（4）任期付研究員の採用（任期付研究員採用法3）

　地方公共団体に置かれる試験所、研究所等においては、次のように任期付研究員を採用することができる。

①　その研究分野において特に優れた研究者を招へいして高度の専門的知識経験を必要とする研究業務に従事させる場合
②　研究者として高い資質を有する者を有為な研究者となるために必要な能力のかん養に資する研究業務に従事させる場合

　任期の限度は、①の場合は5年（一定の場合は7年または10年）、②の場合は3年（一定の場合は5年）である（任期付研究員採用法4①③）。

10　人事評価

　平成26年（2014）5月、地方公務員法および地方独立行政法人法の一部を改正する法律が制定され、地方公務員について人事評価制度が導入され、能力・実績に基づく人事管理の徹底が図られることとなった（平成28年（2016）4月施行）。

　なお、これに伴い、それまでの「勤務成績の評定」に関する規定は削除され、「職階制」は廃止となった。

（1）人事評価制度の意義と根本基準

ア　人事評価制度の意義

　人事評価とは、任用、給与、分限その他の人事管理の基礎とするために、職員がその職務を遂行するに当たり発揮した能力および挙げた業績を把握した上で行われる勤務成績の評価をいう（地公法6①）。

　こうしたことを反映し、任用については、その根本原則として、人事評価そ

の他の能力の実証に基づいて行わなければならない（地公法15）とし、分限の
うち降任および免職については、人事評価または勤務の状況を示す事実に照ら
して勤務実績がよくない場合が事由の１つとして定められている（地公法28①
Ⅰ）。

　人事評価は、地公法６条１項にあるように、①能力評価（職務を遂行するに
当たり発揮した能力を把握した上で行われる勤務成績の評価）と、②業績評価
（職務を遂行するに当たり挙げた業績を把握した上で行われる勤務成績の評価）
がある。いずれも、一定の期間（評価期間）における事実について評価するも
のであり、潜在的な能力や将来の業績の可能性は評価の対象とならない。

イ　人事評価の根本基準

地公法は、人事評価の根本基準として、次の２つを定めている。
① 　職員の人事評価は、公正に行われなければならない（地公法23①）
② 　任命権者は、人事評価を任用、給与、分限その他の人事管理の基礎とし
　　て活用する（同条②）

（2）人事評価制度の実際

　地公法は、「職員の執務については、その任命権者は、定期的に人事評価を行
わなければならない」（地公法23の２①）としている。

ア　人事評価の実施

人事評価を行うのは任命権者である。実際には、補助職員のうちから評価者
を指定して評価を行わせ、その結果について任命権者が確認等を行うことが多
い。

イ　人事評価の対象

人事評価は、「職員の執務」について行う。この職員には、臨時的任用職員そ
の他任期を定めて任用される職員や非常勤職員も含まれる。

ウ　人事評価の時期

人事評価は、定期的に行う。具体的には、国の取扱い（能力評価は１年間、業
績評価は６か月間）を参考に、勤務手当の基礎として用いるために年２回、任
用や昇給の基礎として用いるために年１回行うことが考えられる。

（3）人事評価の基準・方法等

　人事評価の基準および方法に関する事項その他人事評価に関し必要な事項は、
任命権者が定める（地公法23の２②）。具体的には、評価者・調整者、評価者訓
練、自己申告、評価者と職員の面談、評価項目、評価期間などが考えられる。
　任命権者が地方公共団体の長および議会の議長以外の者であるときは、前項
に規定する事項について、あらかじめ、地方公共団体の長に協議しなければな

らない（同条③）。これは、同一地方公共団体内において任命権者を異にする異動が一般的であるため、人事評価の基準等について、任命権者間で一体性を確保するためである。

(4) 人事評価に基づく措置

任命権者は、人事評価の結果に応じた措置を講じなければならない（地公法23の3）。具体的には、昇任・昇格、昇給や勤勉手当の査定、分限処分、研修・人材育成などが考えられる。

(5) 人事評価に関する勧告

人事委員会は、人事評価の実施に関し、任命権者に勧告することができる（地公法23の4）。また、人事委員会は、人事評価について研究し、その成果を地方公共団体の議会もしくは長または任命権者に提出することができる（地公法8①Ⅱ）。

第5節　職員の義務——服務と公務員倫理

服務とは、職務に服するないしは職員としての地位に基づいて職員が守るべき義務ないし規律であり、地公法においては30条から38条にわたり各種の義務および規律を規定している。

1　服務の根本基準

憲法15条2項は、「すべて公務員は、全体の奉仕者であつて、一部の奉仕者ではない」と規定しており、これを受けて地公法30条は地方公務員の服務の根本基準として、「すべて職員は、全体の奉仕者として公共の利益のために勤務し、且つ、職務の遂行に当つては、全力を挙げてこれに専念しなければならない」と定めている。

公務員が一部の者の利益を図るようなことがあれば、公共の利益の実現が達成されないばかりか、行政の公正が損なわれ、その存立目的を失うことにもなりかねない。このため、公務員は全体の奉仕者であって一部の奉仕者ではないことを服務の根本基準としているものである。

全体の奉仕者としての身分に基づき、職員には一定の義務が課せられるが、それらの義務は、通常、職務上の義務と身分上の義務に分けることができる。

(1) 職務上の義務

　もっぱら職務の遂行に関して守るべき義務であり、法令等および上司の職務命令に従う義務（地公法32）、職務に専念する義務（地公法35）などがある。

(2) 身分上の義務

　職員としての身分を有する限り、勤務中はもとより、時間外、休職または停職中、あるいは休暇中や在籍専従期間中においても適用される義務であり、信用失墜行為の禁止（地公法33）、秘密を守る義務（地公法34）、政治的行為の制限（地公法36）などがある。

2　職務上の義務

(1) 服務の宣誓

　地公法31条には、「職員は、条例の定めるところにより、服務の宣誓をしなければならない」と定められている。

　新たに職員として採用され、辞令を交付される際に行われるのが通例である。服務の宣誓は、これを行うことによって初めて服務に関する義務が発生するというものではなく、職員が全体の奉仕者であることを自ら確認し、宣誓する行為ということができる。

(2) 法令等および上司の職務命令に従う義務

　地公法32条には、「職員は、その職務を遂行するに当つて、法令、条例、地方公共団体の規則及び地方公共団体の機関の定める規程に従い、且つ、上司の職務上の命令に忠実に従わなければならない」と定められている。

　公務員が、職務を遂行するに当たって法令・条例等に従うべきことは、法治国家においては当然である。また、職務命令は、法令を遂行するために発せられるものであるので、職員が上司の職務命令に従わなければならないことも当然である。

ア　従う義務のある法令等

　法令等に従う義務は、職務を遂行するに当たって負うべき義務であるので、法令等は、職務を遂行するに当たって順守すべき法令等である。したがって、職務と関係のない、一般市民として順守すべき法令等に違反しても、この義務の違反とはならない。

　地公法32条がいう「法令」には、法律および政令のほか、これらを施行するまたはこれらの委任による命令を含むが、通達や指針はこれに含まれない。ま

た、「地方公共団体の機関の定める規程」は、地方公共団体の執行機関その他の機関が定める規則をいうほか、訓令も含むと解されている。

イ　職務命令の要件

職務命令が有効に成立するためには、次の要件の充足が必要である。

① 　権限ある上司からの命令であること

　　職務命令を発することができる「上司」とは、その職員を指揮監督できる権限を有する者であり、単に任用上の地位が上位にある者が上司であるとは限らない。

② 　職員の職務に関する命令であること

　　職務上の命令は、その命令を受ける職員の職務に関するものであり、当該上司の職務権限内の事項でなければならない。ただし、職員の通常の固定的な業務のほかに、特命の事務や宿日直を命ずることなどは可能である。

③ 　法律上または事実上可能であること

　　法律上または事実上の不能を命じた場合、その職務命令は無効である。法律上の不能とは、例えば犯罪行為を命ずる場合などである。事実上の不能には、物理的不能（例えば、存在しない土地に対する収用命令）と社会通念上の不能（例えば、知識経験が皆無の職員に対して工事の設計を命ずること）とがある。

ウ　身分上の命令とその限界

職務命令には、「職務上の命令」と「身分上の命令」がある。

① 　「職務上の命令」とは、職務の執行に直接関係する命令であり、例えば、出張命令などがある。

② 　「身分上の命令」とは、職員たる身分に対してなされる命令であり、例えば、職員に名札を付けさせる命令などである。

このうち、身分上の命令は、公務としての地位・職務との関係において合理的な範囲内であることが必要である。

エ　違法な職務命令の効果

上司の職務命令が当然無効であるとき、すなわち職務命令に重大かつ明白な瑕疵がある場合には、部下はこれに従う義務がないことはいうまでもない。

これに対して、職務命令に取り消しうべき瑕疵があるとき、あるいは有効な命令かどうか疑わしい場合には、職務命令は一応有効性の推定を受けるので、職員はその取消しが権限ある機関によって行われるまでは、その命令に従わなければならない。

なお、法律上明文の規定はないが、職務命令の適法性に疑義がある職員は、当然に、上司にその旨の意見を具申することができる。

(3) 職務に専念する義務

ア 職務専念義務の意義

　地公法35条は、「職員は、法律又は条例に特別の定がある場合を除く外、その勤務時間及び職務上の注意力のすべてをその職責遂行のために用い、当該地方公共団体がなすべき責を有する職務にのみ従事しなければならない」と定めている。

　民間企業における労働契約・就業規則等による勤務時間中の職務に専念する義務は、労働の提供とこれに対する報酬の提供という双務契約に基づくものである。これに対して公務員の場合、職務専念義務は住民全体の奉仕者としての地位に基づく公法上の一方的な責務であり、強い倫理的要請によるものである。

　職員の職務専念義務は、もっぱら勤務時間中に限り適用される義務である（昭26.12.12行政実例）が、ここで勤務時間とは、条例で定められた正規の勤務時間ばかりでなく、時間外勤務または休日勤務を命ぜられた時間も含まれる。なお、休憩時間には、職務専念義務は発生しない。

イ 職務専念義務の免除

　職務専念義務が職員の基本的な義務である以上、その免除が認められるのは、合理的な理由がある場合に限られなければならない。義務の免除について、法律または条例に特別の定めがある場合の主なものは、次のとおりである。

【法律に定めのある場合】

①　職員が分限処分により休職にされた場合（地公法27②・28②）や懲戒処分により停職にさせられた場合（地公法29①）

②　職員が登録を受けた職員団体の役員としてもっぱらその事務に従事する許可を得た場合（地公法55の2）、また、職員の代表者として勤務時間中適法な交渉に参加する場合（地公法55⑧）

③　休業（自己啓発等休業、配偶者同行休業、育児休業、大学院修学休業）をする場合（地公法26の4）

④　修学部分休業（地公法26の2）、高齢者部分休業（地公法26の3）をする場合

⑤　育児短時間勤務または部分休業をする場合（地公育休法2・19）

⑥　介護休業をする場合（育児・介護休業法61）

⑦　他の地方公共団体、外国の地方公共団体の機関等または公益法人等に派遣される場合

【条例に基づく場合】

①　地公法24条5項に基づく「職員の勤務時間、休日、休暇等に関する条例」に定められた休日、休暇等を取得する場合

② 地公法35条に基づく「職務専念義務の免除に関する条例」の規定に定める場合（研修への参加、厚生に関する計画の実施への参加等）

ウ 職務専念義務の免除と給与

職務専念義務が免除された勤務時間に対して給与を支給するか否かは、原則としてそれぞれの地方公共団体の給与条例に定めるところによる。なお、在籍専従職員に対してはいかなる場合にも給与を支給することはできず（地公法55の2⑤）、勤務時間中に職務専念義務の免除を受けて職員団体活動に従事した職員に対しては、条例で定める場合を除き給与は支給されない（同条⑥）。

3　身分上の義務

(1) 信用失墜行為の禁止

地公法33条は、「職員は、その職の信用を傷つけ、又は職員の職全体の不名誉となるような行為をしてはならない」と定めている。

職員が直接職務を遂行するに当たっての行為はもちろん、職務外の行為であっても、その結果として当該職務の職に対する住民の信頼が損なわれ、あるいは住民の公務全体に対する信用が失われる場合は、その後の公務遂行について著しい障害が生ずる恐れがあることから、これに該当することになる。

職務に関連する行為としては、例えば、次のような場合がある。

【職務に関連する行為】

① 職権濫用罪、収賄罪等に当たる行為など、職務に関する犯罪行為を行った場合は、当然、信用失墜行為に該当する。

② 政治的行為の禁止、争議行為の禁止等に違反する行為等、服務規定に違反する職務上の行為を行った場合は、職務に関する犯罪行為ではないが、おおむね信用失墜行為に該当する。

③ 例えば、来庁者に対し粗暴な態度をとる行為などは、服務規定に違反する行為ではない場合でも、信用失墜行為に該当することがありうる。

職務に関連する行為ではない行為としては、例えば、次のような場合がある。

【職務に関連する行為ではない行為】

① 酒気帯び運転などの道路交通法違反や暴行、傷害などの刑事犯罪を犯した場合など、刑罰を科せられる場合は当然該当する。

② 刑罰は科せられなくとも、他の服務義務に違反したときは、信用失墜行為となる場合が多い。

③ 私生活において金銭面や交際面で著しく社会道徳に反する行為があった場合などは、信用失墜行為に該当することがありうる。

どのような行為が信用失墜行為に該当するかは、一般的な基準は立てにくく、

社会通念に基づき、個々のケースに応じて判断される。

(2) 秘密を守る義務

ア 秘密を守る義務の意義

地方公共団体の事務は、住民の信託を受けて、その監視の下にガラス張りの中で行われることが求められる。しかしながら、職員は地方公共団体の事務を遂行するに当たって、その性質上、外部に公にすることが好ましくない事実に関与する場合があり、それを公表することによってかえって公益を害する結果を生ずることがある。

そこで、地公法は、「職員は、職務上知り得た秘密を漏らしてはならない。その職を退いた後も、また、同様とする」と定める（地公法34①）とともに、職員が秘密を漏らしたときは懲戒処分の対象となり（地公法29①Ⅰ）、さらに職員または離職した者が秘密を漏らしたときは、1年以下の懲役または50万円以下の罰金に処せられるとしている（地公法60Ⅱ）。また、秘密を漏らすことを企て、命じ、故意にこれを容認し、そそのかし、又はそのほう助をした者は、秘密の漏えい者と同じ刑に処せられる（地公法62）。

イ 秘密事項の発表

職務上の所管事項に属する秘密、すなわち「職務上の秘密」については、他の法益に基づく要請によりそれを公表しなければならない場合があるが、この場合においては任命権者の許可が必要とされている。地公法34条2項は、「法令による証人、鑑定人等となり、職務上の秘密に属する事項を発表する場合においては、任命権者（退職者については、その退職した職又はこれに相当する職に係る任命権者）の許可を受けなければならない」と定めている。

この任命権者の許可は、「法律に特別の定がある場合を除く外、拒むことができない」（地公法34③）。

職員が「法令による証人、鑑定人等」となる場合の例としては、次のようなものがある。

① 普通地方公共団体の議会が、その事務に関する調査を行い、選挙人その他の関係人の証言等を求める場合（地自法100①）
② 人事委員会または公平委員会が、法律または条例に基づくその権限の行使に関し必要があるとして、証人を喚問する場合（地公法8⑥）
③ 民事事件に関して、裁判所が証人を尋問する場合（民訴法190）
④ 刑事事件に関して、裁判所が証人を尋問する場合（刑訴法143）

これらについて、任命権者が職務上の秘密に属する事項の発表の許可を拒むことができる「法律の定」は、それぞれ、次のとおりである。

① 官公署が証人が証言することの承認を拒む理由を疎明し、または、議会

の要求に応じて公の利益を害する旨の声明を行った場合（自治法100④⑤）
②に関しては、特別な定めがない。
③　公共の利益を害し、または、公務の遂行に著しい支障を生ずるおそれが
ある場合（民訴法191②）
④　国の重大な利益を害する場合（刑訴法144）

ウ　「秘密」、「職務上知り得た秘密」および「職務上の秘密」

①　「秘密」とは、一般に了知されていない事実であって、それを一般に了知
せしめることが一定の利益の侵害になると客観的に考えられるものとされ
ている。
　　秘密に関して、判例は、実質的にもそれを秘密として保護するに値する
と認められるもの（実質的秘密）でなければならないとしている（最高裁
昭52.12.19決定）。官公庁が秘密として指定したもの（形式的秘密）につい
ては、客観的に実質的秘密であるか否かの最終判断は、裁判所において司
法判断を受ける。
②　漏らしてはならないとされる「職務上知り得た秘密」とは、職務上の所
管に属する秘密（③の「職務上の秘密」）のほか、職務執行上知り得た個人
的秘密なども含まれる。例えば、行政上の必要から行った調査の際に知る
ことのできた調査目的以外の個人的事項などである。
③　発表に当たって許可が必要な「職務上の秘密」とは、職員の職務上の所
管に属する秘密を指す。例えば、税務職員が組織的に把握している特定個
人の滞納額などである。

（3）政治的行為の制限

ア　政治的行為制限の意義

すべて国民は、「集会、結社及び言論、出版その他一切の表現の自由は、これ
を保障」され（憲法21①）ており、また、国民は、法の下に平等であって、人
種、信条、性別、社会的身分又は門地により、政治的、経済的又は社会的関係
において、差別されない（憲法14①、地公法13）。
しかし、一方で公務員は「全体の奉仕者」（憲法15②、地公法30）として、一
党一派に偏することなく、中立の立場で公正な行政を行わなければならない。
このため、職員を政治的影響から保護し、身分を確実なものとすることが必
要であり、このような趣旨から、地公法は、職員の政治的行為に一定の制限を
課している（地公法36）。
また、憲法14条（法の下の平等）、21条（集会・結社・表現の自由）との関係
についていえば、公務員の政治的中立性を損なうおそれのある公務員の政治的
行為を禁止することは、それが必要にして最小限度にとどまるものであるかぎ

り、憲法の許容するところである（最高裁昭49.11.6判決）とされており、この場合に合理的で必要やむを得ない限度にとどまるか否かは、禁止の目的、この目的と禁止される政治的行為との関連性、政治的行為を禁止することによって得られる利益と失われる利益との均衡の３点から判断をしていくこととなる。

イ　禁止される政治的行為

地公法上、禁止される政治的行為は、政党その他の政治的団体等の結成に関与する行為等（地公法36①）と、特定の政治目的の下に行われる一定の政治的行為（同条②）に分けられる。

① 政党その他の政治的団体の結成に関与する行為等（地公法36①）

　　職員は、政党その他の政治的団体の結成に関与し、もしくはこれらの団体の役員となってはならず、またはこれらの団体の構成員となるように、もしくはならないように勧誘活動をしてはならない。これらの行為は、②の行為とは異なり区域を問わず、また政治目的の有無を問わず制限される。

② 特定の政治目的の下に行われる一定の政治的行為（同条②）

　　「特定の政治目的」に「一定の政治的行為」が伴う場合であり、そのいずれかを欠く場合は制限の対象とならない。

特定の政治目的とは、次の２つである。

① 特定の政党その他の政治的団体または特定の内閣もしくは地方公共団体の執行機関を支持し、またはこれに反対する目的

② 公の選挙または投票において特定の人または事件を支持し、またはこれに反対する目的

一定の政治的行為とは、次の５つである。

① 公の選挙または投票において投票をするように、またはしないように勧誘運動をすること

② 署名運動を企画し、または主宰する等これに積極的に関与すること

③ 寄附金その他の金品の募集に関与すること

④ 文書または図画を地方公共団体または特定地方独立行政法人の庁舎、施設等に掲示し、または掲示させ、その他地方公共団体または特定地方独立行政法人の庁舎、施設、資材または資金を利用し、または利用させること

⑤ その他条例で定める政治的行為

これらのうち、④の「庁舎等利用」以外の政治的行為については、当該職員の属する地方公共団体の区域外においては制限されない。

ウ　政治的行為へのそそのかし等の禁止

政治的行為制限の目的を達するため、「何人も…〔当該〕行為を行うよう職員に求め、職員をそそのかし、若しくはあおつてはならず、又は職員が…〔当該〕行為をなし、若しくはなさないことに対する代償若しくは報復として、任用、職

務、給与その他職員の地位に関してなんらかの利益若しくは不利益を与え、与えようと企て、若しくは約束してはなら」ず（地公法36③）、「職員は、…〔当該〕行為に応じなかつたことの故をもつて不利益な取扱を受けることはない」（同条④）。

エ　単純労務職員等への適用除外

単純労務職員、企業職員（政令で定める基準に従い地方公共団体の長が定める職にある者を除く）および特定地方独立行政法人の職員（政令で定める基準に従い特定地方独立行政法人の理事長が定める職にある者を除く）については、この政治的行為の制限に関する地公法の規定の適用が排除されている（地公法57、地公企法39②、地公企労法17②・附則⑤、地方独行法53②）。

オ　公職選挙法による政治的活動の禁止

公選法は、公務員の立候補、選挙運動、地位利用等について一定の規制を加えることにより、公務員がその影響力を利用して明るく正しい選挙の実施を阻害することがないように措置している。その主なものは次のとおりである。

①　立候補の禁止

公選法89条は、地方公共団体の公務員等は、在職中、公職の候補者となることができないと定めている。ただし、地公企労法3条4号に規定する職員で政令で指定するものなどには適用除外規定がある（同項但書）。

②　特定職員の選挙運動の禁止

職員のうち、選挙管理委員会の職員、警察官および徴税の職員については、その職務の影響力が大きいことから一切の選挙運動が禁止されている（地公法136）。

③　地位利用の禁止

職員は、一般職たると特別職たるとを問わず、その地位を利用して選挙運動をすることはできない（公選法136の2）。

カ　政治資金規正法に基づく制限

政治活動の公明と公正を確保するため、職員は、その地位を利用して、政治活動に関する寄付を求める、自己以外の者がする政治活動に関する寄付に関与する、政治資金パーティーに対価を支払って参加することを求めるなどをしてはならない（政治資金規正法22条の9①）。その違反については、罰則が定められている。

キ　日本国憲法の改正手続に関する法律に基づく制限（公選法100の2〜103）

職員は、国民投票運動（憲法改正案に賛成または反対の投票をしまたはしないよう勧誘する行為）および憲法改正に関する意見の表明をすることができる（当該勧誘行為が公務員に係る他の法令により禁止されている他の政治的行為を伴う場合は、この限りでない）。

　ただし、投票事務関係者および警察官等の特定の公務員は、国民投票運動をすることができない。また、国・地方公共団体の公務員、特定独立行政法人・特定地方独立行政法人の役職員等は、その地位にあるために特に国民投票運動を効果的に行い得る影響力または便益を利用して国民投票運動をすることができない。

（4）　争議行為等の禁止

　本章**第8節「4　争議行為等の禁止」**（377頁）を参照。

（5）営利企業への従事等の制限

ア　営利企業への従事等の制限の意義

　職員が職務専念義務を負うのは勤務時間中に限られるが、職員の勤務時間外の行為であっても、直接・間接にこの職務専念義務の遂行に支障をきたし、または職務の公正な執行を妨げる恐れがあれば、そのような行為を制限する必要がある。地公法は、このような趣旨に基づき、勤務時間の内外を問わず、職員が営利企業に従事等することを原則として制限し、営利企業に従事等するためには任命権者の許可を要するとしている（地公法38）。

　なお、会計年度任用職員については、フルタイム職員を営利企業への従事等の制限の対象とする一方、パートタイム職員は対象外とした。

イ　制限される行為

　許可が必要な従事行為としては、次の3つがある。

①　商業、工業または金融業その他営利企業（営利を目的とする私企業）を営むことを目的とする会社その他の団体の役員その他人事委員会規則（人事委員会を置かない地方公共団体においては、地方公共団体の規則）で定める地位を兼ねること

　　会社その他の団体には、会社法に基づく株式会社、合名会社、合資会社等が含まれるが、一般社団法人・一般財団法人、特定非営利活動法人、農業協同組合、消費生活協同組合など、営利を目的としない団体は、収益事業を行う場合でも、含まれない。なお、営利企業に該当しない団体の役員になることは差し支えないが、報酬を受ける場合には、下記の③に該当するので、任命権者の許可を要する。

②　自ら営利企業を営むこと

　　営利を目的とする限り、工業、商業等の業態は問わない。職員の家族が営利企業を営むことは制限されていないが、家族の名義を利用して実質的に職員が営利企業を営むことは、脱法行為として許されない。

③　報酬を得て何らかの事業、事務に従事すること

「報酬」とは、給料、手当その他名称を問わず、労働の対価として支払われる一切の給付をいうものと解されている。なお、これに対して、実費弁償としての車代や原稿料等の謝金は報酬に該当しないと解されている（昭27.10.2行政実例）。

ウ　営利企業への従事等の許可

任命権者が与える許可について、人事委員会を置く地方公共団体では、人事委員会は規則で任命権者が許可を与える基準を定めることができる（地公法38②）。

任命権者が許可を与える場合または人事委員会が許可の基準を定める場合には、職員がその営利企業に従事等しても職務の能率を低下する恐れがないこと、および地方公共団体との間で相反する利害関係がないことを確かめなければならない。

職員が勤務時間を割いて営利企業に従事等する場合には、職員は別途年次休暇をとるか、職務専念義務免除の許可を取るべきことに注意する必要がある。

4　公務員倫理

（1）公務員倫理とは

一般に職業には、その職業にふさわしい行動原理がある。この行動原理は、個人が職業を通じて社会に貢献しようとする際に必要なものであり、また期待されているものである。これは、一般に「職業倫理」と呼ばれているものである。すべての職業人に共通する行動原理としては、「勤勉であること」「ルールは守ること」「能率向上を図ること」「職業のイメージを損なわないこと」等が考えられる。

公務員倫理は、これら職業人に求められる職業倫理に加え、公務の特性からくる公務員固有の職業倫理を併せ持ったものと位置づけられる。

公務員倫理とは、「公務員が公務員として社会一般に受け入れられ、期待されている行動原理」といえる。

（2）公務員に求められる行動

住民の期待に応えうる公務員となるためには、住民に奉仕する立場を忘れず、公益の実現に努め、公正に職務を行うとともに、自己を律し、公務の信用を高めることが必要である。具体的には、次のような心構えを持つことが大切である。

ア　公益の実現に努める

全体の奉仕者としての公務員に求められているのは、公益の実現という広い

立場から判断し、事柄を処理していく姿勢である。目先の現象にのみとらわれず、冷静に、「何が真の公益か」を追求することが必要である。自己の利益を図るなどということは、もとよりあってはならない。

イ　公正に職務を行う

行政を行っていく際に、社会的地位や名声、地縁などをもとに有利な取扱いを求める者もいよう。しかし、このような場合にも毅然として要求を退け、誰にも偏らない公正な職務執行を保つことが大切である。

ウ　公私の別を自覚する

公務に対する信頼感の維持には、1人ひとりの公務員が公私のけじめをはっきりつけることが重要である。公私の別の自覚は、身辺のごく小さな事柄もおろそかにしないという厳しい心構えに支えられていることを忘れてはならない。

エ　自分の行動を客観的に見る

公務員の行動は、世間一般の常識から乖離してはならない。行政内部の感覚からすれば「常識」とされる事柄でも、より広い世界から見たときに常識といえるかどうか、自分の考え方や行動をより客観的に見ることのできる目を養うことが大切である。

オ　私的時間の行動にも気を配る

組織を離れた場面で一私人として行動する場合でも、その行動に気を配ることが必要である。勤務時間外の私的な行動であっても、公務員が社会人として問題のある行動を取れば公務の社会的なイメージを傷つけ、国民・住民の信頼を裏切ることになる。

(3) 国家公務員倫理法と同法により求められる地方公共団体の取組

公務員の全体の奉仕者という立場の自覚を促し、そのための制度を整備するため、国家公務員倫理法が定められ、平成12年（2000）4月に施行された。同法は、①職員が順守すべき職務に係る倫理原則、②国家公務員倫理規程を定めるべきこと、③贈与等、株取引等および所得等の報告ならびに報告書の保存・閲覧について規定している。

公務員倫理の確立は国家公務員であると地方公務員であるとを問わず求められるものであることから、同法は、地方公務員について、「地方公共団体…は、この法律の規定に基づく国及び行政執行法人の施策に準じて、地方公務員の職務に係る倫理の保持のために必要な施策を講ずるよう努めなければならない」としている（国家公務員倫理法43）。このため、地方公共団体においては、職員倫理条例および倫理規定等が制定されており、同条例に規定する贈与等の報告等の義務に違反した場合は、懲戒処分の対象となるものである。

（4）信頼される公務員を目指して

　公務員が住民から真に信頼を獲得していくためには、服務上の規律を順守するだけでは不十分であり、つねに向上心を持ち積極的に職務に臨むとともに、透明な行政運営、分かりやすい行政運営に心掛けることが不可欠である。

ア　迅速性・効率性

　行政を取り巻く社会経済状況の変化は激しく、また、そのスピードも増している。一方、公務に対しては迅速性・効率性を欠いているとの批判が寄せられることも多い。

　迅速・効率的な公務執行は、住民の利益そのものである。住民にとって、迅速性は時間費用の低減であり、効率的な業務執行は税金の効果的使用である。公務員は、法令で定めることだけを執行していればいいという意識ではなく、適正な公務を迅速かつ効率的に遂行する意識を持つことが必要である。

イ　透明性

　公務に対する住民の信頼を得るためには、行政が何をどう行っているかについて、住民の目からよく見えるようにすること（行政の透明性の向上）が必要である。

　行政過程を見せたくないという意識の背景には、見せると都合の悪いことがある、説明を求められたら面倒だ、情報を独占することによって「権威」を保ちたい、といった意識が働いているからであろう。

　求められたから開示するという姿勢ではなく、求められなくても、行政が何を行っているか外部から見えるようにする。こうした行政の透明性が、結果として行政の公平性、公正性などを担保することになる。

ウ　説明責任

　行政に対して説明責任を求める声が高まっている。説明責任とは、行政が、その政策や活動の妥当性についての理解・納得を得るため、住民にきちんと説明することである。

　したがって、住民への説明は、それを求められたときだけでなく、明示的に求められていない平素においても積極的に行っていくことが重要である。

　説明内容としては、最終的に選択した政策・活動の内容だけでなく、なぜそうした政策・行動が妥当であると判断したか、ほかにはどのような選択肢について検討したかを含め、全体像を説明する必要がある。これらの過程を通して、行政に対する住民の理解・納得が得られ、信頼性が高まっていくことにつながる。

第6節　職員の責任──分限および懲戒

　地方公共団体の行政は、公共の利益のために公平かつ公正に行われなければならないが、そのためにはこれに従事する職員の身分が安定したものでなければならず、その身分を強く保障する必要がある。それとともに、地方公共団体の行政は、限られた財源を有効に活用するため、能率的に行わなければならない。そこで、地公法は、職員の身分保障を前提としつつも、職員がその職責を十分に果たすことができない場合に、公務能率を維持するため、職員の意に反して分限処分が行われることがある。

　また、職員に義務違反や非行があった場合は、これに対する道義的責任を問うために、職員は、懲戒処分を受けることとしている。懲戒処分は、職員が地方公共団体に勤務することを前提に、その地方公共団体における規律と公務執行の秩序を維持することを目的とする。

　地公法27条は、「全て職員の分限及び懲戒については、公正でなければならない」としている。「分限処分」を行いうるのは地公法またはそれに基づく条例で定める事由に、「懲戒処分」を行いうるのは地公法で定める事由に限定されている。

1　分　限

　分限処分は、職員の身分保障を前提としつつ、一定の事由がある場合に、職員の意に反して不利益な身分上の変動をもたらす処分をいう。意に反する処分であるから、職員の意思に基づく退職など、職員の意思に反しない処分は分限処分ではない。また、職員の行為に対して道義的責任を追及する制裁の処分ではない点で、懲戒処分と異なる。

　分限処分は、地公法及び条例で定める事由がある場合に限り、法律で定める種類の分限処分を行うことができる（地公法27②）。

(1)　分限処分の種類

　地公法は、分限処分として次の4種類を定めている（地公法27②）。

ア　免　職

　職員の意に反してその身分を失わせる処分をいう。目的が異なり、効果が異なる点はあるが、懲戒処分としての免職も、職を失わせる処分である点は同じである。

イ　休　職

　職員としての職を保有したまま、一定期間職務に従事させない処分をいう。目

的が異なり、効果が異なる点はあるが、懲戒処分としての停職も、職務に従事させない点は同じである。

ウ 降 任

職員をその職員が現に任命されている職より下位の職制上の段階に属する職に任命することをいう（地公法15の２①Ⅲ）。これは、任用の方法の１つでもある。

エ 降 給

職員が現に決定されている給料の額より低い額の給料に決定する処分をいう。ただし、降任に伴い給料が下がることは含まない。懲戒処分の「減給」は一定期間に限り給与を低い額とするのに対し、「降給」は改めて昇給がないかぎり降給後の給料が継続する。

以上の処分のほか、地公法は、職員が一定の事由（地公法16の欠格条項（ただし、ここでは２号を除く））に該当するに至ったときは、条例に特別の定めがある場合を除くほか、その職を失うことを定めている（地公法28④）が、この失職は一定の事由に該当すれば何らの処分を受けることなく当然にその職を失うことになるものであり、職員の意に反する身分上の変動ではあるが、分限処分とは異なる。

(2) 分限処分の事由

ア 降任および免職の事由

職員をその意に反して降任し、または免職することができるのは、次の４つの場合である（地公法28①）。降任または免職のいずれの処分を行うかは、その程度や具体的な状況に応じて任命権者が定める。

① 人事評価または勤務の状況を示す事実に照らして、勤務実績がよくない場合
② 心身の故障のため、勤務の遂行に支障があり、またはこれに堪えない場合
③ ①②の場合のほか、その職に必要な適格性を欠く場合
④ 職制もしくは定数の改廃または予算の減少により廃職または過員を生じた場合

　　具体的に何人を対象とするかについての一般的合理的基準としては、地公法28条１項１号から３号までに規定する事項が考えられるが、法的には、法の原則規定に抵触しない限りにおいて任命権者の裁量を許すものである（昭27.5.7行政実例）。

　　しかし、「過員の整理」の場合、何人を免職するかについては任命権者が自由裁量権を有するが、その自由裁量権といえども行政庁の恣意に委ねら

れたものではなく、一定の限界（例えば、平等取扱いの原則、不利益取扱いの禁止）があり、この限界を超えたときは違法な行政処分として取消し訴訟の対象となりうると解される（名古屋地裁昭26.4.28判決）。

イ　休職の事由

職員をその意に反して休職することができるのは、次の3つの場合である（地公法28②・27②）。

① 心身の故障のため、長期の休養を要する場合

② 刑事事件に関し起訴された場合

この場合に休職されることがあるのは、裁判所により召喚あるいは拘留されることなどにより職務に支障を生ずること、および、公務に対する信頼を確保するためである。

③ 条例に定める事由に該当する場合

どのような休職の事由を条例で定めるかについては、国家公務員との権衡を考慮して決定しなければならないが、例えば、職務に関する研究のため長期間にわたり民間や外国の研究所に勤務する場合などが考えられる。

ウ　降給の事由

降給の事由については、条例で定めることとされている（地公法27②）。

しかし、これを規定することは技術的に困難であるとされ、大部分の地方公共団体は条例を定めていない。

（3）分限処分の手続と効果

分限処分の手続および効果は、法律に特別の定めがある場合のほかは、条例で定めなければならない（地公法28③）。

この法律の特別の定めには、職員に対し分限処分を行う場合、不利益処分に関する説明書を交付すること（地公法49①）等がある。また、条例では、①分限処分の手続として、心身の故障による降任、免職または休職の場合に医師による診断を要すること、分限処分は文書を交付して行うことなど、②分限処分の効果として、休職の期間、休職中の給与の取扱いなどが定められる。

（4）分限規定の適用関係

条件付採用期間中の職員はその適格性の有無について検討中の者であり、また、臨時的任用の職員はその職の臨時的性質および任用の特殊性から、公正の原則（地公法27①）を除き、分限に関する規定は適用されない（地公法29の2①）。ただし、これらの職員について条例で必要な事項を定めることができ（同条②）、その範囲内で身分保障が行われる。

2 懲 戒

懲戒処分は、任命権者が、職員の一定の義務違反に対する道義的責任を問うための制裁として行う不利益処分をいう。

職員は、地公法で定める事由による場合でなければ、懲戒処分を受けることがない（地公法27③）。

(1) 懲戒処分の種類

地公法は、懲戒処分として次の4種類を定めている（地公法29①）。

ア 免 職

職員からその職を失わせる処分をいう。懲戒免職処分を受けた者は、退職手当および退職年金について不利な取扱いを受けるとともに、懲戒免職を受けた日から2年間はその地方公共団体の職員となることができない（地公法16Ⅱ）。これらの点は、分限処分の免職とは異なる。

イ 停 職

一定期間、職員を職務に従事させない処分をいう。停職処分を受けた者は停職の期間中は給与を支給されず、また、その期間は退職手当の基礎となる期間に算入されない。これらの点は、分限処分の休職と異なる。

ウ 減 給

一定期間、職員の給料を減額して支給する処分をいう。給料の基本額を引き下げるものではなく、一定期間の経過後は元の給与額が支給される点で、分限処分の降給と異なる。

エ 戒 告

職員の義務違反を確認するとともに、その将来を戒める処分をいう。

なお、職員に何らかの義務違反があった場合、厳重注意、訓告、始末書の提出などが行われることがある。厳重注意、訓告は、将来を戒める事実上の行為であり、始末書の提出は本人の自戒を文書で表明する事実上の行為である。これらの措置は、職員の地位に何ら影響を及ぼさず、成績主義の範囲で昇給や退職金に影響があるだけであり、懲戒処分には当たらないと解されている。

(2) 懲戒処分の事由

地公法は、任命権者が懲戒処分を行うことができる事由として、次の3つの場合を定めており（地公法29①）、これらの各事由のいずれかに該当していなければ、職員は懲戒処分を受けることはない。

いずれかに該当するときは、懲戒権者（任命権者）は、その程度、その性質によって戒告、減給、停職または免職のいずれかの処分を行うかを決定する。

① 法令等に違反した場合

　　地公法もしくは同法57条に規定する特例法またはこれらに基づく条例、地方公共団体の規則もしくは地方公共団体の機関の定める規程に違反した場合である。

　　地公法32条には、「職員は、その職務を遂行するに当つて、法令、条例、地方公共団体の規則及び地方公共団体の機関の定める規程に従い、且つ、上司の職務上の命令に忠実に従わなければならない」と定められている。この懲戒事由は、地公法32条の規定を受けたものである。

② 職務上の義務に違反し、または職務を怠った場合

　　職員の職務上の義務は、法令または職務上の命令によって課せられるものであるので、職務上の義務違反はつねに地公法32条違反となる。また、職務を怠ることは、全力を挙げて職務に専念すべきことを定めた地公法30条（服務の根本基準）および35条（職務に専念する義務）違反となる。したがって、職務上の義務に違反することおよび職務を怠ることは、①の法令違反の事由にも該当するものである。

③ 全体の奉仕者たるにふさわしくない非行があった場合

　　全体の奉仕者たるにふさわしくない非行をしたときは、地公法33条（信用失墜行為の禁止）等の規定にふれ、同時に①の法令違反の事由にも該当することとなる。

（3）懲戒処分の手続と効果

　懲戒処分の手続および効果は、法律に特別の定めがある場合のほかは、条例で定めなければならない（地公法29④）。

　この法律の特別の定めには、職員に対し懲戒処分を行う場合、不利益処分に関する説明書を交付すること（地公法49①）等がある。また、条例では、①懲戒処分の手続として、文書を交付して行うことなど、②懲戒処分の効果として、減給の期間と減給割合の限度、停職の期間の限度、停職中の給与の取扱いなどが定められる。

（4）懲戒規定の適用関係

　懲戒処分は、職員の勤務関係の存在を前提にする以上、職員が退職した場合には、行うことができない。

　しかし、平成11年（1999）に地公法の改正が行われ、次のような制度の整備が図られた。職員が任命権者の要請に応じ、特別職地方公務員、他の地方公共団体の地方公務員、国家公務員または地方公社等で条例で定めるものの職員となるため退職し、引き続いてこれらの職員として在職した後、引き続いて職員

として採用された場合には、要請に応じた退職までの在職期間中の行為について、採用後に懲戒処分を行うことができる（地公法29②）。定年前再任用短時間勤務職員の、その採用前の在職期間中の行為についても同様である（同条③）。

条件付採用期間中の職員および臨時的任用職員については、分限処分のような特例は定められておらず、他の職員と同じである。

3　分限処分と懲戒処分との関係

以上のように、分限処分は公務の能率を確保するためのものである一方、懲戒処分は職員の道義的責任を追及するものであり、両者はその趣旨を異にするものである。

したがって、懲戒処分事由に当たり懲戒処分を行うべき場合に、これに代えて分限処分を行うことは許されず、また、その逆の場合に懲戒処分を行うことは許されない。

分限処分と懲戒処分の両方の事由に該当する職員に対する場合は、任命権者が事案に即して、いずれか一方あるいは両方の処分を行うべきである。

4　退職管理

退職管理とは、公務員の再就職等に関する規制である。国家公務員の場合は、①再就職のあっせん、②在職中の利害関係企業等への求職活動、③離職前の職場への働きかけが規制されており、地方公務員の場合は、このうち③が規制されている。

地方公務員についてこのような規制があるのは、再就職者が、現職の職員等に対して在職時の職務に関連して有する影響力を行使することにより、職務の公正な執行および公務に対する住民の信頼を損ねるおそれがあるためである。

（1）再就職者による依頼等の規制

「職員」（臨時的任用職員、条件付採用期間中の職員および非常勤職員（短時間勤務職員を除く）を除くすべての職員）であった者であって離職後に「営利企業等」（営利企業および非営利法人（国、国際機関、地方公共団体、行政執行法人および特定地方独立行政法人を除く））の地位に就いている者（再就職者）は、次の行為をすることが禁止されている。

①　離職前5年間に在職していた「地方公共団体の執行機関の組織等」（地方公共団体の執行機関の組織、議会の事務局または特定地方独立行政法人）の職員、特定地方独立行政法人の役員（以下「役職員」という）等に対し、「契約等事務」（当該地方公共団体・特定地方独立行政法人と当該営利企業等・その子法人との間で締結される契約、および、当該営利企業等・その

子法人に対する処分に関する事務）であって離職前5年間の職務に属する
ものに関し、離職後2年間、職務上の行為をするように、またはしないよ
うに働きかけ（要求又は依頼すること）をしてはならない（地公法38の2
①）。

② 再就職者のうち、離職前5年以前に長の直近下位の内部組織（自治法158
①）の長またはこれに準ずる職（人事委員会規則で定める）に就いていた
者は、契約等事務であって離職前5年以前の職務に属するものに関しても、
離職後2年間、職務上の行為をするように、またはしないように働きかけ
をしてはならない（同条④）。

③ 再就職者は、在職していた地方公共団体の執行機関の組織等の役職員な
どに対し、離職前に自らが決定した契約または処分に関し、職務上の行為
をするように、またはしないように働きかけをしてはならない（この規制
については、期限の限定はない）（同条⑤）。

また、地方公共団体は、条例により、国の部課長に相当する職（人事委員会
規則で定める）に就いていたことがある再就職者について、離職前5年間より
前のその職の職務に属する契約等事務に関し、離職後2年間、働きかけを禁止
することができる（同条⑧）。

（2）違反行為の監視

これらの違反行為を監視するため、職員は、再就職者から禁止される要求・
依頼を受けたときは、人事委員会規則または公平委員会規則で定めるところに
より、人事委員会または公平委員会にその旨を届け出なければならない（地公
法38の2⑦）。

また、任命権者は、職員または職員であった者に規制違反行為を行った疑い
があると思料するときは、その旨を人事委員会または公平委員会に報告しなけ
ればならない（地公法38の3）。

任命権者は、職員または職員であった者に規制違反行為を行った疑いがある
と思料して当該規制違反行為に関して調査を行おうとするときは、人事委員会
または公平委員会にその旨を通知しなければならない（地公法38の4①）。この
場合、人事委員会または公平委員会は、任命権者が行う調査の経過について、報
告を求め、または意見を述べることができる（同条②）。任命権者は、この調査
を終了したときは、遅滞なく、人事委員会または公平委員会に対し、結果を報
告しなければならない（同条③）。

また、人事委員会または公平委員会は、職員または職員であった者に規制違
反行為を行った疑いがあると思料するときは、任命権者に対し、当該規制違反
行為に関する調査を行うよう求めることができる（地公法38の5）。

(3) 退職管理の適正確保

地方公共団体は、①国家公務員法の退職管理に関する規定（国公法106の2・106の3・106の25など）の趣旨、および②当該地方公共団体の職員の離職後の就職の状況を勘案し、退職管理の適正を確保するために必要と認められる措置を講ずる（地公法38の6①）。

また、地方公共団体は、条例で定めるところにより、職員であった一定の者に、その再就職に関する事項を届け出させることができる（同条②）。

(4) 罰　則

規制に違反した場合は、次のような罰則が適用される。

①これらの規制に違反して、一定の働きかけをした再就職者、②再就職者からの働きかけに応じて、職務上不正な行為をし、又は相当の行為をしなかった職員、③職務上不正な行為をすることなどを見返りとする再就職のあっせん・求職活動などをした職員に対しては、刑罰および過料が科せられる（地公法60 Ⅳ～Ⅷ・63）。

また、**(3)** の条例には、これに違反した者に対し、10万円以下の過料を科する旨の規定を設けることができる（地公法65）。

第7節　職員の勤務条件

勤務条件とは、給与、勤務時間等のように、職員が地方公共団体に対して職務を提供する場合の諸条件のことをいう。憲法27条2項には、「勤務条件」として、「賃金、就業時間、休息その他の勤労条件に関する基準は、法律でこれを定める」と定められており、職員の勤務条件に関する基準は地公法、自治法等に定められているほか、原則として、労基法の規定が適用される（地公法58③）。

1　給　与

「給与」とは、職員の職務に対する対価の総称をいう。これに対して、「給料」とは、給与のうち基本給に相当する部分をいう。給与には、給料のほかに各種の手当が含まれる。

(1) 給与の種類

給与には、次のものがある。

ア　常勤職員の給与

常勤職員の給与には、「給料」および「諸手当」がある。「給料」は、職員の正規の勤務時間の勤務に対する報酬であり、「諸手当」は、正規の勤務時間以外の勤務に対する報酬および勤務時間に必ずしも対応しない報酬である。なお、「旅費」は、公務により旅行した場合の費用を弁償するものであり、給与には含まれない。

諸手当の種類は、自治法に列挙されており、扶養手当、地域手当、住居手当、通勤手当、特殊勤務手当、特地勤務手当、時間外勤務手当、休日勤務手当、管理職手当、期末手当、勤勉手当、退職手当などがある（自治法204②）。

イ　非常勤職員の給与

非常勤職員（短時間勤務職員およびフルタイムの会計年度任用職員を除く）の給与は「報酬」という。「報酬」は、条例で定める場合を除き、勤務日数に応じて支給する（自治法203の2）。また、報酬とは別に、職務を行うため要する費用の弁償がある。

(2) 給与の決定に関する原則

給与の決定に関して、地公法等には次の原則が定められている。

ア　職務給の原則

職員の給与は、その職務と責任に応ずるものでなければならない（地公法24①、地公企法38②）。つまり、職員の職務内容の複雑さ、困難さや責任の軽重に応じて給与を決定しなければならないということである。

イ　均衡の原則

職員の給与は、生計費、国および他の地方公共団体の職員の給与、民間事業の従事者の給与その他の事情を考慮して定められなければならない（地公法24②、地公企法38③）。これは、地公法14条の勤務条件に関する情勢適応の原則を給与の決定に関する原則の1つとして、より具体的に定めたものである。

ウ　条例主義

職員の給与は、条例で定める（地公法24⑤）。職員の給与は、この給与に関する条例に基づいて支給されなければならず、また、この条例に基づかずには、いかなる金銭または有価物も支給してはならない（地公法25①、自治法204の2）。

職員の給与は条例に基づき支給されるものであり、普通昇給として、全職員に対し、一律に昇給期間の短縮を行い、現に受けている号給を受けるに至った時から12月を経過する前に1号またはそれ以上上位の号給に昇給させ（いわゆる一斉昇短）、または一定の号給に達した者に対し、一律に次期昇給期間を短縮して昇給させる措置（いわゆる運用昇短）を執ることは、給与条例に反し、条例に基づかない給与の支給を禁止した自治法204条の2および地公法24条5項

の規定に反したものであり、違法である。また、特別昇給として、前述のような一律に昇給期間を短縮する措置を執ることは、勤務成績が特に良好であるとの要件を無視したものであり、給与条例等に反し、違法である（昭50.7.7行政実例）。

なお、企業職員および単純労務職員の給与については、条例主義は適用されず、給与の種類と基準のみを条例で定める（地公企法38④）。

（3）給与の支給に関する原則

給与の支給に関して、地公法には次の原則が定められている。

ア　給与支払いの3原則

職員の給与は、法律または条例により特に認められた場合を除き、通貨で（通貨払いの原則）、直接職員に（直接払いの原則）、その全額を（全額払いの原則）、支払わなければならない（地公法25②）。

イ　重複給与支給の禁止

職員は、他の職を兼ねる場合においても、これに対して給与を受けてはならない（地公法24③）。

（4）給与条例

職員の給与は、条例主義に基づいて、給与に関する条例に定められる。給与に関する条例には、次の事項を規定する（地公法25③）。

① 　給料表
② 　等級別基準職務表
③ 　昇給の基準に関する事項
④ 　時間外勤務手当、夜間勤務手当および休日勤務手当に関する事項
⑤ 　④のほか、地方自治法に規定する手当を支給する場合においては、当該手当に関する事項
⑥ 　非常勤職員の職その他勤務条件の特別な職があるときは、これらについて行う給与の調整に関する事項
⑦ 　①～⑥のほか、給与の支給方法および支給条件に関する事項

①の給料表には、職員の職務の複雑、困難および責任の度に基づく等級ごとに明確な給料額の幅を定めていなければならない（地公法25④）。

また、②の等級別基準職務表には、職員の職務を給料表の等級ごとに分類する際に基準となるべき職務の内容を定めていなければならない（同条⑤）。

（5）給与に関する人事委員会の役割

人事委員会は、毎年少なくとも1回、給料表が適当であるかどうかについて、

地方公共団体の議会および長に同時に報告することとされている。また、給与を決定する諸条件の変化により、給料表に定める給料額を増減することが適当であると認めるときは、併せて適当な勧告をすることができる（地公法26）。

2 勤務時間・休憩

(1) 給与以外の勤務条件の原則

給与以外の勤務条件に関して、地公法には次の原則が定められている。

ア 均衡の原則

職員の勤務時間その他給与以外の勤務条件を定めるに当たっては、国および他の地方公共団体の職員との間に権衡を失しないように、適当な考慮が払われなければならない（地公法24④）。

イ 条例主義

職員の勤務時間その他の勤務条件は、条例で定めなければならない（地公法24⑤）。この条例は、均衡の原則に基づいて、国家公務員の一般職の勤務条件を定める「一般職の職員の勤務条件、休暇等に関する法律」および同法に基づく人事院規則に準拠するものが多い。

職員の給与、勤務時間その他の勤務条件に関する事項を、全面的に規則に定めるよう、条例で委任することはできない（昭27.11.18行政実例）。

なお、企業職員および単純労務職員については、条例主義の適用はない。

(2) 勤務時間

「勤務時間」とは、民間企業の労働者の労働時間に相当するもので、職員が地方公共団体のために役務を提供するべき時間、つまり、休憩時間を除いて、実際に勤務すべき時間のことをいう。

ア 勤務時間の原則

勤務時間は、休憩時間を除き、1週間について40時間、1日について8時間を超えてはならない（労基法32）。一般に地方公共団体は、条例で日曜日および土曜日を閉庁日として定めているから、通常は月曜日から金曜日までの5日間に1日8時間の勤務時間が割り振られる。

これに対し、消防職員、交替制の勤務を要する職務等、この原則を当てはめることが困難な職務に従事する職員は、いわゆる「変形8時間制」の定めをすることができる（労基法32の2）。

イ 勤務時間に関する定めの適用除外

次の者には、労基法の労働時間、休憩および休日に関する規定は適用されない（労基法41）。

① 監督もしくは管理の地位にある者または機密の事務に従事する者
② 監視または断続的勤務に従事する者で、使用者が労働基準監督機関の許可を受けたもの
③ 農水産業等に従事する者

ウ 時間外勤務または休日勤務に関する特例

① 非現業の官公署に勤務する職員については、公務のため臨時の必要がある場合に、正規の勤務時間を超えて（時間外勤務）、または正規の勤務日以外の日に（休日勤務）勤務を命ずることができる（労基法33③）。

② それ以外の職員については、災害その他避けることのできない事由によって臨時の必要がある場合に、労働基準監督機関の許可を受ける等により、時間外勤務または休日勤務を命ずることができる（労基法33①）。それ以外の場合は、「36協定」といわれる労使協定がある場合に限り、時間外勤務または休日勤務を命ずることができる。

(3) 休 憩

「休憩」とは、職員が職務に伴う疲労の回復を図る等のため、勤務時間の途中に一切の勤務から離れることをいう。これに対し「休息」は、勤務から離れることができる時間であって、労基法の休憩時間の基準を超えるものをいう。休息時間は、休憩時間と異なり、勤務時間に含まれる。

ア 休 憩

休憩時間は、勤務時間が6時間を超える場合には少なくとも45分、8時間を超える場合には少なくとも1時間を、勤務時間の途中に設けなければならない（労基法34①）。

休憩時間は、原則として、その職場でいっせいに与えるとともに、職員の自由に利用させなければならない（労基法34②③）が、次のような特例が認められている。

① 非現業の職員、企業職員等について、いっせい付与の原則を排除すること
② 警察官、消防吏員、乳児院等に勤務し児童と起居をともにする職員等について、自由利用の原則を排除すること

イ 休 息

休息は、休憩と異なり、労基法に基づくものではないので、どれだけの休息時間を与えるかについての制限はない。また、いっせい付与の原則および自由利用の原則も適用されない。

3 休日・休暇・休業

(1) 休日、週休日

　労基法では、「休日」とは、労働者が労働の義務を負わない日をいい、使用者は、毎週少なくとも1回、または4週を通じて4日以上、休日を与えなければならない（労基法35）。

　国家公務員の一般職の場合、勤務時間が割り当てられない日を「週休日」という。これに対し、勤務時間が割り振られるが勤務が免除される日を「休日」といい、具体的には、国民の祝日に関する法律に定める休日および年末年始の休日がこれに当たる。「週休日」は、原則として日曜日および土曜日であるが、公務の運営の事情によりこれと異なる日を週休日として割り振ることや、週休日を他の日に振り替えて日曜日または土曜日に勤務させることができる。「休日」は、労基法の休日には当たらないが、その日の特に勤務することを命じる場合には、あらかじめ代休日を指定して与えることができる。

(2) 休　暇

　「休暇」とは、勤務すべき日であるが、法律または条例に基づいて、職員が請求し、任命権者がこれを承認することにより、職務専念義務が免除される日のことをいう。

ア　年次有給休暇

　年次有給休暇は、原則として、1年に20日（年度途中の採用の場合は月割の日数）とされ、20日を限度として消化しなかった年次休暇を翌年に繰り越すことができる。

　労基法では、年次有給休暇は、採用後6か月継続勤務し、その勤務すべき日の8割以上出勤した職員に対して10日を、勤続年数が1年増すごとに一定日数を加算した日（20日を限度）を与えられる（労基法39①②）が、地方公共団体の条例等で定められている内容は、国家公務員の一般職の例による場合が多い。使用者は、職員から年次有給休暇の請求があった場合は、その請求する時季に与えなければならない。ただし、請求された時季に与えることが公務の正常な運営を妨げる場合には、他の時季に与えることができ、これを「時季変更権」という（同条⑤）。

イ　病気休暇

　職員が負傷または疾病のために療養する必要があり、その勤務しないことがやむを得ないと認められる場合における休暇であり、任命権者の承認を必要とする。

ウ　特別休暇

特別の事由により職員が勤務しないことが相当である場合における休暇をいう。具体的には、公民権の行使、ボランティア活動、慶弔休暇、産前産後、育児時間、妻の出産、子の看護、夏季休暇、災害休暇等が定められている。

エ　介護休暇

職員が配偶者（事実上婚姻関係と同様の事情にある者を含む）、父母、子、配偶者の父母その他一定の者で負傷、疾病または老齢により一定期間にわたり日常生活を営むのに支障がある者の介護をするために勤務しないことが相当であると認められる場合における休暇をいう。介護休暇の期間は、介護を必要とする者がそれを必要とする1つの継続する状態ごとに、6月以内の必要な期間であり、休暇の単位は、1日または1時間である。

（3）休　業

休業は、地方公務員としての身分は保有するが、職務には従事しないとすることである。いずれも、勤務しない時間の給与は支給されない。

以下のとおり、地公法によるものと、地公育休法によるものがある。

ア　自己啓発等休業（地公法26の5）

大学等課程の履修または国際貢献活動を行うための休業で、任命権者は、職員（任期を定めて任用される職員および非常勤職員を除く）が申請した場合に、公務の運営に支障がなく、かつ、その職員の公務能力の向上に資すると認めるときは、3年を超えない範囲内において条例で定める期間中、勤務しないことを承認することができる。自己啓発等休業の期間中、給与は支給されない。

イ　配偶者同行休業（地公法26の6）

職員（任期を定めて任用される職員および非常勤職員を除く）が、外国での勤務その他の条例で定める事由により外国に住所または居所を定めて滞在するその配偶者（事実上婚姻関係と同様の事情にあるものを含む）と、当該住所または居所において生活を共にするための休業である。

任命権者は、職員が申請した場合において、公務の運営に支障がないと認めるときは、条例で定めるところにより、承認することができる。休業の期間は、3年を超えない範囲内において条例で定める期間であり、その期間内であれば、条例で定めるところにより、1回の延長を申請することができる。この間の給与は、自己啓発等休業と同様、支給されない。

ウ　大学院修学休業（教特法26〜28）

公立の小中高校の教諭等（条件付採用期間中の者、臨時的任用者、初任者研修を受けている者等は除く）は、任命権者の許可を受けて、3年を超えない範囲内で年を単位として定める期間、大学院の課程等に在学してその課程を履修

するための休業をすることができる。期間中、給与は支給されない。

エ 育児休業（地公育休法2）

3歳に満たない子を養育するための休業（非常勤職員の場合は1歳から1歳6月までの間で条例で定める日まで）で、任命権者は、職員（育児短時間勤務に伴う短時間勤務職員、臨時的任用職員その他その任用状況がこれらに類する職員として条例で定める職員を除く）の請求があったときは、その請求した期間について、その職員の業務を処理するための措置を講ずることが著しく困難である場合を除き、これを承認しなければならない。育児休業は、子の出生後8週間以内に2回まで、3歳になるまでさらに2回まで取得可能である（令和4年（2022）10月1日に施行された）。育児休業の期間中、給与は支給されない（ただし、国家公務員を基準として定める条例により、期末手当または勤勉手当の支給ができる）。

(4) 部分休業

部分休業は、地方公務員としての身分は保有し、かつ職務を行うが、勤務時間の一部を勤務しないとすることである。勤務しない時間の給与は減額される。

以下のとおり、地公法によるものと、地公育休法によるものがある。

ア 修学部分休業（地公法26の2）

大学その他の条例で定める教育施設における修学のための休業で、任命権者は、職員（任期を定めて任用される職員および非常勤職員を除く）が申請した場合に、公務の運営に支障がなく、かつ、その職員の公務に関する能力の向上に資すると認めるときは、条例で定める期間中、1週間の勤務時間の一部について勤務しないことを承認することができる。この間の給与は、条例で定めるところにより、減額して支給される。

イ 高齢者部分休業（地公法26の3）

任命権者は、高年齢として条例で定める年齢に達した職員（任期を定めて任用される職員および非常勤職員を除く）が申請した場合に、公務の運営に支障がないと認めるときは、条例で定めるところにより、申請者が示した日から定年退職日まで、1週間の勤務時間の一部について勤務しないことを承認することができる。この間の給与は、修学部分休業と同じである。

ウ 育児短時間勤務（地公育休法10）

小学校就学始期に達するまでの子を養育する職員（非常勤職員、臨時的任用職員その他これらに類する職員として条例で定める職員を除く）は、任命権者の承認を受けて、その子の養育のため、週休日以外の日に10分1の勤務時間とする等の5つの勤務形態により、希望する日・時間等で勤務することができる（地公育休法10①）。ただし、育児短時間勤務は、1月以上1年以下の期間に限

られる（同条②）。職員の給与、勤務時間および休暇は、国家公務員を基準として措置を講じる（地公育休法14）。

エ　育児部分休業（地公育休法19）

小学校就学始期（任期付短時間勤務職員以外の非常勤職員の場合は3歳）に達するまでの子を養育する職員（育児短時間勤務職員その他その任用の状況がこれに類する職員として条例で定める職員を除く）は、任命権者の承認を受けて、その子の養育のため、1日の勤務時間の一部（2時間を限度とする）について勤務しないことができる（地公育休法19①）。勤務しない時間の給与は、国家公務員を基準として、条例の定めるところにより減額される（同条②）。

第8節　職員の労働関係

1　職員の労働基本権

（1）労働基本権の制限

憲法28条は、「勤労者の団結する権利及び団体交渉その他の団体行動をする権利は、これを保障する」と規定し、労働者の団結権、団体交渉権、団体行動権（争議権）の3つの権利を労働基本権として保障している。

公務員も労働を提供することによりその対価として収入を得ている点ではここにいう勤労者であり、同条の労働基本権の保障が原則として及ぶものと考えられている。しかし、公務員は、労働基本権を定めた憲法に同じく「全体の奉仕者」（憲法15②）である旨の規定があり、公務員が全体の奉仕者として公共の利益のために勤務するという特別の地位にあること、また、身分や勤務条件等が法令によって保障されていることから、労働基本権に制限が加えられている。

判決としては、昭和48年4月25日の全農林警職法事件における最高裁判決は、「労働基本権は、右のように、勤労者の経済的地位の向上の手段として認められたものであつて、それ自体が目的とされる絶対的なものではないから、おのずから勤労者を含めた国民全体の共同利益の見地からする制約を免れない」ところであり、「公務員の地位の特殊性と職務の公共性にかんがみるときは、これを根拠として公務員の労働基本権に対し必要やむをえない限度の制限を加えることは、十分合理的な理由がある」としている。この判決は、国家公務員に関するものであるが、地方公務員についても、非現業職員に関して、昭和51年最高裁判決（岩手県教組事件）、現業職員に関して、昭和63年最高裁判決（北九州市交通局事件）と、同様の見解が示された。

（2）労働基本権制限の内容

職員の労働基本権制限の内容は、次のとおりである。

ア　一般職員・教育職員

一般行政職員・教育職員について、団結権は、職員団体を組織する権利として認められている（地公法52）。団体交渉権については、職員団体は地方公共団体の当局と交渉することができるが、団体協約の締結をすることはできない（地公法55②）（書面協定を結ぶことは認められている）。争議権の行使は禁止されている（地公法37①）。

イ　企業職員・特定地方独立行政法人職員・単純労務職員

企業職員・特定地方独立行政法人職員、単純労務職員については、その職務内容が民間企業の労働者と類似することから、団結権（労働組合を結成し、加入する権利）・団体交渉権（労働協約を締結する権利を含む）が認められるが、争議権については禁止されている（地公企労法5・7・11・附則15）。

ウ　警察職員・消防職員

警察職員、消防職員については公共の秩序と安全を維持するという職務の性格と、このような職務を遂行するためには高度の規律の保持が要請されることから、団結権、団体交渉権、争議権のいずれも禁止されている（地公法37①・52⑤）。

2　団結権──職員団体等の結成

職員は、職員団体または労働組合を結成し、もしくは結成せず、またはこれに加入し、もしくは加入しないことができる（地公法52、地公企労法5・附則5）。

すなわち、一般職員は「職員団体」（地公法52③）、公営企業職員および特定地方独立行政法人の職員は「労働組合」（地公企労法5①）、単純労務職員は職員団体および労働組合のいずれも結成、加入することができる。

以下、職員団体について述べる。

（1）職員団体の組織

職員団体とは、職員がその勤務条件の維持改善を図ることを目的として組織する団体またはその連合体をいう（地公法52①）。

この主目的以外に、社会的、文化的目的などを副次的に持つことは禁止されるものではない。職員団体が政治的目的を従たる目的として持つことは地公法の関与するところではないが、個々の職員の活動が政治的行為の制限に触れるかどうかは、別に判断すべき問題である。

ここで「職員」とは、警察職員および消防職員を除く地公法の適用を受ける一般職員を指す。職員団体はこれらの職員が主体となって組織されていればよく、職員以外の者を構成員に加えていても、職員団体としての性格に影響を受けるものではない。

　また、管理監督の地位にある職員または機密の事務を取り扱う職員（以下「管理職員等」という）も一般職員である以上、職員団体を結成することはできるが、管理職員等とそれ以外の一般職員が一体となって同一の職員団体を組織することはできない（同条③）。管理職員等の範囲は、人事委員会または公平委員会の規則で定められる（同条④）。

　職員は、職員団体の構成員であること、職員団体を結成しようとしたこと、もしくはこれに加入しようとしたこと、または職員団体のために正当な行為をしたことの故をもって不利益な取扱いを受けることはない（地公法56）。

（2）職員団体の登録

　職員団体は、条例で定めるところにより、理事その他の役員の氏名および条例で定める事項を記載した申請書に規約を添えて、人事委員会または公平委員会に登録の申請を行うことができる（地公法53①）。

ア　登録の効果

　登録を受けない職員団体であっても当局と交渉できるが、登録を受けた職員団体については、その自主性と民主性が公証されたことにより、次のような3つの付加的な利便が与えられる。

【交渉における地位】

　当局は、登録職員団体から勤務条件等に関し適法な交渉の申入れがあった場合は、その申入れに応ずべき地位に立つ（地公法55①）。

【法人格の取得】

　登録職員団体は、法人となる旨を人事委員会または公平委員会に申し出ることにより、法人となることができる（職員団体等に対する法人格の付与に関する法律3①）。

　なお、登録を受けない職員団体であっても、規約の認証と設立の登記により法人格を取得することができる（職員団体等に対する法人格の付与に関する法律3②）。

【在籍専従職員の許可】

　職員は、職員団体の業務にもっぱら従事することが原則として禁止されているが、登録職員団体については、任命権者の許可を受けた場合は、当該職員団体の役員としてその業務にもっぱら従事（在籍専従）することが認められている（地公法55の2①）。

イ　登録の要件

職員団体が登録されるためには、次の3つの要件が必要である。

① 職員団体の規約中に、法定記載事項が漏れなく記載されている（地公法53②）。

② 職員団体の重要事項（規約の作成・変更、役員の選出等）が民主的、自主的手続によって決定される（同条③）。

③ 職員団体の構成員が、原則として、同一の地方公共団体の職員のみによって組織されている（同条④）。

(3) 職員団体等のための職員の行為

職員には職務専念義務（地公法35）があり、職員が勤務時間中に職員団体等の業務に従事することは、有給・無給にかかわらず原則として禁止されている。

しかし、①地公法が職員の団結権を保障し、当局と交渉することを認めていること、②組織および運営の実態が地方公共団体別となっていることなどから、法律または条例で認められる限りにおいて、勤務時間中に職員団体等のための活動に従事することが認められている。職務専念義務の特例として、地公法は次の場合を定めている。

ア　在籍専従制度

職員が、在籍専従者として組合業務にもっぱら従事する制度である。

在籍専従とは、職員がその身分を保有しながら、職務に専念することなく、もっぱら職員団体等の業務に従事することをいう。職員としての身分を保有しているので、他の一般職員と同様に公務員としての服務上の義務と責任を負う。

在籍専従の要件、許可の性質等は次のとおりである。

① 在籍専従は、任命権者が相当と認めた場合に、あらかじめ期間を定めて許可することができる。ただし、登録職員団体または労働組合の役員として組合業務にもっぱら従事する場合に限られる（地公法55の2①②、地公企労法6①②）。

② 専従期間は、7年を限度とされる（地公法附則20、地公企労法附則4）。

③ 専従期間中は休職者として扱われ、いかなる給与も支給されず、また、その期間は退職手当の算定基礎となる勤続期間に算入されない（地公法55の2⑤、地公企労法6⑤）。

イ　時間内組合活動制度

条例の定めるところにより、有給で勤務時間中に組合業務に従事する制度である。

職員は、地公法55条の2第6項の規定に基づく条例に定める場合には、勤務時間中に有給で職員団体の業務に従事することができる。

ウ　当局との適法な交渉

勤務時間中において当局と適法な交渉を行う場合である（地公法55⑧、労組法7）。

3　交渉権──職員団体の交渉権

職員団体は、「職員の給与、勤務時間その他の勤務条件に関し、及びこれに附帯して、社交的又は厚生的活動を含む適法な活動に係る事項に関し」（地公法55①）、当局と交渉することができる。

この交渉には、「団体協約」を締結する権利は含まず（地公法55②）、法令・条例等に抵触しない限りにおいて「書面協定」を結ぶことが認められている（地公法55⑨）。書面協定は法的な拘束力を持たないが、円滑な労使関係を維持するという観点から、当局と職員団体の双方において誠意と責任を持って履行しなければならない（地公法55⑩）。通常、協定書・確認書・覚書等として取り交わされる。

（1）交渉事項

職員団体の交渉事項は、「職員の給与、勤務時間その他の勤務条件」およびこれに附帯する「社交的又は厚生的活動を含む適法な活動に係る事項」である（地公法55①）。

職員団体は、職員の勤務条件の維持改善を図ることを目的として組織されるものであり、交渉事項も、職員の勤務条件にかかわる事項に限られる。

一方、地公法は、「地方公共団体の事務の管理及び運営に関する事項」（いわゆる管理運営事項）については、交渉の対象とすることはできないと定めている（地公法55③）。管理運営事項とは、法令に基づき、地方公共団体の機関が自らの判断と責任において処理すべきものをいい、その具体的な例としては次のようなものがある。

① 組織に関する事項
② 行政の企画・立案および執行に関する事項
③ 予算の編成および執行に関する事項
④ 職員の定数およびその配置に関する事項
⑤ 人事権の行使に関する事項
⑥ 地方税・使用料・手数料等の賦課徴収に関する事項

しかし、管理運営事項であっても、それが職員の勤務条件とかかわる場合がある。例えば、組織改正・定数の変更が行われる場合、それに伴い、転勤など職員の勤務条件に影響を及ぼす場合がある。この場合、管理運営事項自体は交渉の対象とはならないが、転勤など勤務条件に関する部分は交渉の対象となる。

（2）交渉当事者

　職員団体が交渉することができる当局は、「交渉事項について適法に管理し、又は決定することのできる地方公共団体の当局」であり、具体的な交渉当事者として交渉の場に臨む者は、「地方公共団体の当局の指名する者」である。一方、職員団体側の交渉当事者は、原則として「職員団体がその役員の中から指名する者」である（地公法55④⑤）。

（3）交渉のルール

　地公法は、交渉事項、交渉当事者、予備交渉、書面協定等、職員団体と交渉を行う場合の基本的ルールについて規定し、具体的な細目については、地方公共団体に委ねている。

　地公法は、職員団体と地方公共団体の当局が交渉を行う場合に秩序ある交渉を確保するため、「交渉に当たつては、職員団体と地方公共団体の当局との間において、議題、時間、場所その他必要な事項をあらかじめ取り決めて行なうものとする」（地公法55⑤）として、予備交渉について規定している。

　予備交渉を経ないでなされた交渉の申入れは当局が拒否しても正当であり、かつ、交渉を行わないことについて正当な理由のある場合に当たる。また、職員団体が予備交渉を平穏静粛に行わなかったり、あるいは客観的に見て不当な条件にこだわる等のために予備交渉で取り決める事項の合意が得られなかった場合には、そのため本交渉に入れなくても、当局が本交渉を拒否したことにはならない（最高裁平3.11.28判決）。

　なお、交渉において、予備交渉で定める条件に反する状態が生じたとき、適法な指名を受けた者以外の者が出席してきたとき、交渉が他の職員の職務の遂行を妨げ、もしくは地方公共団体の事務の正常な運営を阻害することとなったときは、これを打ち切ることができるとされている（地公法55⑦）。

4　争議行為等の禁止

（1）争議行為等禁止の意義と内容

　職員は、全体の奉仕者として公共のために勤務するという勤務の特殊性に基づき、労働基本権の一部が制限されるが、特に争議権については現業・非現業の区別なく、全面一律に禁止されている。

　すなわち、地公法37条1項は、職員は「同盟罷業、怠業その他の争議行為をし、又は地方公共団体の機関の活動能率を低下させる怠業的行為をしてはならない」旨規定し、さらに何人も、このような違法な行為を企て、またはその遂

行を共謀し、そそのかし、もしくはあおってはならないと定めている。これに違反した者には罰則の適用がある（地公法61Ⅳ）。

また、職員がこれらの規定に違反した場合は、その行為の開始とともに、地方公共団体に対し、法令等に基づいて保有する任命上または雇用上の権利をもって対抗することができなくなる（地公法37②）。

単純労務職員の身分取扱いについては地公企労法による（地公法57、地公企労法附則5）が、地公企労法11条および12条により、一般職員と同様に争議行為等が禁止されている。

公務員の争議行為の禁止が憲法28条に反しないかについて、最高裁は、昭和48年（1973）4月25日の全農林警職法事件判決において「公務員については、経済目的に出たものであると、はたまた政治目的に出たものとを問わず、国公法上許容された争議行為なるものが存在することは、とうていこれを是認することはできない」とし、公務員ストはすべて禁止の対象となることを明らかにした。これは、昭和41年（1966）の全逓中事件判決、昭和44年（1969）4月2日の都教組勤評事件判決のいわゆる「限定解釈論」をくつがえしたものであり、その後、昭和51年（1976）の岩手県教組事件判決、昭和52年（1977）の全逓名古屋中郵事件判決、昭和63年（1988）の北九州市交通局事件判決と、引き続いて全農林判決に沿った判断が示され、「争議行為禁止の合憲性」は、司法上定着した見解となっている。

（2）争議行為等の形態

地公法が禁止している争議行為等は、地方公共団体の業務の正常な運営を阻害する「争議行為」と地方公共団体の機関の活動能率を低下させる「怠業的行為」とに大別することができる。両者の区別は相対的なものであるが、いずれにしても「業務の正常な運営を阻害するもの」である限り、すべて争議行為等に該当する。

争議行為として規定されている「同盟罷業（ストライキ）」とは、労働者が組織的に労働力の提供を拒否し、その労働力を使用者に利用させない行為をいい、「怠業（サボタージュ）」とは、労働者が労働力を不完全な状態で提供するものである。

地方公共団体においては、こうした典型的な争議行為に加えて、職員団体等がその主張を貫徹することを目的に次のような行為を行うことがあるが、いずれにしても、組織的に「業務の正常な運営」を阻害する一切の行為は、その目的を問わず禁止される。

ア　勤務時間内職場集会

職員団体等の指令に基づき、職員が上司の許可なくして勤務時間中に勤務を

放棄して行う集会をいう。休憩時間等の勤務時間外に開始された職場大会を上司の許可なく勤務時間内にわたり継続して行う場合もこれに含まれる。

イ いっせい休暇

職員団体等の指令に基づき、職員が年次有給休暇権の行使と称し、集団的に年次有給休暇を取得し、勤務を拒否する闘争である。

年次有給休暇の利用目的については、労基法の関与しないところであり、休暇をどのように利用するかは使用者の干渉を許さない労働者の自由であるが、それは正常な労使関係にあることを前提としているのであって、使用者の労働力に対する管理支配を団結の力で一時的に排除することを本質とする争議行為に年次有給休暇を利用することは許されない（最高裁昭48.3.2判決〔白石営林署事件〕）。

ウ 超過勤務および宿日直・出張拒否

職員団体等の指令に基づき、上司の命令に反して時間外勤務または宿日直勤務や出張を拒否するものである。

(3) 争議行為等の禁止に違反した場合

争議行為等の禁止に違反した場合、次の制裁または責任が課せられる。

ア 懲戒処分

① 争議行為等を実行した者は、地方公務員法違反として懲戒処分の対象となる。同時に、法令等および上司の職務命令に従う義務（地公法32）、職務専念義務（地公法35）、信用失墜行為の禁止（地公法33）等にも違反することになり、この面からも懲戒処分の対象となる。

② 争議行為等を共謀し、そそのかし、もしくはあおった者または争議行為等を企てた者が職員である場合は、同様に懲戒処分の対象となる。

地方公営企業または特定地方独立行政法人の職員および単純労務職員が①または②の行為を行った場合は、その職員を解雇することができる（地公企労法12）。

イ 刑事責任

① 争議行為等を実行した者については、罰則は定められていない。

② 争議行為等を共謀し、そそのかし、もしくはあおった者または争議行為等を企てた者は、職員であるかどうかを問わず、3年以下の懲役または100万円以下の罰金に処せられる（地公法61Ⅳ）。

なお、地方公営企業と特定地方独立行政法人において①または②の行為を行った者については、罰則は定められていない。

ウ 民事責任

争議行為等により地方公共団体や住民に損害を与えた場合は、その賠償責任

（民法709）を負う。

第9節　職員の権利・利益の保護

　公務員は全体の奉仕者として公共の利益のために勤務するという特別の地位
に基づき、労働基本権の一部を制約されている。

　そこで、その代替措置として、地方公共団体に中立的かつ専門的な機関であ
る人事委員会または公平委員会が置かれ、これらの機関によって、職員が有す
る身分上および経済上の権利・利益を保護するための制度が設けられている。

　その1つが職員の勤務条件の適正を確保するための「勤務条件に関する措置
の要求」（地公法46）であり、もう1つが職員の身分保障を担保するための「不
利益処分に関する審査請求」（地公法49の2①）である。

　両者は、いずれも職員の権利の保障を請求する権利であることから、「保障請
求権」といわれている。これらの保障請求権は、人事委員会または公平委員会
の準司法的な手続による審査を通じて実現される。

1　勤務条件に関する措置の要求

（1）措置要求制度の意義

　勤務条件に関する措置要求の制度は、職員が全体の奉仕者として公共の利益
のために勤務するという特別の地位にあり、労働基本権の一部が制限されてい
るため、その代償措置として設けられている。

　すなわち、「職員は、給与、勤務時間その他の勤務条件に関し、人事委員会又
は公平委員会に対して、地方公共団体の当局により適当な措置が執られるべき
ことを要求することができる」（地公法46）。

　勤務条件に関する措置の要求の申出を故意に妨げた者、および当該行為を企
て、命じ、故意に容認し、そそのかし、またはほう助した者には、罰則が適用
される（地公法61Ⅴ・62）。

　措置要求の審査機関は、当該地方公共団体の人事委員会または公平委員会で
ある。公平委員会の事務が人事委員会に委託されている場合は当該人事委員会
であり、公平委員会を共同設置した場合はその共同設置した公平委員会である。

（2）措置要求ができる者

　措置要求ができる者は職員であり、一般職の職員はもとより、条件付採用期
間中の職員や臨時的任用職員を含む。しかし、すでに退職した者は措置要求す

ることはできない。

なお、職員個々が共同して措置要求をすることはできるが、職員が他の職員の固有の勤務条件について措置要求をすることはできない。また、職員団体は職員ではないので、措置要求をすることはできないと解されている。

団体協約の締結権が保障されている企業職員、特定地方独立行政法人の職員および単純労務職員には、この措置要求制度は適用されない（地公企法39①、地方独行法53①、地公企労法附則5）。

(3) 措置要求できる内容

措置要求できる内容は、勤務条件に関するものであって、給与、旅費、勤務時間、休日・休暇、執務環境の改善、福利厚生等など、幅広い。勤務評定制度、職員定数の増減、予算の増減などいわゆる管理運営事項は、それ自体は勤務条件とはいえないので措置要求の対象にはならない。

また、当局の権限に属しない事項（例えば、地方公務員共済組合の給付）についても同様である。

(4) 措置要求に対する手続および措置

措置要求およびその審査等の手続は、「人事委員会規則又は公平委員会規則で定めなければならない」（地公法48）。

また、人事委員会または公平委員会は、「事案について口頭審理その他の方法による審査を行い、事案を判定し、その結果に基いて、その権限に属する事項については、自らこれを実行し、その他の事項については、当該事項に関し権限を有する地方公共団体の機関に対し、必要な勧告をしなければならない」（地公法47）。

この勧告には法的な拘束力はないが、専門的第三者機関が公正な立場で行った判定であることから、勧告を受けた当局はこれを尊重し、実施に努めるべき道義的責任を負う。

2 不利益処分に関する審査請求

(1) 審査請求制度の意義

不利益処分に関する審査請求の制度は、任命権者が誤って行った職員の意に反する違法、不当な不利益処分を簡易迅速な審査手続により救済することによって、地公法が定めた職員の身分保障を実質的に担保するとともに、人事行政の適正な運営を確保しようとするものである。

地公法49条1項には、「任命権者は、職員に対し、懲戒その他その意に反する

と認める不利益な処分を行う場合においては、その際、当該職員に対し、処分の事由を記載した説明書を交付しなければならない。ただし、他の職への降任等に該当する降任をする場合又は他の職への降任に伴い降給をする場合は、この限りではない」と定められ、2項には、「職員は、その意に反して不利益な処分を受けたと思うときは、任命権者に対し処分の事由を記載した説明書の交付を請求することができる」と定められている。さらに、「説明書には、当該処分につき、人事委員会又は公平委員会に対して審査請求をすることができる旨及び審査請求をすることができる期間を記載しなければならない」とされている（地公法49④）。

不利益処分に関する審査請求は、こうした中で、懲戒その他その意に反する不利益な「処分を受けた職員は、人事委員会又は公平委員会に対してのみ審査請求をすることができる」（地公法49の2①）と定められている。

行審法による不服申立ては、基本的には行政庁の違法または不当な処分等に関し、一般国民の権利利益の救済を図ることを目的とする制度であるが、地公法は、任命権者の職員に対する不利益処分について、その救済制度を行審法に基づく不服申立て制度の一環として体系づけるとともに、必要な特例を定めているものである。

行審法による不服申立ては、一般的には、処分庁またはその直近の上級行政庁に対して行うものであるが、不利益処分に関する審査請求は、人事委員会または公平委員会に対してのみ行いうるものであり、その裁決または決定は最終的なものである。

（2）審査請求ができる者

審査請求ができる者は、その意に反し不利益な処分を受けた職員である。ただし、条件付採用期間中の職員、臨時的任用職員、企業職員、特定地方独立行政法人の職員および単純労務職員は除かれる（地公法29の2①、地公企法39①、地方独行法53①、地公企労法附則5）。

退職した職員は、退職以前の不利益処分を事由に審査請求をすることはできないが、免職処分を受けた者は、当該免職処分について審査請求をすることができる。

（3）審査請求できる不利益処分

審査請求の対象となる処分は、「懲戒その他その意に反すると認める不利益な処分」である（地公法49①）。

したがって、懲戒処分としての免職、停職、減給および戒告、分限処分としての免職、休職、降任および降給がこの不利益処分に当たるものであることに

ついては問題ないが、その他の人事上の処分については、個々具体的に、それが職員の意に反するものであり、かつ、不利益な処分であるかどうかについて判断される。

（4）審査請求に対する手続および措置

審査請求は、「処分があつたことを知つた日の翌日から起算して3月以内にしなければならず、〔処分があったことを知らなかった場合でも、〕処分があつた日の翌日から起算して一年を経過したときは、することができない」（地公法49の3）。

審査請求は、書面によらなければならず、口頭による審査請求を認めていない。

審査請求の手続およびその結果執るべき措置については、行審法の規定によらず、人事委員会または公平委員会の規則による（地公法49の2③・51）。

人事委員会または公平委員会は、審査請求を受理した場合には、直ちにその事案を審理しなければならない。審理は原則として書面審理で行われるが、申立人から請求があった場合には、口頭審理を行わなければならない。また、この場合に請求人から請求があったときには、口頭審理を公開しなければならない（地公法50①）。

人事委員会または公平委員会は、審査の結果、当該不利益処分が適法妥当なときはこれを承認し、そうでないときにはこれを修正し、または取り消す旨の判定をし、必要がある場合には、任命権者に対して不当な取扱いを是正するための指示をしなければならない（地公法50③）。故意に従わなかった者には罰則が適用される（地公法60Ⅲ）。

（5）審査請求と訴訟

行政事件訴訟法においては、処分の取消しの訴えは、審査請求を行うことができる場合においても、直ちに裁判所に提起することができるとしている（同法8①本文）。

しかし、職員の不利益処分については、人事委員会または公平委員会に対して審査請求を行い、その裁決を経たのちでなければ処分の取消しの訴えを提起することができないという、いわゆる「審査請求前置主義」をとっている（地公法51の2）。

なお、審査請求に対する判定に不服の場合、原処分の取消しの訴えと審査請求を棄却した判定の取消しの訴えのいずれも提起することができる。ただし、判定取消しの訴えを起こすことができるのは、判定の手続の瑕疵を理由とする場合等に限られ、処分の違法を理由とすることはできない。

第10節　公務能率向上と厚生福利制度

　地方公共団体が行政を運営するに当たっては、その民主性と能率性を最大限に確保することが住民の信頼に応えるために重要であり（地公法1）、そのためには、人的資源である職員の公務能率の向上が図られなければならない。

　そこで地公法は、成績主義に基づく任用、職員への適正な勤務条件の保障、服務規律の厳正な保持などの諸制度のほか、公務能率向上に直接関係する制度として、研修について定めている。

　また、地公法は、職員の生活を保障することが間接的に公務能率の維持増進に大きな影響を与えるものであることから、42条以下で職員の厚生制度および共済制度について規定している。職員の福祉および利益の保護という広い観点から、公務災害補償制度（地公法45）も、厚生福利制度に含まれると考えられる。

　共済制度や公務災害補償制度などのように特別法により事業内容がほぼ法定されているものを「法定厚生福利」、地公法42条に基づき実施するもの等を「法定外厚生福利」と呼んでいる。

　職員の福祉および利益の保護は、適切であり、かつ公正でなければならない（地公法41）。

1　研　修

　地公法は、「職員には、その勤務能率の発揮及び増進のために、研修を受ける機会が与えられなければならない」（地公法39①）と規定し、さらに、地方公共団体は、「研修の目標、研修に関する計画の指針となるべき事項その他研修に関する基本的な方針を定める」としている（同条③）。

　また、研修は「任命権者が行うものとする」（同条②）と規定されている。

　人事委員会は、研修に関する計画の立案その他研修の方法について任命権者に勧告することができる（地公法39④）。

（1）研修の種類

　研修には、職場研修、職場外研修（集合研修）および自己啓発がある。

ア　職場研修

　職場研修は、狭義には職場の管理監督者が職員に対し、日常の職務の遂行を通して教育的意図をもって行う指導・訓練（OJT）をいうが、通常は職場単位で行う集合研修も含めて職場研修と考えられている。

イ 集合研修（職場外研修）

集合研修は、一定期間職員を本来の仕事から離れさせ集団的に行う研修である。職員に共通する心構えや体系的知識の修得などに効果的である。

ウ 自己啓発

自己啓発は自主研修ともいい、個々の職員の主体的な研修である。研修の原点であり、職員自身の責任でもある。

(2) 研修に関する基本的な方針

職員の能力開発を効率的に行い、かつ実効あらしめるため、研修に関する基本的な方針を地方公共団体が定めることとされている。研修を実施するのは任命権者であるが、基本的な方針は地方公共団体が定めることとされたのは、任命権者が行う研修が地方公共団体として統一的に行われるべきとの考えによる。

研修に関する基本的な方針は、研修の目的を明確にするとともに、任命権者が行うべきこと、職員が自ら努力すべきこと、職員が自ら行う研修に対して地方公共団体が供与する便宜などを明らかにする。また、研修の方法についても、地方公共団体が単独で行う方法、複数の地方公共団体が協力して行う方法、民間企業と共同して行う方法などがあるので、方針には、これらについての考え方も示されるべきである。

(3) 服務上の取扱い

職員を研修に参加させる場合の身分取扱いとしては、次のような方法がある。
① 職務命令による方法
② 研修中は職務専念義務を免除する方法
③ 研修期間は職員を休職扱いとする方法

研修を行うことは任命権者の責務であることから、職務に関連する研修は任命権者の職務命令により研修に参加させることが基本である。しかし、一般教養研修のように、長期的に職員の能率や識見の向上に役立つものは、職務専念義務を免除して行うことも適当である。

2 厚生制度

地公法42条は、「地方公共団体は、職員の保健、元気回復その他厚生に関する事項について計画を樹立し、これを実施しなければならない」と定めている。

地方公共団体が実施している厚生制度には、健康診断、福利厚生施設、レクリエーション、図書室、職員相談、互助組合などがある。

3 共済制度

(1) 共済制度の意義

地公法43条1項は、「職員の病気、負傷、出産、休業、災害、退職、障害若しくは死亡又はその被扶養者の病気、負傷、出産、死亡若しくは災害に関して適切な給付を行なうための相互救済を目的とする共済制度が、実施されなければならない」と定めている。

この共済制度には、「職員が相当年限忠実に勤務して退職した場合又は公務に基づく病気若しくは負傷により退職し、若しくは死亡した場合におけるその者又はその遺族に対する退職年金に関する制度が含まれていなければなら」ず（同条②）、その退職年金に関する制度は、「退職又は死亡の時の条件を考慮して、本人及びその退職又は死亡の当時その者が直接扶養する者のその後における適当な生活の維持を図ることを目的とするものでなければならない」（同条③）。

また、この共済制度については、「国の制度との間に権衡を失しないように適当な考慮が払われなければならない」（同条④）。

以上のような内容を持つ共済制度については、法律によって定めることとされており（同条⑥）、このための基本的な法律として、地共済法が制定されている。

(2) 共済組合の種類

地共済法に基づく共済組合は、「地方職員共済組合」「公立学校共済組合」「警察共済組合」「都職員共済組合」「指定都市職員共済組合」「市町村職員共済組合」および「都市職員共済組合」に分かれている。

また、これら共済組合のほか、「全国市町村職員共済組合連合会」および「地方公務員共済組合連合会」の2つの連合会が設けられている。

(3) 共済組合および連合会が組合員に対して行う行事

共済組合および連合会は、組合員に対して「短期給付事業」「長期給付事業」および「福祉事業」の3つの事業を行っている。

共済組合の事業に要する費用は、組合員の掛け金と地方公共団体の負担金によって賄われる（地共済法113②）。

4 公務災害補償制度

(1) 公務災害補償制度の実施

　地公法45条１項には、「職員が公務に因り死亡し、負傷し、若しくは疾病にかかり、若しくは公務に因る負傷若しくは疾病により死亡し、若しくは障害の状態となり、又は船員である職員が公務に因り行方不明となつた場合においてその者又はその者の遺族若しくは被扶養者がこれらの原因によつて受ける損害は、補償されなければならない」と、公務災害補償についての規定が定められている。この規定を受けて、地公災法が制定され、同法に基づいて設置された地方公務員災害補償基金という法人が、地方公共団体に代わって全国で統一的な補償を実施している。

　なお、この法律の適用を受ける職員は常勤職員（常勤的非常勤職員を含む）のみであり、議会の議員や行政委員会の委員等の非常勤職員については、各地方公共団体が条例をもって定めるよう義務付けられている（地公災法69）。

　また、非常勤職員のうち、次の法律の適用を受けるものについては、それぞれ当該法律の定めるところにより災害補償が行われる。

① 労働者災害補償保険法
② 船員保険法
③ 公立学校の学校医、学校歯科医および学校薬剤師の公務災害補償に関する法律
④ 消防組織法および水防法

(2) 公務上の災害および通勤災害

　補償の範囲は、「公務上の災害」および「通勤災害」である。

ア 公務上の災害

　「公務上の災害」として認定される要件としては、公務（職員に遂行すべきものとして割り当てられた仕事）に従事し、使用者の支配下にあること（公務遂行性）、および公務と災害との間に相当因果関係が存在すること（公務起因性）の２点が要求される。

イ 通勤災害

　「通勤災害」は、職員が勤務のため住居と勤務場所との間を合理的な経路および方法により往復する途上の災害をいう。ただし、往復の経路を逸脱、または中断した後に生じた災害は除かれる。

（3）地方公務員災害補償制度の特色

　この災害補償制度は、民法上の過失責任主義による損害賠償と異なり、公務上の災害について使用者に過失の有無を問わずに補償責任を負わせる「無過失責任主義」を取っている。また、通勤災害についても、使用者側の支配下にない通勤途上の損害について補償が行われる点で、民法上の損害賠償とは異なる。

地方公務員制度をさらに理解するキーワード

地方公務員法及び地方独立行政法人法の一部を改正する法律

　平成26年（2014）5月に公布された改正法であり、平成28年（2016）4月に施行された。

（1）能力及び実績に基づく人事管理の徹底

①　任用（採用、昇任、降任、転任）の定義を明確化するとともに、職員の任用は、職員の人事評価その他の能力の実証に基づき行う。

②　職員がその職務を遂行するに当たり発揮した能力及び挙げた業績を把握した上で行われる人事評価制度を導入し、これを任用、給与、分限その他の人事管理の基礎とする。

③　分限事由の1つとして「人事評価又は勤務の状況を示す事実に照らして、勤務実績がよくない場合」と明確化する。

④　職務給原則を徹底するため、地方公共団体は給与条例で「等級別基準職務表」を定め、等級別に職名ごとの職員数を公表する。

※　①から④は、特定地方独立行政法人の職員に対しても、同様の措置を講じる。

（2）退職管理の適正の確保

①　営利企業等に再就職した元職員に対し、離職前の職務に関して、現職職員への働きかけを禁止する。

②　地方公共団体は、国家公務員法の退職管理に関する規定の趣旨及び当該地方公共団体の職員の離職後の就職の状況を勘案し、退職管理の適正を確保するために必要と認められる措置を講じる。

③　条例により、再就職した元職員に再就職情報の届け出をさせることができるようにする。

④　働きかけの規制違反に対する人事委員会又は公平委員会による監視体制を整備するとともに、不正な行為をするよう働きかけた元職員への罰則などを設ける。

※　①から④は、特定地方独立行政法人の役職員等に対しても、同様の措置を講じる。

地方公務員制度をさらに理解するキーワード

地方公務員法及び地方自治法の一部を改正する法律

　平成29年（2017）5月に公布された改正法であり、令和2年（2020）4月に施行された。

1．地方公務員法の一部改正【適正な任用等を確保】

（1）特別職の任用及び臨時的任用の厳格化

　　①　通常の事務職員等であっても、「特別職」（臨時又は非常勤の顧問、参与、調査員、嘱託員等）として任用され、その結果、一般職であれば課される守秘義務などの服務規律等が課されない者が存在していることから、法律上、特別職の範囲を、制度が本来想定する「専門的な知識経験等に基づき、助言、調査等を行う者」に厳格化する。

　　②　「臨時的任用」は、本来、緊急の場合等に、選考等の能力実証を行わずに職員を任用する例外的な制度であるが、こうした趣旨に沿わない運用が見られることから、その対象を、国と同様に「常勤職員に欠員を生じた場合」に厳格化する。

（2）一般職の非常勤職員の任用等に関する制度の明確化

　　法律上、一般職の非常勤職員の任用等に関する制度が不明確であることから、一般職の非常勤職員である「会計年度任用職員」に関する規定を設け、その採用方法や任期等を明確化する。

2．地方自治法の一部改正【会計年度任用職員に対する給付を規定】

　　会計年度任用職員について、期末手当の支給が可能となるよう、給付に関する規定を整備する。

地方公務員法の一部を改正する法律

　令和3年（2021）6月に公布された改正法であり、令和5年（2023）4月に施行された。

　国家公務員の定年引上げに伴い、地方公務員の定年も2年に1歳ずつ段階的に引き上げられることを踏まえ、地方公務員についても国家公務員と同様に以下の措置を講ずる。

Ⅰ　法律の内容

1．役職定年制（管理監督職勤務上限年齢制）の導入

　組織の新陳代謝を確保し、組織活力を維持するため、役職定年制（管理監督職勤務上限年齢制）を導入する。

　　・役職定年の対象範囲及び役職定年年齢は、国家公務員との権衡を考慮した上で、条例で定める。

　　※　役職定年の対象範囲は管理職手当の支給対象となっている職を、役職定年年齢は60歳を基本とする。

　　※　職員の年齢別構成等の特別の事情がある場合には例外措置を講ずることができる。

2．定年前再任用短時間勤務制の導入

　60歳に達した日以後定年前に退職した職員について、本人の希望により、短時間勤務の職に採用（任期は65歳まで）することができる制度を導入する。

3．情報提供・意思確認制度の新設

　任命権者は、当分の間、職員が60歳に達する日の前年度に、60歳以後の任用、給与、退職手当に関する情報を提供するものとし、職員の60歳以後の勤務の意思を確認するよう努めるものとする。

Ⅱ　その他（給与に関する措置）

　国家公務員の給与及び退職手当について以下の措置が講じられることを踏まえ、地方公務員についても、均衡の原則（地方公務員法24条）に基づき、条例において必要な措置を講ずるよう要請する。

　　・当分の間、60歳を超える職員の給料月額は、60歳前の7割水準に設定する。

　　・60歳に達した日以後に、定年前の退職を選択した職員が不利にならないよう、当分の間、「定年」を理由とする退職と同様に退職手当を算定する。

執筆者一覧

福島　康仁　　日本大学法学部教授　　　　　　　　　　　　1編1章

稲葉　博隆　　静岡市役所　　　　　　　　　　　　　　　　1編2章1節

飯島　健一　　小平市役所　　　　　　　　　　　　　　　　1編2章2節

石塚　清香　　総務省地域情報化アドバイザー　　　　　　　1編2章3節

三原　岳　　　ニッセイ基礎研究所主任研究員　　　　　　　1編3章

鈴木　洋昌　　川崎市役所　　　　　　　　　　　　　　　　1編4章

大谷　基道　　獨協大学法学部教授　　　　　　　　　　　　1編5章

山口　道昭　　立正大学法学部教授　　　　　　　　　　　　1編6章・11章

鍵屋　一　　　跡見学園女子大学観光コミュニティ学部教授　1編7章

宇那木正寛　　鹿児島大学法文学部教授　　　　　　　　　　1編8章・9章

肥沼　位昌　　株式会社カンタカ　　　　　　　　　　　　　2編2章

＊他、自治体職員等

（肩書きは令和5年4月1日現在）

附章 『経営管理』 のポイント

『経営管理』 を学ぶ

　経営管理（マネジメント）とは、

「**仲間とチームを作り（組織の管理）、人を動かし（人材の管理）、**

効率よく・正しく仕事をする（仕事の管理）こと」

です。ここでは、マネジメントを学ぶためのポイント・キーワードを紹介します。

　紙数の都合上、解説はほんのさわりだけとなっています。

　重要なポイントは**太字ゴチック**で示しますので、インターネットや参考文献などで調べて補って、自分自身の**マネジメント・ノート**を作るとよいでしょう。

【参考文献】
高橋伸夫編著『よくわかる　経営管理』ミネルヴァ書房、平成23年（2011）
塩次喜代明・高橋伸夫・小林敏男『経営管理　新版』有斐閣アルマ、平成21年（2009）
今野浩一郎・佐藤博樹『人事管理入門 第3版』日経BP、令和2年（2020）
佐藤博樹・藤村博之・八代充史『新しい人事管理　第6版』有斐閣アルマ、令和元年（2019）
黒田兼一・小越洋之助『働き方改革と自治体職員』自治体研究社、令和2年（2020）
圓生和之『地方公務員の人事がわかる本』学陽書房、令和2年（2020）
白川克・榊巻亮『業務改革の教科書』日本経済新聞社、平成25年（2013）
石川秀人『オフィス業務の生産性改善手法がよ〜くわかる本』秀和システム、令和2年（2020）
曽我部真裕・林秀弥・栗田昌裕『情報法概説　第2版』弘文堂、令和元年（2019）
資格試験研究会『公務員試験　新スーパー過去問ゼミ5　経営学』実務教育出版、平成30年(2018)
TAC編集部『公務員試験　出るとこ過去問11　経営学』TAC出版、令和2年（2020）

☞409頁例題の正解：①　コンプライアンス遵守は法令順守だけではなく、社会的規範や倫理なども尊重しなければならない。

1 組織の管理

1.1 組織について

1.1.1 組織の形態

> 最もシンプルな組織形態は、例えば企業で社長のもとに営業部・製造部・資材部などが直属する、専門の**職能別（機能別）組織**である。製品や地域、海外などに事業が拡大すると、各事業部長のもとに職能別組織が付く**事業部制組織**が採用される。事業部長は社長の如く、その事業・地域に責任を持つ。
>
> 各事業部に分散された職能＝財務・資材・営業・製造などを横通しで統括する職能部門長を設けることがある。タテ（事業部）とヨコ（職能部門）で管理する**マトリックス組織**である。
>
> 新製品開発など特命事項に対応するために、機動的なミニ・マトリックス＝**プロジェクト・チーム（組織）**が設けられる。

1.1.2 組織の機能

> いわゆる（広義の）**組織の機能**は「ある目的を達すること」にあり、狭義の**組織（経営・管理）の機能**は「その目的達成のための（ヒト・モノ・カネ・情報の）有機的な協働」である。
>
> 組織には、会社や自治体の組織表にある上司・部下関係を持つ**フォーマル（公式）組織**と、家庭やクラブのような上下関係のない（希薄な）**インフォーマル（非公式）組織**がある。機能的な公式組織には、必ず非公式組織が内在する。
>
> 組織の運営・（経営）管理には、**組織（経営）原則**＝管理・統制の範囲、権限の委譲、命令の一元化、例外の原則（例外事象には管理者自らが処置）などが挙げられる。

1.1.3　組織の課題

　組織は目的・目標の変更や、社会情勢・関係者のニーズの変化など環境の変化に対応しなければならないが、ヒトで作られる組織は簡単に対応ができない。よく指摘されるのが、変化に硬直的な**官僚制**の弊害である。「職員は、仕事の量とは無関係に増え続ける」と唱えたＣ.パーキンソンの指摘もある。

　また、**組織スラック**＝過剰な人員、設備、ロスタイムなどのゆるみの存在も組織の課題として指摘されている。

　さらに組織には固有の組織文化がある。組織文化の伝承・変革には**組織学習**が必要で、伝承的学習をシングル・ループ学習、変革のための学習をダブル・ループ学習という。

1.1.4　【例題解説】より深い考察・理解のために

　次の記述のうち、誤っているものはどれか。

①　職能別組織は専門性が高まるが、他部門とのコミュニケーションが難しくなる。

②　事業部制組織は比較的小組織なので事業部内の調整がしやすくなるが、一方で専門的知識の共有・学習に難がある。

③　マトリックス組織では命令の一元化原則に矛盾し、タテ・ヨコで権限と責任がせめぎあう可能性がある。

④　官僚制は仕事の正確さ、公平さではよい体制であるが、形式的、機械的で非効率な執行体制となりやすい。

⑤　組織スラックとは余裕のことであり、あればあるほどよい。

1 組織の管理

1.2 管理者の役割

1.2.1 組織の三要素

経営学で現代的組織論を樹立した C. バーナードは、（公式）組織を「2人以上の人々による、意図的に調整された諸活動・諸力の体系」と定義した。バーナードによると、組織は**①共通目的**、**②協働意欲**、**③コミュニケーションの三要素**からなる。これらは組織の成立と存続に必要不可欠である。

組織の維持には共通目的の達成が必須で、その程度を**組織の有効性**という。また、組織の構成員の貢献の確保も必須であり、その程度を**組織の能率**という。組織の存続には、各構成員の貢献の総和を引き出す誘因が十分に確保できている状態＝**組織均衡**が必要になる。

1.2.2 管理者の役割

組織の三要素の維持と組織均衡は、組織の存続に必要不可欠な条件である。組織の**管理者の役割**は、少なくとも、共通目的を達成するために、コミュニケーションを維持し、各構成員が満足できる誘因を能率よく提供し続けなければならない。

変化する共通目的と各員の貢献意欲がダイナミックに連携・自律的に運営された状態が**活力ある組織**である。

さらに管理者には、関連する他の組織とタテ・ヨコに連携する**連結ピン**の役割があり（**R. リッカート**）、組織の長として対人関係の展開、情報の収集と拡散、意思決定などの役割（**H. ミンツバーグ**）が求められる。

☞ 前問の正解：⑤　組織スラック「ゆるみ」は全くの無駄であるという考え、あるいはリスク回避・成長のための（多少は）必須であるという考えがあるが、いずれにしても「あればあるほどよい」は間違った考えかたである。

1.2.3　意思決定

　バーナードの組織論を意思決定の観点から発展させたのがH. サイモンである。合理的な**経済人モデル**の意思決定には①代替案と②その結果の見積もり、③代替案の比較評価、④最適案の採用、から成る。しかし、サイモンは完全に合理的な意思決定はありえず、限定的に満足できる**経営人モデル**の意思決定が現実的だと指摘する。組織は最良の満足できる意思決定をなすための装置である、とした。

　科学的意思決定論は、上記の意思決定プロセスの②③に関して用いられる、主として数学的手法（統計、ゲーム理論、線形計画、シミュレーションなど）を言う。

1.2.4　【例題解説】より深い考察・理解のために

　次の記述のうち、誤っているものはどれか。
①　バーナードのいう公式組織は、組織図などで記載できる体制のことである。
②　管理者は少なくとも、部門の全員が納得する目的を明らかにし、その達成のため、構成員が喜んで働けるように、関係者間の意思の疎通に努めなければならない。
③　管理者は部門の長として、上部組織や他部門との連携を密にしなければならない。
④　組織均衡とは、非常に単純にいえば「組織の総収入が総コストを十分に賄える」状態のことである。
⑤　意思決定プロセスで、代替案の予測と評価には科学的手法が使えるが、最適案の決定には管理者の総合判断が必要である。

1 組織の管理

1.3 リーダーシップ

1.3.1 モチベーション

経営学は20世紀初頭のF. テイラーの**科学的管理法**に始まる。それは、人の働く動機は金銭（賃金）であるとする経済人モデルを前提とした。しかし、その実証として行われたホーソン実験では、働く動機としてモラール（協働意欲）を重視した社会人モデルの**人間関係論**が打ち立てられた。動機づけ（モチベーション）理論には、F. ハーズバーグの**動機づけ＝衛生理論**（満足の動機づけ要因と不満足の衛生要因）、A. マズローの**欲求五段階説**（生理的⇒安全⇒社会的⇒承認⇒自己実現）、D. マグレガーの**X 理論・Y 理論**（アメとムチ理論）、C. アージリスの**未成熟・成熟理論**（個人の成長と組織の抑制）などがある。

1.3.2 リーダーとは

一般に、リーダー自らの行動を通じて行使する影響力をリーダーシップと呼ぶ。古来、リーダーシップの源泉は個人の資質にあると考えられてきたが、1950年代以降にミシガン大学（**従業員中心的監督と職務中心的監督**）、オハイオ大学（**構造づくりと配慮**）、三隅二不二（リーダーシップをP：Performance＝目標達成能力とM：Maintenance＝集団維持能力の２つの能力要素で構成されるとした**PM 理論**）等の研究により、リーダーシップ・スタイルとして類型理論化が進んだ。

現在は組織状況に応じた適切なリーダーシップ行動を求める**コンティンジェンシー（条件適合）理論**が説かれている。

☞ 前問の正解：① バーナードのいう組織とは「目で見えるカタチの体制」ではなく、「２人以上の人々の意図的に調整された諸活動・諸力の体系」である。

1.3.3　コンフリクト

人の集団としての組織は、各員の欲求の塊であり、その**コンフリクト**（一般に葛藤、闘争、紛争などと訳されるが、組織論では「意見と利害の相違」の意味）を解消し、組織目標と各員の貢献意欲を調整するのはリーダーの役割でもある。

M. フォレットはコンフリクトの解消として、抑圧（一方が他方を制圧する）、妥協（譲歩）は一時的解消に過ぎず、次のコンフリクトを引き起こす可能性があるとし、**統合**こそが解決策であると説いた。統合とはコンフリクトをもたらした各員の欲求の本質を分析し、それらの根底にある共通の欲求を見出し、その解消方法を創造するプロセスである。

1.3.4　【例題解説】より深い考察・理解のために

次の記述のうち、誤っているものはどれか。
① 職場で人が働くのはひとえに給与のためであるから、給与が高ければ高いほど人はよく働くはずだ。
② マズローの説によれば、人が仕事へと動機づけられるのは、金銭や、生活保障や仲間を求めてだけではない。
③ 動機づけの満足要因には仕事の成就・承認欲求・仕事自体の興味などがあり、不満要因には監督方式・人間関係・待遇などがある。
④ リーダーには共通する特徴・スタイルがいくつかあるが、それらはすべてのリーダーに共通するものではない。
⑤ 意見の相違の解消には、お互いが譲歩するだけでは不満が残ってしまい、ベストな解決方法ではない。

2　人材の管理

2.1　業績と評価

2.1.1　目標管理

人材管理のポイントは**評価**である。評価によって人は働く動機を確認する。いわば評価は働き方の道しるべである。

組織の中で（働く）人を評価するには、まず当該組織が何を目指して（**組織目標**）、どのように働くのか（**組織理念**）＝「何を期待しているか」「何のために、何を評価するのか」「どのように評価するのか」を明示することが重要である。

その目標と評価の設定を担当者が主体的に行い、進捗や実行を自ら管理する手法を、P. ドラッカーは Management by Objectives（**MBO＝目標（による）管理**）と名付けた。組織の管理者は、構成員個々の目標と評価を、組織全体の目標と評価に統合させなければならない。

2.1.2　職務評価と業績評価

人材評価制度は**職務評価**（仕事の内容）、**業績評価**（評価期間内の仕事の結果、成果）、**能力評価**（潜在能力、労働意欲、職務行動）、から成るのが一般的である。同じ業務（職務）に携わる人材の（当該評価期間内の）業績評価は、業務成果の評価尺度がほぼ同じであるから比較的容易である。

しかし、職務の異なる場合（例えば現場業務とデスクワーク）には個々の業務の、組織目的に対する期待と重要度の評価（職務評価）が難しい。このため、職務そのものを評価するのではなく、職務遂行に関する役割（執行、判断、統括など）で区分する**役割等級制度**が採用されることが多い。

☞ 前問の正解：① 賃金・給与は動機づけの一部であり、金銭だけが仕事への動機づけ要因ではない。

2.1.3 能力評価と人事考課

　広義の人事考課は「上司が日常の業務遂行を通じて部下を評価する」人事評価制度をいい、狭義の人事考課は業績評価に対して**能力評価**をいう。

　業績評価が当該評価期間（年度、半期など）の業務成果を、フロー値で評価するのに対して、（狭義の）人事考課は個々人に蓄積された業務遂行能力（ストック値）を観るものである。

　能力評価は誰もが納得できる合理的な評価基準と、公平で正確な評価方法が求められる。評価プロセスに関して透明性が重視されるのである。MBO や多様な評価尺度の Balanced Scorecard（BSC）などは、上司＝部下の話し合いで運用されている。

2.1.4 【例題解説】より深い考察・理解のために

　次の記述のうち、誤っているものはどれか。
①　目標管理（MBO）は「人は自ら決めた目標に対して、積極的に達成しようと努力する」ことを前提としている。
②　能力評価の高い人が、今年の（今期の）業績が高いとは限らない。
③　業績が数値化できなければ業績評価はできないので、結局その人の能力で人事評価をせざるをえない。
④　業績は運不運やその時々の環境、部門の職務内容によってまちまちであるから、業績だけで人事評価はできない。
⑤　公正な能力評価や業績評価には、評価する側・される側の相互理解と意思疎通が重要である。

2 人材の管理

2.2 多様化への対応

2.2.1 人材の多様化

　ダイバーシティ（Diversity、直訳すれば「多様性」）マネジメントは、**性別・人種・国籍・宗教・年齢・学歴・職歴・障害など構成員の多様さ**を活かして、組織のパフォーマンスと強みを発揮する取組のことである。地域住民もグローバル化などにより多様化する以上、自治体経営も多様性に対応しなければならない。

　簡単にいえば「多様な人材の**適材適所を目指す**」ことである。しかし現実の人材活用は「あらかじめ限定された範囲」で適材を探し、配置している。そのため人事管理制度もほぼ単線で済んだ。掛け声だけのダイバーシティで終わらないためには、人事管理制度（仕組み）の多様化も必要になる。

2.2.2 労働の多様化

　人材の多様化に加えて、**労働の多様化**が顕著になった。正職員に対して非正規職員（パート、アルバイト、契約、派遣など）、管理職にならずに専門職・専任職を継続するなどの職員のキャリアアップの形態も多様化している。対する**労務管理制度**も多様化が進む。

　また、フレックスタイム、裁量労働制、短時間勤務、ジョブ・シェアリングなどの**労働時間管理制度**が採用されている。

　勤務場所も、自宅近くのサテライト・オフィス勤務や、テレワーク、テレビ会議などITを活用した**在宅勤務**など多様化が進み、自治体業務も例外ではなく、**働き方改革**の時代となった。

☞ 前問の正解：③　テストの点数のような数値評価が困難でも、例えば段階評価など、業績を評価する方法は様々ある。

2.2.3　制度の多様化

　　人材と労働の多様化に伴い、**人事諸制度の複線化・多様化**が必須となる。その核は**雇用・賃金・キャリア制度**である。

　　毎年４月の定期採用に加え、留学生などに配慮した通年採用。**インターンシップ**などの適性を重視した採用。計画的な異動による**キャリア・ローテーション**、評価や異動の**自己申告制度**や部門間での**公募制度**など柔軟的なキャリア制度。年功賃金制から**成果主義**（業績給）と能力給付などへの転換。あるいは年俸制の導入などの変革もある。

　　退職も早期退職、希望退職など多様化し、定年退職後の再雇用に加え、**セカンド・キャリア支援**などが求められる。

2.2.4　【例題解説】より深い考察・理解のために

　　次の記述のうち、誤っているものはどれか。
①　ダイバーシティ・マネジメントとは、人材の適材適所を制限する属性等の規制を緩和することである。
②　一般職員の採用で属性を限定すること（例：「35歳以下の男性」など）は、採用後の配置や異動を考えると望ましい。
③　労働の多様化に対応することは、職員の生活と仕事の両立を図るなどの職員の就業ニーズを満たすことになる。
④　サテライト・オフィス、テレワークなどの採用で、従来は採用が困難であった人材の登用が可能となった。
⑤　仕事と生活の両立支援（ワーク・ライフ・バランス）は単なる福利厚生施策ではなく、就業意欲を高める人材活用上の施策である。

2 人材の管理

2.3 人材育成

2.3.1 育成と教育の方法

某大手企業は経営理念に「人材こそが最大かつ唯一の財産である」を掲げている。事程左様に人材育成は重要な経営課題である。組織の観点から**優秀な人材**とは「(明確に定義された特定の目的を追求している機能的な) 組織に貢献している度合い」で評価する。その組織に特有な人材を育成するには職場内で日々の業務を通じて行う On-the-Job Training（**OJT**）、**小集団活動**や、仕事から離れて研修室などで行う Off-the-Job Training（**Off-JT**）がある。しかし、組織内教育は閉鎖的になる懸念がある。**組織外教育**は一般能力・知識の獲得以外に、組織変革や意識改革の芽となるなど**組織の活性化**にもつながる。

2.3.2 コーチング

伝・山本五十六の『やってみせ 言って聞かせて させてみて ほめてやらねば 人は動かじ』は、伝統的な人材育成の方法＝「教える・アドバイスする・ほめる」であった。

しかし近年は**コーチング**が注目されている。旧来的な運動部の鬼コーチのやり方ではない。コーチングとは、部下の目標達成を支援する意味で「新しい気づきをもたらす」「視点を増やす」「考え方や行動の選択肢を増やす」「必要な行動を促進する」などのために「**問いかけて聞く**」対話を通じて、部下を育成する手法のことである。部下（相手）自身から様々な考え方や行動の選択肢を引き出すようにするのがポイントである。

☞ 前問の正解：②　必ずしも専門的能力・知識・技能が必要でない一般職の場合、属性を制限する採用条件を設定することは、法令違反の可能性がある。

2.3.3　人材育成の仕組み

　　従来からの人材育成の方法は、知的能力の高い新人を採用して職場で育てる、であった。しかし人材や労働が多様化し、優秀な人材を育成する方法論も変化すると、人材育成の仕組み（制度）も多様化への変革が求められる。

　　それは「自らを育成する仕組み」である。より高い職務能力の取得を求める**権限の委譲**、新しいアイデア・仕事の改善などの**提案制度**、経験の幅を広げるために定期的に異動させる**ジョブ・ローテーション、キャリア・ローテーション**、より高度な知識獲得のための**社会人大学・大学院**の活用制度などである。人材育成には男女機会均等の**ポジティブ・アクション**も必要である。

2.3.4　【例題解説】　より深い考察・理解のために

　　次の記述のうち、誤っているものはどれか。
①　On-the-Job Training（OJT）では、その効果が上司の部下育成の能力や熱心さ、部下の態度や意欲に左右される。
②　Off-the-Job Training（Off-JT）の利点には、部門を越えた年次・職種・職位の異なる人間関係が得られることがある。
③　仕事のできる、能力の高い人材・管理者のもとで鍛えることが、コーチングによる人材育成に有効である。
④　異動の希望を述べる機会（自己申告）では、上司＝部下のコミュニケーションが円滑化される利点もある。
⑤　法令は、女性の少ない職域への女性の進出を促すため、女性を優先する募集・採用を行うことを認めている。

3 仕事の管理

3.1 業務の改善

3.1.1 業務分析と見える化

業務の改善は；現状の把握・問題点の発見⇒問題分析⇒解決策の立案（Plan）⇒実行（Do）⇒評価（Check）（⇒次の改善プロセス（Action））、の **PDCA サイクル**でなされる。

現状分析と問題点の発見には、制約や否定なしに様々な視点から自由な意見を挙げる**ブレーンストーミング**、出たアイデアや情報などをグルーピングして整理する **KJ 法**、どのような条件の時にどのような行動になったかを表で表した**決定表**、業務の流れをチャート化した**業務フローシート**、データの流れに着目した**データフロー図（DFD）**などの手法があり、それらはすべて**見える化**され、共通認識となる。

3.1.2 改善手法

業務改善プロセスの問題分析のための、ビジュアル分析手法として **QC 七つ道具**が使われる。もともとは工場等生産現場の品質管理のデータ分析に使われていたが、今ではサービス業務など仕事品質の改善にも積極的に使われている。

問題の結果（特性）と原因（要因）を魚の骨状にまとめた①**特性要因図**、項目をチェックする②**チェックシート**、データを大きい順・累積順にまとめた③**パレート図**と **ABC 分析**、データの個数を表す④**ヒストグラム**、データの相関関係を表す⑤**散布図**、データの基準からの乖離を表す⑥**管理図**、データを項目別に分類する⑦**層別**である。

☞ 前問の正解：③　コーチング論では、仕事の能力と部下育成の能力は同じではないという考え方が一般的である。

3.1.3　プロセスと品質の改善

> 　**新 QC 七つ道具**は定性的な分析に使われ、業務プロセスや業務品質の改善に多用されている。
>
> 　原因と結果、目的と手段の関係性を図示する①**連関図法**、データなどの親和性をグルーピングして関係を図示する②**親和図法**、目的と手段を連鎖的・階層的に表す③**系統図法**、プロセスの作業順番と所要時間を表した④**アローダイヤグラム**（PERT：Program Evaluation and Review Technique など）、行列で関係性を示す⑤**マトリックス図法**と⑥**マトリックスデータ解析法**、目的と実行方策を連鎖的に整理した⑦ **PDPC**（Process Decision Program Chart）**法**である。

3.1.4　【例題解説】より深い考察・理解のために

> 　次の記述のうち、誤っているものはどれか。
> ①　KJ 法やブレーンストーミングは議論ではないので、突拍子もない意見や、極論を排してはいけない。
> ②　見える化されたグラフや表、チャートなどは関係者に共有できるように、議論の場の壁などに貼り出すのがよい。
> ③　トラブルや不具合の原因を把握するには、事象の「ナゼ？ナゼ？」を繰り返す魚の骨状の特性要因図が有効である。
> ④　QC 七つ道具や新 QC 七つ道具は工場で品質管理に使われる改善手法だから、自治体業務の改善にはそぐわない。
> ⑤　業務の改善手法を使うには 1 人で行うのではなく、チームで検討するのがよい。他部署の参加も歓迎すべきである。

3 仕事の管理

3.2 コンプライアンス

3.2.1 コンプライアンス

コンプライアンスの本質的目的は、民間・公的組織を問わず、法令や倫理等に基づく活動を定着させ、社会的な信頼性を組織として確保し向上させることにある。

コンプライアンスの実践には、法令に基づく自治体活動に加え、法令の根底にある**倫理や社会的規範**などを意識することも重要である。自治体の場合、法令では直接カバーされていない領域や、法令の適用において実質的な裁量権を有する場合も多く、職員の倫理観や使命感等は、地域のグローバル化が進む中で、多様かつ高い水準が求められる。

不正・不祥事の防止には、**内部統制**が重要である。

3.2.2 個人情報の保護

情報化社会・デジタル化社会の進展により、個人情報保護の要請も飛躍的に高まった。**個人情報保護制度**は、個人に関する情報を取り扱う国及び地方の機関や民間事業者に対し、その取扱いに関して一定の規律を行うことによって個人情報の保護を図ろうとする制度である。法制は個人情報保護関連5法および個人番号（マイナンバー）に関する番号法、加えて各自治体の個人情報保護条例からなる。

インターネットなどネットワーク情報システムにおける**情報セキュリティ対策**の法体制にはサイバーセキュリティ基本法、不正アクセス禁止法、不正競争防止法などがある。

☞ 前問の正解：④　事務部門やサービス部門など職種を問わずに使える手法であるから、自治体でも積極的に活用できる。

3.2.3　帳票・文書・情報管理

　帳票・文書管理の目的は、業務の効率化と紛失リスクの低減である。特に法定保存文書、個人情報の記載された帳票・文書の管理は**文書のライフサイクル**（発生→伝達→活用→保管→保存→廃棄）において厳格なルールが必要である。

　文書のペーパレス化・デジタル化が進み、いわゆる e 文書法や電子帳簿保存法などの法整備もなされ、ネットワーク化された情報システムは、自治体でも重要なインフラになった。そのため、経営情報システム（**MIS**）、戦略的情報システム（**SIS**）、**ビッグデータ**による人工知能（**AI**）の活用などが、多様化された住民ニーズに対応するため、自治体に求められている。

3.2.4　【例題解説】より深い考察・理解のために

　次の記述のうち、誤っているものはどれか。
① コンプライアンス遵守は、要は法令順守であるから、法令に違反さえしなければよい。
② 個人情報の保護には法令やルールを順守することが重要だが、職員の高い倫理観やモラールも欠かせない。
③ 不正や不祥事を防ぐには、外部の監査を期す前に、まず部門内部での自主的な管理（内部統制）が重要である。
④ 文書管理は整理・整頓だけではなく、廃棄までを視野に入れた文書のライフサイクルで行うべきである。
⑤ ビッグデータの活用には、個人情報との兼ね合いで、保護制度や活用指針などの制度整備が不可欠である。

必携 自治体職員ハンドブック　第6次改訂版　Ⓒ公職研編集部　2023年

2011年（平成23年）5月10日　初版第1刷発行
2013年（平成25年）5月17日　第1次改訂版発行
2015年（平成27年）5月15日　第2次改訂版発行
2017年（平成29年）4月27日　第3次改訂版発行
2019年（平成31年）4月25日　第4次改訂版発行
2021年（令和3年）5月8日　第5次改訂版発行
2023年（令和5年）4月28日　第6次改訂版発行

定価はカバーに表示してあります。

編　者　公　職　研　編　集　部
発行者　大　田　昭　一
発行所　公　　職　　研
〒101-0051
東京都千代田区神田神保町2丁目20番地
TEL　03-3230-3701（代表）
　　　03-3230-3703（編集）
FAX　03-3230-1170
振替　東京-6-154568

ISBN978-4-87526-438-5　C3031　https//www.koshokuken.co.jp/

落丁・乱丁はお取り替え致します。　PRINTED IN JAPAN　印刷　日本ハイコム㈱

🏛 公職研図書案内

現代都市政策研究会 編

ケースで学ぶ議会・議員対応のきほん
こうしておさえる自治体政策実現の勘所

自治体職員と議員がつくった、"体験型・事例研究"という、まったく新しいタイプの議会・議員対応の実務書。15の事例で、議会・議員対応の勘所をおさえる。
定価◎本体1,950円＋税

齋藤綾治 著

後輩・部下の育て方、関わり方 公務員の新・育成術
思考力・判断力を伸ばす7つの着眼点と実践

思考力・判断力を高める「7つの着眼点」をいかに育成に活かすか。後輩・部下の気づきをうながし、将来にわたって力を発揮していく土台をつくるための関わり方を、コーチングスキルも交えて示す。
定価◎本体1,800円＋税

阿部のり子 著

みんなで始めよう！公務員の「脱ハラスメント」
加害者にも被害者にもならない、させない職場を目指して

多様なハラスメントの態様を知り、センスを高め法的理解を深めて、自分も他人も加害者にならない・させない、被害者にならない・させないための必読書。現役自治体職員と3人の弁護士がわかりやすく解説。
定価◎本体1,800円＋税

今村 寛 著

「対話」で変える公務員の仕事
自治体職員の「対話力」が未来を拓く

「対話」の魅力とは何か、どうして「対話」が自治体職員の仕事を変えるのか、何のために仕事を変える必要があるのか―。そんなギモンも「自分事」として受け止め、「対話」をはじめてみたくなる一冊。
定価◎本体1,800円＋税

『クイズde地方自治』制作班 編

クイズde地方自治
楽しむ×身につく！自治体職員の基礎知識

23の分野ごと厳選したクイズを掲載。担当外の職員でも知っておいてほしい基礎的な知識から、理論・実務を知悉した職員のみぞ知るカルト級の知識まで。楽しみながら、自然に身につく。
定価◎本体1,800円＋税